中国传统文化概观
（修订版）

主　编　邓红学　熊伟业
副主编　刘元良　王秀珍

复旦大学出版社

修 订 说 明

　　本书于 2011 年 8 月与读者见面。

　　根据中国传统文化的最新研究成果，结合读者反馈的意见，本书进行了修订，补充了著名专家学者的论述，并对书中的错误进行了修改，力求知识传达更加全面准确。尽管如此，难免还会有不当与疏漏之处，恳请读者及专家批评指正。

本书编委会

2015 年 4 月

目　　录

绪 论

一、"文化"界说

文化,英文是"culture",其词的原型是拉丁文 cultura,本义含有耕种、培育、培植、栽培,引申为陶冶、教养、锻炼与发展等意义。西方学者从不同角度对文化进行了归纳和定义,让我们看到了文化概念的复杂性和多样性。

1952 年,美国人类学家 A. L. 克罗伯和克拉克洪在其合著的《文化,概念和定义的批评回顾》一书中,列举了西方学术界从 1871 到 1951 年间出现的各种文化定义 160 多种。他们认为:文化由外层的和内隐的行为模式构成。这种行为模式通过象征符号而获致或传递;文化代表了人类群体的显著成就,包括他们在人造器物中的体现;文化的核心部分是传统的(即历史地获得和选择的)观念,尤其是它们所带的价值。文化体系一方面可以看作是行为的产物,另一方面则是进一步的行为的决定产物。随着对文化认识的不断深入,人们对文化的定义也在变化。据英国文化史学者威廉斯(Raymond Williams)考证,从 18 世纪末开始,西方语言中的"culture"一词的词义与用法发生了重大变化。他在《文化与社会》说:"在这个时期以前,文化一词主要指'自然成长的倾向'以及——根据类比——人的培养过程。但是到了 19 世纪,后面这种文化作为培养某种东西的用法发生了变化,文化本身变成了某种东西。它首先是用来指'心灵的某种状态或习惯',与人类完善的思想具有密切的关系。其后又用来指'一个社会整体中知识发展的一般状态'。再后是表示'各类艺术的总体'。最后,到 19 世纪末,文化开始意指'一种物质上、知识上和精神上的整体生活方式'。"威廉斯指出了不同时期,不同的文化观念。在卡西尔看来,文化是特定人类群体表达生命意义的符号形式,它包括神话、语言、历史、宗教、艺术、科学等形态。卡西尔认为,人类通过符号来表达一定的人生意义,文化就是人类的符号表意系统,他的代表作《人论》就阐明了这一见解。

西方学者普遍认可的是人类学家泰勒的文化定义,他在 1871 年写的《原始文化》一书中对文化是这样定义的:"文化或文明是一个复杂的整体,它包括知识、信仰、艺术、伦理道德、法律、风俗和作为一个社会成员的人通过学习

1

而获得的任何其他能力和习惯。"这个定义主着眼于精神和制度制度层面,并不全面,很多学者也并不全部认同这个定义。

汉语中的"文化"一词,也经历了复杂的演变过程。

在中国语言系统中,"文化"是"文"和"化"两个词的复合。中国古代文化典籍中关于"文化"的定义有:《易·系辞下》说:"物相杂,故曰文。"许慎《说文解字》称:"文,错画也,象交文。""文"后来又引申出若干意义,包括文物典籍、礼乐制度、修养之义、文德教化等。"化"字出现较晚,不见于甲骨文,本义是改易、变化、生成等,如《易·系辞下》:"男女构精,万物化生。"《礼记》:"可以赞天地之化育。"后来,"化"又引申为教行迁善之义。

"文"和"化"二字的复合使用,较早出现于春秋战国时期的《易·贲卦·彖》中:"(刚柔交错),天文也。文明以止,人文也。观乎天文,以察时变。观乎人文,以化成天下。"在这里,天文就是日月交错而产生的自然规律。人文就是社会中人与人之间错综复杂的人际关系,也就是人伦社会规律,比如在处理君臣、父子、夫妇、兄弟、朋友之间关系上,都要遵循一定的伦理原则。这段话里表明,统治者们可以通过观察天文,来明察时序变化,又要观察人文,使天下之人遵从礼教文明,行为符合准则。在这里,"化"明显具有教化的意思。

西汉刘向《说苑》一书中,始将"文"、"化"合成一词,该书《指武篇》曰:"圣人之治天下也,先文德而后武力。凡武之兴,为不服也。文化不改,而后加诛。"这里的"文化"与武功、武力相对,是指以文德教化天下。

从西方和中国对文化对文化的定义中,我们可以从中看出它们之间的相似和差异之处。拉丁文 Culture 有陶冶、教养等义,这与中国的"文治教化"一词的意思相近,但西方"文化"一词是从物质生产引申到精神生产,而中国"文化"一词从开始就比较关注人的精神活动。关注的侧重点不同,造成了中西文化的极大的差异。从文化的内涵来说,西方"文化"一词所覆盖的范围要大,而中国的"文化"一词与"文明"一词更为接近。《尚书·舜典》赞美舜曰:"睿哲文明,温恭允塞。"唐孔颖达疏曰:"经纬天地曰文,照临四方曰明。"可以看出,文明的最初用法,有文德、光明之义,与"文化"的意义基本相同。英文的"文明"(Civilization)一词,来源于拉丁文 Civis(市民)和 Civilitas(城市),它一方面具有文雅的意义,另一方面是指与古代城邦制度和市民相关的政治意义,比如民主、平等。现代意义上的"文明"概念,是社会发展到较高阶段表现出来的状态,主要指精神财富,如文学、艺术、教育、科学等。可见,中国古代"文明"一词的含义与现代意义上的"文明"一词是有所区别的。

文化作为人类社会的存在,是与人的活动密切相关的。在文化的创造过程中,人类作为主体,运用现有的条件,对包括自身的客体进行改造,使之符合人类的物质和精神需求。在这个过程中,人改造了自然,也改造了自身。人创造了文化,同时文化也改造了人,所以文化的实质是主体通过社会实践活动,利用、改造自然和人类自身而实现自身价值观念的过程。这一过程的成果,可以体现在外在物质形态面貌、功能、形态的改观,也可以体现在人类自身生理、心理、审美、道德、伦理等的提高和升华。概而言之,凡是人类有意识地作用自然和社会的一切活动和成果,都属于文化。

二、广义文化和狭义文化

文化具有复杂的含义,以致许多文化研究者们感到无从下手。为了研究的便利,人们把文化分为广义和狭义两种文化。

广义文化的涵盖面非常大,几乎包括了人类生活的各个方面。《苏联大百科全书》认为,广义的文化是"社会和人在历史上一定的发展水平,它表现为人们进行生活和活动的种种类型和形式,以及人们所创造的物质和精神财富。"《辞海》的定义是:"广义的文化,是指人类社会历史实践过程中所创造的物质和精神财富的总和"。梁启超在《什么是文化》中称:"文化者,人类心能所开释出来之有价值的共业也。"这样的共业就包含知识的、艺术的、规范的、器物、社会等各个领域。《大英百科全书》(1973—1974)认为广义的文化等同于"总体的人类社会遗产"。

狭义的文化,主要是指人类精神创造活动及其成果,包括信仰、风俗、艺术、法律、制度等等。泰勒的文化定义就是狭义文化的经典界说。《苏联大百科全书》认为,狭义的文化"仅指人们的精神生活领域。"《辞海》的定义则为:"从狭义来说,指社会意识形态,以及与之相适应的制度和组织机构"

通常情况下,研究者们根据研究的需要,会从不同的角度对文化进行分类。例如从时间上来分,文化分为古代文化、近代文化、现代文化等;从空间上来分,文化分为东方文化、西方文化等;从社会功能上分,文化分为礼仪文化、制度文化、校园文化、企业文化等;从社会层面上来分,文化分为贵族文化、平民文化、官方文化、民间文化等。

一般来说,研究者们对文化的研究主要从物质、制度、行为、精神四个层面上展开的。

物质文化,是指为了满足人类生存和发展需要所创造的物质产品及生产活动本身,这些产品包括饮食、服饰、建筑、交通、房屋、生产工具以及乡村、城市等。物质文化是可以感知的,具有实体性的特点,是人类其他文化创造活动的基础。物质文化成果反映了人类认识、利用、改造自然的程度,反映了一个

3

时期社会生产力的发展水平。

制度文化是人类为了生存发展的需要而创制出来的有组织的规范体系。主要包括法律制度、礼仪俗规、经济制度、政治制度、人才培养选拔制度等内容。人的活动是一种社会化的活动，只有按照一定的规则，才能有序的进行，为此，人类在创造物质的同时，又创造了一个协调、约束的体制，用来规范人们的行动。

行为文化，指人的生活方式、实际行为、态度、价值等，是人际交往中约定俗成的行为模式，主要以礼俗、民俗、风俗等形态表现出来。行为文化见之于日常生活，有鲜明的地方和民族特色，它既有物质的和制度的规范，同时又有社会和风尚习俗的具体表现。《礼记·王制篇》说"五方之民皆有性也，不可推移"，《汉书·王吉传》曰："是以百里不同风，千里不同俗"，都是对于行为文化的确认。行为文化带有集体的性质，往往以类型或模式的形式出现，是时间是传承的，在空间上是播布的。

精神文化，是人类在社会实践和意识活动中创造出来的价值观、审美观、伦理观、思维方式等。文化又可以分为社会心理和社会意识两个部分。社会心理是指人们日常的精神和思想面貌，诸如人们的情绪、欲望、要求等，比较直接地受到物质和制度及其他文化的影响和制约。社会意识是指经过系统加工的文化形态，它们往往是由专家学者对社会心理进行归纳、完善、整理，并以物态化形式出现，比如著作、艺术作品等，以传播四方和后世。

三、文化的特性

文化是人类共同创造的产物，带有普遍社会化特征。而不同地域、不同时代、不同民族的文化又会使文化呈现出多样性来。具体说来，文化的特性有以下几点：

1. 普遍性

人是以社会化形式存在的，文化是人类共同创造的社会化产物，是人类长期的社会经验和知识的积累。它为人类的社会成员所共有和分享。不被人类社会成员接受和理解的事物，不属于文化现象。在文化传播的过程中，那些积极的、健康的文化因素，往往会被人们接受，成为人类的普遍的生活方式和理念。在全球化的今天，这样的趋势越来越明显。

2. 时代性

人类的任何活动，都是特定历史条件下的进行的，因此文化具有很强的时代色彩。例如，中国历史的唐诗、宋词、元曲、明清小说都带有明显的时代标志。每个时代的文化,在继承前个时代文化的基础上,并根据时代的需要进行改造和创新,使其适应新的时代要求。同时,一个时代的文化,往往又和一个时代的生产力的发展水平相关。例如,以生产力和科技水平为标志的石器时代的文化、青铜器时代的文化、铁器时代的文化、蒸汽机时代的文化、电力时代的文化和信息时代的文化。

3. 地域性

人类的文化创造活动都是在一定的地理条件下进行的,因此文化自然就具有地域的特点。文化的地域性往往是和文化的民族性相关的,因为一个地域的民族在结成社会共同体的时候,文化在某种程度上会体现出一致性和地域性的特点。当然,文化的地域性比民族性有着更为宽泛和灵活的机制,如就中国的地域文化来说,就有北方文化、中原文化、齐鲁文化、吴越文化、巴蜀文化等,这些地域因为内在和外在原因形成了差别的文化类型。

4. 民族性

一个民族有一个民族的文化,不同民族有不同的民族文化。民族文化是民族的表现形式之一,是各民族在长期历史发展过程中自然创造和发展起来的,具有本民族特色的文化。民族文化就其内涵而言是极其丰富的,就其形式而言是多姿多彩的。常常是民族的社会生产力水平愈高,历史愈长,其文化内涵就愈丰富,文化精神就愈强烈,其民族性也就愈突出、愈鲜明。例如美国是一个移民国家,它的文化具有很强的包容性和实用性。日本文化则具有深厚的东方文化色彩,具有群体至上和整体献身的忘我精神。它注重人际关系,有强烈的家庭意识和等级观念。中国文化受儒家思想的影响比较大,呈现出伦理化和世俗化的特点。

四、中国文化与中国传统文化

"中国文化"是与"外国文化"相对举的一个概念,是指中华民族及其祖先在中国这块土地上创造出来的文化总和。我们这里应该强调,中国文化从无论从空间上,还是从时间上来说,都是一个不断发展和扩展的过程。

"中国"一词,最初并不具有国家实体的含义,而是一个地域概念,中国的"国"字本义是城邑。"中国"一词最早出现于西周铜器铭文,指的是以洛邑为中心的地区。商人灭夏之后,占据了黄河中下游一带,他们自认为居于天下之中央,故称中国,而将周边地区称为四方。《尚书·梓材》记成王语曰:"皇天既付中国民,越厥疆土于先王。"这里的中国就是商人故地,中国人就是商人。秦汉以后,以汉民族为主体的大一统政权建立,地理版图在总体上呈现出扩展的趋势,到清朝时期,疆域"东极三姓所属库页岛,西极新疆疏勒,至于葱岭,北极外兴安岭,南极广东琼州之崖山。"中华人民共和国成立以后,中国政府与周边国家相继签订了边界条约,至此,中国的疆域最终确定下来。一般来说,讨论中国文化,在地域范围上,就以此为界。

中华民族是创造中国文化的主体。中华民族是中国境内汉族及55个少数民族的总称。"中华"一词中,"中"谓居四方之中,"华"为光辉之义,用于民族,含有文化发达之意。在历史发展的长河中,各民族以自己的智慧,创造了各自灿烂的文化,它们都是中华民族文化重要的组成部分。随着中国疆域的扩大,社会的发展,中国境内各民族的联系日益频繁和紧密,形成了所谓的民族共同体,包括共同语言、共同地域、共同心理、共同信仰等等。近代以来,由于人民对国家意识的普遍认同,中国各民族等增进了政治、经济、文化的整体意识,进一步形成了民族观念。中华民族遂成为中国境内个民族的共同称谓。

文化是一个生生不息、不断演变和发展的过程,它有自己的昨天、今天、明天。中国传统文化,主要是指鸦片战争以前的中国文化,它是在长期的历史发展过程中形成的,保留了中华民族稳定的文化模式,思想观念、思维方式、道德情操、生活方式、制度礼仪、风俗习惯、宗教信仰、文学艺术等丰富内容。中华文化、中华民族多元一体的特点,决定了中国传统文化的丰富性、多样性以及兼集众长的特点,这样的特点,不仅保证了中国传统文化强大的生命力,而且还保证了它在发展的过程中不断完善。在世界多极化的今天,我们在继承既有优秀传统文化的基础上,也要不断吸纳世界优秀文化,来适应社会发展的需要,使中华民族文化位于优秀文化之林。同时,我们在为世界的经济作出贡献的时候,也应不适时机地输出中国先进文化理念,为世界的文化建设作出贡献。

五、学习中国传统文化的目的和意义

中华民族创造了灿烂的文化,它所蕴涵的思维方式、价值观念、行为准则都在历史上发挥着作用,而今它还保存在我们日常的生活中,它无时无刻地影响着我们的生活,成为我们生活的习惯和准则,同时,我们还要注意到,传统文化中虽然保存了很多丰富的文化精华,但也有很多不适应时代要求的文化糟粕,学习中国传统文化,具有很强的现实意义。

1. 有助于深刻地认识我们民族文化本身特点

世界上,不同国家、不同民族创造了各自不同的文化,形成了自己的文化特色,或多或少都为人类的文明进步做出了贡献。中华民族五千年的历史,形成独具特色的中国文化,成为中华民族的前进动力和不朽源泉,而且它还影响到周边的国家,如日本、韩国、越南等国家。中国传统文化中所具有的独特性,是世界文化遗产中重要的财富。当西方文化以强盛之势大举进入中国之时,我们如何认清中国传统文化特点,如何坚守中国传统文化,这对于保持中国文化独立性,防止外来腐朽文化入侵,增强民族凝聚力,都有很大的作用。当"地球村"越来越"小",当世界变得越来越"平",中国的文化如何参与到地球村的合作与竞争,如何贡献自己的优秀文化资源,都是我们在学习中国传统文化中应该思考的问题。

2. 有助于继承传统和创新,创造中华民族的美好未来

中国传统文化曾经影响了中国人的过去,也正在影响着中国的当下,它也必将继续影响我们的未来。传统文化是社会生存和发展的基石,借助传统文化,人类才能延续,社会的物质成就和精神财富才能得以保存。传统文化不仅保存于我们的线装书和博物馆中间,更重要的它还隐藏于我们的生活实践中,并在不断地演化和发展。中国文化在历史上虽有过一个个辉煌的时期,但在走向现代化的过程中,传统越来越显出它的局限性,它的很多方面已经不适应现代文明的需要。在近代引入西方文化的时候,曾经有过"全盘西化"和否定中国传统文化论,持这样观点的人认为,只有彻底否定中国传统文化,全盘引进西方先进文化,才能让中国传统文化脱胎换骨,焕发新的生机。这样的观点是行不通的,它会导致中华民族失去文化之根,在世界发展的潮流中迷失方向。作为一个现代中国人,应该既要熟悉中国传统文化,又要不断学习外来先进文化,变革传统,创造为中华民族的美好未来。

3. 有助于认识社会发展的趋势

中华文明源远流长,不断发展完善,就是因为它适合了社会发展的需要,所以数千年来,中国传统文化成功维系着中华民族的持续发展,并长期处于世界文化的领先地位。在世界文化多元的今天,我们今天学习中国传统文化,就是要认识中国传统文化的可借鉴之处,认清中国和世界文化的发展方向,并在社会发展中有所作为。

第一章　中国语言文字

　　文化是人类在进化的历史长河中所创造的物质文明与精神文明的总和。语言既是记录人类文化的一种符号体系，又是文化的一个重要组成部分。文化的创造与发展是离不开语言的，语言的变化与发展也脱离不开一定的文化环境。文字是记录和传达语言的书写符号，是语言的延续和发展。罗常培先生曾经说过语言文字是一个民族的文化结晶。这个民族的过去的文化靠着它来流传，未来的文化也仗着它来推进。(《中国人与中国文》)中国语言文字与中国传统文化是密不可分的，有着悠久历史的中国语言文字不仅是中华文化的载体，而且其本身就是一种独特的辉煌的文化。汉语和汉字是中华文化的两根重要支柱，没有汉语和汉字，就等于没有了中华文化，可以说汉语和汉字是中华民族辉煌文化的重要标志。

第一节　汉语与中国传统文化

　　汉语是汉民族所使用的语言，是当前世界上最古老的语言之一，也是世界上最发达的语言之一。汉语口语形成的年代已经无法考证，但从记载汉语的文字的出现，也就是从殷商甲骨文到现在，有三千多年的历史了。在三千多年的历史中，汉语是世界上至今通用时间最长的语言之一。在目前世界上已知的大约 5000 多种语言里面，毫无疑问，汉语是世界上使用人数最多的一种语言，世界上大约有 1/5 的人使用汉语作为母语。而且汉语是联合国规定的六种正式语言之一(除汉语外还有英语、法语、俄语、西班牙语、阿拉伯语)。汉语主要分布在中国境内，也曾对其周边国家的语言文字以及文化产生过重要影响，日语、韩语、越南语中都保留有大量的汉语借词以及汉语书写体系的文字。作为中华民族特有的语言，汉语是中华民族文明的象征。

一、汉语的历史和特点

（一）汉语的历史

汉语有着悠久的历史，一般可分为古代汉语和现代汉语。古代汉语是汉民族在中华文明悠久的历史中逐渐形成的。古代指五四运动以前，现代与古代相对而言。古代汉语是古代汉民族所使用的语言，它包括古代人民群众使用的口语与书面语。因为无法超越时间、空间的限制，古人使用的口语现在我们已经无法听到，只能凭借古代流传下来的书面语来了解古代口语的情况。我们现在所说的古代汉语，都是指用文字记录下来的书面语。

跟世界上任何事物一样，语言也是不断发展变化的，每时每刻都在演变着。三千多年来，汉语有了很大的变化。在语音、词汇和语法这三要素中，词汇是社会的直接反映，变化最快；其次是语音；变化最慢的是语法，因此语法也是最稳定的。根据汉语语法、词汇和语音变化的情况，著名语言学家王力先生在《汉语史稿》中将汉语分为上古汉语期、中古汉语期、近代汉语期和现代汉语，并归纳了每个时期汉语的主要特点，依据王力先生的观点概述如下：

（1）上古期是指公元 3 世纪以前（五胡乱华以前），即历史上的商、周、秦和两汉时期（三、四世纪为过渡阶段）；上古汉语的主要特点是判断句一般不用系词；在疑问句里，代词宾语放在动词前面；入声有两类（其中一类到后代变成了去声）等。这一时期代表作品九经三传、诸子散文、秦汉散文等。

（2）中古期是指公元 4 世纪到公元 12 世纪（南宋前半），即历史上的六朝、唐和宋时期（十二、十三世纪为过渡阶段），主要特点是在口语的判断句中系词成为必需的句子成分；处置式的产生；完整"被"字式被动句的普遍应用；形尾"了""着"的产生，去声的产生等。这一时期代表作品有佛经文献、志怪小说等。

（3）近代期指公元 13 世纪到 19 世纪（鸦片战争），即历史上的元、明、清时期（从 1840 年鸦片战争到 1919 年五四运动为过渡阶段）；主要特点是全浊声母在北方话里的消失；m 尾韵在北方话里的消失；入声在北方话里的消失等。这一时期代表作品有敦煌文献、诗词曲、话本、小说等。

（4）二十世纪（五四运动以后）为现代；主要特点是适当吸收西洋语法；大量增加复音词等。

上古汉语时期，尤其是上古汉语的前期和中期，口语与书面语差别不是太大，这时的书面语基本上反映了当时的口语，所以上古时期只有一种与口语大体一致的书面语。到了中古期，汉语中的口语已经有了较大的变化，这时则有两种书面语:一是以先秦口语为基础而形成的上古汉语书面语,如《诗》、《书》、《礼》、《春秋》、《老子》、《论语》等,以及后来历代作者仿古作品中所使用的语言,如两汉诗文歌赋、唐宋散文等,就是通常所说的文言。二是自魏晋以来逐渐形成的以北方话为基础加工而成的古代书面语,也就是我们所说的古白话,如《世说新语》、《齐民要术》、《搜神记》,唐代变文、禅宗语录,直到元明清的白话小说。

(二)汉民族共同语

我们今天所说的汉语指的是汉民族共同语,汉民族共同语是在漫长的历史发展过程中逐渐形成的。春秋时期,这种共同语被称为"雅言",《论语·述而》中说:"子所雅言,《诗》《书》、执礼,皆雅言也。"可以看出,此处的雅言就是当时通用的书面语。从汉代起称为"通语",也就是各地共通的语言,西汉扬雄的《方言》是我国第一部方言学著作,书中记载了不同的方言词汇在各地方言区的通用读法。元代以来,汉民族共同语的形式开始形成,称为"官话",五四运动提倡白话文运动和国语运动,促进了汉民族共同语的发展,这一时期称为"国语"。1955 年中国社会科学院召开现代汉语规范问题学术会议,把汉民族共同语称为普通话。现代汉民族共同语在中国大陆称为普通话,在台湾称为国语,在新加坡、马来西亚等地称为华语。

现代汉民族共同语是"以北京语音为标准音,以北方话为基础方言,以典范的现代白话文著作为语法规范的普通话。"以北京语音为标准音是以北京语音系统为标准。现代汉民族共同语是在北方方言的基础上发展的。北方方言区在历史上有着重要的地位和影响,以北京为中心的北方地区从元代以来一直是中国的政治、经济和文化的中心,从唐宋以来的用白话写作的各种文学作品,都是在北方话的基础上创作的,因此北京话越来越重要,影响也越来越大。典范的现代白话文指的是流传范围广、影响比较大,在群众中产生一定影响的白话文作品。汉民族共同语的确定有助于更好地学习汉语,了解汉文化,也有利于汉语的传播与交际。

(三)汉语方言

语言是社会化的产物,随着社会的产生而产生,随着社会的发展而发展。汉语在几千年的发展过程中有很多的分化和统一,加上我国幅员辽阔,人口众多,在长期的发展过程中,形成了很多方言。汉语发展到今天就产生了很多的方言。根据汉语地域分支的不同特点,现代汉语的方言一般有七区:

(1)北方方言:以北京话为代表,是现代汉民族共同语的基础方言。北方方言在七大方言当中分布地域最广、使用人口最多,大约占汉民族人口的 73%。主要分布在长江以北地区、长江下游镇江以上、九江以下沿江地带;湖北除东南角以外的全部地区;广西北部和湖南西北角地区;云南、四川、贵州三省少数民族区域以外的全部汉族地区。北方方言区又分为四个次方言区:华北、东北方言,西北方言,西南方言和江淮方言。

(2)吴方言:也叫做江南话或者江浙话,以上海话为代表,主要分布在江苏南部、安徽南部、上海和浙江大部分地区使用。使用人数大约为总人口的8.4%。

(3)湘方言:也称为湖南话,以长沙话为代表,主要分布在湖南省大部分地区。按是否保留浊声母分类,可分为老湘和新湘两类,使用人口约占汉民族总人口的5%。

(4)赣方言:也称为江西话,以南昌话为代表。主要用于江西省大部分地区、湖南东部,安徽西南部等地。使用人口约占汉民族总人口的3.3%。

(5)客家方言:以广东梅县话为代表。主要分布在广东东部、北部、福建西部、江西南部、广西东南部等地,虽然是一种南方方言,但客家话是在北方移民南下影响中形成的。客家话因而保留了一些中古中原话的特点。使用人口约占汉民族总人口的3.6%。

(6)闽方言:主要分布在福建、海南、广东东部、台湾等地,菲律宾、新加坡、马来西亚还有其他海外的一些华人中也有使用。由于闽语的内部分歧比较大,通常分为闽南方言(以厦门话为代表)、闽北话(以建瓯话为代表)、闽东话(以福州话为代表)、莆仙方言(以莆田话为代表)和闽中方言(以永安话为代表)。使用人口约占汉民族总人口的5.7%。

(7)粤语:也称为广东话,以广州话为代表,主要分布在广东、广西的部分地区、香港、澳门和海外华人中被使用。粤方言是汉语中声调最复杂的方言之一,有九个声调(桂南勾漏片有十个声调)。粤方言是保留中古汉语最完整的方言之一。使用粤语的人口大约为总数的5%。

汉语在长期发展过程中产生了很多的方言,汉语各方言之间差别最大的是在语音方面,因而就会出现"言语异声"的现象,同一个字在不同的方言区读音有很大的差别,这就会导致不同方言区的人在交流的时候出现交际障碍。其次是在词汇上,不同的方言区对同一事物有不同的称呼。就拿"玉米"来说,各地方言的名称有很多,如"玉蜀、玉茭黍、棒子、苞米、苞谷、玉菱、玉麦"等等。语法方面的差别也有,但不是特别明显,相对语音和词汇来说要小得多。汉民族共同语和方言之间并不是相互对立的。推广普通话的目的不是为了消灭方言。方言是普通话的地域分支,方言中也同样保存了大量的优秀传统文化,并不是独立于民族语言之外的另外一种语言,因此在推广普通话的同时,应该处理好普通话同方言的关系。推广普通话不是为了消灭方言,而是使方言区的人也掌握民族共同语,以适应现代社会发展的需要。

(四)汉语的特点

世界上的语言根据语言之间的亲属关系可以分成若干语系。汉语属于汉藏语系,而且是汉藏语系中的典型代表。经过长时期的发展,汉语有着不同于英语、法语、俄语等其他语言的独特特点:

首先,在语音方面,汉语的音节可以分为声母、韵母、声调三个部分。向熹先生在《简明汉语史》中指出:汉语声母系统从上古到现代汉语普通话,声母系统明显地简化,由上古28个声母到中古36个声母,再到《中原音韵》的25个字母,发展到现代汉语只有22个声母。韵母系统的发展也是一个简化的过程。上古30个韵母,212个韵母。中古《切韵》系统共95个韵部,141个韵母,到现代汉语中有39个韵母。声调系统,古今并不是完全一致。中古四声是平上去入,到现代汉语普通话中是阴平、阳平、上声和去声①。在变化过程中,声、韵、调三者之间互相影响,互相制约。

其次,在汉语词汇方面,也有独特的特点。经过几千年的发展,汉语的词汇非常丰富。主要有以下几个特点:一是基本词汇有很大的稳定性。语言中有一大批词从古到今被保存了下来,他们的词义基本上没有什么变化,如自然现象的词"风、雨、冰、雪、星",肢体名称的词"心、手、头、皮、眉、耳",这一类词属于基本词汇,这些词自古到今,一直都在使用着,而且意义和用法基本上没有什么变化。这类词是汉语词汇中最稳定的部分,从而保证了语言的稳定性。二是词汇发展过程中新词不断产生。词是客观事物在人们头脑中的反映。随着社会政治、经济、文化、科学、习俗等不断变化,语言为了能够满足新的交际需要,也会有大的变化,其中最主要的就是许多新的词语产生。比如我国古代封建制度的建立、魏晋南北朝时期佛教的流传、五胡十六国时期北方一些民族的迁徙与融合、元代蒙古族入主中原等等这些大的社会变动,无一不在汉语词汇史上留下很深的痕迹。三是词汇发展过程中有些词汇消亡。词汇也随着旧事物的消亡而消亡。由于奴隶制度的消亡,"皂、舆、隶、僚、仆、台"等表示各种奴隶等级的词也就随之消亡了。语言中有些词因社会的变化消失了,如古代的官职的词"丞、里正、三公、车右、执金吾"等。古代的刑罚制度的"刖、膑、剔、黥"等。还有古代需要区别的事物,用不同的词来记录,后代不需要区别,这些词也就从语言中消失了。如"胡须"长在不同的部位,有不同的名称,嘴下的叫"须",嘴上的称"髭",两鬓的叫"髯",现代统一称为"胡须"。四是单音词向复音词发展。在先秦两汉时期,单音词在词汇中占绝对优势。单音词

---

① 向熹:《简明汉语史》,北京:高等教育出版社,1998年。

具有多义性,这也会造成的语义模糊性,语言按自身的规律向表达日趋精密的方向发展,也就是汉语词汇复音化。汉代以前,汉语复音化的速度较慢。魏晋六朝之后,复音词突然加快了前进的步伐。

语法方面,主要的特点是汉语缺乏严格意义的形态变化,即缺乏表示语法意义的词形变化。名词没有格的变化,也没有性和数的区别。动词不分人称,也没有时态。例如英语中用"take"表示"拿",还可以变化成"took、taken、taking"等形式,同是一个人称代词"我",做主语时和做宾语时词形不同;同是一个动词"like",主语是第三人称时要加"s"变成"likes",主语是第一人称时则不加。而汉语里就不存在这种变化,不管是什么时态,不管是做主语还是做宾语,词形都不变化,不管作主语的是第一人称还是第三人称,都没有相应的形态变化。语序是汉语表达语法意义的重要手段之一。在长期的发展过程中,汉语的语序并没有太大的变化,基本保持不变。汉语当中句子成分一般按照"主语、谓语、宾语"的顺序排列,主语位于谓语之前,宾语在动词之后,修饰语在宾语之前,补语在动词和形容词之后。

虚词是汉语表达语法意义的重要手段。虚词的数量少,但是使用频率高,运用复杂,在汉语中有着重要的地位和作用。虚词大多都是由实词虚化而来,如"及"本义为动词"追上、赶上","故不能推车而及。"(《左传·成公二年》)。随着使用频率的提高,"及"的语义开始泛化。语义的泛化,削弱了"及"的动词性,使"赶上、追上"意义逐渐消失,意义不断虚化,由表达词汇意义的范畴向语法意义范畴演变,如"若阙地及泉,隧而相见,其谁曰不然?"(《左传·隐公元年》),此例中的"及"虚化为介词"至、到"。再进一步虚化成为连词,如"秦王大喜,传以示美人及左右。"(《史记·廉颇蔺相如列传》),连接两个并列成分。汉语中的虚词日益丰富,虚词的用法也逐渐完善,功能逐渐明确。另外,汉语里还有比较系统的语气词和丰富的量词。在汉语发展过程中,汉语的句法结构逐渐丰富,同一种意思可以用不同的句法手段表达。句子结构和成分也趋于严密和复杂,这些构成了汉语语法的基本特征。

二、语言和文化的关系

语言不仅是文化的记录者和传播者,同时也是人类所拥有的最重要的一种文化。语言和文化是同步发生的,没有语言就没有文化。语言是文化形成和发展的前提,人们把认识世界的成果通过语言保存下来,传播下去,文化的发展也促进了语言的丰富和发展。戴昭铭先生认为:"分析和研究语言就是分析和研究语言作为文化符号的功能,分析和研究特定的语言结构和独特的

13

表达思想功能,分析和研究语言中所体现的特定民族的文化哲学、文化思维、文化心理和文化史实。"①语言反映一个民族的特征,它不仅包含着该民族的历史和文化背景,而且蕴藏着该民族生活方式和思维方式。语言与文化相互依赖、相互影响。总的来说,语言和文化的关系可以从以下几方面去理解:

首先,语言是文化的基石。语言是人类创造出来的一种特殊的社会现象,是人类最重要的交际工具,也是人类思维的工具。语言是文化的一部分,并对文化起着重要作用。"语言和文化的密切关系还在于全部文化(文明)依赖于符号。正是由于符号能力的产生和运用,才使得文化得以产生和存在;正是由于符号的使用,才使得文化有可能永存不朽。"②语言不是孤立的,而是和多方面联系的。语言不仅只表现在语音、语法、文字这几个方面,而且还是生活方式、思维方式、世界观在生活当中的反映。人类物质世界的特征可以通过语言表达出来,人类精神世界的状态可以利用语言去进行周密地阐释。

其次,语言记录并保存文化。作为一种社会现象,语言同社会有密切关系。它不仅是重要的、不可或缺的交际工具和交流思想的工具,而且也在利用这一工具的同时,把人类对生活现象、自然现象的认识凝固在语言中,即语言还具有记录和保存文化的功能。人类要利用语言进行交际,就必须把自己所发现和创造的一切,溶入语言之中。语言也只有能记录人类所发现和创造的一切,才能很好地发挥交际工具的作用。语言是社会生活的一面镜子,社会生活的全部都投射到语言中,社会在不断发展,但是投射到语言当中的社会生活却长久保存下来。我国有着世界上最为悠长的文明史,也有着丰富的古文献,中华民族世代相传的物质财富和精神财富都通过汉语记录并保存下来。

第三,文化影响语言的发展。语言和文化都是人类社会的产物,语言能够记录文化,促进文化的发展。同时语言又受文化的影响,文化的发展影响语言的发展。民族文化交流是语言发展的动力之一,不同民族之间的文化交流对语言有很大的影响。中国自古以来就是一个多民族且具有多种文化源头的国家,中华民族各成员的语言大不相同。在长期的民族融合过程中,其他民族的语言对汉语产生了很大的影响,这些影响最明显地体现在词汇上。因为在语言的三要素里,对外界变化反应最敏感的就是词汇,如"狮子、葡萄、琉璃、玻璃、骆驼、琥珀"等,都是其他民族同汉族交往过程中产生的一些词语。其次外来宗教文化对汉语的影响也是非常大的。中国主要有佛教、道教、基督教和伊斯兰教四种宗教,除了道教是中国本土产生的宗教外,其他三种都是从国外

①　戴昭铭:《文化语言学导论》,北京:语文出版社,1996 年。
②　何丹、方柯:《汉语文化学》,杭州:浙江大学出版社,2003 年。

传来的。这些外来的宗教文化对中国传统文化的冲击很大,其中影响最大的是佛教。佛教传入中国,对汉语的语音、词汇、语法等方面都有非常大的影响。在语音上,主要是反切的出现,在反切的基础上出现的"字母"和"等韵",这些都是梵语拼音文字对汉语语音方法的影响。王力先生认为反切受了梵文拼音原理的影响,韵书受了反切的影响。当然影响最大的还是在汉语词汇上,如"塔、和尚、僧、尼、因果、方便、烦恼、涅槃"等等。随着佛经的翻译,大量的梵语词汇进入到汉语中。如"平等",本义为等同、无差别。是指对于众生,应该平等对待,不应该有高低、亲疏的区别;在值得怜悯和具有佛性上,众生是平等的,现代汉语里泛指一切事物的同等地位。可见民族之间的交往和文化上的传播也影响着语言的发展。

三、汉语的文化信息

语言在人类的活动中起着十分重要的作用,是人类社会生活不可缺少的一个部分。语言蕴藏着民族文化的内涵,是民族文化精神的表征。语言反映着文化的产生和发展演变,可以推断和还原已经消失的某些社会变化。如郭沫若先生在《卜辞中的古代社会》一文中,利用甲骨文,金文材料探索发现田猎的猎物以鹿为主,从而证明生产已脱离渔猎时代。又通过卜辞中的狐鹿、野马、野象等捕获物,证明三四千年前的黄河流域中部是"未经开辟的地方"。可见语言是社会生活和社会意识的一面镜子。语言中包含着极其丰富的文化内涵,既有历史的文化积淀,又有现实的文化镜像。汉语是汉民族文化的载体,体现着中华民族文化精神和文化心理,充溢着中华民族文化思维和文化价值的创造。我们通过汉语中的成语和谐音来了解汉语所蕴含的文化信息。

（一）汉语成语的文化意蕴

语言是一个社会集体共同的历史遗产,是约定俗成的社会习惯的产物。成语是汉语语言符号中最经济、最有效的符号,更是汉民族文化的精华,最富有汉民族的文化特征。作为语言中的活化石,成语为我们研究语言的文化内涵提供了宝贵而丰富的素材。成语是语汇不可缺少的组成部分,和一般语词相比,汉语成语本身又有两个非常显著的特点:一是成语的形式,二是成语的内容。

从形式上看,汉语成语以"四字格"为主。吕叔湘先生曾说:"四音节好像一直都是汉语使用者非常爱好的语音段落,最早的诗集《诗经》里的诗以四音为主,启蒙课本《千字文》、《百家姓》、《李氏蒙求》、《龙文鞭形》等等都是四音。亭台楼阁常有四字的横额,流传最广的成语也是四言为多。"①"四字格"是汉语成语的主要形式,这并非偶然现象,而是有着深刻的文化内涵:一是讲究对称,这是汉民族非常重要的文化心理,而四字格最能体现"以偶为佳"的要求。二是字数上的对偶和结构上的对称,还有音律上的音节整齐匀称,声调的平仄相间。在音节节奏上,几乎所有成语都可一分为二,形成两个音节,这样读起来节奏明快悦耳。"四字格"大多能平仄相间,体现汉语声调特有的节奏感和音乐美,双声、叠韵、重叠等语音修辞手段也能在"四字格"中充分体现。三是汉民族的言语习惯,四字格是汉语言语习惯之一,从原始歌谣到《诗经》再到秦汉散文,大多都采用四字格的形式表达。夏传才在《诗经语言艺术》中提出,《诗经》里四言共有 6724 句,占全诗的 92.3%。从诗经时代开始,汉语四字格的表达逐渐认识并运用,也形成了汉语成语的基本结构。

从内容上看,汉语成语作为民族文化的载体,准确而生动地记载了汉民族文化的基本内容,表现汉民族独特的心理结构、思维方式、审美情趣和价值体系。

成语体现儒、释、道思想。儒家思想在中国传统文化一直占主导地位,很多成语体现出儒家文化。例如"当仁不让"语出《论语·卫灵公》:"子曰:当仁,不让于师"。现在指面对合乎道义的事情就积极主动地去做,毫不退让。"见贤思齐"(《论语·里仁》),指遇到比自己贤能的人不应嫉妒,要学习对方的美德,使自己改进向善,成为贤能的人;此外还有"见义勇为、礼尚往来、多难兴邦、度德量力、过犹不及、得道多助"等,这些成语反映了儒家思想中的人生态度与价值观念,带有修身、齐家、治国、平天下的人生目的与奋斗目标,成了我们精神财富的一个重要组成部分。有些成语产生于佛教,大多来自佛经,是佛教文化的载体。例如"一尘不染"本来指修道者身心纯洁,不为六尘(佛教把声、色、香、味、触、法称为"六尘")所染。后比喻品德高尚丝毫没有沾染坏的习气,也形容环境非常清洁。"现身说法"指佛能依附在一切有生命的东西上,显现出种种不同的身形来讲解佛法。后来比喻以亲身经历来讲明道理,劝导别人。还有很多如"本来面目、开山祖师、聚沙成塔、盲人摸象、一尘不染、一报还一报、因果报应、想入非非、现身说法、衣钵相传、心心相应"等。反映道家思想的成语也有不少,如"上善若水",出自《老子》第八章:"上善若水,水善利万物而不争",指人崇高境界的善行就像水的品性一样,泽被万物而无所争。"无中生有"出自《老子》第四十章:"天下万物生于有,有生于无。"原指道家对事物的朴素的认识,后来意思发生了转变,指本来没有却硬说有,凭

① 转引自王国安、王小曼:《汉语词语的文化透视》,上海:汉语大词典出版社,2003 年。

空捏造。"道法自然、清静无为、无中生有、盗亦有道、不法常可、得意忘言"等成语，都是道家的思想和独具特色的哲学思辨能力的反映。

成语反映古代服饰文化。在中国古代社会，服饰是一种特殊的文化符号，也是古人身份和地位的体现。如"衣冠禽兽"现在是一个贬义词，指品德极坏，行为像禽兽一样卑劣的人。这本不是一句骂人的话，唐代袍服的纹样，一般以暗花为多，到了武则天统治时期，又颁赐了一种新的官服，名叫"绣袍"。在各种不同职别的官服上绣以不同的纹样，文官绣"禽"，武官绣"兽"，这种以禽兽纹样区分文武官员品级的做法。到了明清时期，又发展成"补子"，即以金丝、彩线绣成徽织，缀于文武百官服装的前胸和后背，这样很容易识别其官职和地位。帝王妃嫔和贵族妇女的打扮"凤冠霞帔、珠围翠绕"，普通的劳动妇女就只能是"荆钗布裙"；"顶冠束带"指的是朝廷命官的穿戴，有钱人的穿戴"冬裘夏葛、绫罗绸缎"，普通老百姓只能"短褐穿结"、"颠倒衣裳"；从古代在服饰上种种严格的规定可以看出，服饰是古人的社会地位、经济实力、志趣节操、思想情感等的外在表现，所以汉语中与服饰有关的成语数目众多也就不足为怪了。

成语反映古代婚俗恋情。汉语中关于爱情、婚姻的成语有很多，如"情窦初开、一见钟情、白头相守、秦晋之好、花好月圆、天荒地老、海枯石烂、天长地久、百年好合、相濡以沫"等。这些成语可以反映古代婚姻习俗、婚姻制度以及婚育观念。如"父母之命，媒妁之言"，反映出古代的婚嫁男女双方很少有自主选择的权利，必须由父母做主媒人牵线，不能私定终身。"门当户对"反映古代男婚女嫁以钱财、权势、功名、门第为前提条件。"相敬如宾、举案齐眉"反映了步入婚姻殿堂后夫妻生活的幸福与美满，这个成语出自《后汉书·梁鸿传》：梁鸿年轻时家里很穷，但刻苦好学，很有学问，在当时很有名气，可是他不愿意做官，一直隐居乡里。和他同县有个姓孟的财主，家里有个女儿叫孟光。孟光生得皮肤黝黑，体态粗壮，喜爱劳动，没有小姐的娇气，嫁与梁鸿后，梁鸿每天劳动回家，每当丈夫回家时，妻子就托着放有饭菜的盘子，恭恭敬敬地送到丈夫面前。为了表示对丈夫的尊敬，妻子不敢仰视丈夫的脸，总是把盘子托的跟眉毛齐平，丈夫也总是彬彬有礼地用双手接过盘子。后来就以这两个成语表示夫妻之间相亲相爱。可见我们不仅要看成语的表面意思，还要考察它的来源，因为成语很多都与古代社会、文化息息相关，只有了解成语的来源，才能理解成语所蕴含的文化信息。

成语展示古代宫室建筑艺术。中国古代的楼台宫室建筑，内外的装饰上追求华丽美观。栋梁上精美的雕刻和华丽的彩绘，不仅突出地表现了古人在建筑设计上的审美追求，也反映了等级机制度和经济地位上的鲜明不同。如

17

形容建筑物,特别是宫殿的宏伟华丽用"堂皇富丽";形容建筑物的美丽华贵,用彩画装饰的梁栋叫"雕梁画栋"。"门当户对"的"门"与"户"都是指门,不过二者略有区别:双扇的为"门",单扇的为"户"。这个成语原指两家人对面住着,后指男女双方家庭的社会地位和经济情况相当,宜于结亲。同时从成语也可以看出古代建筑的布局,如"升堂入室"现在用来比喻学识和技能逐步提高,达到很高的境界,也作登堂入室。古代的宫和室是有区别的,前面为堂,后面为室。在古代,堂屋一般是父母住的,也可以待客用。而"室"一般指"内室",作为卧室用,是不轻易让外人进入的。与建筑有关的成语还有很多,如"富丽堂皇、古色古香、金碧辉煌、高楼大厦、青瓦白墙、亭台楼阁、舞榭歌楼、钩心斗角"等。这些成语展示了的中国古代建筑极具特色的民族文化特点。

其实,成语所体现出来的中华民族传统文化还有很多,如文学艺术、天文历法、宗教历史、饮食起居、思想道德、风俗礼仪等等,都与成语有密切的关系。成语与我国传统文化的关系,不论从物质层面还是精神层面看,远不止以上所列举的这些表现。由上面几个方面我们也可以看出,成语是汉语中的精华,汉语成语中都沉淀着丰富而生动的文化内涵,闪烁着中华民族智慧的光芒。

(二)汉语中谐音的文化意蕴

萨丕尔说过:"语言有一个底座。说一种语言的人是属于一个种族(或几个种族)的……语言也不能脱离文化而存在。就是说,不能脱离社会流传下来的。"①谐音作为汉语中的一种重要修辞手段,与汉文化有着密切的关系。谐音的生成,源于语言中特殊的语音结构及其特定的民族心理。汉语的语音特点为谐音提供了提供了条件,更为重要的是谐音成为汉民族的一种思维方式,与汉民族思维观念和民族心理密切相关。

谐音体现了趋吉避凶的民族心理。语言本来是作为人类社会的交际工具,但在人们的使用过程中,总是把语言的功能神秘化、夸大化,对语言有一种崇拜和信仰的心理,认为语言可以招致祸福,通过语言可趋利避害。那些与不吉利的事物或现象有关的字词,如果在言语交际中直接提及,这样会造成双方心理上的恐惧和不安。王平在《汉语谐音表达的客观基础》一文中认为,汉民族强烈的趋吉避凶心理,形成汉人自觉有意识地运用谐音来求取吉祥,或小心刻意地躲避由于语音相同或相近造成不详意义联想的习惯。比如春节时把"福"字倒贴,"倒"与"到"谐音,象征祈求"福到"。由"鹿"的语音联想到"禄",在语言崇拜心理影响下,"禄"预示或象征着取得功名,因而便把"禄"的特性比附于"鹿",这样"鹿"便具有了"禄"的意义。直至现在,当语言巫术

① 〔美〕爱德华·萨丕尔:《语言论》,陆卓元译,北京:商务印书馆,1964 年。

和语言迷信被淡化之后,汉民族仍然有谐音可以趋利避害的心理认知。他们认为只要同音或谐音,两者之间就可以相互渗透,可以相互发生作用,人们运用语言来祈福避祸。就谐音这一语言现象而言,是通过"语音"这一中介,把另一与之语音相同或者相近事物联系在一起,一般来说所选取的语义和所联想到的现实现象之间没有必然的联系。如在中国的民俗中,过年的时候要吃鱼,因为"鱼"与"余"的语音相同。由"鱼"这种栖于水中的脊椎动物,联系转换为富足剩余之义的"余"。民间婚礼中,枣子、桂圆、核桃、百合等干果分别代表着"早生子"、"祥贵团圆"、"和美"、"百年好合"等寓意,在潜意识里都希望这些吉祥语能够化作一种实有的物质,给自己带来利益。谐音不仅是汉字与汉字谐音,还可以汉字与数字、英语字母等谐音。一些在语言中谐音吉利的数字开始备受宠爱,如汉语中"8"谐音"发","9"谐音"久","1"谐音"要","5"谐音"我",带"8、9"数字的日子、号码、名称就认为是吉祥号,能带来好运气,电话号码、车牌号、商品价格也特意选些谐音吉利的数,而"4"谐音"死",人们选择各种号码的时候都尽量避开,体现了汉民族通过谐音趋吉避凶的认知心理。

谐音体现汉民族思维特点。思维方式是一个民族在长期的发展过程中形成的稳定的思维习惯、思维方法、思维趋向的综合表现。不同的民族,认知世界的方式不同。汉语与汉民族的认知方式有着千丝万缕的联系。汉民族认知世界往往以直觉体悟为主,语言表达上不太注重抽象的分析和形式的论证,传统的这种直觉思维对客体的认知,带有强烈的主观臆断的成分。在汉语谐音中,主观地把音近、音同的不同语义或现实中不同的事物等同起来。如倒贴"福"字,"倒"与"到"同音,就预示着"福到",由"鱼"联想到同音的"余",因而人们在过年的时候都要吃"鱼",含有"年年有余"之义。这种做法毫无科学依据,但它符合人们主观心理感觉。其次比附联想是谐音得以实现的重要条件,也就是由一个音联想到具有另外意义的相同一个音或近似的音,把一事物的特点附加在另外一事物上。如"棺材"一词虽然与死亡相关,但是谐音联想到"官财",因此又有了吉祥的意义。由此可见我们从汉语的谐音现象中,不仅可以发现汉语语音方面的特点,还可以了解汉民族的思维方式。作为一种常见而又备受人们喜爱的一种语言现象,除了与汉语自身的语音特点有关外,还与根植于深厚的汉文化相关。

语言是社会的产物,是对社会的镜像反映。"从文化学的角度看,语言是文化信息的载体之一,传统文化之所以能绵延不断地代代相传,相当重要的一个原因在于语言具有一种储存文化信息的功能,传统文化的内涵在被分解为文化元素后,经过语言的折射,又重新编码为语言组合,以语言文化的形式出现。"①吕叔湘先生也说过语言研究不但是常常涉及文学,还常常涉及一般文化。中华民族历史悠久的传统文化依赖于汉语而得以记载、发展和继承,通过汉语我们可以找到中华民族文化发展的轨迹。

【思考题】

1. 试述语言和文化的关系。
2. 汉语在语音、词汇和语法方面有哪些特点?
3. 举例说明汉语成语中蕴含的文化信息。

【参阅书目】

1. 王力:汉语史稿。北京:中华书局,2004 年。
2. 向熹:简明汉语史(修订本)。北京:商务印书馆,2010 年。
3. 罗常培:语言与文化。北京:语文出版社,1989 年。
4. 沈锡伦:中国传统文化与语言。上海:上海教育出版社,2004 年。
5. 申小龙:汉语与中国文化。上海:复旦大学出版社,2008 年。

第二节　汉字与中国传统文化

汉字和两河流域的苏美尔人创制的楔形文字、尼罗河流域的古埃及人创制圣书字共称为世界上三种最古老的文字,其他两种古老的文字现在已经消亡了,只有汉字从产生到现在一直在使用没有间断过。从有文字记载的甲骨文开始,到我们现代所使用的汉字,已经经历了三千多年的历史。在如此漫长的历史过程中,尽管汉字的形体、读音或字义都发生了一些变化,但汉字的性质没有发生根本性的变化。汉字一直是中华文化的载体,承载着我们的历史文化,并不断延续下去。香港语文协会名誉会长、著名文字学家安子介先生认

① 沈锡伦:《中国传统文化与语言视》,上海:上海教育出版社,2004 年。

为"汉字是中国的第五大发明。"他说汉字是中国对人类文明的巨大贡献,汉字是中国的另一大发明,其意义和价值不在自然科学的四大发明之下。"汉字固然有着与其他文字相同的属性和功能,但在文字的性质、起源、表意途径、传布方式、稳定机制等诸多方面,都与拼音文字有着根本的差异。汉字文化存在的原因就在于汉字诞生、成长于汉民族自己的文化土壤之中,是汉民族的传统文化地缔结出了汉字这一硕大的民族文化之果。"[①]可见汉字与汉民族传统文化相互依存,汉字是汉民族传统文化的结晶,汉民族传统文化又依靠汉字发扬光大。

一、汉字的起源

语言是人类交流情感、传达信息的重要工具,人类产生就有了语言,可以说语言是人类社会成员之间得以联系的纽带。在文字产生之前,人类通过口头语言进行交流,凭借记忆一代一代往下传,但是口头语言容易遗忘,另外口头语言不能突破时空的限制,因此,人们为了适应社会发展的需要,创制了文字。我国清代陈澧说:"声不能传于异地,留与异时,于是乎书之为文字。文字者,所以为意与声之迹也。"(《东塾读书记》卷十一)从这段话我们可以看出,文字和语言有着密切的联系,文字是在语言的基础上产生的,在古代科技尚不发达的时代,声音没有办法保存,不能"传于异地、留与异时",而文字的产生恰好能够解决这个问题。文字是在有声语言的基础上产生并发展起来的,语言是文字符号所代表的具体内容,如果没有语言,文字也就不可能存在。文字则是记录语言的符号,文字的出现标志着人类告别了愚昧无知,开始进入文明。文字不仅是认识自我根源的钥匙,也是文化的载体,是重要的文化资源。汉字的诞生标志着中国的历史由口耳传说进入了文字记录时代,有文字就有了文献,因而,炎黄子孙一代接一代地总结历史经验,创造并推动着社会发展进程。可以说我们的祖先告别蒙昧,走进文明,汉字作出了里程碑式的贡献。

汉字的历史源远流长。殷商时期的甲骨文,是我国目前发现的最早的成系统的汉字。在此之前,关于汉字的发展应该还有一段时间,但是现在没有足够的文献资料来证明。汉字是如何起源的问题,一直是人们探讨的话题。关于汉字的起源历史上有许多种说法,有些历史传说过去人们往往认为是无稽之谈,但传说的出现一定有特定的文化背景,常常隐含着合理的因素,由此可

---

① 　舒新春:《汉字文化引论》,南宁:广西教育出版社,1996 年。

以窥见原始汉字的一些信息。

结绳说：将汉字起源与结绳记事联系起来，由来已久。《周易·系辞下》："上古结绳而治，后世圣人易之以书契。百官以治，万民以察。"《老子》第八十章："小国寡民，使民有什伯之器而不用，使民重死而不远徙。虽有舟舆，无所乘之；虽有甲兵，无所陈之，使民复结绳而用之。"东汉许慎在《说文解字》中讲汉字产生前的情形时也提到了结绳："及神农氏结绳为治而统其事，庶业其繁，饰伪萌生。"

结绳，就是在绳上打结。至于怎么打结，唐人孔颖达在《周易正义》中引述东汉人郑玄的话说："事大，大结其绳，事小，小结其绳。"其实结绳只是古人的一种记事方法，《庄子·胠箧》言："昔者容成氏，大庭氏，伯皇氏，中央氏，栗陆氏，骊畜氏，轩辕氏，赫胥氏，尊卢氏，祝融氏，伏羲氏，神农氏，当是时也，民结绳而用之。"到了近代，一些生产力不发达，信息比较闭塞的民族地区也还有用结绳来帮助记事的。结绳记事对汉字的产生有一定的影响，但不能说汉字起源于结绳。结绳记事与文字发明的想法是一致的，在人的记忆力之外寻找帮助记事的工具。它促使文字的产生，但还不是文字的起源。因为结绳仅仅是一种帮助记忆的实物性符号，不能成为记录语言的交流工具，更不能表达语言中的读音。随着生产力的提高，简单地结绳不能适应这种需要，于是一种全新的符号体系就出现了。

八卦说：相传伏羲作八卦。《说文解字·叙》："古者庖牺氏之王天下也，仰则观象于天，俯则观法于地；视鸟兽之文与地之宜，近取诸身，远取诸物，于是始作八卦，以垂宪象。及神农氏结绳而治，而统其事，庶业其繁，饰伪萌生。黄帝之史官仓颉，见鸟兽蹄迒之迹，知分理之可相别异时，初造书契。"八卦是古代巫师占卜的符号，——为阳爻，代表奇数；— —为阴爻，代表偶数。共有八种组合：奇奇奇、偶偶偶、偶偶奇、奇奇偶、偶奇偶、奇偶奇、奇偶偶、偶奇奇。每三爻合成一卦，可得八卦；两卦（六爻）相重则得六十四卦。

刘师培在《小学发微》中说："大约《易经》六十四卦为文字之祖矣。"其实汉字的起源与八卦没有任何联系。二者在形体上没有继承关系，八卦的图形最早产生于西周中期，而殷商时期甲骨文已经形成了体系。汉字的产生应该在甲骨文之前，而八卦的出现比甲骨文还晚，因此，汉字起源于八卦的说法是不合理的。另外，八卦的卦爻和数有关，即使汉字中有些汉字采用了原始的八卦符号作为构字偏旁，但也不能认为汉字起源于八卦。

仓颉造字说：在有关汉字起源的传说中，人们更相信黄帝的史官仓颉根据日月形状、鸟兽足印创造了汉字。仓颉造字在古书中多有记载。如《吕氏春秋·君守》："奚仲作车，仓颉作书，后稷作稼，皋陶作刑，昆吾作陶，夏鲧作城，此六人者所作,当矣。"这里仓颉作书指的就是仓颉创制了文字。《韩非子·五蠹篇》:"古者仓颉之作书也,自环者谓之'厶'(私),背'厶'(私)谓之公。"到了秦汉时期,仓颉造字说流传更广,影响更深,如《淮南子·本经训》载"昔者仓颉作书而天雨粟,鬼夜哭"的传说。除了文献记载以外,人们还认为仓颉造字有一定的合理性。首先,这种传说把结绳与仓颉造字衔接起来。结绳记事无法适应更多更快的记录,必须探索新的方式,创造更多的相区别的符号,记录更多的信息。人们从兽蹄鸟迹中发现了不同的图像可以标示不同的食物和意义,因而出现了图画文字、象形文字,是合乎逻辑的。其次,仓颉是史官,而文字是具有高度约定俗成性的符号体系,有大范围的社会交往需要才能产生,当部落联盟之间产生频繁的外交、战争事务,需要出现各联盟共享的符号,于是对民间的刻划符号进行整理成了当务之急,这个工作只能由掌握文化的巫史来完成。

从历史角度来看,文字是社会成员共同的交际工具,不可能是一个人创造的,是先民长期累积发展的结果。所以,仓颉造字只是一种传说而已。另外汉字存在大量的异体字,也说明汉字不是一时一地一人所创的。既然创造汉字的人很多,为什么都不提及,而单独提出仓颉呢?《荀子·解蔽》对此作了解释:"故好书者众矣,而仓颉独传者,一也。"意思是:创造汉字的人很多,只有仓颉留下了造字的美名,是因为他专心一意的缘故。鲁迅在《门外文谈》中指出:"在社会上,仓颉也不止一个,有的在刀柄上刻一点图,有的在门户上画一些画,心心相印,口口相传,文字就多了起来,史官一采集,就可以敷衍记事了。中国文字的由来,恐怕也逃不出这个例子。"也就是说,汉字当然不可能是仓颉一个人创造出来的,仓颉只不过在这些人当中比较重要、起的作用比较大而已。

起一成文说:这个观点是宋人郑樵的主张。他认为汉字起源于"一"。他的这种学说是建立在"道生于一,一生二、二生三、三生万物"、"一阴一阳谓之道"等古代哲学思想基础上。郑樵"起一成文"学说还根据《说文解字》中五百四十个部首"始一终亥"而来。所谓"始一终亥",就是许慎在说解汉字的时候是按照从"一"字开始至"亥"终结这个顺序进行的。因此,他在《通志·六书略》中提出汉字的基本笔画都是由"一"及其形体变化构成的,"衡为横,从为竖,邪为撇,反撇为捺,至撇而无穷",用"一"以及由"一"变化的各种形体就可以组成汉字。郑樵以汉字中楷书横平竖直的笔画来说明汉字的起源,从文字符号体系内部来探讨笔画及其相生之理,这种观点是站不住脚的。我们无法从汉字的古文字字形得以说明,从甲骨文是目前发现的最早的成系统的汉字形体,它的笔形并不是横平竖直的。

图画记事说：图画记事是用图画的方式记事，有的本身就是原始的表意图示，有的已是图示文字，但大量的还是最原始的记事图画，大都是用红土、泥炭、木灰、白垩等材料涂在石壁上，所以又称做岩画。其内容可以是记录一次完整的活动、一次联合围猎的各个方面、一次盛大的庆典、一次隆重的祭祀；也可以是记录和表现较全面的原始氏族生活；也可以是对神灵、图腾、族徽、号标的描绘，有的已有原始文字的形态。这些符号有的后来固定下来，成为表意符号。

汉字起源于图画，已为学术界普遍接受。很早以前，古人就有书画同源的观念。宋人郑樵《通志·六书略》中说："书与画同出"。意思是汉字和图画共处一源。沈兼士说："余以文字之起源，实由记事之绘画。"唐兰说："文字本于图画。"文字画是作用近似于文字的图画，但它不是图画形式的文字。苏美尔人的楔形字，古埃及的圣书字等，是图画性的。共同规律，文字脱胎于图画。国内少数民族用图画记录传递信息的实例：新疆岩画、大兴安岭岩画、纳西族的东巴文。汉民族的原始记事性图画可以从一些出土的文物中找到证明。例如仰韶文化遗址出土的一些彩陶，上面的图案、动物等画得很好，与后来的文字有很多相似性。

契刻说：契刻就是在物体上刻画记号，因此也叫记号说。汉字起源于契刻，在古代典籍中，有不少记载，《周易·系辞下》："上古结绳而治，后世圣人易之以书契。"书契就是书写和契刻。《战国策·冯谖克孟尝君》："于是约车治装，载券契而行。""驱而之薛，使吏召诸民当偿者悉来合券。"《隋书·突厥传》："突厥无文字，刻木为契。"西南彝族在民主革命前，一般人除了结绳记事外，还有用契刻的方法帮助记忆。上述史料和民俗说明，契刻也是先民普遍使用的记事方法。

契刻的作用主要是用来计数，其次是用来提示事件。时间略晚于结绳，而功能大于结绳。主要用于契约与交换，在超越空间传递信息方面起到一定的作用。汉字也不源于刻契。因为汉字是一套复杂的结构系统，不能是从简单的刻契而来，但其约定俗成的性质与汉字是一样的。刻契为约的办法，产生于原始时代发明文字以前，那时人们在木块、陶器等物体上刻画一些简单的纹路或缺口以帮助记忆，其作用与结绳相似。木契上的刻划道道，只起帮助作用，当然不能算是文字。但它也促进了文字的产生。

通过上面的介绍，我们可以认为，汉字的源头有两个：图画和契刻。图画主要产生早期的象形字，契刻主要产生早期纯符号性质的指事字等。单纯地说"汉字起源有图画"或"汉字起源于契刻"都是不全面的。上古先民所采用的原始记事方法主要有结绳、木刻、图画以及在器物上划刻。随着一些符号的反复使用以及先民们的记事方法的进步,文字终于孕育而生。

二、汉字的发展演变

万事万物都在不断地发展变化,汉字也不例外。汉字在三千多年的时间长河中随着社会和汉语的发展变化不断地发生变化。现代汉字和古代汉字一脉相承,现代汉字是在古代汉字的基础上发展演变而来的。汉字是形、音、义统一于一体的文字,因而汉字的发展变化也同时表现在字形、字音和字义三个方面。字形是字义和字音赖以存在的躯壳,要了解不同时代汉字的音与义,总离不开对汉字形体的分析;所以要想全面地、历史地掌握汉字,首先就要对汉字形体的演变有个明确的了解。

我们以各个时代官方的正式字体为主干,将汉字形体的演变化划分为五个阶段。这五个阶段及其代表字体分别是:商代的甲骨文、周代的金文、秦代的小篆、汉代的隶书(包括草隶即章草)、魏晋至今的楷书(包括行书与今草)。其中以秦汉之际为界,秦代的小篆和小篆以前的字体统为古文字,汉代的隶书和隶书以后的字体统称为今文字。古文字与今文字之间的过渡字体是秦汉之际流行的古隶(又称秦隶)。汉字演变的总体趋势是一个由繁到简的过程。繁化的情况也存在,但不是主流。下面分别对这五个阶段的代表字作简要的介绍:

甲骨文主要是指刻在龟甲和兽骨上的文字。甲骨文是我国目前能够见到的最早的成系统的汉字。甲骨文在 1899 年在河南安阳小屯村被发现,这里曾经是殷商王朝的国都,商王朝灭亡以后这里就是一片废墟,因此甲骨文又叫殷墟文字。甲骨上所刻地内容都是占卜的记录,其中绝大部分都是商王或者与商王有密切关系的占卜记录。那时候生产力水平低下,人们对自然界当中的事情无法认识,只好通过占卜的方式来认识自然现象。比如农业、狩猎、天气、疾病等都要通过占卜来判断吉凶。因此刻在龟甲和兽骨的这些文字也叫卜辞。由于甲骨文是刻划的,因此字的大小不一,线条细瘦,直笔较多。以象形、象意字多,虽然对所象之物都经过了高度的抽象,但也还有不少字依然保留着很强的图画性,比如:鹿、象、鼎、沉、获等皆其类。它虽然已成体系,但字形还多不规范,因而具有不同于成熟阶段汉字的特点这些现象说明,甲骨文时代汉字的构形还处于比较活跃的阶段,异体字比较多。到目前为止,已发掘甲骨多达十万片以上,据孙海波《甲骨文编》的统计,甲骨文字的单字数量多达 5949 个。甲骨文的发现,为研究上古史、古汉字和上古汉语等提供了大量可靠的新材料。

金文又称钟鼎文、铜器铭文等。先秦的时候称铜为金,所以后人就把铸刻在古代铜器上的文字称为金文。在青铜器物上铸文,其实从商代后期就已经开始,但不是很普遍,两周的时候达到鼎盛,可以大盂鼎、毛公鼎、虢季子白盘、墙盘等重器铭文为代表。西周金文的直观表意的象形、象意结构形态减弱,便于书写的符号形态增强。趋向定型化,但异体依然不少。趋向定型化的主要表现在:形旁之意相通而混用的现象大为减少。异字同形、合文、反书等现象大为减少。形声字大量增加,一种是在原独体字上增加形符和声符,使之变为形声字,另一种是新造的字多为形声字。从总体上看,西周金文是朝着定型化方向发展的,不过同字异构的现象依然不少。

篆书有大篆和小篆之分,广义的大篆指先秦时期所有的文字,包括甲骨文、金文、籀文、春秋战国时代通行于六国的其他文字。狭义的大篆专指战国时代秦国的文字。小篆是在大篆的基础上发展而来的,秦始皇统一中国之后实行"书同文"政策时颁行的标准字体。为了尽快改变战国时代言语异声、文字异形的局面,许慎在《说文解字·叙》中指出:"秦始皇帝初兼天下,丞相李斯乃奏同之。罢其不与秦文合者,斯作《仓颉篇》、中车府令赵高作《爰历篇》、太史令胡母敬作《博学篇》,皆取史籀大篆,或颇省改,所谓小篆是也。"小篆是古文字的终结,它的主要特点,首先是基本上固定了偏旁的位置和写法的笔数,做到了定型化。其次是书写形式要求整齐划一,线条匀称,笔划的分布均衡匀称,甚至字的大小也要相同。这样一来,古文字中的象形象意字就被进一步抽象化、线条化、规整化,从而也就更加符号化了。秦始皇利用政权的力量来统一文字,推行小篆,对汉字的发展有一定的规范作用,改变了古文字多种异体字的情况,在汉字的发展史上有着重要的意义。这对增强汉字的社会职能,对促进民族的团结统一以及文化、经济的发展,无疑是有益的。

隶书可以分为秦隶和汉隶。秦隶又称为古隶,是战国晚期到西汉初期使用的不成熟的隶书。汉隶又称为今隶、八分书,是在秦隶的基础上经过加工改造而成的一种新的字体。《说文解字·叙》中说隶书开始于秦代,为了应付当时繁忙的官狱事物而造的一种简便字体。据现在已出土的文字资料看来,早在秦始皇推行小篆之前,民间早已有隶书的萌芽。从隶书的名称就可以看出,隶书的地位低下,不受统治者重视的一种字体。在秦代,小篆是主要的字体,隶书只是一种辅佐字体,但隶书比小篆书写起来方便,到了西汉,离秦王朝使用小篆没多久时间,隶书就正式取代了小篆,是以点、横、掠、波磔等点画结构取代篆书的线条结构而使之便于书写的一种字体。

从篆书到隶书的发展过程叫做隶变。隶变是汉字发展史上最重要的一次变革,是古今文字的分水岭。隶变消除了隶书中残留的图画意味,失去了因形见义的联系。

　　楷书也叫真书、正书,它产生于汉末,盛行于魏晋南北朝,一直沿用至今。楷是法式、楷模的意思。楷书是由隶书经过长期演变慢慢脱化出来的,在它成为一种新字体的相当长的时间里,还或多或少地带有隶书的意味。楷书流行之后,在摈弃带有篆书意味而不便书写的隶书构形的同时,也尽力排斥这种构形"自由化"的倾向,每个字的构形尽可能单一化。楷书的产生,汉字成为方块字也基本定型。楷书字体端正,清晰易认,已经成为我们当今社会使用的规范字体。

　　另外还有草书和行书。自从汉字产生,各种字体都有草率的写法。在汉隶盛行的时候,草书才成为一种字体的专称。草书主要有章草、今草和狂草三种。行书是介于今草和楷书之间的一种字体,也就是楷书的草化或者草书的楷化。行书兼有楷书和草书的优点,而且书写效率很高,如今演变为人们日常普遍使用的一种字体。

三、汉字的形体结构

　　汉字的结构就是汉字的形体构造。汉字是一种表意文字,字形和字义有着密切的联系,尤其是古人刚开始创造汉字的时候,构造字形总要服务于一定的意义。了解汉字的造字意图,形体结构更有利于我们把握汉字,分析其中的文化内涵。早在先秦时期,人们就有了对汉字结构分析的朦胧认识,如《左传》中有"止戈为武"、"皿虫为蛊"的说法,《韩非子·五蠹》中有"自环者谓之厶,背厶为公"的说法,尽管这些对字形字义的分析是零星的,并且带有很大随意性,但却启发了"六书"理论的产生。

　　"六书"这个名称最早见于《周礼·地官·保氏》:"保氏掌谏王恶,而养国子以道,乃教之六艺:一曰五礼,二曰六乐,三曰五射,四曰五驭,五曰六书,六曰九数"。六书是六艺之一,但书中没有说明六书的内容。只是没有说明具体内容。到了东汉,许慎在《说文解字》中,详细阐述了"六书":象形、指事、会意、形声、转注、假借。其中,象形、指事、会意、形声四项为造字原理,是造字法;而转注、假借则为用字规律,是用字法。下面我们对汉字的四种构造方法作简单介绍。

　　象形:象形字就是描摹事物的形状来表示字义的一种造字方法,也就是用相应的线条把事物的轮廓或者特征部分描画出来。"日"、"月"就是这种字。象形字的产生大都很早,由绘画发展而来,例如:

（鸟）（鱼）（鹿）（牛）（羊）

象形字大多保留图画的味道，但象形字不等于是图画，大都带有写意性质的，例如：甲骨文的"鹿"这个象形字是根据实物的形象画出来的。有时还可把肢体部分省掉，只画头部，"牛"字像牛头之形，"羊"字像羊头之形，但又不是把头部的所有面貌形状都画出来，只是表现头部最具区别性特征的部分，牛头和羊头都突出地表现它们的角，牛头的角是斜刺向上，羊头的角则卷曲朝下。这就是象形字不同于图画之处。

象形字可以分为整体象形、局部象形和衬托象形三类。整体象形：象形字表示的是所象之物的全体之形。如"日""月""贝"。局部象形：象形字只表示所象之物的一部分。如"牛""羊"等。衬托象形：有些象形字，所象之物难以单独画出来，或画出来难以辨认，于是就把相关部分也画出来加以衬托。如"果""洲"。单画○。○，让人不知画的是何物，但只要把连带的部分画出来了：（果）人们一看就知道是树上结的果了。（瓜）树上结的为果，藤蔓上长的是瓜，瓜也是一个衬体象形字，是在像瓜之形的形体加上藤蔓构成的。

象形字在整个汉字系统中所占的比重不大，据统计，《说文解字》所收的9353个汉字中，象形字为264个，仅占总数的2.8%，但象形字是"根字"或者"基础字"，是其他三种构字法是在象形的基础或加某一抽象的符号（指事），或合两个独体象形字以会意（会意），或以一个象形字表示义类，一个象形字表示声类（形声）这样形成的。它的特点是以富于真实感的图像来表现词义。所记的一般是有形可象的指物名词。象形字历史悠久，是汉字的构形基础。

指事：《说文解字·叙》说："指事者，视而可识，察而见意，上下是也。"意思就是一见到这个字就有似曾相识的感觉，仔细观察就能知其造字的用意，上、下二字之形就是用这种造字方法构成的。指事是在象形的基础上加指事符号以标识字意所指只是所象之形的局部而非整体的造字方法。可以分为纯体指事和加体指事两种：纯体指事和加体指事。

纯体指事。是由纯粹的抽象符号构成的指事字。也叫独体指事，例如："一"用抽象的一划表示数字"一"；"二"用抽象的二划表示数字"二"；"三"用抽象的三划表示数字"三"；上，甲骨文作：，用一条弧线作为基准，弧线上面加一短横来表示"上"这一方位。加体指事。是在象形字的基础上增加指事符号而构成的指事字。也叫合体指事，例如：以木为基础构成的指事字有这样几个：

（本）（末）（朱）

"本"是在木的基础上加一圆点,表示树根所在之处,故"本"的早期意义应是"树根"。"末"是在木的基础上加一短横,表示树梢所在之处,故"末"的本义是指"树梢"。"朱"是在木的基础上加两短横,这两短横标明树干所在之处,故朱的本义是指"株干"。

指事字在《说文》一书中占的比重比象形字还小,只有 129 个指事字,仅占总数的 1.4%,但指事是很有特色的一种造字方法,值得重视。要把指事与象形、会意区别开来。

会意: 会意是根据事物间的某种关系而组合两个或两个以上的文来示意的造字方法。但这种比合,不是简单的相加,例如:止和戈放到一起,就不是"止"加"戈"的意思,它比合的是一种尚武的精神。表示的是"挥戈前进"的意思。人和言放到一起,也不是"人的话"的意思,而是表达的是"诚实"的意思。

会意字大体上可以分为两大类:同体会意和异体会意。同体会意是由两个或两个以上的相同形体的字组合而成,表示一种新意,比如:两木为"林",两个"火"重叠为"炎",火上有火,表示火光大;"从"会和二人之意,表示一人在前,一人在后紧紧跟随。异体会意就是由两个或者两个以上形体不同的字组合而成,例如:及:从"又"从"人",表一只手从后抓住一个人表示追及之意,本义追赶上;兵:从廾(拱)持斤,会意为兵器之义,后来又指持兵之人。戒:为两手持戈,会意为守卫戒严之意。

可见这类会意字所反映的事物的内在关系,需要人们凭着字面所提供的"信息",去发动由表及里的联想,同时还需要人们根据对客观事物的认识以及对一定时代的社会意识和观念形态的把握等等,会意造字法冲破了象形、指事的局限,扩大了造字的范围。象形和指事造字多只能对单一的、静态的事物(包括人)而进行图形示意。例如休字,从人从木,甲骨文作 ,从这两个文的组合方式,表现出了人与树的关系——人倚树下。正是先哲们充分而有效地利用了人们认识和理解事物的主观能动性,才造出了这样一些能为人们所接受的、貌似形象实则十分抽象的会意字。总之,会意字"比类合谊"的方式有多种,内容很丰富,决定会意字字义的因素也很复杂,我们对会意字的识别和理解千万不要简单从事。

形声: "形声者,以事为名,取譬相成,江、河是也。""事",指事类。"以事为名",即按照事物的类别特点去选一个字作为新字的一部分,即形符。譬,譬况,相类似,即字音相同相近。"取譬相成",即取一个发音相近的字作新字的声符。"江、河"就是这种字。形声是一种能产性最强的造字方法,许慎在《说文解字·叙》中说:"仓颉之初作书,盖依类象形,故谓之文;其后形声相益,即谓之字。字者,言孳乳而浸多也。"形声字是在独体的"文"的基础上孳生繁衍出来的。形声字都能区别出意符和声符两种构字部件,意符表示形声字本义所属的意义范畴,声符表示形声字的声音。意符表示字的本义所属的意义范畴,意符相同的字,意义大都与意符所表示的事物或行为有关。如以"贝"为意符的形声字,"货、财、贿、赏、责、贸、赊、贪、费、贵、贱"等,都是有财物有关的字。

形声字的声符是表示字的读音的,但是声符表音并不能做到十分准确。这是因为,如果要求声符与字音绝对相同,往往就要选择生僻字或笔画繁多的字来充当声符,有时甚至还找不到读音相同的字,这就迫使对声符的选择在语音方面不得不适当放宽条件。但是声符既然是用来表示字音的,造字的时,原则上声符与字音至少应该是相近的。从同一声符的形声字读音也必然相同或相近。不过,由于字音的演变,现在不是字的声符已经不能准确反映字的读音。如:"推、准、淮、焦",这些字的读音没有一个与它的声符相同,这样一来,"秀才识字读半边"就靠不住了。因此,我们不能依声符对形声字的读音作简单的类推;但是,语音的演变也是有规律的,形声字的读音和声符在大多数情况下还是有一定联系的。

文字是社会发展到一定历史阶段的产物,是人民群众集体创造的,决不是一个人事先订好了条例再着手造字的。汉字的发展经历了许多不同的演变。初期汉字系统的字数很少,以象形与指事的独体字为主,大量事物以通假字来表示,使文字表述存在较大歧义。"六书"并不是人们造字时所遵循的原则,是古文字学家通过对汉字形体的分析,发现汉字的结构具有一定的规律可循,把这些规律加以总结归纳提出来的。

四、汉字的性质及影响

文字是记录语言的书写符号体系,是人类交际的最重要的辅助工具,其性质就要由记录语言的方法来决定。世界上各种各样的文字体系,按其记录语言的方式的不同,一般可分为两大类表音文字与表意文字。

表音文字又叫字母文字、拼音文字,它采用一套字母来拼写语言里每个字的声音,通过表示字的声音来表现词义。目前世界上大部分文字是表音文字,其最大特点是文字符号和语音密切结合。表音文字是用字母表示语言中的音位或音节,通过字母组合来表示词的意义,英文、俄文都属于这种文字。一般来说,只要掌握了这种文字所运用的字母和拼写规则,听到一个字就可以拼出来,看到一个词就可以读出来,所以学起来比较容易。表意文字又称形意文字,一种用象征性书写符号记录词或词素的文字体系,不直接或不单纯表示语音。采用一系列符号来表示语言里完整的词或者它的独立部分,符号和语音并不发生直接联系,一般说来,只有知道某个字代表语言里某个词以后才知道它的读音。

汉字属于表意文字是由汉语的属性决定的,古代汉语单音词占优势,少有形态变化,语序在表意中的重要作用等,这些特点决定了汉语的表意性质。早期汉字的表意性质是明显的,汉字的表意体现在以下几个方面:首先,汉字初创时期,现任造字侧重于表现词的内容(意义),字形与词的意义密切联系,因形示意,意寓形中,而表音文字则侧重于表现词的声音。其次,意义不同的字,可以声音相同,但字形一般不同。

至今,汉字被人们认为是世界上最完美的表意体系的文字。表意文字可超越时(古今)空(方言)所限。汉字的超时代性,就是古今可通,上千年前的文献中的汉字,今天我们照样认识,其中看不懂的,不是汉字本身,而是古今语素意义的变化。虽然汉字已经有数千年的历史,但是由于古今汉字结构方式、结构体系在本质上是一致的,同语言中的基本单位的对应关系相同,即都是记录语素,没有发生本质的变化,所以就具有了通贯古今的特殊作用了。比如我国历史上宋、元、明、清时代的小说,我们今天阅读起来基本上没有太大的困难,而同时代的用拼音文字记录的文献,今天一般人就很难看懂了,因为拼音文字要随词语读音的变化调整自己的拼写。表音文字,一旦语言发生了变化,字形也跟着变化。而表意文字的语音变化了,字形不随着语音变化,所以,现代的人能够根据字形读懂字义,不同方言区的人,虽然语音不通,但是通过文字来交流也是毫无障碍的。汉字的超空间的特性,就是具有特殊的沟通方言的作用。汉语方言复杂,有七大方言,如果细分的话方言就更多,而且各方言间的差别特别大。可是书面上用汉字笔谈,互相之间毫无障碍。当然,汉字的这种沟通方言的作用,根本之处在于汉字记录的是汉语,虽然汉语方言众多,但各个方言的语法结构特点是一致的,语素意义差别小。

到底有多少个汉字?这也是很多学习汉语的人想要知道的答案。其实汉字是一个开放集合,汉字的数量并没有一个准确数字。最早对汉字进行统计是东汉许慎在《说文解字》中进行的,共收录 9353 字。其后,《字林》收字12824 个,南朝时顾野王所撰的《玉篇》共收 16917 字,在此基础上修订的《大广益会玉篇》,也就是宋本《玉篇》收字 22726 字。宋朝官修的《类篇》收字31319 个;宋朝《集韵》中收字 53525 个。近代编集的字典收字量更高,如清朝的《康熙字典》收字 47035 个;台湾的《中文大字典》收字 49905 个;大陆的《汉语大字典》收字 54678;最新的《中华字海》收字 85568 个,包含了《汉语大字典》、《中文大字典》、《康熙字典》和《说文解字》的所有收字；汉字的家族成员以十分惊人的速度增长，既说明中华文明的高速发展，也说明汉字具有强大的生命力。每个汉字从它的诞生起，它的形体和它的演变，反映着中华民族的一部文化史，也凝结着我们的祖先对自然界和社会生活的认识。

汉字的数量也是随着社会的发展而不断增加。汉字字数众多的根源在于汉语自身的特点。汉字的主要功能是记录汉语的一种书写符号系统，为了适应社会和语言的发展就会有很多新的汉字产生。汉字不断增加的另外一个重要原因就是异体字增加。其实我们也不用过多担心汉字的数量会无限地扩张，我们前面讲过汉语词语有一个重要的特点就是复音化。我们的祖先最开始使用单音词，那时候人们认识的事物有限，所以单音词也可以满足语言交际。随着社会的不断变化，生产生活和科学技术不断发展，单音词已经不能满足人们的需要，于是就利用单音词语言简洁的优势，创造了复合式构词法。这种复合式构词法就是把以前意义独立的单音词结合构成双音词或者多音词。如以"后"为词根可构成的有：后代、后妈、后路、后悔、后退、后来；背后、今后、日后、事后；过后、售后等等。这些都是新产生的词，但是里面的很多字都是我们非常熟悉的。这样既增加了汉语的词汇量，让汉语的表达尽可能的丰富，又不会大量增加汉字的字数。据资料统计，现代汉语用字在 1 万左右，国家公布的《现代汉语通用字表》收录汉字 7 千个，《现代汉语常用字表》收录汉字 3 千5 百个。

汉字是中华民族的财富，记载了优秀的中华传统文化，不仅仅在中国使用，对本国产生了非常重要的影响，同时也对其他国家文字产生和发展起了不可忽略的作用。很多民族在汉字的基础上创造了自己的文字，日本的平假名和片假名的创造也是从汉字的楷书和草书中得到的。中国汉字对东方文明是有着重大贡献的。它帮助不少民族记载了他们古代的历史。日本、朝鲜、越南等国家曾经都运用汉字记录过他们的文明。新加坡、日本、越南、韩国以及很多华侨居住地区形成了汉字文化圈。这些地方情况比较复杂，一部分国家或者地区曾经受到汉字文化的影响，比如越南和北朝鲜；还有一些国家和地区现在还使用着汉字，如日本、韩国和新加坡等。日本汉字教育振兴协会会长石井勋认为：领导世界经济发展的是新加坡、马来西亚和中国香港、台湾等国家和地区。这些国家和地区的核心力量是华侨。他们有一个共同的特点，那就是保卫汉字文化。没有哪一种文字能像汉字那样具有系统性和逻辑性。汉字是一种只需用眼睛就能思考、即使语言不同也能理解其意思的唯一一种文字。汉字记载着中华民族的文化，也传播着中华民族的文化，影响着中国，也影响着世界。

五、汉字的文化信息

文字打破了语言在时间和空间方面的局限性,扩大了语言的功能。文字记载着文化,也形成了文化,传播了文化。东汉许慎在《说文解字·叙》中说:"概文字者,经艺之本,王政之始,前人所以垂后,后人所以识古,故曰本立而道生,知天下之至啧而不可乱也。"汉字是世界上最古老的文字之一。当地球上的许多人群还处于原始、蒙昧时期的时候,我们中华民族的祖先早已发明了文字并用以记载自己的历史和文化,我们开始进入文明的时代。

文字是文化之根,文化影响和制约着文字的发展。有了汉字,中华民族的历史文化才得以传承,促进社会的进步,加强了中华民族的凝聚力,汉字是中国人创造工具和传播文化的工具。汉字与中国文化的关系主要体现在两个方面:一是汉字的字义系统记录了文化系统。汉字不仅是记录汉语的符号系统,还是中国古代丰富文化的载体。二是汉字的字形构造体现中华民族思维方式。

(一) 汉字记载古代汉民族的社会生活

汉字是记录汉语的书写符号系统,汉字的构形记录了造字时代社会文化的生活状况,当时人们的思想认识及心理状态等,可以说一个汉字就是一部文化史。具有相同特点的汉字逐步联系成为中国古代社会生活的反映。

汉字体现古人的审美观念。古代先民以大为美,无论是神秘的自然力量,无边无际的宇宙空间,还是人类的性情品格,古人都把与"大"相关的作为认同的对象。如《易·乾》:"大哉乾元,万物之始,乃统天,云行雨施,品物流形,大明始终。"《诗经·大雅》:"崧高维岳,骏极于天。"庄子就用"大"去表达道,并赋予美学意味。《庄子·天道》:"夫天地者,古之所大也,而皇帝尧舜之所共美也。"可见先民对大的事物有着特殊的感情。巍峨高大的山岳也是古人自然审美的对象之一。汉字是中华文明智慧的结晶,先民的审美意识可以从汉字中得以体现。《说文解字》:"美,甘也。从羊从大。""美"象形字,像一个大羊头之形。从这个"美"字出发,日本学者笠原仲二先生说:中国古代人的审美观念,"第一,视觉的。对于羊的肥胖强壮的姿态的感受。第二,味觉的。对于羊肉肥厚多油的官能的感受。第三,是触觉的。期待羊毛羊皮防寒必需品,从而产生一种舒适感。第四,从经济的角度。预想那种具有高度的经济价值,即交换价值,从而产生一种喜悦感。""中国人原初的美意识是起源于味觉美的感受性。"①宋朝徐铉注《说文解字》时说:"羊大则美,故从大。""羊在六畜主给膳也",当然越肥大越甘美。"羊大则美"虽然不是最古老的美的定义,但也反映了远古先民的审美观念。另外中国古代人认为羊是吉祥的象征。《说文解字·羊部》:"羊,祥也。"而《说文解字·示部》:"祥,福也,从示羊声,一曰善。"可见在中国古代"羊"是吉祥善良的语源,由此我们也可以窥见古人的审美意识。

汉字体现先民的祭祀文化。祭祀是一种特别庄重而且严肃的活动,古人特别重视,《左传·成公十三年》:"国之大事,在祀与戎。"古代有"五礼"之说,即吉礼、凶礼、军礼、宾礼、嘉礼,其中吉礼就是祭祀,被列为"五礼"之首。作为一种文化现象,祭祀的习俗在汉字中有很多的反映。凡是以"示"作为义符的字,其意义大都与祭祀、神灵和宗庙活动有关系。古人祭祀类别特别繁多,总的名称都可以叫做"祭"。《说文·示部》:"祭,祭祀也。从示,以手持肉。"这就是说,"祭"就是手里拿着肉祭祀神灵的意思。"祭"的甲骨文字形为 [字形],左边像肉,右边像手,下面的点像血滴,表示刚刚宰杀的牺牲,还在滴血,就拿来祭祀,这说明当时还保持着血食的习惯。《说文·示部》:"祝,祭主赞词者,祭祀者。""祝"的甲骨文字形为 [字形],恰巧像一个人跪在神柱前祷告。古代的祭祀有不少是在庙中进行,实际上就是在"示"前进行。因此,在汉字中,凡是用"礻"作部首的字,大都与祭祀或鬼神有关。"社,地主也。从示、土。"古代对社的祭祀也就是一个部族对所居住的土地进行祭祀,由此演化成后世说的社神或土地神。从先人对神灵崇敬的祭祀活动可以看出祭祀文化的发展,而这种祭祀文化在《说文·示部》字中也得到了鲜明的体现,复杂多样的祭祀祈福类文字表达了人们对美好命运的企盼与期待,各种各样的祭祀活动则是人神交流的主要方式,所有的一切都表现了人们对神灵的崇拜与敬畏,从汉字当中我们也可以看出中国祭祀文化发达的一种表现。由此可以看出字义体系中有多处透露出了有关祭祀的文化信息。

汉字体现古人的姓氏文化。姓氏文化是中国古代传统文化的缩影,中国有句俗话说:"行不更名,坐不改姓",姓名是每个人的标志,看似普通,实际上是一种特有的汉字文化。现代社会中一般来说都姓父亲的姓,然而"姓"却是"女"字旁,从"姓"这个字我们可以看出妇女的地位在某个历史时期比男人高,在社会上处于支配地位。"姓"字就是女性权威的体现的良好见证。许慎在《说文解字》中解释"姓,人所生也"。也就是说,人类社会早期为母系社会,

---

① 〔日〕笠原仲二:《古代中国人的美意识》,魏常海译,北京大学出版社,1987 年。

妇女不仅在经济上处于主导地位,同时还肩负着使人类繁衍生息下去的神圣使命。当时部落首领都是女的,实行群婚制,孩子知母不知父,女子生活生育的地方就是姓氏,所以许多姓氏从女旁,如"姜、姚、姬、嬴"等作为部族血统的特定标志。由于社会的发展,人口的增加,氏族开始出现分支。夏商周三代,姓氏可以分开,氏表示官职、居住地、职业等,统一姓可以分化成很多的氏。从母系氏族向父系氏族转变以后,在漫长的奴隶社会和封建社会中以男权为中心,所以男子都必须称氏,用来"别贵贱"。中华姓氏的来源有很多,有的以国名为姓氏,如齐国就是姜子牙辅佐武王,灭商有功,而被分封于齐,成为齐国的始祖。此后,"齐"不仅是诸侯国的国名,也陆续成为了人们的姓氏。周公旦的儿子被封到邢国为侯,他的后代便以"邢"为氏。有的以居住地为姓氏,如东方、南郭、东门、东陵等,这类姓氏中复姓较多。有的以官职为姓氏,司徒、司马、司寇、司空、司士等都是中国古代朝廷的重要官职,后来这些官名都成为了姓氏。古代少数民族融合到汉族带来的姓,如慕容、尉迟、单于等。还有以排行、技艺等为姓氏的。由此可见汉字作为记录姓氏的符号,除了本身汉字的意义之外,还蕴含着辉煌的中华文化。

汉字体现古人的婚姻观念。婚姻制度是人类最重要的社会制度之一,事关人类自身的生存繁衍和社会的发展。在中国传统的观念中,婚姻具有非常神圣的意义。从汉字当中我们可以窥见中国传统的婚姻观念。男方娶妇之所以叫"婚",是因为按照古代礼制,迎娶新妇的时辰是安排在黄昏时分的,《周礼》规定"娶妇以昏时"。"昏"本指太阳落到地平线以下,也就是黄昏。《周礼》之所以这样规定,是因为当时日落天黑娶亲是一时风尚。所以"婚礼"就是"昏礼"。这种风尚实际上就是先民"抢婚"习俗的遗留。实际上,在古代娶妇也是一种抢婚,从"娶"我们可以看出古人野蛮的婚姻观念。《说文·女部》"娶,取妇也,从女从取,取亦声。"古人有时按这个字的构造把它解释为"取女",有时干脆就用"取"字代替"娶"字。"取"字由"又"(表示手)和"耳"构成,本义是"以武力获取"。反映的是远古战争中的一种习俗:把战斗中杀死和俘获的敌人的耳朵割下来,拿回去证明自己的战功。发展到婚姻形式上,用这种野蛮的方式抢来女人做自己的老婆。现在一些少数民族还有抢婚的习俗,如瑶族现在还有这样迎亲方式:夜晚男方的迎亲队伍高举火把冲向女家,抢到新娘后回走,半路上女方队伍杀出来回抢新娘,这时新郎就趁机找到新娘,偷偷带着新娘逃走,双方才停止抢夺。这种婚俗能在现在的社会中出现,自然与先民的抢婚习俗脱不了关系,也正是这种婚俗确曾有过的有力证据。从汉字蕴含的文化信息我们可以看出古代历史上存在的婚姻观念、婚姻制度以及婚姻习俗。

　　我们仅举例来说明汉字中的文化信息,其实汉字以其形象而生动的造字机制承载着丰富的中国历史文化信息,比如汉字反映出饮食文化、古代科技、农业文明、社会制度等等,从不同侧面展示了上古先民的思想和悠久历史,可以说是文化考古的化石,如果我们能够透过表层静态的汉字形体,进入到深层的动态的文化世界,将会发现一个古代文化知识的信息库。

　　（二）汉字反映汉民族思维方式

　　汉字的字形构造体现中华民族思维方式。一个民族的认知方式经长期积淀就会产生该民族独特的思维方式。汉字的一笔一画有着独特的文化蕴涵,它是我国文化发展的历史记录。汉字构形具有直观性。汉字的产生以象形为基础,由具体物象在大脑中生成意象,由意象再经抽象生成符号。有着可视性极强的符号性,给人以直观的感觉。象形字直接表示事物之形,如"马",甲骨文字形像马之形,"山",甲骨文字形像山有凸峰之形。"水",甲骨文字形像河水流动之形。还有一些是以象形为基础而产生的,如"兼":从"又"从二"禾",表示同时拿着两把禾,本义为兼并;"间":从"门"从"月",表示门有缝隙,月光可以从门缝射入,本义为门缝;"莫":从日从艸,日在草艸之中,表示太阳已落,夜幕降临。"寒":表示人在屋内用重草薦覆其身以御冰寒。我们从汉字学的角度来看,"家"是一个会意字,上面的宝盖头表示了"家"与房屋有关,宝盖头下面是一个"豕"字,就是猪的意思。这与古代先民的居住有关。先民开始是"架木为巢"。大约7000多年前,他们转到地上盖木房子为屋,并开始驯养野兽为家畜,猪就是人们最早饲养的家畜。为了防止外来的侵袭,那时房子的结构一般是上下两层,上面住人,下面做猪圈。因此,凡是有"猪圈"的地方,也住着人,有"猪圈",也就代表着有"人家"。后来经过演变,"家"的"猪圈"这一本义消失了,"人的住所"这个含义保留了下来。由汉字的直观性我们也可以看出和西方侧重逻辑思维不同,中华民族注重直观的形象思维。

　　汉字是先民们智慧的结晶,汉字的产生和发展都体现了当时的社会物质生活、生活场景、文化意识、思想观念、思维方式等等。我们的方块字,不仅可以交流思想、传达感情,而且在实践中创造了丰富的书写技巧,把文字书写上升为一种艺术,所以说汉字是所有文字当中最具艺术性的文字,这不仅仅体现在汉字的书写艺术上,而且在声音上,汉字是音节文字,鲁迅说汉字具"三美":"意美以感心,一也;音美以感耳,二也;形美以感目,三也。"(《门外文谈》)从某种意义上说,中国文字体现了中国文化的底蕴和风格,代表着民族文化的精神和根基。汉字中蕴藏着无尽的文化宝藏。从某种意义上说,汉字就是一座恢弘的历史博物馆。它不仅是历史文献记载的工具,而且它自身还为我们提供了许多大大早于历史文献的远古历史文化信息。汉字是中华民族伟大的创造,也是中华民族集体智慧的结晶,汉字是中华文化的重要载体,弘扬中华民族优秀传统文化,就不能不重视汉字在文化传承方面的作用。

【思考题】

1. 简述汉字的性质。
2. 汉字字体的经历了哪些重要的演变?
3. 举例说明象形字和指事字之间的区别和联系。

【参阅书目】

1. 裘锡圭:文字学概要。北京:商务印书馆,1988 年。
2. 唐兰:中国文字学。上海:上海古籍出版社,2001 年。
3. 舒新春:汉字文化引论。南宁:广西教育出版社,1996 年。
4. 周有光:汉字和文化问题。沈阳:辽宁人民出版社,2000 年。
5. 何九盈:汉字文化学。沈阳:辽宁人民出版社,2000 年。

第二章　中国古代礼制文化

作为世界"四大文明古国"之一的中国,有着五千多年的悠久历史。勤劳智慧的中华人民,在漫长的历史时期里创造出了举世瞩目、灿烂辉煌的物质文明和精神文明。作为精神文明重要组成部分的礼仪制度,在我国漫长的历史时期内一直都起着规范人们言行的作用。正是因为古人的重礼、守礼,在社会生活中严格按礼行事,所以我国人民的彬彬有礼在古代就蜚声海内外,中国也因此被誉为"礼仪之邦"。

礼,是为了维护社会秩序由统治阶级或是人们约定俗成而形成的一种行为规范。它是一种社会意识,比较抽象,由一系列的制度、规定构成。仪,是礼的具体表现形式,它依礼的具体内容而定。所以礼、仪在最初是两个不同但又关系密切的概念。在我国古代,礼所涉及的内容很广,上至朝廷下至民间,从衣食住行、言谈举止到人际交往,都要讲礼,所以与礼相对应的仪也就非常繁复。

礼的萌芽可以追溯到我国原始社会的一些祭祀活动中。到私有观念产生,出现了阶级、国家,礼被引入政权建设之中。西周时期的礼已经相当完备,并形成制度。《周礼》中将当时繁复的礼节大体分为五类,即吉礼、凶礼、军礼、宾礼和嘉礼。后代礼制都以周礼为基础,根据实际情况对其进行了一些修订、增删。

古代的统治者为了维护自己的统治,不断强化礼制,以此来调整与被统治阶级以及统治阶级内部的矛盾。礼制通过各种具体表现形式,界定每一位社会成员的身份地位,从而使整个社会变得尊卑有序、亲疏有分、贵贱有别。

我国古代的礼仪制度对社会发展产生着深远的影响。其中虽然也存在一些消极因素,如强调人与人地位的不平等,但作为传统文化的重要组成部分,它也包含着很多积极的内容,有的至今仍被视为我国传统美德。

第一节　礼的起源及演变

礼作为精神文明的重要组成部分,它是在我国漫长的历史进程中逐渐产生、形成,之后又进一步发展演变的。礼在原始社会的一些祭祀活动中已萌芽,夏商周是我国礼的逐步形成、完备阶段,后代各朝的礼制都以周礼为基础,根据实际需要进行删补。

一、礼的萌芽

礼在远古时期原始先民的祭祀活动中便已有萌芽。由于当时的生产力水平极为低下,人们对自然界的认识也十分有限,所以人们对一些自然现象如风雨闪电、冰霜雨雪、干旱洪涝,以及人的生老病死等都无法作出合理的解释,更无法制止改变,只能顺其自然。出于对风调雨顺、平安美好生活的向往,人们虚构出一些具有超越现实和自然力量的鬼神,并认为那些无法解释的现象都受着鬼神的支配。原始先民崇敬鬼神,但也非常害怕鬼神。他们以为鬼神也和人一样,要吃饭饮酒。只要让鬼神满意,时常讨好鬼神,便可消灾免祸。讨好鬼神最好的办法就是进行祭祀,将人世间最好的食物敬献给鬼神。

先民们觉得鬼神是神圣威严的,他们诚惶诚恐地进行各种庄严隆重的祭祀活动。在《礼记·礼运篇》中有这样一段描述:"夫礼之初,始诸饮食,其燔黍捭豚,汙尊而抔饮,蒉桴而土鼓,犹若可以致其敬于鬼神。"这段话是对早期礼仪活动的描述。原始先民在行礼时,要先准备酒和食物。将黍米和剖开的小猪放在专门的石头上用柴火炙烤。同时还要凿坑当盛酒器盛酒,以手捧酒而饮。用茅草扎成鼓槌敲敲土制的鼓发出声响,召唤鬼神前来受祭。当时人们用这样的方法来对鬼神进行祭祀。这时在祭祀中已经有了祭品和击鼓作乐的行为。

从文字学的角度来看,甲骨文中的"礼"字字形像是用器具盛着两块玉敬献给鬼神,反映了早期的祭祀活动。东汉许慎的《说文解字》中将"礼"解释为"履也。所以事神致福也。"注者也认为礼和祭祀活动关系密切。

这些祭祀活动通过代代口耳相传,逐渐成为固定的仪式。只是这一时期的礼还处于萌芽状态,粗糙、零散,还没有形成一套完整的制度。

二、礼的形成

在原始社会人人都是平等的,无贵尊卑贱之分,氏族首领都是推举产生的,所有财产也都大家共享。到原始社会晚期,很多氏族结为部落联盟,加之随着社会生产力的发展,出现一定数量的剩余产品,这时私有观念开始产生,部落首领的权力逐渐扩大,地位上升,以前那种平等和谐的人际关系逐渐被打破。传说尧在担任部落联盟首领时,也曾想让儿子丹朱继承首领之位。之后的舜,也想传位给他的儿子商均。但朱丹、商均都遭到联盟会议的反对,没能继承父辈的权力和地位。这可以看出在尧、舜时期私有观念已经产生。他们已经想要把权力和地位当做一种私有财产。后来大禹为他的儿子启培植了势力。虽然部落联盟已经将同大禹一起疏导洪水有功的东夷族首领伯益确定为王位继承人。大禹死后,掌握联盟军事权的启不顾大家的反对,起兵攻打伯益。杀死伯益后,启占据王位。从此世袭制取代了禅让制。至此私有观念已深入人心。

平等和谐的人际关系被打破后,每个人所拥有的财产多寡决定了他们在社会中地位。财产多寡不同,人的社会地位也有了差别,各种利益纷争变多,社会关系也变得越来越复杂。这就要求有一套完整的规范来对人们的行为进行约束,以维护社会的稳定。大禹建立了我国历史上第一个奴隶制国家——夏朝,并开始把礼仪活动扩大到政权建设之中。至此,礼仪和私有制紧密相连,并成为统治阶级的工具。大禹为巩固政权,镇压被统治者和抵御外族入侵,在完善国家机器制定法律、设置军队、监狱的同时铸九鼎,把它作为政治权力的象征。鼎这种烧煮食物的青铜器成为礼器。

萌芽于原始社会的礼,到私有制出现,形成对立的阶级,有了国家以后,统治者为了加强统治,规范人们的各种行为,才慢慢地将其系统化。我国的礼仪制度在先秦已经形成。由于夏商时期的史料有限,我们已难以对其作翔实的描述。夏朝是原始社会向奴隶社会过渡的一个时期,这一时期的礼的内容有着质的变化。从后代的《诗经》、《礼记》等典籍中可以了解到夏朝礼的一些情况。总的来讲,夏礼比较简单,但忠孝之道已经基本形成。

殷商之礼,从出土的甲骨卜辞等考古资料可以作一定的了解。从殷墟卜辞可以看出,当时人们非常的迷信,很多事情都要通过占卜来作决定。他们崇拜"上帝",敬拜各种鬼神。商代"礼"的观念已经出现在很多文字资料中。

礼文化成型于西周、春秋战国时代。这一时期,经过周公、孔子、孟子、荀子等的探索,"以礼治国"的观念确立,礼日趋完善和成熟。

传说西周时期的周公以殷礼为基础,对前代礼的内容进行提升、系统化,形成了颇具规模的周礼。周礼为后世的礼制奠定了坚实的基础,对封建社会影响深远。同时,周公还推广礼制,使礼渗透到社会生活的各个方面,成为衡量人们行为处事的准绳。据《礼记》记载,周代大礼已达 300 种,小礼多达3000 种。而且还设有大宗伯、小宗伯等官职来专门管理礼制。

春秋战国时期诸侯纷争,各种思想盛行,礼文化迅猛发展。周天子的权威逐渐丧失,很多诸侯和卿大夫想要通过改造周礼以提高自己的地位。这种改造令尊崇周礼的孔子觉得"礼崩乐坏"。于是,儒家代表人物孔子、孟子、荀子开始完善礼制。

孔子非常推崇周礼,面对春秋乱世,他主张维护传统的礼乐制度。孔子强调礼的社会政治功能,认为礼可以治理国家、维护社会秩序。《礼记·礼运篇》所载孔子的一段话:"夫礼,先王以承天之道,以治人之情,故失之者死,得之者生。……是故夫礼必本于天,殽于地,列于鬼神,达于丧、祭、射、御、冠、昏、朝、聘。故圣人以礼示之,故天下国家可得而正也。"孔子道出了当时礼的作用,强调了礼的重要性。他将礼神圣化、神秘化,认为礼得于天,仿于地,与鬼神相配。人类得一切活动,如生死、祭祀、治理国家、结婚、朝会等都应以礼为规范。只有遵守礼仪,才能治人,治理好国家。

孔子在《礼运篇》中还更进一步地阐明了礼与治理国家的关系。"是故礼者君之大柄也。所以别嫌明微,傧鬼神,考制度,别仁义,所以治政安君也。故政不正,则君位危;君位危,则大臣倍,小臣窃。刑肃而俗敝,则法无常;法无常,而礼无列;礼无列,则士不事也。刑肃而俗敝,则民弗归也。是谓疵国。"礼成为治国安邦的法宝。孔子认为礼可辨是非,接神祇,考订法令,区分贤明忠诚,礼的这些作用能用来治理国家政事,巩固君权。孔子认为礼与治国安邦关系密切。国家光有法律,没有与之相配的礼,是不能长治久安的。

孔子赋予了礼新的精神价值和意蕴,形成了自己的礼学思想。他不仅主张恢复周礼,而且又有创造性的发展。孔子将仁的思想纳入礼,以仁释礼,提出"克己复礼为仁。一日克己复礼,天下归仁焉" [1]。礼是仁的表现形式,也是衡量人的客观标准。孔子将礼推广到社会各个阶层,并认为礼并不是一成不变的,可以"损益"。孔子是我国古代礼学的开山祖师,使礼发展成为了一门学问。

之后的孟子,继承孔子的礼学思想,提出用"五伦"即"父子有亲,君臣有义,夫妇有别,长幼有序,朋友有信"(《孟子·滕文公上》)来规范人际关系。

---

[1] 朱熹:《四书章句集注》,北京:中华书局,1983 年,第 131 页。

后来,"五伦"成为我国传统礼仪的核心。

先秦儒家思想的集大成者生活于战国晚期的荀子为礼学构建出了一个综合性的基本的理论框架。荀子认为礼的起源和本质是为了调节、缓和人们因争夺生活资料而产生的矛盾冲突。礼的主要功能是区别社会成员的地位阶层,礼是人的本质属性。荀子也倡导用礼来治理国家。他丰富了礼的内容,促进了礼的发展。

这一时期出现了三部礼学专著,即《周礼》《仪礼》《礼记》。这三部专门记载礼制的文献资料,后世合称为"三礼"。

《周礼》为"三礼"之首,最初称《周官》,其真伪、作者、成书年代一直都存有争议。《周礼》作者至今尚无定论,有人认为是周公,有人认为是西汉晚期刘歆,还有人认为此书作者不止一人。《周礼》主要内容为周王室的官制和春秋战国时期各诸侯国的制度,全书分天官冢宰、地官司徒、春官宗伯、夏官司马、秋官司寇、冬官考工记六篇。由于周代礼节比较繁缛,所以《周礼》中将其分为五类,即吉礼、凶礼、军礼、宾礼、嘉礼,合称"五礼"。"五礼"包含的内容很多,而且涉的范围也非常广,使当时各个阶层的人都有一套礼仪规则可遵循。

《仪礼》记载了春秋战国时期士大夫阶层的冠、昏、丧、燕等礼仪制度。现在流传的《仪礼》是东汉郑玄合并汉高堂生所传和孔宅壁中所藏的本子而成的。

《礼记》是对《仪礼》进行解释说明的儒家思想资料汇编,为战国至秦汉年间的儒家学者所作,作者主要为孔子的学生,各篇形成时间不一。西汉戴德及其侄子戴圣对《礼记》进行整理。戴德整理的《礼记》共85篇,后世称《大戴礼记》,戴圣所形成的《小戴礼记》共49篇。东汉末,郑玄为《小戴礼记》作注,使《礼记》地位上升,与儒家经典《周礼》、《仪礼》合称"三礼"。郑玄所注《礼记》共49篇,分通论、制度、祭祀、丧服、吉事等八类。其内容广博,有对儒家礼学理论的讲解,对孔子论礼语录、古代礼仪制度的记录等。涉诸领域多,是研究我国礼文化的珍贵资料。

三、礼的发展及演变

汉代是中国礼制的发展阶段。叔孙通奉汉高祖之命采古礼制定汉礼。到汉武帝,社会稳定,国力强盛。汉武帝罢黜百家,独尊儒术,确定"五经",即《诗》《书》《礼》《易》《春秋》。"五经"中的《礼》主要内容为儒家传习礼仪。儒学的正统地位确立后,儒家所提倡的礼制成为社会礼文化的主流。到东汉,统治者更加推崇儒学。儒家经典中的礼成为衡量人们言行的最主要的标准。

　　魏晋南北朝时期，中国处于分裂状态，战争频繁，百姓处于水生火热之中。这一时期，知识分子阶层里玄学盛行，加上佛教、道教思想风靡，这对传统礼仪形成挑战。部分统治者开始注意变革。但传统礼仪也并没有因此而沉沦。

　　隋朝制定了适合当时社会发展的隋礼。

　　唐代礼仪发展到了鼎盛时期。唐太宗命人增补隋代礼制，制定《贞观礼》。唐高宗又命长孙无忌等作进一步增补，形成《显庆礼》。唐玄宗在开元年间，将《贞观礼》和《显庆礼》进行整理，编成《大唐开元礼》。《大唐开元礼》是我国现存最早的一部官修礼典，标志着"五礼"的进一步成熟和完善，是我国礼仪制度史上的一座里程碑。它对前面历朝历代的"五礼"作了总结，将其系统化，并奠定了唐以后历代王朝典礼的基本结构。近人章太炎称赞道："择善从之，宜取其稍完美者，则莫尚于《开元礼》矣。"[1]

　　宋代是中国封建社会的一个转型时期，礼俗出现了新的变化。礼俗开始与典章制度分离，走向民间。总的来讲，宋代礼制基本沿袭前代，只是在一些细节上有所调整。宋代理学兴盛，理学家们如二程、朱熹等对礼治思想进行了更多的阐述和进一步的强化。宋代官方频繁编修礼典，私人也进行撰写。宋代儒家开始规范民间礼俗，如司马光撰写《书仪》，朱熹撰写的《家礼》。

　　元明时代礼学凋敝。元代蒙古族一统天下，蒙古贵族坚持他们民族的礼俗，不愿习汉礼，同时也轻视汉儒，对中原文化有一种排斥心理。游牧文化与农耕文化长期冲突，对中原传统礼仪文化有着很大的冲击。到元世祖忽必烈执政时，才有所缓和。忽必烈决定革除旧俗，推行汉制。当时的民族矛盾，导致整个元代的礼文化发展处于低谷。

　　到明代，统治者很注意礼制建设，基本沿袭的是周、汉传统。他们划分等级，严格按照等级来规定人们的衣食住行。并用严厉的法律制度来制裁不守礼制的人。随着社会经济的发展，特别是城市商业的逐步兴盛，加上当时朝政的腐败，一些人开始无法忍受苛刻的礼制。从明嘉靖年间到明朝灭亡，这一时期出现了越礼的浪潮。这股浪潮波及范围越来越广。

　　清代的统治者为了加强统治，对传统礼仪制度进行了强化，把朝廷礼仪推向极端。到乾隆嘉庆年间礼文化又趋于昌盛。

　　从我国传统礼制的发展轨迹来看，礼之所以能有如此强大的生命力，主要在于统治者对其的利用和不断改进。礼能协调人与鬼神的关系、人与人之间的关系，它贯穿于修身、齐家、治国、平天下人类所有的活动之中。由于我国古

---

① 章炳麟：《章太炎全集》之五《太炎文录续编》，上海：上海人民出版社，1985年，第36页。

代的宗法等级制度森严,并且深深地影响着礼文化的走向,所以礼仪制度也逐步走向功力世俗、繁琐。

【思考题】

1. 试述中国礼制的源流。
2. 简述"三礼"的内容及其价值。
3. 简述孔子对我国古代礼制的贡献。

【参阅书目】

1. 杨天宇:礼记译注。上海:上海古籍出版社,2004 年。
2. 邹昌林:中国礼文化。北京:社会科学文献出版社,2000 年。
3. 冯天瑜:中华文化史。上海:上海人民版社,1990 年。

第二节 传统"五礼"

西周的礼制已相当详尽、完备,统治者的一切活动差不多都有相应的礼制来进行规范。《周礼·大宗伯》中按礼的性质、内容将其分为五大类:吉礼、凶礼、军礼、宾礼、嘉礼,后世合称"五礼"。下面分别对每一种礼作简单介绍。

一、吉礼

吉礼是祭祀之礼,即对天地、日月星辰、祖先等进行祭祀的典礼。分天神、地祇、人鬼三门,共计 12 项,其内容很繁杂。吉礼位于"五礼"之首,在"五礼"中的地位最为重要。《礼记·祭统》中说:"礼有五经,莫重于祭。"因为古人对神鬼存在一种敬畏心理,认为鬼神决定着国家的安危、人的祸福,所以有"国之大事,在祀与戎"[①]的说法,由此可见古人对祭祀活动尤为重视。

① 《左传·成公十三年》。

（一）祀天

原始社会时期已有对天神进行祭祀的活动。据文献记载,舜、禹时的祭天典礼称为"类"。甲骨卜辞中,将天神称为"帝"或"上帝"。"帝"是大自然和整个国家的主宰,它最具绝对的威权,掌管着风、雨、日、月诸神,同时也是人类的最高统治者。古代的祀天典礼一般都举办得非常庄严且隆重。下面分别介绍圜丘祭天、祭日月、星辰。

1. 圜丘祭天

圜丘,是周代建在国都南郊的圆形祭坛,专门用来祭祀天神。由于古人认为天是圆形的,地是方形的,所以把祭天用的祭坛也建成圆形,象征天的形状。周代的圜丘祭天于每年冬至日举行。祭祀前,周天子与文武百官都要斋戒。祭祀当日,清晨周天子便率百官到祭祀的郊外。周天子内穿衮服,外加裘衣,头戴旒冕,腰间插大圭,手中持镇圭,立于圜丘东南侧面向西方。击鼓奏乐,以乐声告知天神降临人世受祭。天子牵出牺牲,宰杀后献给天神。再将牺牲与其他祭品如玉璧、玉圭、缯帛等置于柴垛上,周天子点燃柴垛,焚烧祭品的烟气缓缓上升,天神通过嗅烟气之味接受人类的祭祀。这一过程称为"燔燎",又称"禋祀"。随后奏乐,迎接由活人装扮的"尸"登上圜丘,"尸"是天神的化身,代表天神接受祭祀。"尸"就座后,要分别向"尸"敬牺牲的鲜血、五种不同的酒(称"五齐")。敬酒期间还要献上全牲、大羹、铏羹、黍稷等食物。尸用三种酒进行答谢。最后,天子与舞队同舞《云门》(相传黄帝时的乐舞)之舞。参加祭祀的人分享酒与食物,天子赐祭祀用过的牲肉给宗室臣下。后世继承了周代的这一套祭天程式,不过省去了由活人装扮的尸,用神主或神位牌替代。

汉代,汉武帝祭天是每隔两年举行一次。第一年祭天,第二年祭地,第三年祭五方帝,依次循环。南北朝时期的祭天仪式也有一些变革。部分少数民族祭天也采用汉制,但常掺入本民族的一些传统礼仪。梁代祭天地社稷宗庙时,将牺牲改为果蔬。另外还在圜丘外修建更衣、休息用的房屋。宋代祭天结束后,还要在皇城的门楼上举行赦免囚徒的仪式,还要择日到祖宗神像前行"恭谢礼"。

明代朱元璋洪武十年(1377),在南郊祭坛上建圆形大屋,将祭祀天地的仪式合二为一。后嘉靖皇帝认为合祭不合古代礼制,便在祭坛南面另建圜丘以单独祀天。清代祭天基本沿袭明制。乾隆皇帝时对明代圜丘进行改修,形成现在北京天坛的古建筑群。它由圜丘、祈年殿、神乐署、斋宫、牺牲所等组成。

2. 日月

日月是人类最主要的采光来源,也是古代祭祀的重要对象。相传古代祭日在坛,祭月在坎(一说月坛)。太阳又称"大明之神",所以祭祀太阳的日坛称为"王宫"或"大明";月亮为"夜明之神",所以古人称月坛为"夜明"。祭日在春分这一天的早晨,地点为东郊;祭月在秋分的傍晚,地点在西郊。此为日月正祭。另外在举行其他祭祀时,常以祭日月为从祀。

秦始皇东游时共祭八神,其中在成山(今山东成山角)祭日,在莱山(今山东掖县一带)祭月。在雍城还另设有祭祀的日月祠。

汉代汉武帝时在太一坛祭日月。黎明时分,汉武帝出用竹子建造的祠宫,面朝东方拜揖行礼,夜晚面向西方拜揖行礼。后来改成在宫中行礼。魏晋南北朝,在宫中简易行礼祭日月被确定下来。并规定春分于东郊朝日,秋分于西郊夕月。明初在南京修建日月祭坛,后迁都北京,又分别在北京朝阳门外修建日坛,日坛向西;在阜成门外修建月坛,月坛向东。日月二坛都为一层方台。规定皇帝在天干为甲、丙、戊、庚、壬的年份里要亲自去日坛祭日,其余年份文臣代祭。相应,地支为丑、辰、未、戌的年份,皇帝要亲自去月坛祭祀,其余年份武臣代祭。清代一直沿用这一制度。

3. 星辰

星辰之祭受祭祀的对象主要为五星、二十八宿。五星即东方岁星,南方荧惑,西方太白,北方辰星,中央镇(填)星。二十八宿包括东方苍龙七宿(角、亢、氐、房、心、尾、箕)、北方玄武七宿(斗、牛、女、虚、危、室、壁)、西方白虎七宿(奎、娄、胃、昴、毕、觜、参)、南方朱雀七宿(井、鬼、柳、星、张、翼、轸)。另外还有如司命、司民、司中、灵星、寿星、云神等,在祭祀天地时也作为从祀。

古代人们还把天上的星宿同地上的疆域相关联,某星分野某州某国,该地便要祭祀这位星神。历代还专门设有祭祀星辰的祠。

(二)祭地之礼

由于人类生活于土地之上,土地能生长五谷,养育百姓,因此,土地在人们心中有着非常重要的地位,古代有"父天而母地"的说法。远古时期人们便有了对土地的崇拜。另外,土地是国家的根本,有着重大的政治意义。所以,土地也成为中国古代祭祀的又一个重要对象。下面简要介绍方丘祭地、四望山川、祭社稷。另外,封禅既祭天又祭地,也放在这一节讲述。

1. 方丘祭地

古代祭地的正祭,要在方丘举行,也就是每年的夏至在国都北郊水泽中修建的方形祭坛上举行祭地仪式。由于古人认为地属阴,阴属北方之性;而天是圆形的,地是方形的;陆地四周被海水包围,所以要将祭地的坛建在国都北郊水泽中,行状为方形。祭地行瘗埋之礼,也就是祭祀结束时挖一个土坑,把祭品埋入其中,地神可直接享用。祭地所用的牺牲全选黝黑色的,玉为黄琮,方形。

明代初年,在钟山以北建方丘坛。嘉靖年间,在北京安定门外建方丘坛,即地坛。还建了皇地祇室,专门收藏木主。清代基本沿用明制。

2. 四望山川

四望即望祭天下的名山大川之神。相同的山川,亲至而祭,称为祭,远望祭之,称为望。望祭的正祭在国都四郊举行,四郊各建一坛,登相应方位的坛祭相应方位的山川。祭祀物品也要选用相应颜色。当国家有军事行动等,也预先望祭,称"前祝"。战争取胜后,燔柴而望,称"告成"。国家遭遇不幸,也可进行望祭祈求神灵保佑。

秦代,专门设有祭名山大川的祠堂。在春、秋解冻封冻时各进行一次。另外,冬季还要举行祠堂祭祀"赛祷"。

唐代武则天时,以人间官爵封山川。后来,封五岳为王,东岳泰山被封为天齐王,西岳华山被封为金天王,中岳嵩山被封为中天王,北岳恒山被封为安天王,南岳衡山被封为司天王。唐玄宗时,又封四渎为公,封河渎为灵源公,封江渎为广源公,封淮渎为长源公,封济渎为清源公。

明代太祖朱元璋下令废除前代为山川封的名号,以山川本名称其神,如东岳泰山之神、西渎大河之神、北海之神等。嘉靖年间,将山川坛改为天地神祇坛,以望祭山川。

3. 社稷

社为土神,名后土,相传是共工氏的儿子勾龙,能平水土。稷为谷神,是历山氏的儿子名农,又有说名柱,能播种百谷。从商代起,以农耕为主的周人便奉其祖后稷为稷神。土神和谷神合称社稷。土地、粮食都是立国的根本,所以后来社稷又可代称国家。

祭祀社稷有专门的社稷坛。《周礼·春官·小宗伯》载:"建国之神位,右社稷,左宗庙。"即王宫前的右侧建社稷坛,左侧建宗庙。由此可见,社稷的地位很重要。先秦时期,祭祀社神和稷神是分开的,各筑一坛。最初在社坛中种一棵树,象征神位,即"社主",后改为木制、石制牌位。稷坛为方形,铺有五色土,五色分别为:青、赤、白、黑、黄,象征东、南、西、北、中五个方位。西周周天子分封诸侯时,据诸侯封地所在方位,从坛中取代表相应方位颜色的土赐给受封诸侯,作为受封标志。该诸侯将所赐之土带回封地,置于封地的稷坛中,表示自己是国家的组成部分。到明太祖时,才将社坛、稷坛合并,一同祭祀。

据《礼记·祭法》记载:"王为群姓立社,曰太社;王自为立社,曰王社;诸侯为百姓立社,曰国社;诸侯自为立社,曰侯社;大夫以下,成群立社,曰置社。"也就是说,在古代,各个阶层都建有规格、等级不同的社,从高到低依次为:太社、王社、国社、侯社、置社。立社要封土为坛,而且还要种树,称为"社树"。祭社这一天,所有人要停止一切工作,参加祭祀。社日的热闹情形,在唐宋许多诗作中可以领略到。宋元以后,封建统治者限制结社活动,害怕民间集会。社日活动逐渐衰落,现在民间还有一些旧时的土地庙、土谷祠。

祭祀社稷神,最多的是祈求五谷丰登,因此有"春祈秋报"的说法。"春祈秋报"是祭祀社稷的正祭。春祈的目的是祈求社稷神保佑,在社日也就是在春天耕种之举行;秋报是为了感谢社稷神的保佑,孟冬之月即秋收后的吉日里举行。周代进行社稷祭祀时要敲灵鼓,跳帗舞(即领头者手拿带五色缯的道具带领所有人共同舞蹈),唱乐歌。场面既隆重又热闹。

古时社稷坛也可以用来校阅军队,举行出征、献俘典礼等。这一习俗一直沿用到清代。古代新旧王朝更替时,新王朝要另立社稷。

4. 封禅

古代的封禅是指在泰山举行仪式祭祀天地。祭天称封,祭地为禅。《史记.封禅书》正义中说:"此泰山上筑土为坛以祭天,报天之功,故曰封。此泰山下小山上除地,报地之功,故曰禅。"封禅要到泰山举行,是有其特定的原因的。由于泰山在东,为五岳中的东岳,而古人又认为东方是阴阳交替的地方,是万物产生的根源。同时在古人眼里,泰山已经是很高的山峰,山愈高离天就愈近,所以帝王们要到泰山顶祭天,到泰山附近的一些山峰如梁父山、云云山、肃然山等地祭地。其中,行禅最多还是在梁父山,所以又有"封泰山,禅梁父"的说法。行禅要选择泰山附近其他山,主要是因为古人认为天为阳、地为阴,天高于地。

古代只有帝王才有资格、条件封禅,往往那些好大喜功的帝王对封禅尤为重视。相传远古有七十二家在泰山举行过封禅典礼。由于古代交通不发达,国都距泰山有一定距离,封禅仪式又很复杂,所以每一次封禅耗费的人力、财力、物力都很大。唐高宗泰山封禅,可谓兴师动众,十月份从长安出发,到十二月到达目的地,正月才开始封禅。历史上秦始皇、汉武帝、汉光武帝、唐高宗、唐玄宗、宋真宗等为数极少的人举行过封禅典礼。

夏商周时期已有封禅之说,但有具体记载的还是从秦代开始。秦代,秦始皇自定封禅仪式。他命人修车道,从泰山南登上山顶,立石纪功颂德;然后从北面下山,到梁父山行禅。下山走到半路时,天气突变,刮起狂风下起暴雨,秦始皇只好在一棵松树下避雨,这颗挡雨有功的松树后来被秦始皇封为"五大夫"。现在我们所见的泰山"五大夫松",是明代人重新种植的。

汉武帝也自订仪式到泰山封禅。他先行禅祭地,地点为梁父山,礼毕,到泰山东面的山脚下设坛祭天,然后到山顶再次祭天。第二天从山北面下山,到肃然山又一次祭地。

从南宋开始，封、禅同时进行，而且封禅与在国都郊外举行的祭祀天地合并。

（三）宗庙祭祀

宗庙，是古时供奉、祭祀祖先的场所。古人认为，人的灵魂不灭，人死后变为鬼，寄居于宗庙、祠堂之中。鬼魂要靠活人的祭供生存。宗庙祭祀，其实祭的是自己祖先的鬼魂。《礼记·祭法·郑玄注》中说："宗，尊也；庙，貌也。言祭宗庙，见先祖之尊貌也。"在宗庙进行祭祀，祭祀象征祖先的牌位、画像，是为了悼念、问候祖先，并祈求他们的保佑。通过祭祀，回想起已故者的相貌。

我国古代的宗庙制度同宗法制度密切相关。宗法制度以血缘关系为基础，按血缘关系来确定亲疏嫡庶。这在宗庙祖先的牌位顺序上也有体现。宗庙祭祀要严格区分嫡庶。另外，由于宗庙内供奉的祖先很多，所以要按昭穆的次序排列。始祖居中，左昭右穆，从始祖往下，父为昭，子为穆，孙为昭……凡奇数代为昭，偶数代为穆。

出于对祖先的敬重，人们把祖先亡灵寄居的宗庙一般都修得比较肃穆、庄重。宗庙数量也每个阶层各不相同，宗庙的方位也有讲究。周代规定周天子修七庙，太祖庙加三昭三穆。如果随故世先王太多，七庙难以容纳，可"毁庙"，把除始祖外，把那些同在位君王世次相隔较远的祖先的神主另行收藏。其余诸侯五庙，大夫三庙，士一庙。

关于宗庙的方位，根据左宗庙右社稷的原则，一般都建在王宫前的左侧同，社稷相对。并且宗庙都坐北面南。

宗庙祭祀非常复杂，礼仪也很繁琐。有每月初一到宗庙进行的祭祀，即月祭。还有每一季度的孟月进行的四时之祭，每年年末举行的腊祭。另外还有祫祭和禘祭。新王登基、军队出征等也要祭告宗庙。

在宗庙祭祀时，要用鼎、彝、尊等礼器，以及牺牲等。需卜筮选尸，代表死去的祖先受祭。尸的挑选范围一般是在孙辈中，如果祭祀的是男性祖先则选男性为尸，是女性祖先则选女性为尸，夫妇同祭可以只选一人一尸。

以周代的宗庙祭祀为例，祭祀前要修除、择士、卜日、斋戒等。先准备好祭祀用的牺牲、礼器等，太牢毛色要纯，玉器、束帛完好无缺。周王沐浴更衣，单独居住十天，排除心中杂念。祭祀的日子，所有参加祭祀的人都必须早起沐浴换上礼服。周王到宗庙后先到太室行裸礼，舀香酒浇地，以酒香告知祖先鬼魂前来受祭。祭祀时周王及臣子向尸行稽首礼。行礼后分食祭祀用的食物，周王将牲肉分赐给其余人。

宗庙祭祀集中体现出了宗法制度的等级差别及尊卑次第。奴隶社会中，奴隶主阶级中的各级贵族,才有资格为自己的祖先立庙,虽然数量不等。被统治阶层无权立庙。进入封建社会,像汉代很多公卿贵人不再设私庙,而是在墓地建立祠堂,即家庙。南北朝时,开始按官位高低确定庙祭的礼仪。关于家庙数量,唐代规定:一、二品官员可立五庙;三品三庙,四、五品官员有兼爵者可立三庙;六品以下官员至庶人祭于寝。大概于南宋时期,宗族祠堂制度出现,普通民众也可建祠堂。平民家族可建祠堂,说明普通百姓的社会地位有所提高,但同时也强化了封建制度对下层民众的统治。祠堂分四龛,分别供奉高、曾、祖、考四代神主。龛前摆放供桌,桌上放有香炉、香盒等。每一季度都要祭祀,仪式有参拜、降神、进馔、三献、受胙等。具体情况,一般依家庭条件而定。越是贫穷的家庭程序越是简单。

二、凶礼

凶礼是有关哀悯、吊唁、忧患的礼。是发生不祥之事后为祈求平安、减少损失而举行的仪式。凶礼的使用范围比较广,包括丧礼(哀悼死者)、荒礼(遇饥荒举行)、吊礼(出现很严重的自然灾害)、禬礼(敌国入侵致战争)、恤礼(发生动乱)等,其中与人们关系最密切、举行得最频繁的数丧礼。

通过丧礼,人们可以表达对死者的眷恋,祈求死者庇佑生者。我国从周代开始就已经有了一套完整、复杂的丧礼程序,它主要分五个阶段:初终、装殓、殡、葬、服丧。

初终包括属纩、复、沐浴。

古代检查临死之人还有无呼吸称为"属纩"。属,是放置的意思。纩是一种质地很轻的新丝棉。把纩放在弥留者的口鼻之上,看其是否还有呼吸。如果已经停止呼吸,便进入"复"的阶段。

复,即人刚刚停止呼吸,马上为其招魂,希望奇迹发生能再活过来。复是为死者招魂的仪式,其具体做法是:派人拿着死者生前穿过的衣服,登上屋顶,一手执领,一手执腰,朝北方拉长声音高喊死者名字,共喊三次,以招死者的灵魂回到身体。古人认为人死后,灵魂脱离躯体,向北方幽冥世界而去。之后,把死者衣服抛到屋下,下面有人接住衣服并马上盖到死者躯体上。通过复,表明死者亲属不忍死者离去,并努力挽留其生命。复后不醒,开始为死者操办丧事。死者亲属全着素服,开始居丧。

死者在被装进棺材以前,生者要为其整理仪容。先是沐浴。沐即洗头,浴指清洗身体。沐浴时用盆盛烧热的洗米水,用勺子舀水向尸体上浇洒,再用细葛缔巾擦洗。为死者沐浴后还要为其修剪头发、胡须、指甲等。为死者沐浴时,其余亲属等要暂时退到屋外。

装殓,习惯上称入殓,指装裹尸体并放入棺木中。分小殓、大殓。

一般在人死后的第二天,要给死者穿上寿衣(又称"装裹"),用衣衾包裹尸体,称为小殓。小殓时,房内摆放着所有的殓衣,堂下陈列着各种食物,边入殓边进行祭奠。死者的亲属在一旁哀伤痛哭。换上衣服后,还要用衾被包裹尸体。关于包裹尸体的衾被,阶层不同所使用的材质、颜色也有严格区别。周代国君用锦衾,大夫用白色细绢做成的缟衾,士用黑布做的缁衾。

入殓时又有饭含这样一种丧仪。饭是指把米等粮食同碎玉颗粒混合放入死者口中,使死者有东西可食用。含所放之物为珠玉等,是为了保护尸体。关于饭,《周礼·地官·舍人》载:"君用粱,大夫用稷,士用稻。"《礼记·杂记》中说:"天子饭九贝,诸侯七,大夫五,士三。"关于含,西汉刘向在《说苑·修文》中说:"天子含实以珠,诸侯以玉,大夫以玑,士以贝,庶人以谷实。"可见,饭含的物品及数量也依人的尊卑而定。饭含之物也是历代都在变化的。

大殓是在小殓结束后的第二天举行,是一种将尸体放入棺内的仪式。大殓时,也要同小殓一样摆衣陈馔,然后将死者抬入已铺有席衾的棺木,亲属痛哭。尸体放入棺材后,接着进行祭奠,前来吊丧的宾客行礼,孝子答拜。

在盛放尸体的棺材外还要套上椁,椁又称套棺或是外棺。人的社会地位不同,其棺、椁的数量和材质也不一样。小的官吏和普通百姓只用棺,帝王、诸侯、权臣才棺椁齐用。地位越高,棺、椁的数量越大。如周代,周天子用五棺二椁,诸侯用四棺一椁或三棺二椁,大夫用二棺一椁,士用一棺一椁。天子用的棺,最外面一层和第二层称都用梓木做成,第三层用椴木制成,第四、五层分别用水牛皮和犀牛皮制成。每层棺木的尺寸、漆色、花纹、装饰等也都不同。关于椁,据说君王之椁用松木,大夫柏木,士杂木。明代官员之棺用油杉制成,漆红色,椁用土杉制作;庶人无椁,棺用坚木,漆黑、金色。

入殓结束后,停枢(放入了死者遗体的棺木称枢)待葬,称为殡。殡也是为了表达生者对死者的眷念。不立即下葬,并用多种食物、美酒供奉死者。最初的一段时间称为既殡。

帝王死后,灵枢要放在殿堂之中。停放灵枢的地方,皇宫称"殡宫",其余人家中称"殡堂"或是"灵堂"。入殡后,死者的亲属要轮流侍奉在灵枢旁,即"守灵"、"祭奠"。殡礼的时间也要根据死者的身份、地位来决定。周代,天子殡七月,诸侯殡五月,大夫殡三月,士逾月。殡期虽有规定,但也有一些例外。如周桓王死后殡长达九年。

既殡后,死者亲属要按与死者血缘关系的亲疏远近,穿上不同的丧服,即成服。通常从大殓次日开始着丧服,穿到允许解除的时间为止。按传统的五服制度,丧服共分五等。《仪礼·丧服》中记载:丧服有斩衰、齐衰、大功、小功、缌麻五种。所穿丧服的布料越粗糙,表示悲伤之情愈深。

斩衰用最粗的生麻布制成,衣服不缝边,另外还有一段粗麻布用来围下身。齐衰也使用粗麻作原料,但缝边整齐。大功是用熟麻布制成的,经过加工,较为精细。小功,是用更精细的熟麻布制成的丧服,丧期五个月。缌麻,用精细的熟麻布制成,是五服中最轻的丧服,丧期三个月。丧服制度,历代虽都有变动,但其通过丧服、丧期表现亲疏等级的实质是一样的。对现代丧葬习俗有这很大的影响。

下葬前一天,要用灵车载灵柩至祖庙内,再次进行祭奠,并行赠谥之礼。谥,即谥号,用谥号对死者以前的事迹、品德进行评价。赠谥号始于西周。谥号分官谥、私谥。官谥是朝廷授予死者的;私谥是亲友等赠给死者的。根据褒贬,谥号又可分为美谥、平谥、恶谥。美谥含有赞扬、肯定之义,如汉文帝刘恒和汉景帝刘启,分别被赠予"文"、"景"的谥号。两位皇帝在位期间,轻赋税,与民休养生息,国家政治清明,经济发展较快,社会安定,所以他们分别被赠予美谥。平谥,有哀悯、惋惜之意。如东汉殇帝刘隆刚出生一百多天就继位,后不到一年便夭折,所以谥号为"殇"。恶谥如隋炀帝的谥号为"炀",因为他亲小人远君子、轻国政重女色。

送灵柩前往葬地称为出殡,即送葬。所有参加出殡仪式的人都要着白色素衣。启殡前,先诵读随葬品清单,再次祭奠。这些仪式结束后,方发车前往墓地。

葬是将棺椁埋入地下。下葬之日,先将灵柩从车上抬下,祭奠一番后,方将灵柩缓缓移入墓坑中。此时死者亲属两边站立,男东女西。墓室后半部分安放棺木,前半部分用来安放供桌和随葬品。等棺木安置妥当,孝子痛哭。放入随葬品后,以土盖住棺木,在地面垒土成坟。明以前,帝王的坟方锥形,明以后为圆形。身份等级越高的人,坟堆也越显高大。完毕后,亲属再祭拜。

服丧是为了表达对死者的一种怀念之情。一般死者妻儿及亲属服丧。由于我国古代特别重孝,父母生前死后都要尽孝,所以提倡为父母死后为其守丧三年。服丧期间,禁止饮酒作乐,只能着素服,不得参加婚嫁喜事等。官员要卸职居家守孝,举子不得参加科举考试。

三、军礼

军礼,指战事、田猎、筑城等需动员人力的活动所遵循的礼仪。《周礼·春官·大宗伯》记载:"大师之礼,用众也;大均之礼,恤众也;大田之礼,简众也;大役之礼,任众也;大封之礼,合众也。"这段话概括出了军礼的五个组成部分,即大师之礼、大均之礼、大田之礼、大役之礼、大封之礼。大师之礼,指出兵征战讨伐所行之礼;大均之礼,指分土地、收取赋税等所行礼仪;大田之礼,即田猎礼仪;大役之礼,即修建筑城之礼;大封之礼,是定疆域封土礼仪。我国古代在从事以上各项活动时,都要出动军队,所以以上各项均为军礼的组成部分。

（一）征战之礼

1. 出征

古代自商周开始,无论是出征还是狩猎,凡是要动用军队的,之前都要告之于神。出征前进行祭天仪式,称类祭。类祭也在国都郊外举行,具体时间要通过占卜决定。祭祀时焚烧牺牲、币帛等祭品,以向上帝报告出征之事,请求上帝同意,并祈求上帝的保佑。出征前的祭地仪式,称"宜社"。主要采用瘗埋祭品的方法,让代表国土的社神知道,以求得保佑。另外还要到宗庙告祭祖先,称"造祢"。其目的和祭祀天地一样。

祭完天、地、人之后,还要祭军神、军旗,称"祃祭",也称"师祭"。祃祭主要在祭祀土地神的地方举行。受祭的军神,有蚩尤和黄帝两种说法。蚩尤是传说中远古时期东方九黎族的首领,擅长以金属制各种兵器,凶猛善战,曾经打败炎帝部落。黄帝大致与蚩尤同时,是传说中中原地区的部落首领,他打败蚩尤部落,成为中原各部族的祖先。出征前举行的祭旗礼称为"祃牙"。牙即牙旗,牙旗是行军、作战时在最前方起引导、指挥作用的大旗,它在军中的作用非常重大。古代军队的一切行动均由旗鼓指挥。祭牙旗是为了祈求出师大捷。

出征前还要对道路之神进行祭祀。在道路上垒起土堆,插上树枝。驾战车的人驾车持酒,将酒浇在战车轮轴两端和车厢前的挡板上,最后一口气喝尽。三酹后,车从土堆上碾过,祭祀结束。途中遇名山大川,也须行祭。祭祀时,军队列阵,乐队奏军乐,带兵长官向山川献箭和牺牲,同时对战争进行占卜。

出征前还要誓师,作一次战前总动员。主帅致誓师辞,道明出征的目的和意义,揭露敌军的不义暴虐,激励战士奋勇杀敌。

2. 凯旋

军队征战胜利归来,要行凯旋庆功礼。天子率众大臣到近郊迎凯旋将士,以示慰劳。后到太庙、太社,祭祀天地祖先,行献捷献俘礼,告知战争获胜,感谢其庇佑,并献上俘虏及各种战利品。

凯旋将士一路要奏凯乐、唱凯歌,一方面表达内心的喜悦,同时也为了让更多的人知道此事。为了让天下所有人都知道获胜之事，北魏时在军礼中增加了"宣露布"。东汉把不缄封的官文书称露布，北魏时将写有战争获胜消息的帛称"露布"。隋代隋文帝时专门制定了宣露布礼，由兵部主持，文武百官及民众聚集在广阳门外，内史令宣读捷报。宣读结束，百官舞蹈行礼。最后，把露布系在竹竿顶部。

军队取得其中某一场战斗的胜利，将领遣人向朝廷报告战争取胜，也称献捷。实行分封制时，诸侯战胜了敌方，向天子或大国告捷，也称为献捷。

献俘礼，历代大致相同。《小盂鼎》铭文中记载，获馘近五千。馘是记功的凭证，是战争中割下的被杀死的敌人的左耳，最后按此数量封赏。宋代，大军凯旋后要派官员告天地、宗庙、社稷、山川及京都十里以内神祠等，并献上酒脯。先要向祖宗神灵献俘，将俘虏捆绑押往太庙、太社作告礼，再押往宣德门，举行献俘仪式。皇帝在门楼前楹中落座，文武百官在楼下左右站立，献俘将校肃立两旁。皇帝就座后，百官三呼万岁，开始献俘。俘虏被带到献俘位，侍臣宣读露布，然后刑部尚书奏报，询问皇帝怎样处置俘虏。皇帝如下令处决，俘虏被押往法场；下令开释，由侍臣传旨释缚，被俘者三呼万岁，跪下拜谢。最后，文武百官也三呼万岁，舞蹈拜谢。

如果战争进行过程中敌军投降，主将报告朝廷批准后，可就在前线接受敌军投降。受降当天，在军营外面建受降台，台边立大旗，上书"奉诏纳降"。受降一方站在旗下等待。击鼓鸣炮后，主将登台落座。受降者匍匐膝行到台下，俯首请求批准投降。主将宣读皇帝旨意，赦免降军，酌情赏赐。降者叩头谢恩退下。战争最后敌军投降，有专门的受降仪式。宋代举行受降仪式的地点、程序等同献俘仪相似。不同的是，行礼前，受降一方着本国服饰，到宣德门前跪拜，皇帝下旨免罪后赐其中原服饰。

出征凯旋，天子要宴飨功臣，论功行赏，称"饮至"。"饮至"地点最初宗庙，后来改在皇宫正殿或宫苑中。论功行赏最隆重的数封赏开国功臣。周武王灭商后，赏给各诸侯的不仅有彝器、兵器、宝玉等，还有大量商代的奴隶。

3. 战败

当征战失败古代称"师不功"或"军有忧"，采用丧礼迎接败军。此时国君要穿丧服，戴丧冠，以痛哭悼念死者，慰劳将士。

（二）校阅之礼

古代把军队平时训练的各类活动和制度，统称为校阅之礼。我国古代比较重视军队的平时训练，训练多在校场进行。部分士兵在一旁敲锣击鼓，其余士兵则根据其节奏作出相应动作，或前进或后退，或匍匐或站立。每年都要举行阅兵以检查训练成果，有时天子还会亲自阅兵。军队经常加以训练，不仅可以提高战斗力,而且能威慑敌国。

《礼记·月令》记载:"天子乃命将帅讲武习射、御,角力。"周代每年的孟冬之月,天子要亲临讲武,讲射、御、角力技艺,并命将帅操练士兵。

汉代立秋后郊礼结束后便开始进行校阅,军队分南北军,将士习孙吴兵法六十四阵。每年十月,从中央到地方郡县同时抽调军队演习骑射车御等,并比试考核,此为"都试"。东汉时,为防止都试时发生兵变,光武帝取消郡县一级的军事长官,废除地方都试之制。东汉末年灵帝中平五年(188),天下形式不稳,地方军阀拥兵一方,西方羌人叛乱,百姓起义不断,为稳定汉王朝的统治,灵帝命大将军何进召集四方兵将在平乐讲武,炫耀武力。在平乐观下建大坛,坛上建十二重五彩大华盖,灵帝坐其下,在"西园八校尉"的统领之下,数万步兵、骑兵结营为阵,进行操练。

北魏时校阅制度发生一系列变化。内容除以前的讲习、操练外增加了对抗演习。后齐讲武,更重演习战阵之法。重视对兵将目、耳、心、手、足五大器官的训练。要求每个战士能熟识旗语,明白金鼓声的意义,严格按军令形式,熟练使用各类兵器,能艰苦长途跋涉。通过以上五个方面的训练,使全军将士服从军令,严整阵法,从而以提高战斗力。

唐代讲武在仲冬之月,地点在都门之外校场上。皇帝、九品以上的文武官员、各州郡使者、番邦宾客、普通百姓都可以前往观看。校场内的步兵和骑兵上中下三军一分为二,成东西两军。中军大将代全军宣誓后讲明纪律,校阅正式开始。六军先根据旗语、鼓声等操演。数遍后,开始演习阵法。两军交替互为主客,依五行相胜之法,不停地变幻阵法,互相对抗。两军各派出五十名手持刀盾之士,相互挑战。两军变为直阵,至中线处进行攻防演练。结束后,步兵退场,骑兵同样按步兵演练的内容、程序等开始操练。

明代中期以后,政治腐败黑暗,军队也受到严重影响。武备懈弛,军队空虚,校阅流于空谈。

清初规定三年一次大阅兵。康熙三十年(1691)又另创"会阅"典礼。由皇帝亲自率清军会同蒙古各盟旗藩王共同在今承德一代举行。先欣赏歌舞杂技,第二日各营布阵,皇帝开始校阅。除传统检阅内容外,还检阅了火器装备的军队。

(三) 田猎之礼

古代的田猎活动,也是军礼的一项重要内容。它与祭祀相关,而且同军事活动联系紧密。田猎,即狩猎、打猎,又称畋猎。在甲骨文中有大量关于田猎的记录,猎得的动物也种类繁多。打猎能使农作物不受动物糟蹋,供给宗庙祭祀,进行军事训练。在古代,只要没有重大自然灾害、重大政治事故,帝王们一年四季都会举行田猎活动。田猎时需动用军队,有时会用上分进合围之术,能看出射猎人的骑术、箭术水平。

周代四时畋猎,分别为春蒐、夏苗、秋狝、冬狩。田猎有礼法规定,如不得暴殄天物。不得捕杀幼兽、有孕之兽,不得采鸟卵、毁鸟巢;围捕不能一网打尽,要留一个缺口。四时畋猎于每一季度的中月举行。每季田猎都有特定的训练内容。春蒐,主要训练士兵掌握鼓、金等指挥信号;夏苗,主要训练士兵露宿野外的能力及夜间战斗的能力;秋狝,着重训练布阵演练和实战操练;冬狩,是对军队的一次综合性大检阅。

历代统治者中沉迷于田猎的为数不少。频繁田猎,不仅耗费大量人力、财力,更荒废政务,影响当地百姓的农业生产和生活。

金元时期,受民族习俗的影响,田猎之风大盛。国家设有专门负责田猎的"打捕鹰坊"。清代有"木兰秋狝"的田猎活动。木兰,位于今承德避暑山庄以北,今围场县。"木兰"此名在满语中,意为吹哨引鹿处。木兰秋狝带有融洽满蒙关系、巩固政治联盟的目的。每当木兰行猎时,蒙古等各部首领以及西北各族都要前来参加。"木兰秋狝"有行围、合围两种方式。行围是围而不合,合围要四面包围。先由士兵将野兽朝"看城"驱赶,包围合拢后,皇帝进入其中观察形式,指挥射猎。如果野兽太多,则放掉一部分。在木兰秋狝中还有哨鹿打猎,即由十余名侍从随皇帝至哨鹿所,一名侍卫举起雄鹿头模仿雄鹿鸣叫,当雌鹿寻声而来,则弯弓射杀,立即取鹿血供皇帝饮用。

四、宾礼

宾礼是指诸侯朝觐天子以及各诸侯国间相互交往时所采用的礼节。《周礼·春官·大宗伯》中说"以宾礼亲邦国",可见在先秦,宾礼有特定的使用范围。宾礼的内容包括朝、宗、觐、遇、会、同等。后来宾礼的范围逐步扩大,皇帝遣使出访、外使朝觐、主人与客人之间的交往的礼节也都归入宾礼。

（一）朝觐

朝觐之礼,是各地诸侯按规定的时间到京都拜见天子的礼节,目的在于明君臣之义,通上下之情。各朝规定的诸侯朝觐天子的时间和次数各不相同。

由于周代实行的是分封制,周王直接控制王畿地区,王畿地区以外的其他地方封给同姓子弟或异姓功臣治理。周王统领天下,各地诸侯统领自己的属地,同时也负有尽忠周天子、为其藩屏的义务。为了保证正常的统治秩序,了解各地实情,周王须加强和调与各地诸侯的联系。朝觐之礼的制订便是出于此意。

周代规定：王畿之内的诸侯，一年朝觐四次。王畿以外的诸侯，根据距离国都的远近来确定朝觐次数。王畿外每隔五百里分别为侯服、甸服、男服、采服、卫服、要服，侯服，依次朝觐频率分别为一年一朝、两年一朝、三年一朝、四年一朝、五年一朝、六年一朝。九州外为藩国，国君一世一朝。当然，这种规定只是理想化的。《礼记·王制》中记载：周代诸侯五年朝觐一次天子。以后各个朝代规定的朝觐时间、次数各不相同。短的一年一次，长的两三年一次。

春秋战国时期，很多诸侯国实力逐渐增强，周王室日益衰落，朝觐制度遭到破坏。很多诸侯不按规定朝觐天子，有的很多年也不朝觐。各地诸侯纷争，有些实力较弱的诸侯国"朝"大的诸侯国，以寻求保护。如春秋时期的鲁国，鲁国国君在整个春秋时期朝觐周王只有三次，而朝晋、楚等大国却共计三十二次。以致孔子慨叹春秋以来"礼崩乐坏"。

明太祖朱元璋为避免藩王争权夺利，于是规定分封"惟列爵而不临民，分藩而不锡土"（《明史·诸王列传》）。对朝觐作了严格规定：藩王就藩后不能随便活动。藩王不准擅自到京城。每年一次朝觐。每位藩王要等前一位朝觐的回府后才可以启程。

诸侯朝觐天子时，要向天子汇报封地情况，称为"述职"。述职严格的礼仪规定，诸侯要按爵位等级穿不同衣服，配不同饰品，立于不同位置，执不同形制的珪，再按次序述职。朝觐天子时，各地诸侯要敬献珠宝及奇珍异产给天子，天子也要回赠礼物给诸侯。

古代，朝觐之礼还包括周边少数民族首领、使臣或是海外诸国使者觐见帝王。如汉代、唐代，我国与边疆少数民族以及其他国家交往十分密切。这些民族、国家的使臣入境时要先"谒关人"，即向守卫关口的官吏通报，说明自己的来意。待"关人"告知朝廷，朝廷立刻派官员前去迎接。这些使臣一般也都携有本地、本国的特产作为礼物。在觐见皇帝时，也要讲究礼节。如宋代规定，"凡外国使至，及其君长来朝，皆宴于内殿。"（《宋史·礼志》）宋代还有如契丹国使者前来觐见的一些礼节仪式。"见日"，即第一次觐见时应遵守的礼仪。使臣所带的礼物列于殿下。再由中书省官员把契丹国主致宋帝的文书呈给皇帝。通事（古代的翻译官）翻译。皇帝让使臣转达自己对契丹国主的问候，赐使臣礼物。"宴日"，宴请使臣的礼节。此时，使臣要着宋皇帝所赐的衣服。席间，相互问候，宋帝赐茶酒。"辞日"，使臣启程离开的告别仪式。皇帝赠送契丹国主礼物，赐使臣珍贵物品，将宋帝的文书交与使臣带回。其他民族和国家的使臣入朝，也有类似礼仪。

（二）朝聘

聘礼是古代国与国之间遣使访问的礼节，包括帝王派人到封国、封国遣使入朝、封国与封国之间遣使互访以及内地政权和周边邻国间的使节来往等内容。聘与朝有着一定的关系,因此,聘也称为朝聘。

《礼记·王制》说:"诸侯之于天子也,比年一小聘,三年一大聘。"西周实行分封制,诸侯要定期朝拜天子,参加各种祭祀活动,每年缴纳赋税。战争爆发时,还有协助天子作战的义务。诸侯定期朝觐天子的间隔之年,诸侯要派遣卿大夫为使入朝问候天子,汇报封国情况。周礼规定,诸侯遣使聘于天子,要以卿为使,大夫为上介(介,次、副),士为众介。使者进入王畿时,要先通报"关人",关人派人报告天子,等天子同意之后,使者方能入城。入城后先被安置在馆舍中。天子召见之时,使者要敬献珍贵礼物或当地特产。结束后,王室会盛情款待来使,再由王室使臣送出王畿返回自己国家。

春秋战国时期,诸侯争霸,常年战乱不休,国与国之间的关系错综复杂。诸侯入朝聘的礼节被忽略,各诸侯国之间的使臣互聘却非常盛行。这一时期,很多有胆有识、纵横捭阖的外交家的出现又使朝聘活动更加频繁。通过频繁的互聘,诸侯国与诸侯国之间的联系得到加强。

秦汉以后,分封制瓦解,诸侯互聘的重要性减弱。所以后代多以藩国聘使朝贡以当此礼。

明代设有专门负责接待藩国以及外邦使节的会同四夷馆。朝贡的时候,文武百官侍立于殿内两侧。结束后,礼部官员奉旨赐宴于会同馆。使臣不仅要朝见皇帝,还要朝见皇太子。

清初沿用明代礼制。从清中叶起,西方殖民势力入侵,朝廷对西洋各国使节逐渐改变礼节。顺治、康熙时,清朝国势鼎盛,英国、葡萄牙等国使节觐见皇帝时行三跪九叩之礼。雍正时,准许罗马教皇派来的使者行西方礼仪,皇帝同使者握手。乾隆时,英国使者坚持用西礼,清廷从之。嘉庆、咸丰、同治年间,在用我国传统礼仪还是西方礼仪问题上,清廷与西方列强相持不让。光绪后,清朝更加孱弱,最终走向妥协。

(三) 会同盟誓

朝觐、朝聘之礼,是天子接见一方一服诸侯、使者时所用的礼仪。如果多位的诸侯一同朝觐,则有会同之礼。会,是指诸侯在不固定的时间觐见天子,又称时见;同,指很多诸侯一同觐见天子,又称殷见。两者在形式上稍有不同。会同时,多方诸侯共聚一堂,因此,会同也是各国展示实力的难得机会。

周代举行会同典礼,地点在都门郊外的坛壝宫举行,春季在东,夏季在南,秋季在西,冬季在北。举行会同典礼前,要先祭告社稷、宗庙、山川。会同时各诸侯国的代表持本国旗帜站在相应的位置,各诸侯也按提前拟定的位置站立。站定后,天子下坛,面南站立,对诸侯三揖。这三揖包括"天揖"礼、"时揖"礼、

"土揖"礼。"天揖"礼拱手向上推,受礼对象为同姓诸侯。"时揖"礼拱手平推,对象为异姓诸侯。"土揖"礼拱手向下推,对象为跟自己无亲戚关系的庶姓诸侯。三揖后,天子回坛上,命人传话,诸侯分别上坛,奠玉享币行礼。献完后,一同到东门外祭日神、明神,进行盟誓。另外还要祭天地、山川。最后,天子宴请诸侯,赏赐礼物。

盟,是两个国家或两个以上的国家,为了某种共同的利益或目的,相互协调行动并起誓定约。结盟须一国占主动先行发起,再派使臣前往自己想要结盟的国家进行游说,成功后各国再约定会面时间、地点。所以,盟又称为"会盟"或"盟会"。各国结盟之后,便拥有了一定的权利和该尽的义务,结盟各方要严格按照盟约行事。盟会中主持会盟的人为"盟主",各盟国要受盟主指挥,听其号令。通过盟誓,大国可确立自己的霸主地位,进一步扩大势力范围,中小国家则可以寻求保护。

春秋战国时期,诸侯结盟基本上都带有军事性质,军事力量决定了在联盟中的地位,而当上盟主也就等于确定了自己的霸主地位。所以这时各国争当盟主以建霸业。史书称春秋时五霸中的首霸齐桓公"九合诸侯,一匡天下","九合诸侯"即多次召集诸侯会盟,并成为盟主,而后"一匡天下",成就了齐国的霸业。

会盟时举行的典礼称为盟礼。古代行盟礼也要祭神,让神明知道结盟的参加者和主要内容,以起监督约束的作用。《礼记·曲礼下》记载:"杀牲歃血,誓于神也。盟之法,先凿地为方坎,杀牲于坎上,割牲左耳,盛于珠盘,又取血盛以玉敦,用血为盟书,成,乃歃血而读书。"举行会盟仪式时,先筑高台,挖方坑,将动物赶入坑中杀死后取左耳,放在珠盘中。取牲畜鲜血置于玉敦中,蘸血书写盟书。其余诸侯站在台上,所有人一起饮血或用手指蘸血涂在嘴唇上,在盟主的率领下一起对着神灵宣读盟书。盟书成各盟国必须遵守的共同准则。后世又称"歃血为盟"。盟誓结束后,将一份盟书同宰杀的牲畜一起埋入方坑或沉于河中。

誓,在周代是指用口头语言来订立信约。誓是向面对神灵发起的,所以立誓后就要严格遵守誓言,不得违背。在先秦,誓和盟有区别一定。誓不用像行盟礼那样杀牲、歃血,誓可一个人进行,也可两方或多方一起举行的。由于行盟礼时,最后往往要立誓,所以盟和誓的关系很密切。盟、誓又都是对着神灵进行的,因此自汉代起,盟、誓基本连用。

从春秋初期发生的《郑伯克段于鄢》的故事我们可以看出古人非常重视誓言。郑国国君武公的夫人姜氏生了共叔段和庄公两个儿子。但姜氏只喜欢公叔段,讨厌庄公。后来,庄公继位,姜氏想方设法帮助公叔段,帮其扩展势力,想最终取代庄公。公叔段策划袭击庄公,姜氏准备为其做内应。后来庄公打败公叔段,姜氏暴露,被庄公安置于城颍,庄公发誓不及黄泉绝不与姜氏见面。之后过了一段时间,庄公开始后悔。封人颍考叔看出庄公的心思,便为庄公出了个主意,建议他掘地到黄泉(地下的泉水处),再在隧道里与姜氏见面。

五、嘉礼

嘉礼,是用来联络感情、沟通人际关系的礼仪,也是五礼中内容最为庞杂。主要包括饮食之礼、冠婚之礼、宾射之礼、飨燕之礼、脤膰之礼和贺庆之礼,所涉及的范围很广。

(一)飨燕之礼

飨与燕都是准备酒食款待宾客的礼仪。但宴客的对象、礼遇等级及宴请的目的等,有明显的区别。

飨礼,多在太庙举行,为天子宴请诸侯、诸侯间相互宴请之礼。主人估计宾客快到来之时,要在门外迎候,宾至,奏乐,让宾客先进门,表示主人对客人的欢迎。行至堂前,主人请客人先上台阶,客人三让而登。快到屋门时,主人再次请宾客先进。进屋后,宾主落座,停止奏乐,主客相互敬酒,音乐响起。送客时,以《雍》为歌,宾客告别。

以飨礼招待客人时,酒的数量有限制。肉食用太牢,主要用牛。将一头整牛除脊背外的部分分为六块,安置在客人案前。飨礼中的酒和肉很多时候宾主并不真正食用。举行飨礼的场面很严肃,规模虽宏大,但主要目的不在吃喝,而在联络相互之间的感情。

燕也作宴,是古代君臣宴饮之礼。燕在我国古代的宫廷生活中非常普遍。举行燕礼的地点一般在寝宫,酒菜种类、数量没有特别的限制。燕礼的重点在吃喝,但也要讲究一定的礼节。先按尊卑确定宾客座次。食物摆放的次序也按方位的尊卑排成方形。进食前,先把手洗干净。主人向客人敬酒次序为:主宾,介宾,群宾。

飨、燕都是饮食礼节,后代常将二者合并。

(二)冠婚之礼

冠礼,是古代男子满20岁即成年时所行的加冠礼仪。学者研究认为,冠礼源于原始社会的成丁礼。

古人对冠礼非常重视。古人认为,男性一旦成年,便负有承父业、服兵役等义务,同时可享有成年人的权利。所以,古人对举行冠礼的时间、地点等的选择都很慎重。

　　周代贵族男子在宗庙举行冠礼。主持冠礼者为受冠者的父亲或长兄。行冠礼之前，要先卜筮确定行礼的日期和负责为加冠的之人。加冠之日，受冠之席安排在宗庙阼阶偏北的地方。堂前东阶称阼阶。来宾到齐，加冠开始。冠者出东房至受冠席，辅助加冠的来宾为这位男子梳头、挽髻、加簪（用来固定头发）、著纚（束发用的黑帛）。接下来，卜筮选定的贵宾为受冠青年加冠。加冠共加三次，每次所加的冠形制都不同，每加一次都有不同的含义。第一次加的冠为黑麻布做成的缁布冠，表示不忘本；第二次所加的冠是用白鹿皮制成的皮弁冠，表示从此须服兵役；第三次所加的冠为用红中带黑的细葛布或丝帛做成的前小后大形如爵的爵弁冠，表明有了参加祭祀活动的权力。诸侯的冠礼要"四加"，即在三加后再加一种外黑里红的玄冕。天子"五加"，在四加的基础上再加衮冕。衮冕也是外黑里红，顶上有冕板，前后有挂玉串。衮冕是天子祭祀先王时所戴的冠冕。

　　加冠结束，受冠者拜见母亲后，回到西阶以东，接受为其加冠的来宾授字。字即表字，是根据名的意义另取的别名。从此以后名多用于自称，其余人都改称其字。命字后，主人向宾客敬酒，赠送礼物，以示感谢。

　　后代基本沿袭以上模式，但程序逐步逐步简化。如魏晋时期，皇帝冠礼一加，皇太子二加，王公、世子三加。唐代皇帝冠礼加一冕，皇太子、亲王等三加。清人不行冠礼。

　　笄，即簪子。笄礼是女子的成年礼，古代女子十五岁行笄礼。行礼取字后，女子方能谈婚论嫁。古代女性地位比男性低，所以笄礼不如冠礼隆重。

　　笄礼的程序和冠礼相似，主要有结发、加簪、取字。行笄礼时，女性家长主持，由女宾或童宾为年满十五岁的女子结发，改变以前的发式，将头发梳成发髻盘在头顶，用纚包发髻，用簪子固定发髻。然后再为其取字。

　　笄礼一直沿用到明代。明代以后，笄礼被废，但民间依然保留着这一习俗，如女子出嫁才能将头发挽成髻，以此作为与未婚女子的区别。

　　婚礼是人一生的一项重大礼仪。《礼记·昏（婚）义》中说："昏礼者，礼之本也。"婚礼涉及到每一个人，它是男女结为夫妻时的礼仪。

　　中国古代处于主导地位的一直是媒聘婚。古人结婚必须要有"父母之命，媒妁之言"，缺一不可。古代的婚礼仪式比较繁琐。如周代的婚礼有六道程序：

　　纳采。即男方请媒人前去女家提亲。

　　问名。纳采后，男方再请媒人到女家询问女子姓名、排行、出生年月日时等，以便占卜婚姻的吉凶。

　　纳吉。了解了女方的基本信息后，男方在祖庙占卜。若占卜得吉兆，男方再派人到女家传信报喜,订立婚约。

纳征。也称"纳成",即男方送聘礼给女方。聘礼一般为三黑二红五匹帛和成对的鹿皮。

请期。男方占卜推算,确定一个成婚吉日。派人带着雁到女家征求意见。

亲迎。迎亲为婚礼中最重要的仪式。婚期当天,新郎乘黑漆车前往女家迎娶新娘。到女家,新娘父亲接新郎入室。新郎以雁为礼,行礼后退出,新娘随行。新郎要亲自驾车,请新娘上车,再将车交驾车人。新郎为了能在门外迎候新娘,自己先赶回家中。新娘到达男方,新郎将其迎入家中。家中设宴,新郎新娘共食,席间行"同牢"、"合卺"等礼。

同牢,指新郎新娘共吃祭祀后的牲肉,象征夫妻以后不分尊卑。合卺,即新郎新娘分别持一只匏瓜剖成的两个瓢,舀酒以漱口。匏瓜味道苦,以匏瓜作瓢盛酒,则酒也沾苦味。用苦酒漱口,寓意新婚夫妇从此以后要同甘共苦。

宴后,换下礼服,新郎新娘进入新房,新郎为新娘解缨。缨是女子订婚后束发用的一种彩色丝绳。第二天早晨,新妇谒见舅姑(公婆),捧枣栗献于舅,干肉献于姑。

后代婚礼只有一些较小变动,直到唐宋时候才有较大变化。宋代只有纳采、纳吉、纳征、亲迎四道程序,其中问名同纳采合并、请期同纳征合并。宋代随着城市商品经济的发展,出现了相媳妇和通资财。

（三）射礼

射礼是古代贵族男子参加射箭活动时的一种礼仪。弓箭,是我国古代战场上的必备武器,所以射是古代社会贵族男性必须掌握的技能之一。它与礼、乐、御、书、数并称古代"六艺"。奴隶社会有重武、尚武的社会风尚,射箭被当作一项经常性的练武活动,并有一系列的制度规定。另外,贵族男子通过练习射箭,能掌握一些上层社会的礼仪规范。

射礼共分四种:大射、宾射、燕射、乡射。大射,主要是为了从群臣中挑选可参加祭祀的人,在郊野的射宫举行。宾射,是诸侯觐见天子或诸侯相会时举行的射箭活动。宾射的主要目的是密切关系,《周礼·春官·大宗伯》中记载:"以宾射之礼,亲故旧朋友。"燕射,是闲暇时在内庭举行的射礼,以宴饮、射箭为乐。乡射,一般在学校举行,是乡大夫为发现举士而举行的。

举行射礼前,一般要先宴饮。宴饮按燕礼礼节进行:迎宾、献宾、酬酢、歌乐迎宾后,再进行射礼。射礼由司射主持,司射根据射箭者地位等级安排射箭顺序,监督射箭者是否按礼仪行事,违礼者会受到惩罚。射箭用的靶子称为"射侯",用布或皮革制成。以算筹和"中"计算射击成绩。"中"是盛放算筹的容器,射箭者的身份、地位不同,使用的"中"形状也不一样。有虎形的"虎中"，犀牛形的"兕中"，鹿形的"鹿中"等。

战国以后，射礼逐步废弛。

有人推测投壶之礼是射礼的变异。因场地不够宽阔或是宾客众多，所以以投壶替代弯弓。投壶，即站在一定位置将手中的矢投入壶中。所投之壶广口，颈部细长，大腹。壶中装有小豆，使投入的矢不易弹出。投壶用的矢为棘木、楛木等制成，一头被削尖，一头平整。根据投掷距离，选用的矢的长度也不一样。

开始投壶前一般先宴饮，宴饮结束开始投壶。投壶也由司射主持、裁定。司射捧"中"，主人捧矢，派人拿出壶，邀请宾客一同投壶。行礼推辞后三次，客人受矢。司射确定好壶的位置，宣布开始并讲明规则：须按地位尊卑依次进行；必须将矢的端首投入壶中才为投中；如果抢先连投，投中的不能算分；获胜者可罚未胜者饮酒等。司射宣布奏乐。奏第一遍作准备，第二遍结束鼓响正式投壶，依次每人投一矢；第三遍奏乐结束击鼓，开始第二轮投矢。参加者投矢四次，投壶第一局结束。以三局定胜负。

行投壶礼目的主要是娱乐嘉宾。投壶在春秋战国秦汉时很是盛行，到唐代仍很受欢迎，宋代趋于衰微。

（四）养老礼

养老礼是定期赠予那些德高望重的老人酒食时所行的一种礼节。我国自古就有尊敬老人的传统美德。《礼记·王制》载："凡养老，有虞氏以燕礼，夏后氏以飨礼，殷人以食礼，周人脩而兼用之。五十养于乡，六十养于国，七十养于学。"我国早在虞舜时，就已经有了养老的制度。到周代，养老制度已趋于完备。

古代养老的对象，主要有五种。一是三老五更。三老、五更年龄50岁以上，都是曾担任乡官后辞官的老人，他们精通世故，阅历丰富。二是那些子孙为国捐躯的老人。三是以前官比较大，后告老还乡的老人。四是年龄很大的普通老人。第五种是辞官回乡后在家乡从教的老人。实行养老制度主要是为了推行"孝悌"观念。

养老礼一般一年举行七次，即春夏秋冬四季、视学（天子祭祀先圣先帝后亲自到学校）、春秋大合乐。各个时代的养老礼也各不相同。虞舜时行燕礼，主人先敬宾客，之后所有人坐下饮酒。夏代用飨礼。商代用食礼，摆放鱼、肉等佳肴款待老人，虽有酒，但不饮用。周代有特定的养老的礼节仪式。先到东厢祭奠已故的老先生，然后安排好参加的各位老人的座次，按礼节摆放他们喜欢食用的美味佳肴。在进食时，还有歌乐以助。结束以后，赠干肉给各位老人。老人离开时候吟唱《清庙》。另外，周代还专门派人负责养老事宜。平时按老人年龄提供不同食物。如果老人生病,会专门有人定期慰问,年龄越长的慰问次数越频繁。在服兵徭杂役方面,对老人也很优待。

周代养老优老的规定,对后代影响很大。如汉代汉文帝曾规定:国家每月为八十岁以上的老人提供五斗酒、一石米、二十斤肉;九十以上的老人每年多供给一匹帛、三斤絮。发现有欺辱老人的,皆"弃市"。

我国传统五礼形成于西周,后代在沿袭的同时,不断进行改革、完善,使得五礼覆盖的范围越来越广,内容不断增多。五礼虽有不合理的地方,但对我国古代社会秩序的规范起着很大作用,对现代社会影响也很大。

【思考题】

1. 试述传统"五礼"所包含的具体内容。
2. 试述"五礼"的价值及其影响。

【参阅书目】

1. 范文澜:中国通史。北京:人民出版社,1980 年。
2. 彭林:中国古代礼仪文明。北京:中国大百科全书出版社,1988 年。
3. 李天纲:中国礼仪之争。上海:上海古籍出版社,1998 年。

第三节　礼器、礼服和礼乐

在我国古代在行各种礼时,还规定了与之相配的器皿、服饰及音乐。这些器皿、服饰、音乐能更好地烘托气氛,规范人们的行为。

一、礼器

礼器,又称彝器,是传统礼制的重要组成部分。它是古代帝王、贵族举行礼仪活动时陈设、使用的器皿。统治阶级还往往将一些最为重要的礼器视为"国之重器",把它当作祖宗、社稷的化身,国家的象征。礼器在国家存,礼器亡国家灭。

礼器源于远古时期人们日常生活所使用的器皿。我国古代文明主要为农业文明,当人们开始定居生活并从事周期性的农业生产时,相对稳定的生活环境使各类生活器具的发明、使用有了可能。在新石器时代,原始先民就已能制造出如鬲、鼎、釜、甑、瓮、豆、壶等生活用具。这些石、陶、骨等器具的发明,为礼器的产生奠定基础。

祭神礼俗出现后,在祭祀中,先民以器具盛食供奉神灵。这些生活器皿,有的成为祭神仪式中必不可少的东西。后来,并逐渐配套。进入阶级社会发明青铜冶铸技术后,祭祀用的礼器开始用青铜铸造。随着奴隶制社会的不断向前发展,青铜礼器的种类增多,使用更为普遍。

西周是我国奴隶社会的繁盛时期,礼乐制度完备,作为礼制体现物的礼器也更趋制度化。商周时代的青铜礼器,很多都铸造得高大精美。如司母戊大方鼎,重875公斤,高133厘米,宽78厘米,足高46厘米,壁厚6厘米。鼎的四周有精美的饕餮纹和盘龙纹。青铜礼器上精美、夸张的纹饰与其高大庄重的外观相配,使整件器物变得神圣、高贵、诡奇,从而威慑人心。

古代祭祀时使用的礼器,其数量、规格、组合样式都由使用者的身份等级决定。以鼎为例,周代规定:天子用九鼎,诸侯可用七鼎,卿大夫用五鼎,元士用三鼎,奴隶和平民不得使用鼎。周礼还规定:镬鼎、升鼎、羞鼎三种鼎配套使用;天子用九鼎,可配七个镬鼎、三个羞鼎,诸侯、大夫、士鼎数逐级递减。

春秋战国时期,奴隶制即将瓦解,礼崩乐坏,礼器也产生了重大变化。在礼器使用方面,不按周礼使用礼器的行为越来越多。在社会大变革的过程中,不少礼器渐渐丧失其属性,有的消亡,有的成为普通百姓日用器物。封建社会形成后,礼器的使用制度趋于衰败。

下面按礼器的用途分别作简要介绍。

（一）酒器

酒器是礼器的重要组成部分,因为古代祭祀必有酒。酒器可分为盛酒、温酒、调酒、饮酒等器种。

盛酒的器皿主要有尊、壶、觥、方彝等。

尊一般为鼓腹或筒腹,侈口,高颈,圈足。历代尊的形制差别较大,有侈口筒状的、短颈垂腹的、鸟兽形的、方形的,等等。尊是地位仅次于鼎的礼器。

在新石器时代已经有了陶尊。商代以后,尊成为一种广泛使用的盛酒器,并成为礼器。由于尊在礼器中的地位很高,所以被作为酒礼器的通名使用。古代还以"尊彝"统指礼器的用法。

壶口小有盖,圆腹长颈,圈足贯耳。可以盛酒、盛水。新石器时代已经出现了陶壶。壶的形制变化比较快。商代晚期流行一种扁圆形、宽口、垂腹、贯耳圈足的壶,有的有提链。形体较大。周代的壶为圆形,大腹长颈,有盖,有兽头形衔环作双耳。西周中晚期,出现了方形壶,与圆形壶配合使用。春秋时的壶,腹鼓颈长,肩上有双伏兽,安徽寿县蔡侯墓中出土的莲鹤方壶为其代表作。

觥腹椭圆或方形,觥口有流,圈足或四足,有一并錾,带盖,盖多为兽形。有的附有小勺子。觥可用来盛酒,也可作饮酒器具。觥以牛角为原型,所以有牛角状觥。商代晚期西周初年比较盛行觥,西周后期消亡。

调酒用的器皿主要有盉。

盉一般口小腹大,有盖,前有管状流,后有把手,三袋状足足或四足。

据王国维推断,盉是一种调酒器,即用水调兑酒的浓淡,然后注入盛酒器中备用。古代举行祭祀等典礼时,为预防不善饮酒的人违礼,便让其饮掺水后浓度较低的酒,又称"玄酒"。盉正是调"玄酒"用的礼器。这一器皿出现很早,在河姆渡文化晚期遗址中便有陶盉出土。后代有铜铸制的盉。商周时期,盉很流行。战国以后,盉趋衰歇。

温酒与饮酒的器皿主要有爵、角、瓠等。

爵的腹部为圆形,较深,腹底为平底或环底。口侈而狭长,口前有流用于倒酒,后有尾。流的根部有两根立柱,柱顶有圆帽。腹侧有把手,腹底有三棱足。由于爵最初多用来温酒,所以有的底部有烟炱。爵的形制多样,有方腹四足的、带盖的、无柱的,等等。

爵最初可能是模仿的鸟雀的形状。原始社会时期有陶爵,铜爵由陶爵发展而来,最初为温酒器,后用于饮酒的功能超过温酒。到西周晚期,爵逐渐被废弃。在传世的铜爵铭文中,这些器物都自铭为"尊彝"或"宗彝",可以看出在青铜礼器中,爵的地位很重要。

角与爵比较相似,但比爵形制要大,口上无柱无流,两端呈锐长的角状。角为盛酒器,后用来饮酒、温酒。主要流行于商周时代,也是一种礼器。

(二)烹饪器

古代烹饪器是主要用来盛煮牲肉、调味和蒸黍、稷等。其中鼎为最重要的礼器。

鼎的腹部圆而大,立耳,三足,有少数为四足、方形。可以用钩或是杠穿鼎耳。原始社会时期的鼎,多为陶制,主要用来煮肉。进入奴隶社会以后,随着青铜冶铸技术的出现,鼎多用青铜铸造。根据其用途可将奴隶社会时期的鼎分为三类:一是镬鼎,其形制最大,主要用来煮肉。二是升鼎,又名正鼎,主要用来盛放用镬鼎煮熟食物。三是羞鼎,又名陪鼎,盛用牲肉等做成的调味羹,专门为放入升鼎的肉食调味。所以又被称为陪鼎。

鬲的主要用来煮粥。其形状为圆腹大口,下有三足与圆腹相连,这三足称袋足或款足,足尖多成乳头状。鬲的这种造型,可以使受火面积扩大,食物迅速被煮熟。新石器时代已经有了陶鬲。商周时鬲用青铜制造,并成为一种礼器。其袋足日趋萎缩。西周时出现个别的方鬲。并且不是袋足形制的。鬲上下隔开,下层是火室,有可以开关的火门。到战国时期,鬲日趋消亡。

(三) 设食器

设食器是盛放黍、稷、稻等食物的器具。多有盖。

簋为圆形敞口,圆腹,圈足。有带耳和不带耳的,带耳的又分双耳、三耳、四耳。底部或带方座,或带支足。其样式比较多。簋的用途主要是盛放黍、稷、粱等熟食。它也出现于原始社会时期,商周时形制趋于固定,并成为礼器。

豆的顶部为圆盘或碗形盘,高圈足或高柄圈足,侧有两环,有的有半圆形盖,盖上器盖,整体呈扁圆形。豆主要用来盛放黍稷类食物,西周时候主要盛菹醢(酸菜和肉酱)。新石器时期的仰韶文化遗址中出现了陶豆。山西保德出土的商代晚期的铜豆,是目前所能见到的最早的铜豆。春秋战国时期,铜豆、陶豆都十分流行,并多用作礼器。

敦的形状为圆腹,大口,双环耳,三短足。有盖,盖与敦身对称,盖上盖子后整体呈球形。所以俗称"西瓜鼎"。也有少数没有耳、足,盖子比器身小。敦也为盛食器,用途与簋相同,是由簋演变而来的。春秋以后,敦取代了簋,战国时期十分流行敦。

(四) 水器

水器是古代用来盛水的器具,主要有盘、鉴等。

盘,大口,浅腹,直沿,双耳或无耳,平底,圈足或三足。其功能主要是盛水。由于盘的容积较大,古代贵族也用来沐浴或盛冰陈尸。如特大盘"虢季子白盘",长一百五十厘米,呈长方形,可用于沐浴。盟誓时,也可用盘盛血,供歃血用。盘还可以和匜相配组合成一套洗盥用具。古人吃饭前要先净手,以匜盛清水浇手,流下来的污水用盘接住。新石器时代已出现陶盘。商周用铜制盘。西周以后,盘、匜配合使用的礼制确定下来,春秋战国时期十分盛行。

鉴,大口,圆腹,平底,两耳或四耳。也有方形鉴。

鉴主要用来盛冰鉴容。形制大的鉴也可用来沐浴。但鉴最主要的用途是盛冰,以冷藏食物或降温,所以古代又有"冰鉴"一词。鉴在春秋战国时代很盛行。

二、礼服

在古代的礼仪活动中,除了要陈设相应的礼器外,还要着相应的礼服。不同的礼仪活动要着不同的礼服,如祭祀时着祭服,朝会时着朝服,行军着戎服,居丧着丧服。同一活动中不同身份地位的人所穿礼服也有各自的规定。从西周起,各朝各代都设有"司服"一职,专门向帝王、嫔妃等提供相应服饰。

(一)冠冕

古代祭祀时,天子、诸侯、大夫所戴的冠称为冕。冕的顶部有一块长方形木板,颜色为黑色,这块板名为"綖"。木板前后所垂的玉串,称"旒"。周代祭祀时所戴的冕冠上的冕旒的数量、长度和使用的玉石数量及颜色都据地位尊卑而定。参加祭祀活动时周天子要佩戴玄冕,玄冕的冕板前后垂有五彩玉石,前后各三旒,每旒12颗玉,共72颗。卿、大夫一级,前后各两旒,每旒3颗三种颜色的玉石,共12颗。

汉代的冠样式很多,如冕冠、进贤冠、武弁大冠。举行重大祭祀时皇帝及贵族着冕冠。冕冠前圆后方,外面黑色,里层红绿两种颜色。皇帝的冕冠垂白玉,共十二旒,诸侯青玉七旒,卿大夫黑玉五旒。进贤冠,是汉代文官戴的一种冠。进贤冠前高后低,前有梁,梁数多少依官阶高低而定,最多三梁。武官戴武弁大冠,此冠也是前高后低,冠上有双鹖尾。庶民没有戴冠资格,只能覆帻。帻是包头发用的头巾,后来贵族也以帻束发。

清代礼帽按冬夏两季分为暖帽和凉帽两种。暖帽圆形,有檐,料子有皮、缎、布、呢等。凉帽圆锥形,无檐,用藤、蔑、竹、麦秸等制成,外面裹有绫罗。清代还以顶子、花翎等冠饰区分官员等级。顶子是清代官员冠顶作装饰的宝石等饰物,又称顶戴、顶珠。花翎,用孔雀毛制成,插在冠上,垂在冠后,以翎上的眼状圆花纹即"眼"的多少来标示官阶。据文献记载,清代官员冠顶上的装饰物从一品官员至六品官员,依次为红宝石、珊瑚、蓝宝石、青金石、水晶、砗磲。七品官员为素金顶,八品为阴文镂花金顶,九品为阳文镂花金顶。关于花翎,亲王、郡王、贝子、驸马等戴三眼花翎,镇国公、辅国公等戴双眼花翎,五品以上官员戴单眼花翎,六品以下官员戴无眼蓝翎(用颜料染成蓝色的羽毛制成)。顶子、花翎被摘去,表示革职。

(二)服饰

周代祭祀时要着冕服,玄(黑色或是黑红色)衣纁(红色)裳,上面分别绣十二种图案:日、月、星辰、龙、火、山、华虫(雉类)、宗彝(祭祀用的礼器)、粉米(白米)、藻(一种水草)、黼(斧形)、黻(两弓相背形),又称章服,或统称吉服

（祭祀礼仪属吉礼）。根据祭祀的隆重程度和祭祀对象的不同，周天子着不同图案的礼服。如祭天、祭五帝（伏羲、炎帝、黄帝、少皞、颛顼）时，天子必着冕服；祭先王时，着绘有龙形图案的衮冕；祭山川时着绘有藻、火等图案的毳冕；祭四方百物时着没有纹饰的玄冕。有诸侯、卿大夫一起参加祭祀时，诸侯、卿大夫使用的章纹依次递减。

周代的冕服制度发展到后代，十二章纹为皇帝专用，官员只能用十二章纹中的部分图案。

汉代从皇帝到官员，衣服的颜色都为黑色。由于衣服样式、颜色相似，难以区分等级，所以又有佩绶的制度。汉代官员把官印放在腰间囊里，官印的绶带垂露在外。由于各级官员绶带的颜色、疏密有严格规定，所以通过绶带能区分官阶。

隋唐以服饰颜色来区别官品，即"品色衣"。这一制度一直沿用到明代。唐代唐高宗时期规定，三品以上官员着紫色衣服，四品深红，五品浅红，六品深绿，七品浅绿，八品深青，九品浅青。唐高宗时还规定臣民一律不准着黄色衣服。另外，唐宋时期还以鱼袋这样的配饰同衣服颜色一起区别官位高低。唐代，服紫、红的官员入朝时，都必须佩带鱼袋。鱼袋，是装有鱼符并用金银装饰的袋子。鱼符，可分为左右两半，是官员受皇帝召见，出入皇宫的身份凭证。鱼袋上刻有职位姓名。到宋代，鱼袋改为在袋子上用金银装饰成鱼形，系在腰间带上，垂在身后。这种鱼袋纯粹作为官位高下的一种标志。

明代在官员的礼服上加"补子"来标示品秩。补子，是在官服前胸和后背处分别缝上的一块不同图案的方形绢帛。有补子的官服称补服，同一件官服前后两块补子图案相同。文官补子上图案为禽，武官补子上图案为兽。清代也有补服。

清代官员以袍褂为主要礼服。衣长，开叉。袍服中蟒袍最贵重，袍外罩外褂。外褂前后开叉，有补子，补子形制在明代基础上作了一些细微的改动。补子上的图案：文官八品为鹌鹑，九品为练雀；武官一品为麒麟，三品为豹，四品为虎，七品为犀牛。外褂中皇帝赏赐的黄马褂最贵重。

三、礼乐

在我国古代社会，音乐既是一种娱乐方式，也可以修身养性、陶冶情操。在原始社会的一些祭祀活动中，已经有了击鼓的做法。后代的婚礼、飨燕礼、射礼中也都有音乐伴奏、助兴。音乐同礼仪的关系十分密切。

《礼记·乐记》中有这样一段话："乐者为同，礼者为异。同则相亲，异则相敬。乐胜则流,礼胜则离。合情饰貌者礼乐之事。礼义立,则贵贱等矣;乐文同,则上下和矣。"这段话是说礼仪能区别尊卑贵贱,从而使人相敬;而音乐能使人心同,令人相近。太讲究礼仪,会产生隔阂;太强调音乐,会使人忘返。只有正确处理好乐与礼的关系,才能使人保持礼貌。合适的礼仪,使尊卑者有了明确的界限;和谐的音乐,使人们产生共同的情感,人心相和。这段话道出了音乐与礼仪的关系,音乐是对礼的一种辅助。

在我国古代不同的礼配有不同的音乐,以音乐营造所需的气氛。周礼规定,祭天地时奏《黄钟》,歌《大吕》,舞《云门》;祭地神时奏《太蔟》,歌《应钟》,舞《咸池》。以后各朝各代也有以乐配礼,不管是朝会还是宴饮,都有规定的乐、歌及舞蹈。朝廷有司乐、教坊等掌管乐队的伎人。

【思考题】

1. 简述礼器、礼服、礼乐的作用。
2. 简述礼器的象征意义。

【参阅书目】

1. 彭林:中国古代礼仪文明。北京:中国大百科全书出版社,1988 年。
2. 阴法鲁、许树安:中国古代文化史(二)。北京:北京大学出版社,1991 年。

第三章　中国古代宗教文化

"宗教"的本义是指某种被神秘化的超自然的力量,是社会发展到一定阶段的文化产物。从本质而言,宗教是一种社会意识形态,是人们对现实生活的虚幻反映,属于唯心主义世界观。其最主要的特征是人们对某种超自然力量的盲目崇拜和信仰。主要作用是:宗教的产生反映了当时下层民众的某些要求。对文化艺术的发展起着积极的作用。宗教的一些教规、教义、宗教道德中的某些积极因素,在一定程度上起着调整人际关系的作用,可以满足人们精神上的终极关怀需求等等。

中国古代早期的先民盛行自然神崇拜与鬼魂崇拜,属于自然宗教的范畴。宗教是人类文化活动的结果,随着历史的发展,社会的前进,人为宗教出现了。秦汉以后,中国民间产生了成熟的、系统的道教,佛教、基督教与伊斯兰教这些外来宗教也随着国际间的文化交流来到中国,它们与中国的道教一起,成为中国文化的重要组成部分。

道教产生于东汉顺帝、桓帝时期,它尊老子为教主,以《道德经》为主要经典,是中国本民族的传统宗教。其基本思想是神仙信仰,认为人可以通过一定的修炼达到长生不老。

佛教产生于公元前5—6世纪的古印度,创始人为释迦牟尼。其基本教义是苦、集、灭、道四谛。苦谛、谛集说明人生的本质及其形成原因,灭谛、道谛指出人生解脱的归属和如何解脱之途。佛教大约在公元1世纪进入我国新疆,从此开始了在中国的传播与盛行。基督教产生于公元1世纪的巴勒斯坦地区,1世纪后向希腊、罗马、两河流域、阿拉伯半岛等地传播。大约在公元7世纪进入中国内陆。基督教的经典是《圣经》,分为《新约全书》和《旧约全书》两部分。基本信仰是"博爱":爱上帝和爱人如己。现在,基督教已成为世界第一大宗教,教徒遍布全世界。伊斯兰教产生于公元7世纪,由穆罕默德在麦加创立。基本信仰是万物非主,唯有安拉,视《古兰经》为其教的唯一经典。大约在七世纪中叶由阿拉伯传入中国。

基督教与伊斯兰教传入中国的时间比较晚。伊斯兰教的真正流行是在元代以后。元朝灭亡时，基督教几乎绝迹，明末清初时再次传入内地。因而基督教与伊斯兰教都没有像佛教那样，真正地融入中国古代文化。所以，它们对于中国文化的影响相对来说比较小。

真正对中国文化产生了重要影响的是佛教与道教。随着佛教进入中国并在社会上广泛传播，佛教渗透到社会的各个领域，逐渐成为占统治地位的意识形态。"在五世纪以后的两三百年中，佛教已经在中国广泛地传播，同时自身也深深地融入了中国的生活与思想世界。"①

道教对整个中国文化的影响也极其深远，鲁迅先生曾经说过："中国根柢全在道教。"②魏晋南北朝时代，道教走进了中国古代知识分子的生活，深深地浸润了他们的心灵，极大地影响了他们的思想、风尚、情趣。他们不再拘囿于传统的"建功立业"的儒家价值观，转而去寻求一种玄远、旷达的人生境界，以求得精神与肉体的永恒。"也正是由于道教的影响，中国士大夫才在生活情趣、心理性格与外在养生等三方面都呈现出了恬淡闲适、清净寡欲、随遇而安、内向克制的特色。"③

总之，宗教是中国文化的一个重要组成部分，对中国古代的经济、政治、哲学、文学、音乐、艺术等以及社会心理、社会习俗、思维方式等都产生了无比深远的影响。

第一节　佛　　教

一、佛教的传入

西汉末年，佛教开始传入中国，它是内地与西域长期交通往来和文化交流的结果。史载，公元前 2 年，即汉哀帝元寿元年，大月氏王派遣使臣伊存来到中土，口授《浮屠经》，在佛教史上，此年被认定为佛教传入中国的开始。东汉初，皇族中就已经有人信奉佛教，据《后汉书·楚王英传》记载，楚王刘英"晚年更喜黄老学，为浮屠，斋戒祭祀"。其时上层贵族中信奉佛教的人不多，影响也很小。在东汉，佛教是作为当时流行道术的一种而传播的。它分成两大

---

① 葛兆光：《中国思想史》，复旦大学出版社，2001 年，第 445 页。
② 鲁迅：《鲁迅全集》卷九《致许寿裳》，人民文学出版社，1987 年，第 285 页。
③ 葛兆光：《道教与中国文化》，上海人民出版社，1987 年，第 321 页。

系统:一为安世高系,是小乘佛教,重禅法。宣扬习禅的方法,依附于当时的黄老神仙方术的某些思想,用这种道术来解释佛教。二为支娄迦谶系,是大乘佛教,讲般若学。讨论的是人生的根本问题,以为要在使神反本真,而与道合,这一系深受老庄思想的影响,迎合了当时以老庄思想为核心的玄学思潮,在社会上层知识阶层引起了广泛的影响。

二、佛教的发展

(一)魏晋南北朝时期

1. 魏晋佛教

东汉末至魏晋,是社会发生翻天覆地变化的剧烈动荡时期,封建的中央集权政治土崩瓦解,儒家经术急剧衰落,王权更迭频繁,大批名士被杀戮。人们对原有的经术宿命、伦理道德的规范和价值从怀疑到否定,开始追求个人生存的价值和意义。西晋以来,玄风盛行,儒家正统观念的衰微与玄学的兴起为佛教的发展创造了良好的思想条件。

曹魏时,《般若经》比较流行,僧侣的数量有所增加。有僧史记载,曹植已经开始接触佛教,被认为是中国佛教音乐的创始者。佛教翻译者主要有昙柯迦罗等人。东吴也讲习《般若经》,传播佛教的主要有支谦、康僧会等僧人。支谦的汉文水平很高,译经约数十部,重要的有《大明度无极经》、《维摩诘经》等。康僧会利用佛舍利显神异,说动孙权建立佛寺,号"建初寺",这是江南有寺之始。康僧会的传教活动标志着江南佛教的开端。译经《六度急经》最能代表康僧会的佛教思想,它把佛教思想与儒家思想相调和,为中国佛教的发展开辟了一条新的道路。

西晋时期,以老庄思想为核心的玄学成为时代潮流,而玄学与佛学有相通之处,使佛教的发展呈上升趋势,佛教在全国流布。据一些史料记载,西晋的长安与洛阳有寺院120多所,许多皇室贵族、士族官僚都支持佛教,如中山王、河间王、周嵩和石崇等。其时,知名的佛典译经家有12人,共译经约167部。竺法护是西晋成就最高的译经家,他曾经游历西域各国,搜集大量胡本佛教,对西域与内地的文化交流作出了卓越贡献。当时的长安与洛阳都聚集了许多学僧,是佛教义学发达的地区。

西晋灭亡后,琅琊王司马睿在江南建邺建立东晋王朝。在阶级结构、政治制度与学术思想方面,东晋与西晋一脉相承。在佛教的影响下,东晋玄学的理论重心转向佛教义学方面,佛教般若学成为佛教占主导地位的思潮,并渗透到上层社会士大夫阶层,涌现出大量的名僧和议论佛理的名士。因此,在江南地区,佛教得以迅速扩展。

晋室南渡之后,佛教在上层社会开始广泛传播,僧人大受欢迎,讨论佛理的主要是一些上层僧侣和上层文人。东晋与北方各国持续对峙时期,南方与北方的僧人形成了两大中心,北方以长安为中心,以鸠摩罗什为首;南方以江南为中心,以庐山慧远为首。东晋历代君王都信奉佛法,竞相修建寺庙。晋元帝时,诏令沙门竺道可以著屐登殿讲经,修建瓦官寺、龙官寺。晋明帝尤善画佛像,曾经召集学僧讲论佛道,建寺皇兴、道场。哀帝"好重佛法"。孝武帝还在殿内建造佛寺,允许僧尼出入宫廷,干预政事。东晋末代皇帝晋恭帝更是虔诚的佛教信徒,曾造丈六金像,还亲自到瓦官寺迎接。东晋王朝的王谢庾桓等世家大族大多信仰佛教,与名僧密交往密切。由于佛教义学渐渐成为玄学讨论的理论重点,东晋名士普遍向名僧求教,阐发佛理。如王导之子王洽、王珣、王珉,著名文士王羲之、顾恺之、谢灵运、孙绰等,都曾经向当时的高僧问学。名士佛学是东晋佛教的一大特点。名士、玄学家孙绰好佛,写了很多关于佛教的文章,还用玄学名士的标准来评论当时名僧,把竺法护、帛远、支遁等名僧比作魏晋之际的"竹林七贤"。

史载,东晋共有佛寺 1768 所,僧尼 24000 人。佛寺的修建费用和僧侣的生活费,主要来源于布施捐赠。另一种来源于"营生"、"自供",包括垦殖田圃、商旅博易、聚畜委积、占相卖卜、行医治病等。两晋之际出现了女尼,洛阳的竹林寺是第一个尼寺。江南地区的妇女为尼现象特别突出,建福寺为时任中书令的何充所建,是建康的第一座尼寺。有些女尼还直接参与朝政,为东晋王室所重。

随着佛教的发展,一个新的社会阶层产生了,那就是僧侣阶层。这个阶层与世俗社会有着种种的对立与矛盾,由此也开启了中国的佛法与礼法之争。两晋之际的名僧主要:

支遁,字道林(314—366),与当时社会名流交往很深,尤为谢安所重。他把般若的"空观"同庄子的"逍遥"结合起来,使般若学和玄学都达到了一个新的水平。

慧远(334—416),本姓贾,雁门楼烦(山西宁武附近)人,381 年定居庐山。此后 30 年再未离开直到去世。慧远在庐山传播佛教,以他为中心形成的庐山僧团是当时影响最大的僧团组织。慧远在中国佛教史上的主要贡献在于将佛教同儒家的政治伦理和道家的出世哲学协调起来。使佛教走上了自觉为封建制度服务的轨道。这一大方向,此后再没有发生重大变化。

公元 318 年,西晋灭亡,中国又陷入了长期的混战时期。在北方,进入了所谓的"五胡乱中原"时期,先后建立了十六个大大小小的政权。北方十六国中的后赵、前秦、后秦、北凉等最高统治者都信仰和支持佛教,促进了佛教的快速发展。

公元 312 年,后赵建立,以石勒为首的后赵统治者非常推崇神僧佛图澄,大兴佛教。公元 350 年,前秦苻坚攻破襄阳,俘虏名僧道安回长安。394 年,后秦的姚兴先后灭掉前秦、西秦、后凉诸国,成为西部强国。姚兴重视佛教义学,是十六国文化最繁荣的朝代。公元 401 年,一代高僧鸠摩罗什来到长安,很快门下就聚集了沙门 5000 多人,全国掀起信佛的高潮,其影响至于西域、天竺,吸引了大批的外来人来内地传教。又据《高僧传·僧朗传》记,山东泰山也是早期佛教的一个传播据点。

鸠摩罗什,祖籍天竺,其父迁居龟兹,7 岁随母出家,12 岁时回到龟兹,20 岁受戒。宣传大乘教义,成为名满西域的高僧。公元 384 年,苻坚攻陷龟兹,俘获鸠摩罗什。随后,鸠摩罗什来到凉州传教 16 年。公元 401 年,后秦姚兴大败吕凉,邀请鸠摩罗什来到长安,组建了一个庞大的译经集团。10 余年间,罗什及其弟子共译佛经 35 部,294 卷,流传广、影响大,在中国整个佛经翻译史上具有里程碑式的意义。促进了全国的理论重心向佛教义学方面的转移,佛教译经正式成为国家的一项宗教文化事业。鸠摩罗什发展了中国化的佛教理论,扩大了佛教义学的传播范围。鸠摩罗什的门下弟子众多,人才济济。其中,法钦、慧斌还成为国家统一管理僧尼的正式官吏。从此,由国家委派的僧官统一管理佛教,形成中国佛教的一大制度。

在北方十六国中,影响最大的僧侣是佛图澄、道安和鸠摩罗什。

佛图澄(232?—348),俗姓帛,西域人,西晋怀帝永嘉四年(310)来到洛阳传播佛教。在北中国活动 30 多年,他把巫术神异和参与军国机要同佛教教义三者冶为一体,使佛教在中国历史上第一次被封建最高统治者作为真正信仰所崇奉,并纳入国家扶植之下。开创了中国神异僧侣的一途,成为中国佛教密教的先声。

释道安(312—385),俗姓卫,常山五柳(河北正定南)人,12 岁出家。他研习佛理、教授学徒,为传播佛教不遗余力。公元 365,道安来到襄阳,研习般若学。其门徒昙翼、法遇来到江陵,成为楚荆士庶的佛教领袖。道安对于中国佛教的发展作出了巨大的贡献:

首先,强化了佛教的政治色彩。其次,总结佛教传入中国的历史,促进佛教中国化的进程。再次,制定僧尼轨范,统一佛徒姓氏,大大增强了戒律的效果。强化了宗教统一的色彩。

道安的影响相当深远,当时的人们称他为"手印菩萨",居于"西国"的另一高僧鸠摩罗什则以"东方菩萨"美之。

佛教传入中国后,与中国思想不断地碰撞、融合,最终形成中国化的佛教。而第一次大融合就发生在魏晋时期。经过 200 年左右的传播,东汉末年,佛教虽然已经在民间普及,但它还没有取得后世那样显赫的地位。这时的佛教还依附于儒家、道家和道教讲经弘法。

魏齐帝正始年间,王弼、何晏提倡"贵无"思想,著《老子注》、《道德论》、《周易注》等,完成了老庄向玄学的演变,标志着玄学的产生。"魏晋玄学是指魏晋时期以老庄思想为骨架的一种特定的哲学思潮,它所讨论的中心为'本末有无'问题,即有关天地万物存在的依据的问题,也就是说关于远离'世务'和'事物'的形而上学本体论的问题。"①佛教的核心是"空",它宣扬人如果能够看"空",就不会有现世的一切烦劳。"空"本来就是老庄学说的中心语词。因此,佛教试图用《般若经》教义迎合玄学,同时也用玄学讲解《般若经》。甚至以《老子》、《周易》作为与儒道辩论的依据。东晋高僧支道林注解《庄子·逍遥游》,成为著名的玄学大家。东晋高僧慧远精通儒学与玄学。"三世纪后佛教在中国的传播,虽然看上去是'佛教征服中国',但在上层思想世界中,其意义反而更多地在于使老庄思想中的某些精神凸现出来,……佛教在中国上层思想世界的传播,实际上是取代并持续了向秀、郭象以来老庄玄学的思路,继续着中国古代思想界关于宇宙与人生的玄思。"②

2. 南北朝佛教

南北朝是中国佛教全面持续高涨的时期。据唐统计,南朝梁共有寺院2346 所,僧尼 82700 人,比东晋时寺院增加 1 千余所,僧尼增加三倍多。北魏太和元年有寺 6478 所,僧尼 77258 人。但到了 513—515 年,有寺 13727 所,增加一倍多,僧尼成倍增加。东魏末年,魏境"僧尼大众二百万矣,其寺三万有余"。由此可知佛教在南北朝的发展速度极其迅猛。南北朝佛教的显著特点,是在儒道的深层冲击和融合中,持续扩大影响面,向多元化发展。

(1)南朝佛教。

宋齐梁陈时期,佛教不再作为一种宗教信仰而存在,而是与王权紧紧地结合在一起,成为维护统治的工具。在统治阶级的大力扶植下,佛教更是空前繁荣。刘宋的文帝曾与大臣谈论佛教的社会作用,认为政治需要佛教。梁武帝萧衍是一个狂热的佛教信徒,曾四次"舍身"入佛寺,每次又令大臣以巨资为他奉赎,并大事营造寺院佛像,宣布佛教为国教。梁武帝大力提倡佛教义学,自己注疏《涅槃》、《净名》等经典,诏编各类佛教类书,还发动王公贵族对范缜

① 汤一介:《郭象与魏晋玄学》,湖北人民出版社,1983 年,第 7 页。
② 葛兆光:《中国思想史》,复旦大学出版社,2001 年,第 396 页。

的《神灭论》进行文字围剿,强制推行神不灭论。在他的影响下,他的几个儿子也都好佛。据记载,梁朝时有寺院2846所,比东晋增加了1000多所,僧侣82700人,比东晋增加了3倍多。当时,梁的都城建康有寺院700所,这些寺院规模宏大,巍峨壮观。

不仅如此,南朝佛教的发达还表现在特别重视佛教翻译,重视佛教理论,是佛教史上产生译典与译者最多的时期。刘宋一代,短短的60年间,有译者22人,佛典465部,717卷。当时在建康,形成了佛驮跋陀罗和求那跋陀罗两大著名译经集团,涌现出慧观、慧严等一大批学僧,他们传播佛教理论,对士人的思想影响颇大。南齐时,竟陵王萧子良是南朝皇室尊崇佛教的代表人物,史书上说他"尤喜佛典",他曾召集优秀人才与文化高僧从事佛教活动,还亲自编撰有关佛教的文字与经书,为佛教的发展作出了重大贡献。

此外,从汉末就开始的汉文佛教著述,此期也非常丰富。刘宋的陆澄著《法论》,梁代僧佑著《弘明集》,作者包括高僧、文人、权贵等。除了这些专门的论著外,还有注疏论经、编撰佛教史传和经录和经录、假造佛经等方式。魏晋时,有关名僧品的传记就已有记载。东晋时,出现了很多关于名僧的个人专史。梁僧佑与僧皎等人合编的《高僧传》有14卷,另有宝唱的《比丘尼传》4卷。中国僧传的创建,使佛教史增进了相当准确的历史纪年和地理概念。经录从支愍度、道安至梁僧祐逐步完善。僧祐的《出三藏记集》所辑佛经目录,体现了中国佛教典籍的大概情况。此期造经之风非常流行,以种种名义假造佛教经论。据统计,至梁代,疑为造经者45部257卷。

求法运动也是此期佛教的一大特征。晋宋之际,求法运动达到高潮。慧叡到达天竺国,回国后,著《十四音训叙》。西游僧人中,最具代表性的是法显等人。

法显,约生于公元337年,卒于422年,平阳武阳人,20岁时受戒。公元399年,法显从长安出发,历经15年,于413年到达建康。他带回许多佛典,并撰述了记录自己西游见闻的《佛国记》,是研究历史地理和文化概貌的重要文献资料。回国后,法显住在建康道场,与宝云等人合译经书,共6部63卷,其中,《大般泥洹经》开拓了中国佛教史上另一影响至深的思潮。

佛教在中国本土的流传过程中,曾长期受到传统文化观念,特别是儒家观念的挑战,从而引发旷日持久的争辩。东晋以来,佛教公开贬斥道教、道家的经典和儒家思想。到南北朝,佛教要求包容儒道而为三教之首。随着佛教的发展,佛教与世俗政权之间的矛盾日益扩大,从东晋开始,儒释道之间就展开了争论,这场争论一直延续到梁代,以佛教的全面胜利而告终。慧远认为佛教为"内道",儒学为"外道",确立了"内外之道可合"的原则。在宗教念上,慧远融合儒家的孝道和积善积恶之说以及道家"神不化"的思想,把"神不灭论"引入佛教的因果报应轮回体系。宋释慧琳作《黑白论》,批判佛教幽灵神验说,受到何承天的鼎力支持。宗炳继承了慧远的思想,作《明佛论》,把中国传统哲学与佛教哲学结合在一起,为此后中国佛教哲学的发展确立了基本方向。何承天作《达性论》,发对佛教把人与其他生物并为众生的说法。颜延之作《释达性论》反驳何承天的观点,使得争论不断升级。刘宋学术界讨论的主要话题便是神灭与神不灭的问题。

齐梁时候,范缜著《神灭论》批判神不灭的观点,其书论辩有力,言辞犀利,影响极大,是中国哲学发展史上里程碑式的无神论著作。

范缜,约生于公元450年,卒于515年,字子真,顺阳(今河南淅川)人,六世祖时移居江南。南北朝时期著名的唯物主义思想家、杰出的无神论者。范缜的言论引来众多的非议与责难。梁武帝认为他"违经背亲",发动权贵60余人与之辩论,先后发表文章70余篇。在这场辩论中,范缜在理论上取得了胜利。但是,在政治地位上,佛教却获得全胜。

南朝佛教与道家的争论有颇高的理论水平。宋齐间,张融以《孝经》、《老子》和《小品》、《法华》调和三教之道。周颙曾著《三宗论》,是当时三论学的名作。

在南朝三教的论战中,除了范缜的《神灭论》外,佛教可谓所向披靡,佛教在三教中的理论地位占了上风。儒释道的斗争促进了三教的相互吸收和相互融合。

(2)北朝佛教。

北朝的宗教政策与政权斗争密切相关。统治者需要利用时就放手扩展,需要打击时就残酷打击;加上阶级斗争比南朝还要激烈,使佛教的发展呈现出大起大落的状况。但总的说来,北朝历代皇帝中,除北魏太武帝和北周武帝曾经毁佛外,其他皇帝都以扶植佛教为其主要的宗教政策。

北魏道武帝好佛,规定沙门必须拜王者。道武帝时以法果为"监福曹道人统","监福曹"是国家设立的管理佛教的机关,"道人统"是国家任命的僧官。这样,就出现了中国最早的僧官制度。太武帝时,奉行道教,尤其是寇谦之的天师道。公元440年,诏令征兵僧侣。公元446年,太武帝来到长安,发现佛寺有兵器、财物和妇女。遂下令悉坑魏境内全部沙门,毁坏佛像胡经。魏成帝即位后,重兴佛教,建"僧祇户"和"僧图户",前者专供僧曹谷物,后者专供寺庙杂役和耕作,从而强化了佛教的经济势力和社会作用。明元帝曾在都城平城(今山西大同)建造佛像。文成帝时重振佛教,在平城西武州塞开凿石窟五所,这便是著名的云冈石窟。宣武帝时,下令在洛南伊阙山为其父母修建石窟,后来经过历代的修造,形成规模浩大的龙门石窟群。

北魏迁都洛阳后,佛教达到泛滥无度的地步。孝明帝时,洛阳有寺庙 500 多所。孝静第时,北魏分为东魏与西魏。东魏迁都邺城,此后邺城成为佛教重镇。到北齐时,邺城有寺庙 4000 多所,僧尼约 8 万。西魏首都长安,也大事修造寺庙,僧尼数量猛增。至周武帝建德三年灭佛时,还俗的僧道有 200 万人。

南朝社会与佛教的矛盾,主要表现为思想文化的争论;而在北朝,这种矛盾主要通过阶级斗争和政治斗争的形式表现出来。魏孝文帝时,曾诏令道士姜斌与僧昙无最辩论。论辩结果姜斌失败,孝文帝甚至准备对姜处以极刑,在菩提流支的苦劝下才作罢。北齐时,佛、道争论愈演愈烈,终于在北周武帝时演化为第二次毁佛事件。

周武帝重儒道,指斥佛教为非"正教"。公元 567 年,卫元嵩上书建议确立一种以儒家为体、佛教为用的文化体制。在随后的十年间,周武帝七次主持三教辩论。570 年,甄鸾上《笑道论》批判道教伪妄蠢俗,道安作《二教论》辟道贬佛。公元 577 年,周武帝正式宣布毁法,销毁一切佛塔,焚烧佛教经典。第二年,周武帝卒,佛教再次复兴。周武帝灭佛沉重地打击了佛教的发展,因而被称为中国佛教史上的第二次"法难"。

公元 518 年冬,胡太后派遣比丘惠生与宋云等向西域求经。此次取经活动历时 4 年,于公元 522 年回国,取回佛经 170 部。他们的西行,与法显、智猛的个人行动者有所不同。他们是北魏派出的国家代表,负有宣扬国威和华夏文化的使命。

北魏的 155 年间,有译者 12 人,译经 83 部 274 卷,形成以菩提流支为主的译经集团。

南朝神灭、神不灭的争论也影响了北朝。北朝魏齐之际,邢子才主无神论,杜弼精通佛学。

南北朝时,许多高僧对佛典加以研习发挥,形成所谓的"师说",影响较大的有三论说、涅槃学、毗昙学、成实学、地论学、摄论学、律学、禅学等等。

以下是对这些佛教"师说"的简单介绍:

三论学:鸠摩罗什所译《中论》、《百论》、《十二门论》;与《大智度论》,合称"四论",属于大乘中观学派的基本著作。魏晋以来般若学流行,僧叡、僧肇、昙影是最早研习"三论"的僧人。梁初,僧朗在建康摄山栖霞精舍弘扬"三论",使摄山成为梁陈二代三论学的重镇,三论学后来也发展为陈王朝的官方佛学。

涅槃学:6 卷《大般泥洹经》于公元 418 年在建康译出;421 年,40 卷本《大涅槃经》在敦煌译出;刘宋元嘉中叶,根据《大般泥洹经》与《大涅槃经》二本整理而成的南本《大涅槃经》诞生。宋梁二代最流行的佛学思潮便是研习《涅槃》。道生著《法身无色论》、《佛无净土论》、《佛性当有论》等,主张"顿悟成佛义"对中国佛教影响最为长久。梁武帝提倡涅槃学,曾命宝亮撰《涅槃义疏》,并为之作序,北朝地论学的兴起,与南朝涅槃学的盛行遥相呼应,成为南北朝后期遍及全国的强大思想潮流。

毗昙学:毗昙的研究始于道安,僧伽提婆受慧远之请,翻译了《阿毗昙心论》与《三法度论》,为毗昙学的流行打下来基础。公元433年,僧伽跋摩与宝云重译《杂阿毗昙心》。研习《毗昙》成为南朝的一大热潮。

成实学:成实学的发源地是长安。古印度何梨跋摩著《成实论》,鸠摩罗什译于长安。鸠摩罗什的弟子僧导与僧嵩,形成成实学的两大系统。寿春系的僧导门徒众多,开拓了南朝成实学。萧齐王朝也重《成实》,萧子良召集名僧500余人,讲说《成实》,最后集成《抄成实论》9卷问世。

梁代,僧旻、法云、智藏是梁王朝最显贵的僧侣,成为梁代的"成实三大师"。智藏曾为梁武帝授菩萨戒,为王室讲《涅槃》与《般若》。他第一个把诵读《金刚般若经》当作去凶化吉的佛教法门,使此经成为道俗上下普及率最高、影响最广的佛典。但三大师死后,梁武帝重奉《大品》。陈代,大多数成实论师则转向了《涅槃》、《大品》、"四论"等。

地论学:魏宣武帝时,曾为诸僧朝臣讲《维摩诘经》,亲自主持和笔受《十地经论》。在宣武、孝明两代为朝廷重臣的崔光,经常为沙门朝贵讲《维摩》与《十地》,有义疏30余卷,因此,地论学继成实学之后,成为北魏以至东魏的官学。

摄论学:无著的《摄大乘论》初译于北魏佛陀扇多。真谛重译并另译了世亲的《摄大乘论释》和自行解说为《义疏》之后,摄论学才开始流行。它"唯识无尘"的宇宙观,曾经在南朝引起震动。但陈朝支持《般若》和"三论"学,对真谛一系公开排斥,所以直至陈亡,真谛之说在建业流传不广。

律学:戒律是约束佛徒行为和规范僧团生活的纪律。三国时已有戒律传入内地,南北朝时,各种律经戒本大规模地集中译介进来,属小乘戒的有《十诵律》(有部)、《四分律》、(昙无德部)、《摩诃僧祇律》(大众部)等,属大乘戒的有《菩萨戒本》、《优婆塞经》等。

小乘戒律规定,淫、盗、杀、妄语等四种行为为重罪。大乘菩萨戒侧重限制受戒者的思想动机。齐梁僧祐是南朝律学大家,尤重《十诵》。北魏慧光是北朝律学之宗,造《四分律疏》,删《羯磨戒本》,著《仁王七诫》、《僧制》等,在僧侣中广为奉行,被后人视作律宗的奠基者。

禅学:魏晋时,佛教重般若轻禅定,晋宋之际,佛驮跋陀罗、慧严、慧观等传罽宾达磨多罗和佛大先的五门禅法,禅学逐步独立。北朝更重禅法,在官方的支持下,还有更多的禅法在民间流行,其中之一是菩提达摩。菩提达摩与僧稠成为南北朝后期影响最大的两个禅僧团。菩提达摩重视坐禅和教理。其弟子慧可门下,形成大批"楞伽师",成为唐代禅宗的先驱。

（二）隋唐五代时期

自东汉末年开始,中国就开始陷入了长期的分裂,这段历史持续了大约近400年,公元589年,隋统一了中国。在思想文化领域,形成了一种以儒家为主体,佛、道为辅的格局。在南北朝佛教多种师说的基础上,融会了儒家的伦理道德与道教的神仙长生思想,隋唐佛教建立起了独具特点的诸大宗派,如三论、三阶、天台、法相、禅宗等。从翻译史上看,隋唐五代的译经事业,远远落后于此前的300年。据统计,从公元581年公元800年的220年中,约有译著者49人,共出经籍传录491部,2622卷,远远低于南北朝时期。

1. 隋唐

隋朝建立后,为巩固统治,隋王朝建立了以儒学为核心,以佛道为辅助,调和三教思想的统治政策。公元581年,隋文帝杨坚诏令在全国范围恢复佛教。隋炀帝杨广对佛教也采取积极扶持的政策。平陈时,杨广亲制愿文,自称"菩萨戒弟子",对佛教取保护姿态。他选择了通过外护王权以确保佛教发展的方针。佛教必须接受王权支配,并在王权保护下发展的思想,到隋代已完全成熟了。

公元618年,李渊建立唐朝。随后,经过几代帝王的努力,出现了历史有有名的"贞观之治"和"开元盛世",进入中国封建社会的全盛时期。佛教也达到了鼎盛阶段。在隋代佛教宗派形成的基础上,唐代又建立起许多新的宗派,它们都有着自己庞大的理论体系,代表了当时哲学思维的最高水平。此外,佛教进一步深入普通民众的日常生活,逐渐开启了佛教在中国世俗化的历史进程。

唐初,王室为了抬高出身门第,攀附道教主李耳作祖先。公元625年,唐高祖诏叙三教先后曰:"老教、孔教,此土之基;释教后兴,宜崇客礼。今可老先,次孔,末后释宗。"公元641年,即贞观十五年,唐太宗亲临弘福寺为太穆皇后追福,并自称菩萨戒弟子,斋供财施。公元629年,著名高僧玄奘西去印度取经,17年后回到长安,著《大唐西域记》12卷,成为研究古印度和中亚史的重要文献。也开创了中印两国正式友好交往的新篇章。玄奘从印度共带回梵经520夹,657部,经19年,总共译出75部,1335卷,只占总种类的八分之一强。玄奘的翻译是译经史上的最高成就。

唐高宗、中宗、睿宗都提倡和利用佛教,但把佛教推向一个新的发展高度的是女皇武则天。武则天登上帝位得力于佛教的支持,因而对佛教的发展不遗余力。武则天着重扶植华严宗,使华严宗成为历史上一大宗派。武则天统治期间,佛教达于极盛。由于禅僧在群众中日益上升的影响,武则天先后令神秀禅师、慧安禅师入京,待以师礼,此举无疑极大地助长了禅宗在全国的大发展,禅宗的形成是整个佛教史上的大事。由于武则天的崇佛,当时还出现了道教徒弃道为僧的现象。但这一情况到唐玄宗李隆基执政期间又有所调整。

唐玄宗开元盛世时,诸多佛教宗派继续发展昌盛。公元736年,唐玄宗亲为《金刚经》作注并颁行天下。此时,随着善无畏、金刚智和不空三位印度密宗大师先后来到中国弘扬密法,密宗正式形成。是中国佛教史上的重要事件,对藏传佛教和日本佛教都有影响。

随着佛教的盛行,僧侣阶层与世俗地主在经济利益上的矛盾日益突出,严重影响着唐朝政府的财政收入。到唐宪宗时期,儒佛矛盾以一种激烈的形式暴发了。

陕西扶风县有一座著名的法门寺,内藏有佛指骨一节,每三十年开一次塔。公元819年,即唐宪宗元和十四年,唐宪宗派人将佛骨迎进宫内供养三日。此事引起了韩愈等人的强烈反对,韩愈写了一篇著名的《论佛骨表》,对佛进行了多方面的批判。宪宗大怒,判韩愈流放岭南。韩愈基于儒家立场出发的反佛理论为此后唐武宗的灭佛提供了依据;他提出儒学独尊和儒家"道统",成为宋代理学的先驱。

唐穆宗、敬宗、文宗等提倡佛教。僧尼人数急剧上升,寺院经济持续发展,极大地削弱了朝廷的实力,加重了国家的负担。终于,在公元842元,即唐武宗会昌二年,诏令僧尼中的犯罪者和违戒者还俗,并没收其财产。会昌四年,又诏令毁拆一些寺院、兰若、佛堂等,其僧尼全部勒令还俗。会昌五年,在全国范围内掀起了全面的灭佛措施,使灭佛运动达到高潮,会昌灭佛给佛教以沉重的打击。

唐末,由于王仙芝、黄巢等农民起义与军阀混战,最后形成五代十国的分割局面,使佛教的发展难以为继。但是,在佛教诸派衰微的时候,禅宗反而获得新的发展。唐末五代,禅宗盛极一时。

佛教在中国经过500年的发展,逐渐与中国文化相融合,形成了许多中国化佛教的思想体系和佛教宗派,主要有天台宗、华严宗、禅宗等,它们是由中国独立发展出的本土佛教宗派。其中,禅宗是影响最大、规模最大、持续时间最长的一个宗派。

天台宗:于陈隋之际由天台山智𫖮创建,以《妙法莲华经》为宗旨,又称"法华宗"。

华严宗：于隋唐之际由杜顺始建，以《华严经》为宗旨，为中国十三宗之一。

禅宗：于南朝梁时由天竺来的高僧菩提达摩始建，至唐代六祖惠能大盛，中晚唐之后，禅风盛行，形成五家七宗。其核心思想为："不立文字，教外别传；直指人心，见性成佛。"

隋唐佛教的另一个显赫成就是中国藏传佛教的创立。

吐蕃佛教的传入大约在松赞干布执政时期。松赞干布时代（617—650年），吐蕃开始强盛起来。

古代西藏信仰原始的苯教，类似内地的"巫觋"。松赞干布注意从周围民族吸取文明，具有历史意义的是引进佛教。公元641年，文成公主下嫁松赞干布，传说带来了释迦穆尼像，为供奉佛像，建成了大小昭寺，并开始翻译佛典。710年，金城公主下嫁赤德祖赞，积极赞助王室提倡佛教信仰。赤德祖赞还到内地请来汉僧进行翻译工作。公元779年，在吐蕃王室的支持下，在山南泽当地建成了桑耶寺，这是西藏最早的一座兼具汉佛教和显密同修、拥有独立财产的寺庙。

藏族出家为僧的制度从此形成。后来，赤松德赞还在桑耶寺举行传统的盟誓仪式，至此，佛教已经完全进入吐蕃的统治集团，开始成为占统治地位的宗教。到了赛那累当政期间，佛教逐渐上升为国教，僧侣干政和佛教教育开始影响西藏社会的全部生活。在历史上，他与松赞干布、赤松德赞合称为"三大法王"。公元838年至842年，吐蕃赞普达磨下令禁佛，对佛教给以沉重的打击，史称"灭法期"或"黑暗期"。达磨不久被刺身亡，吐蕃从此陷入长期的分裂和混战局面。

2. 五代十国时期

由于连年战乱，对于统治者来说，兵源和财力显得尤其重要。因此，北方诸朝对佛教普遍采取限制赏赐名僧和度僧人数的政策。公元954年，周世宗柴荣继位。他对佛教则采取大规模压缩和限制的方针。在即位的第二年，诏令禁止私度僧尼；严禁"奴婢、奸人、细作、恶逆徒党、山林亡命、未获贼徒、负罪潜窜人等"出家；规定凡境内佛教寺庙，除了有皇帝敕额的得以保留外，其余一律拆毁，并不许再建任何寺院、兰若；鼓励僧尼还俗。

五代十国时，南方成为佛教的中心。南方十国的佛教，以吴越、闽、南唐诸国为代表。其中，吴越佛教的影响特别大。

公元907，即后梁太祖开平元年，钱镠被封为吴越王，直至978年归顺宋朝，吴越国历时72年。历代君主都大力提倡佛教，使杭州逐渐成为佛教的一大中心。吴越佛教对以后佛教影响最大的是关于三教合一的提倡。

（三）宋元时期

1. 宋代佛教

宋朝建立伊始,鉴于周世宗的灭佛政策影响了民众的安定,宋太祖下令停止毁佛,并普度行童 8000 人。宋太宗时,僧尼有一个突发性发展。976 年,一次普度行童 17 万人。宋真宗著《崇释论》,广设戒坛,广度僧尼。至 1021 年,有僧尼 45 万余人,寺院近 4 万所,成为宋代历史上佛教最发达的年代。

宋徽宗崇奉道教,于公元 1119 年宣布佛教属于"胡教",强制僧尼改称道教名号,改僧尼寺院为道教宫观,改佛菩萨称谓为道教名号,是宋代佛教唯一遭受打击的一次。但不久徽宗下台被俘,故而这次毁佛影响不大。

南宋建立后,宋高宗赵构对佛教采取折中态度。在宋王朝的直接经营下,山西五台山的文殊、四川峨眉山的普贤、浙江普陀山的观音愈益受到民众的崇奉。出于王权统治的需要,南宋历代皇帝采取相互矛盾的政策,使佛教的发展趋向平稳。

宋代儒学大盛。公元 1041 年,欧阳修撰《本论》,认为佛教在中国为患。理学兴起后,排佛成为新儒学的重要议题。宋代佛教将"天下国家"和"忠君忧时"引入佛教,开辟了古代佛教爱国主义和民族主义一途,使佛教逐渐儒学化。在中国佛教发展史上,具有非同寻常的意义。但由此也彻底结束了沙门与王者抗礼的时代,僧尼必须绝对地臣服于君主的权威。

公元 10 世纪,西藏社会逐渐安定,佛教开始了新的复苏。978 年,佛教从多康重新传回西藏。新型的佛教逐渐演变成稳定政局的思想支柱,权贵进入僧侣阶层,确立了"政教合一"的体制。

到 10 世纪后半期,西藏社会逐渐安定下来,佛教开始了新的复苏。公元 978 年,佛教从多康地区重新传回西藏,在康区、卫藏和阿里得到复兴和发展。

新兴的佛教具主要有如下一些特点:

第一,它逐渐成为抗拒伊斯兰教、稳定封建统治的支柱;

第二,权贵进入僧侣阶层,为后来全藏的"政教合一"体制奠定了基础。

随着佛教在西藏的深入发展,各地寺院之间产生了深刻的矛盾,从全面对抗到最后甚至武力相向。据记载,从 11—12 世纪,鲁梅、巴、热、章四部之间就发生过多次战争。在这样的争斗下,西藏佛教各大教派就应运而生。先后有宁玛派、葛当派、萨迦派等,到 12 世纪,教派之多达历史最高峰。

国家特别重视发展佛教文化事业。971 年,朝廷在益州开雕中国有史以来的第一部汉文木版印刷《大藏经》,以《开元录》入藏经为主,陆续收入本土撰著和《贞元录》诸经,总计 653 帙,6620 余卷。这一行动影响深刻,刻经之风由此盛行,其文化上的意义远胜于单纯的信仰。

由于宋代禅宗的盛行,士大夫参禅习佛,推动了宋代禅风的变化。最主要的变化便是抛弃"不立文字"、"直指人心"的传统,而专意于"不离文字"的"文字禅"。文字禅的突出表现,是各种"灯录"和"语录"的编纂问世。

灯录:是禅宗创造的一种史论并重的文体,它以本宗的前后师承关系为经,以各代祖师倡言的思想为纬,始于北宋景德年间(1004—1007)道原的《景德传灯录》。此录共记禅宗的印中传承52世,1701人,保存了禅宗在唐末五代时期的一些可贵的史料,反映了宋初40余年禅宗发展的基本面貌。

语录:是弟子辈对祖师言论的记录。中国传统的佛教义学,除少数自著的"论"以外,大都通过对佛教译籍的烦琐注释发挥自己的思想。写论有相当的难度,注释令人生厌。"语录"大都是即兴而出,或有针对性的言论。

宋代,佛教对于当时中国思想界的重要哲学思潮——理学无论是思想上还是方法上都产生了重要的影响。

宋代理学是以儒学为主干、融合佛、儒、道三教三位一体的思想体系。开创者为北宋五子,即邵雍、周敦颐、张载、程颢、程颐。讨论的主要问题是宇宙论与本体论。宋代,士大夫参禅之风成为风尚。宋代理学家大都在思想上深受佛教特别是禅学的影响。理学的开山祖师周敦颐曾经跟随润州鹤林寺寿崖学过佛法,后来又跟随黄龙山惠南与祖心等禅师参禅。程颢、程颐很早就开始研究佛教,深得禅法之理。

2. 元代佛教

元朝以藏传佛教为国教,以喇嘛教为帝师,帝师是全国佛教的首脑。但对其他宗教如汉地佛教、儒教、道教,以及外来的回教、基督教等,也采取宽容姿态。

元世祖忽必烈带头崇佛,公元1261年建大乾元寺、龙光华严寺。此后元朝诸帝对待佛教,大都依元世祖的范例办理,大规模地修造寺院和赏赐田钞,使得佛教的发展重新走向高涨。据统计,当时境内有寺四万二千余所,僧尼21300余人,加上伪滥僧尼,至元代中叶,总数约在百万左右。元代寺院除经营土地,还从事各种商业、手工业活动。

元代内地佛教以禅宗为主流。北方流行曹洞宗,南方流行临济宗。曹洞宗行秀的《从容录》是文字禅的典范。杭州、天台一流行天台宗,五台山流行华严宗。在传统佛教宗派外,元代江南地区还流行白莲教和白云宗等教团。

南宋初年,江苏吴郡僧人茅子元建立白莲教。起初只是佛教的一个世俗化教派,但后来则演化为民间秘密教团。白莲教崇奉净土信仰,要求把修心与修净土结合起来。白莲教信徒众多,大部分来自社会下层,群众基础非常广泛。元武宗至大元年,即公元1308年,诏令"禁止白莲社,毁其祠宇,以其人还隶名籍"。白莲宗的下层转向秘密发展,成为组织农民反抗统治者的手段,最终导致了元末大规模的农民起义。

白云宗原是佛教华严宗的一个支派。北宋末,僧人孔清觉创建于杭州白云庵,奉《华严经》,立四果十地论,因而其教又被称作"四果"、"十地菜"。在浙江西部农村流行一时。公元1202年,即南宋嘉泰二年,被禁止流行。元代统一江南后,白云宗一度有较大发展,杭州南山普宁寺住持道安组织雕刻了一部大藏经《普宁藏》。公元1320年,即仁宗延祐七年,白云宗再度被禁。

(四) 明清时期

1. 明代佛教

明初,明太祖朱元璋目睹了元代崇尚喇嘛教所生的诸多流弊,以致成为腐败亡国的因素之一,即位后,对佛教基本采取既利用又整顿,着重在控制的方针。

公元1368年,即洪武元年,明太祖朱元璋在金陵天界寺设善世院,命慧昙管理全国佛教。其下又置统领、副统领、赞教、纪化等员,以实现对佛教教团全面有效的控制。明太祖废除了喇嘛教的特权,只让它作为中央管理西藏的重要渠道。明成祖崇尊崇佛教,曾为《法华经》作序,并遣使入藏邀请僧人来京,分封藏族喇嘛教的释迦智为"大慈法王"。明太祖、明成祖时的佛教政策,奠定了整个明代佛教政策的基础。终明一代,再无过多的变化。

明代佛教以禅宗和净土宗最为流行,思想理论缺乏创新,明代士大夫阶层受佛教影响很深。著名思想家李贽打出佛学旗号,采用佛学的思想语言,激烈批判道学。开辟了居士佛教同宋明理学对立的一途,至清代而形成一大社会思潮。著名文学家"公安"三袁都笃信佛教。明末政治腐败,加重了士人向佛教的倾斜。及至明亡,抗清复明而又独具见识的士人,有相当一批皈依佛教。

明代,佛教已逐渐走向衰微。明神宗万历时期,佛教义学有一定发展,出现了所谓的"四大高僧",对促进居士佛教有着重要的作用。

云栖袾宏(1535—1615),别号莲池,俗姓沈,杭州人。他对华严圆融学说和禅悟都有极深的造诣,主张三教合一,以净土为归趣,突出读经的重要性。清代释悟开《莲宗九祖传略》将他列为莲宗第八祖。

紫柏真可(1543—1603),字达观,俗姓沈,江苏吴江人。他的思想与袾宏大致相同,对儒释道三家以及教内各宗持调和的态度。真可十分重视语言文字在接度后学方面的作用,认为只有文字经教才是学佛的根柢。曾发起雕刻大藏经,即《嘉兴藏》(或名《径山藏》)。《嘉兴藏》屏弃了一向沿用的摺叠式装帧(梵策式),而采用线装书册式装帧(即方册式),对佛籍的传播带来许多方便。

憨山德清(1546—1623),字澄印,俗姓蔡,安徽全椒人。19 岁在金陵摄山栖霞寺出家,初从法会修习禅法,后从明信学习华严教法。德清一生提倡诸宗融合。主张既不限于宗派上的宽容,也不限于思想上的相互融会,而是要求对三者均有专门的探究。

蕅益智旭(1599—1655),别号“八不道人”,俗姓钟,江苏吴江人。少习儒书,曾著《辟佛论》批判佛学。后受袾宏著作影响,皈归依佛教。24 岁从德清弟子雪岭出家。学律藏、法相、禅、华严、天台、净土等诸宗。他主张“以禅入儒,诱儒知禅”,著《周易禅解》、《四书蕅益解》;由儒、佛的调和进而达到三教一致。智旭曾以阅读藏经 20 年的资料积累为依据,编成《阅藏知津》一书。该书兼具佛经目录和经籍提要的特点,对后世的刻经和阅藏有一定影响。

在明代,藏传佛教继续发展。公元 1409 年,即明永乐七年,西藏佛教领袖宗喀巴在拉萨懂东建造甘丹寺,标志着格鲁派的正式形成。公元 1413 年,明成祖封宗喀巴的弟子释迦为“西天佛子大国师”,正式确认格鲁派。此后,宗喀巴的另一弟子扎西贝丹在拉萨西建造了哲蚌寺,公元 1418 年,释迦在拉萨北郊建造色拉寺。此三大寺院的建成,奠定了黄教发展的基础。格鲁派总结了藏传佛教发展的整个历史,为后来西藏地区佛教的发展开拓了新的方向,最终确定了藏区“政教合一”的体制,对西藏社会的影响极其重要。15 世纪中期,格律派遍及西藏全境,经济政治势力非常雄厚,远远超过了其他教派的寺院集团。为了更好地与其他政敌作斗争,维护自身的统治地位,解决宗教法统和财产继承问题,格鲁派寺院法规中形成了一个最重要的制度——活佛转世制度,它始于宗喀巴的弟子根敦嘉措。由此产生了一个以活佛为核心,拥有至高无上特权的僧侣贵族集团。

由于三教合一与佛教向民间的广泛发展,为了适应不同的信仰层次,许多著述问世,总称为“善书”和“宝卷”。

善书:意即劝善之书。内容以儒、佛、道三教之因果报应、劝善惩恶等思想为主。宋代以来流行,以《太上感应篇》、《文昌帝君阴骘文》、《关圣帝君觉世真经》等三书流行最广,世称之为‘三圣经’。明代袁了凡著《阴骘录》,释袾宏加以改编,撰成《自知录》,成为以佛教为主体的劝善书。这类劝善书对明末的政治、社会产生了深刻的影响 。

宝卷:是由唐代佛教变文演化而成,以三教合一思想为其基本内容,宣传因果报因和修道度世,包括佛经故事、民间传说等。今存《香山宝卷》为宋释普明所撰。随着民间宗教社团的出现,“宝卷”又成了阐扬其教义宗旨的基本形式,具有权威性经典的性质。明代万历前后,宝卷的刊印达到极盛,对普及佛教在民间的流传,起了重要作用。

明代,禅宗的盛行对此期重要的哲学思潮——心学产生了极大的影响。

著名思想家王阳明是继二程、朱陆之后的又一位儒学大师。他在宋代理学的基础上加以重新修正,开创了儒学的新天地——心学,其核心主张是"心即理"、"致良知"、"知行合一"。这一理论构建无疑来自于禅宗思想的启发。

2. 清代佛教

满族原来信仰萨满教,入关以前就已经与西藏喇嘛教发生了联系。清王室统一中国后,进一步加强君主集权主义。对内地佛教采取利用和控制的政策。

清代僧官沿袭明代旧制,由僧官管理全国佛教。但僧官没独立的权力,只是执行世俗政权任务的工具。朝廷还规定,不许私建或增置寺院,不许私度僧尼,严格执行出家条件,严厉制裁淫乱僧尼等。

清代许多君主礼佛。康熙帝曾经将明末隐居的高僧引入京师。雍正帝自号"圆明居士",曾辑《御选语录》19 卷,并亲自写序。乾隆年间,完成了由雍正开始的汉文大藏经的雕刻。1773 年,朝廷派人将汉文大藏经译成满文,历时 18 年。与由藏文译成的蒙文大藏经同时雕印。晚清时,随着国力的衰弱,连年的战火,寺院荒废日甚,佛教逐渐衰微。

清代内地佛教,主要是禅宗和净土宗。清初以后,禅宗的地位已渐为净土宗取代。雍正提倡念佛净土,乾隆大力扶植士大夫学佛运动,使念佛净土在社会深入推广,成为世俗学佛的基本内容。晚清佛教在社会上已衰敝至极,但在文士之中,佛教义学反而出现异常活跃的气象。

道光时期,一批先进的文人把佛教义学作为挽救国家民族的精神武器。从龚自珍、魏源、康有为到谭嗣同、梁启超等,发挥佛教的主观战斗精神,宣传忧国忧民之思,鼓动不怕牺牲、团结奋进的宗教热情。居士佛教成了中国近代民主革命思想中的一个不可忽略的环节。

与此相应,居士佛教对于佛典的搜集整理和义理的探究,也有新的发展。这类居士在清初有宋文森、毕奇、周梦颜、彭绍升。晚清刻印佛经成风,郑学川在苏州、常熟、杭州、如皋、扬州等地设置刻经处;杨文会(1837—1911)则创金陵刻经处,影响尤大。

17 世纪初期,喇嘛教已传至关外。1652 年,顺治皇帝封达赖五世为"西天大善自在佛所领天下释教普通瓦赤喇怛达赖喇嘛",成为藏、蒙地区喇嘛教的领袖。1713 年,康熙皇帝封五世班禅罗桑益西为"班禅额尔德尼",成为格鲁派另一个领袖。到雍正、乾隆时候,喇嘛教在内地非常流行。藏密经籍的翻译也有所开展。在清王室的大力支持下,喇嘛教在全国,特别是在蒙藏和三北地区有相当大的发展。据统计,到 1882 年,有黄教大寺庙 1026 所,僧尼

491242 人,加上其他派别的(包括部分甘、青、康藏族地区)寺庙 25000 余所,僧尼 76 万余人,约占当时藏族人口的二分之一。

【思考题】

1. 简述佛教在中国的传播情况。
2. 简述佛教的主要流派有哪些。
3. 简述佛教对中国文化的影响。

【参阅书目】

1. 杜继文:佛教史。南京:江苏出版社,2006 年。
2. 冯友兰:中国哲学史新编(第一至六卷)。北京:人民出版社,1995 年。
3. 葛兆光:中国思想史。上海:复旦大学出版社,2001 年。

第二节　道　　教

一、道教的产生

中国古代的道教是中国传统文化的一个重要组成部分,其产生经历了一个漫长的演变过程。

战国后期,长生不老之术就已经在燕赵之地盛行,秦始皇统一中国后,还曾派遣方士入海寻找仙药和仙人。秦汉时期,神仙方术逐渐衍化为修炼方术,神仙方士也逐渐演化为道士,神仙修道成为后来道教的核心思想。除直接吸取了先秦时代的神仙思想和神仙方术之外,道教思想还来源于古代宗教思想文化和民间巫术以及道家思想与儒家思想,此外,还融合了易学、阴阳五行思想与古代医学知识等各种思想文化。但道教的正式形成是在东汉顺帝与桓帝之际,其标志是早期道教派别——五斗米道和太平道的出现。

此外,早期道教形成的一个重要标志是道教经书的出现。汉成帝时,齐人甘忠可的《天官历包元太平经》12 卷是最早的道教经书。此书构造了天帝一真人—方士的传授系统,并赋予神仙参与现实社会生活的新职能。可见,它已经具备了宗教神学的特征。随后出现的早期重要的道教经书是产生于东汉顺帝时候的《太平清领书》,即《太平经》。此书并非作于同时同地,作者也并非一人,是原始道教徒经过长期的积累,最后汇集而成。它以道家哲学、儒家伦理学、阴阳五行学、传统的宗教思想和巫术等为基础,吸收了当时的天文学、医药学、养身学等自然科学的成果,建立了一个庞杂的宗教神学系统。《太平经》奠定了中国道教的基础,其宣扬的"乐生"思想时道教区别与其他宗教的最显著的特点,中国在道教发展史占有重要的地位。另一部重要经书则是产生于东汉中后期由魏伯阳撰写的《周易参同契》,它总结和发展了以前的养身术、炼丹术等,将"大易"、"黄老"、"炉火"三者参合,强调修丹与天地造化同理,被尊为"万古丹之书"。

二、道教的发展

(一)魏晋南北朝时期

早期道教产生于东汉民间,形成以张角为首的太平道和张鲁的五斗米道等民间道教团体。黄巾起义被镇压后,太平道从此销声匿迹。张鲁后来投降曹操,五斗米道被强行迁到北方,民间道教的发展渐趋衰微。魏晋以后,民间道教逐渐分化为上层士族神仙道教和下层民间道教。两晋之际的著名道教学者葛洪,便是这一分化时期的代表人物。葛洪所撰的《抱朴子内篇》一书,从理论上确立了道教的神仙系统,民间道教进一步发展为以仙道为中心的官方化新道教。

1. 魏晋道教

魏晋时期,道教发展的特征概括起来主要有以下几点:其一,道教被统治阶级接受,大批门阀士族信仰道教,出现了所谓的天师道世家。其二,相继出现了上清派、灵宝派等道教流派。而这些道派与早期的民间道派最显著的区别就是,它代表着上层统治阶级的利益。

曹魏时,曹操对道教采取镇压与利用、限制与改造的政策,在社会上广泛招揽有影响的方士、道士。这批道士中,影响最大的是左慈。他将东汉时期的丹鼎派道教的道术传承给葛洪的祖父葛玄,后来,经过葛洪的改造,丹鼎派道教成为官方道教。对于五斗米道的首领及其教民,曹操采取分化政策,将五斗米道迁往北方,此后,蜀中道教仍在民间流传,其中,天师道影响颇大。

西晋时,在青城山天师道首领范长生的支持下,爆发了李特、李雄起义,并在成都建立了成汉政权。东晋时,四川广汉地区爆发了以李弘、李金银为首的道教徒起义。与此同时,江南地区的道教也日益兴盛,帛家道、李家道、天师道等道派广为传播。

其时,随着到道教日益进入上层社会,进入门阀士族的生活,出现了天师道世家。当时著名的有钱塘杜氏,琅琊孙氏、王氏、徐氏,吴兴沈氏,高平郗氏,陈郡殷氏,东海鲍氏,会稽孔氏,丹阳葛氏等等。新的道派也相继出现,著名道教徒葛洪就出现在这个转折时期。

葛洪(281—341),号抱朴子,丹阳句容(今江苏)人,出生于世代为官的显赫家族。精通经、史百家,曾随人学道。葛洪著有《抱朴子》等阐述神仙道教理论,他将先秦以来的神仙方术思想系统化,为道教构造了修炼成仙的方法,将道教的神仙方术与儒家的纲常伦理结合在一起,建立了一套长生成仙的理论体系,使道教的神仙信仰理论化,为上层士族道教奠定了理论基础,对后世道教的发展产生了极大的影响。其理论主要观点有:成仙要靠方术与积善行德;视民间道教为异端;道高于儒等。

上清派以奉《上清经》得名,始创于东晋。灵宝派出现的时间与上清派同时以传授洞玄灵宝部经得名。

2. 南北朝道教

南北朝时期,道教得到进一步改造和充实。

(1)北朝。

西晋时,道教就传到了北方的拓跋部,北魏历代皇帝大多信仰道教。太武帝拓跋焘尤其好道,在他与宰相崔浩的支持下,北魏道士寇谦之改革了天师道,主要措施有:禁止利用天师道作乱,废除三张时期的租米钱税制度;整顿组织,加强科律规戒;增订斋醮仪范和戒律等。寇谦之的改革,使天师道由一个民间宗教变成了符合统治阶级需要的宗教,改革后的天师道称为北天师道或者新天师道,北魏也成为政教合一的道教王国。公元446年,由于怀疑僧人有合谋造反的行为,北魏太武帝下令废除佛教。佛教与道教的矛盾冲突也是废佛的一个原因。

北齐时,高洋曾下令禁止道教,使道教第一次遭受到沉重的打击,废道的结果是"齐境皆无道士。"

北周皇帝中,周武帝最尊崇道教,建德中,他下令废除佛教,这被佛教徒称为第二次"法难",也是北朝第二次灭佛运动。建德六年,北周灭掉北齐,周武帝把他的灭佛政策也推行到北齐。在北周统治者的大力支持,道教在北方取得了迅猛的发展,并兴起了一个新的流派——楼观道,该派以陕西周至县楼观为中心,以尹喜为祖师,以《道德经》为主要传习经典。周武帝时,楼观道道士大量进入通道观,楼观道从此开始走向强盛,成为当时北方最大的道派,一直持续到唐代初期。

（2）南朝。

在南方，刘宋道士陆静修，进一步完善了道教的教会组织。其主要改革措施有：恢复和健全"编户著籍"与"三会日"制度；建立健全道官祭酒依功受箓和按级晋升制度，废除父死子继的陈规，禁止道官自行署职；将封建等级制的服饰制度引入道教，以巩固道教内部的等级制度。经过改革后的天师道被称为南天师道。这样，经过寇谦之与陆静修的删改修订后，道教的教规教戒、斋醮仪范便基本定型，各种规章制度更加全面系统，道教组织更加严密，使道教走向更加成熟的阶段。

为了使道教成为一个完整的、有影响的、能够与佛教抗衡的宗教团体，道教徒们编造了神仙世界的谱系和传授历史。大约与陆静修同时的道士顾欢在《答袁粲驳夷夏论》中，把道教的神仙世界分为"圣人"、"神人"、"仙人"。梁代著名道士陶弘景是道教创建时期的另一个重要的代表人物，其道教思想脱胎于老庄哲学和葛洪的神仙道教，并杂有儒家和佛教的观点，他构造道教神仙谱系，叙述道教传授历史，主张三教合流，并开创了茅山宗，对以后道教的发展影响甚大。梁、陈时，道教取得了迅猛的发展，上层社会信仰道教的人越来越多，影响更加广泛和深入。还出现了许多有学识的道士，如孟智周，曾著《老子义疏》、《道德玄义》等，对道教的发展作出了贡献。

南北朝时，为了争夺宗教传播阵地和思想控制权，佛教与道教之间产生了激烈的斗争。南齐道士顾欢著《夷夏论》论述排佛思想，顾欢从中国传统的夏尊夷卑观念出发，尊道教为圣教，而贬佛教为戎法。顾欢的言论遭到佛教徒的强烈反对，从而引起大规模的佛道之争。陶弘景对佛道之争持调和态度，梁陈时，佛道争斗趋于平和，二教之间加强了相互融合的过程。

从东晋十六国后期至南北朝时期，道教的发展由此进入高潮。门阀世族信奉道教的日益增多，逐渐形成了一些道教世家。如琅邪王氏、兰陵萧氏、高平郗氏，北方的清河崔氏、京兆韦氏等等，道教进一步深入上层社会的门庭。

（二）隋唐五代时期

1. 隋唐

隋代是道教史上的一个转折，具有承前启后的特点。隋代以信佛为主，但依然利用道教为其统治服务。隋文帝登基后，重用道士焦子顺、张宾等，其年号"开皇"就来自道教。隋文帝还设置了类似北周通道观的玄都观，使北周的道教学术得以保存，为唐代道教的进一步发展提供了条件。在隋文帝统治期间，道教的道观数量有所增加。杨广嗣位后，继承了其父的宗教政策，既笃信佛教，又利用、扶植道教。

在隋代,随着分离局面的结束,大一统的国家重新形成,南、北方道教逐渐融合,形成茅山宗派。隋代道教尊崇元始天尊,将其视为最高神灵。在修行方法和道法传授上,隋代道教写修行内容保护道教的清静养身与儒家仁义道德的修养。

唐代,道教迎来了它历史上最为辉煌的时代。为了抬高自己的门第,李唐王朝宣称道教教主老子是李唐王朝的祖先,努力提高道教的地位。唐高祖李渊认为"道大佛小",并实行打击佛教支持道教的政策。还派使臣将道教天尊像送给高丽,派道士与高丽宣讲《老子》,使道教传播到朝鲜半岛。除了武则天与韦后及个别特别崇佛的帝王外,基本上,李唐的帝王都实行尊道抑佛的政策。公元637年,即贞观十一年,唐太宗李世民宣布,道士、女冠在僧尼之上,道教高于佛教。唐高宗时,李治采取了一系列尊道的措施:

尊老子为"太上玄元皇帝",立庙祭祀,首开唐王朝统治者册封老君尊号之先河;尊《老子》为上经,规定为科举考试之内容;提高道士地位;兴建道观等。

玄宗李隆基在位期间,大力推进崇道政策,形成了唐代道教的全盛时期,在道教发展史上具有重大影响。玄宗采取的措施主要有以下几个方面:

神化"玄元皇帝",掀起狂热崇拜;提高道士的社会地位;订立天下必须遵守的道教节日制度;设置崇玄馆,规定道举制度,设置玄学博士,以"四子真经"开科取士;规定以《道德经》为诸经之首,亲自为之作注,颁布天下;积极开展对道经的搜集、整理及传播;大力倡导斋醮和制作道教乐曲。

唐玄宗的崇道措施,使道教信仰在盛唐达到极盛时期。此后,唐宪宗、穆宗、武宗和玄宗等都迷信道教。唐武宗李炎是继玄宗之后又一个热烈崇道者。他在位时,曾经实行废佛政策,这便是有名的会昌灭佛事件。唐僖宗时,农民起义风起云涌,皇帝崇道活动频繁,企图仰仗"大圣祖"的威力来摧毁农民起义。

2. 五代

公元907年,唐王朝宣告灭亡,中国进入五代十国时期。

五代十国因袭唐代风气,崇信道教。他们尊宠道徒,兴修宫观,收集散失的道书,命道士宣讲道经等,使道教继续维系和发展。后周世宗柴荣在位期间,更是大力推崇道教,并实行灭佛政策,使佛教再次遭受到严重打击。

唐代涌现了许多著名的道教学者,如孙思邈、成玄英、王玄览、李荣、司马承祯、吴筠、李筌、张万福等。孙思邈著《千金要方》,乃是对古代医学的总结,对古代医药学的发展有着显著的贡献。开元时期,道教学者还编纂了中国历史上第一部道藏——《开元道藏》。

唐代的道教科仪也有较系统的发展。唐末五代的杜光庭,是继陆修静、张万福之后的道教斋醮仪范的集大成者,在道教史上享有崇高的声誉。他的《道门科范大全集》87卷,将道教主要道派的斋醮仪式加以统一并使之规范化,集唐代道教斋醮科仪之大全,至今仍为道教所沿用。他的另一部著作《道德真经广圣义》50卷,是对研究《道德经》的总结,在道教理论建设上有着重要的地位。

（三）宋元时期

1. 两宋

北宋继承唐代儒道佛兼容和对道教的崇奉扶持政策。宋太祖赵匡胤对发展道教给予极大的关注。他曾亲自召见道士,注重提高道教的素质。太宗赵光义召见道徒的活动更为频繁,并对黄白等术颇感兴趣。他还不断地兴建宫观,又积极搜集道书,命散骑常侍徐铉、知制诰王禹偁等校正,删去重复部分,共得3737卷。经过宋初太祖和太宗的大力扶持,道教得以逐渐恢复,并为它的进一步发展奠定了基础。宋真宗赵恒时,王朝的崇道政策开始了第一个高潮。

真宗执政期间,统治日益巩固,社会经济繁荣。为大力支持道教的发展,统治者仿效前代祖老子为圣祖事,从道教中另立一位赵姓者作为圣祖,于是,天神降临、赐语以维护赵宋王朝统治之类的神话故事大量出现。宋真宗也非常热衷于兴建宫观。在他统治期间,先后修建了玉清昭应宫、天庆观、景灵宫、祥源观等。在大兴宫观的同时,又铸造玉皇、圣祖等"圣像",并制定许多道教节日:天庆节、天贶节、先天节、降圣节等。此外,真宗还亲自制定了有关朝拜圣祖、玉清昭应宫、景灵宫等敬神乐章,造作道书,重视对道书的收集和整理。宋徽宗赵佶即位后,是北宋第二个崇道的高潮。主要表现在以下几个方面:

第一,托称"天神下降"而兴道。徽宗以道教教主自居,道教几成国教。

第二,大兴宫观。先后修建了长生宫、玉清、阳宫、葆真观、上清宝箓宫等,继唐代之后,宫观又盛极一时。

第三,为神仙人物加封赐号,仿照朝廷官吏的品秩,设立道官道职。下诏令天下郡县搜访知道法、有道术的道士。当时如刘混康、魏汉津、徐神翁、王仔昔、王老志、张虚白、王文卿、张继先、王允诚等均受到徽宗的亲切召问与封赐。

第四,提倡学习道经,并设立道学制度和道学博士。

第五,编修道教历史,访求道经和编修《道藏》。公元1113年,编修《万寿道藏》5481卷,将全藏刊板刷印在中国历史上还是第一次。

靖康之难后,宋钦宗、宋徽宗等王室中人成为金人的俘虏。但宋徽宗还经常身穿紫道袍,头戴逍遥巾,保持道士装束,由此可见其崇道思想至死不变。

南宋王朝对待道教的态度基本与北宋一样,但相比而言,没有北宋那样狂热。宋高宗赵构即位后,对道教的管理非常严格,但为了表示对道教的尊敬,他又大修道馆,且常去参拜。孝宗、光宗、宁宗继续奉行高宗的道教政策。到宋理宗即位时,由于受到北方蒙古的威胁,南宋王朝的命运危在旦夕,理宗加强了崇道措施,为道教中人加封封号,扩建道观。成书于北宋末的《太上感应篇》,是根据道教经典编的通俗劝善书。公元 1233 年,理宗授意道士胡莹微负责刊印,名儒真德秀作序、宰相郑清之作赞文,并亲自书写题词于卷首,使《太上感应篇》广为流传。

南宋道教以符箓派为主,正一、上清、灵宝三大符箓派都发源于南方,以巫术思想为其重要思想来源,而影响最大的是江西龙虎正一派。此期还出现了其他的一些派别,主要有:

神霄派:此派从天师道演化而来,以传神霄雷法而得名。主要创始人为王文卿。

清微派:由上清派衍化而来,因其符箓出自清微天元始天尊而得名。创始人为唐昭宗时候的女道士祖舒,至南宋黄舜申发扬光大,渐渐兴盛起来。

东华派:由灵宝派衍化而来。

净明派:由灵宝派分化而来,创始人许逊,以江西南昌为活动中心。

综上表明,隋唐至北宋,道教受到封建统治者的利用和大力扶持,道教在各个方面都有很大的发展,是道教史上的兴盛时期。南北道派在互相交融的基础上,茅山宗一直处于主流的地位。楼观道在隋唐之际也有较大的发展,而其教义方术亦颇受茅山宗的影响。这一时期,道教在理论方面的发展尤其突出。许多著名的道教学者,如唐之孙思邈、成玄英、李荣、王玄览、司马承祯、吴筠、李筌,五代十国时的杜光庭、彭晓、谭峭、闾丘方远,北宋时的陈抟、张伯端、陈景元、贾善翔等,都是道教史上或学术史上有较大影响的人物,大多出自茅山宗。他们或著书立论以阐述自己的学说,或通过整理注释道经以发挥自己的思想,研究范围相当广泛。在道教的教理、历史、修持方法和医学、药物学、养生学以及哲学思想、政治思想、军事思想等许多方面,都作出了贡献。

其中许多著作不仅对当时道教思想的发展有重要的意义,且对中国古代学术文化也有相当的影响。特别是道教的"重玄"之学,经过隋唐诸多道教学者的阐发,建立了一套相当系统化的道教哲学体系,形成一个独具特色的学派,对于推进道教的教理教义和中国哲学思想的发展,都有不容忽视的作用。隋唐时代,道教的外丹术特别兴盛,著名的炼丹术士和创作的外丹经诀特别多,其所产生的社会影响也特别大,故被称为道教外丹术的"黄金时期"。但在晚唐、五代以后,以钟吕为代表的内丹思想有了较大发展,为南宋金元金丹道派的兴起奠定了基础。

2. 元代道教

元代,蒙古入主中原,力求争取汉族知识分子的支持,因而也利用儒学和道教。当时北方流行的是太一道、真大道与全真教三大新道派。此期最重要的道教派别是全真教。

(1)全真教。

全真教:创始人为京兆(今陕西)咸阳人王重阳,1167年,王重阳来到山东传教,收马钰夫妻、谭处端、刘处玄、王处一、丘处机、郝大通七人为徒,即"全真七子"。其教义具有鲜明的时代特色:三教合一;以"全精、全气、全神"为成仙的最高境界;"苦己利人"的宗教实践原则等。不多久,全真教遂在金境迅速传播。

丘处机,是"全真七子"中最小的一位,王重阳死后,他先后隐居陕西磻溪(今陕西宝鸡)、陇州龙门山(今山西河津)修道,终于声名鹊起,在全真教中享有崇高的声誉与极强的号召力,成为金、南宋、蒙古三方关注的对象。公元1219年5月,成吉思汗派人前去召请丘处机,1222年4月,经过两年漫长的旅途奔波,73岁高龄的丘处机终于来到成吉思汗的军营所在地——阿姆河南岸(今属阿富汗)。成吉思汗非常欣赏丘处机,称其为"神仙"。1224年,丘处机回到燕京,在大天长观(今被白云观)居住,该观从此便成为全真教祖庭之一。此后,全真教在元朝统治者的扶植下,不仅成为北方三大新道派实力最强盛的道派,而且还是当时最为显赫的道派,其鼎盛期的表现如下:

第一,道门兴旺、门徒众多,多知名道士。如丘处机弟子尹志平、李志常等,都曾经是全真教的掌门人。

第二,修建了大批的宫观。以燕京为中心,河北、河南、陕西、山西、山东、甘肃等地,都建有全真教的宫观。

第三,大约花费了6—8年的时间,重修金代编纂的《大金玄都宝藏》。这是全真教以一派之力来进行的,在道教史上是第一次也是仅有的一次,显示了全真教当时的实力。

全真教迅猛发展的主要原因在于:

蒙古统治者的大力扶植;连年战争给民众带来巨大灾难,使他们寻找急需精神寄托,奠定了全真教发展的群众基础;丘处机的胆识卓见;全真教中的杰出人物的共同努力。

丘处机死后,其弟子尹志平接替他成为全真教第六代掌门人。尹志平利用全真教的社会威望曾经为蒙古统治者安抚抗蒙移民,为巩固元的统治起到了一定的作用。公元1269年,元世祖忽必烈赐封全真教尊崇的神仙人物王玄甫为"东华紫府少阳帝君",钟离汉、吕洞宾、王重阳等为"真君",王重阳的七大弟子为"真人"。随着元世祖统一了南方,全真教也开始向南方传播,南方的金丹派南宗,由于组织松散、力量弱小,便逐渐归并于全真教,约在元惠宗(1333—1370 在位)时,丹鼎派南、北二宗正式合二为一,合并后的全真教实力更加强大。

(2)太一道。

太一道在金代很受统治者的重视。入元以后,第四任教主萧辅道深得元世祖的宠信。1246 年,太一道正式得到元朝政府的认可。1252 年,元世祖追封太一道开山祖师萧抱珍为"真人",太一万寿观为太一广福万寿宫。萧辅道死后,其弟子萧居寿继任为第五代掌门人,他对太一道在元代的发展作出了重要的贡献。1276 年,元世祖赐封萧居寿为"宗师",提高了太一道的地位。但在七世掌门人萧天佑之后,太一道逐渐与正一道融合,其活动便不见于记载。

(3)真大道。

真大道在金代历经四代,入元后,第五任掌门人郦希诚与元王室也建立了良好的关系。其时,真大道的影响遍及山东、河北、河南、山西、陕西、四川等地,道徒众多。元宪宗时,赐封郦希诚真人号为"太玄",其教为"真大道"。1307 年,第十二代也是最后一代掌门人张清志执掌教门,对真大道教会组织的一些弊病进行了革除。张清志历经元武宗、仁宗、英宗、泰定帝四朝,对真大道的贡献尤其突出,使真大道发展到顶峰。1326 年,张清志去世后,真大道从此走向衰微,逐渐与全真道融合。

(4)玄教。

江南道教中,道派纷杂,高道甚多,大多数属于符箓道派。其中,江西龙虎宗最为显赫。早在公元 1239 年,宋理宗命 35 代天师张可大提举三山符箓,龙虎宗正式成为江南道派的领军地位。元世祖忽必烈统一中国后,加紧了对江南道教组织的争取工作,尤其对龙虎山天师的恩宠远远超过其他二派。1276年,元世祖平定江南,召见了第 36 代天师张宗演。此后,陆续颁布诏书,赐予张宗演"天师"头衔,统领江南道教。而这些特别待遇从此也成为定制,历经元朝而不变。在元统治者的大力支持下,龙虎山天师成为南方道教的中心,并逐渐融合其他各派,最后形成了道教末期发展的两大道派之一——正一派。

此外,龙虎宗还形成了一个支派——玄教。1276 年,学道于龙虎宗的张留孙获得忽必烈的召见,受到元世祖的嘉赏。1278 年,赐封张留孙为"玄教宗师",统管江北、淮东、淮西的道教事务。此后,张留孙的政治地位日益巩固,逐渐形成了一个以他为中心的龙虎宗的支派。但玄教始终是从龙虎宗分化出去的,而非新的教派,终元一代,它也从来没有脱离龙虎宗。

（5）茅山宗。

茅山宗的活动以江浙、福建、江西等地为主。元初，杭州的茅山宗著名道士杜坚受到元世祖的礼遇，遂使苏州、杭州茅山宗的发展超过了茅山。

（四）明清时期

1. 明朝

明朝继续对道教采取尊崇政策。朱元璋即位之初，就制定了三教并用的宗教政策。并针对元末道教发展过滥，道士腐化堕落等现象，建立了一套较为完善的管理机构和制度，其主要内容如下：

第一，公元1382年，在京师设隶属于礼部的道录司，作为管理道教的最高机构。

第二，制定了对宫观和道士管理的政策，限制道教的发展。禁止军人、工匠及犯罪等为僧道。在宫观方面，禁止私建道馆，严格控制道馆数量。

继任的明成祖在明太祖道教制度的基础上作了增补，使之更加完善。朱棣特别崇拜道教的"真武神"，公元1412年，朱棣下令在武当山修建规模宏大的道馆工程，历时六年完成。建成后的武当山道馆群包括八宫、二观、三十六庵堂、七十二岩庙，并在天柱峰顶以铜、黄金为装饰，供奉玄武神像。在中国道教史上，像这类情况实属非常罕见。明成祖如此恩尊真武神，除了个人信仰之外，更主要的原因在于政治上的需要。因为他的皇位是依靠武力，从其侄儿明惠帝手中抢夺而来。为了宣扬自己政权的合理性，朱棣编造了玄武神神佑自己的神话。从此，明代对玄武神的崇拜成为皇朝的定制，历代皇帝都会派人前去武当山上供。于是，武当道家的发展日渐强盛。

明英宗时，于1444年组织修编了《正统道藏》，对道家经书的保持和传播起了积极的作用。明宪宗朱见深（1465—1487在位）时期，特别尊崇道教，还任用道士李希安做礼部尚书。明世宗朱厚德是明代最尊崇道教的皇帝，在他统治期间，道教信仰到达登峰造极的地步。明世宗对道教的狂热表现如下：授予道士高官厚禄；大修道馆；迷信丹药方术；为自己父母加封道号。由于明代后期皇帝对道教采取极端尊崇的方式，致使有些道士位极人臣，掌握朝中大权，道馆遍布天下，破坏了明初的道教管理制度。

（1）全真道。

元代中后期时，道教逐渐归流为正一道和全真道两大道派。正一道以符箓为主，全真道以内丹修炼为主。1382年，朱元璋设立道箓管理全国道教，并将道教分为正一道与全真道两派加以管理，由官方正式划定了正一道和全真道两大道派。

全真道曾在元代时显赫一时，然而，入明以后，其地位却日渐衰微，有明一

代,鲜有道士显贵者。其原因大约主要有这样两点:

第一,全真道以自守内炼为教旨,而这并不适合统治者从政治上加以利用。

第二,全真教兴起于北方,与元朝统治者的关系十分密切。

在明代的道士中,最著名的道士是张三丰。明初,朱元璋、朱棣曾经多次征召张三丰未果。此后,历代明帝都对他无比推崇,多次赐封其封号。全真道在武当山的发展最为繁荣,全盛时有张三丰及其门下四弟子,人称"太和四仙",他们的修道活动为全真道以后的发展奠定了基础。

全真道虽然在明代极受压制,但其理论方面却颇有建树,许多道士都有著述。张三丰有《玄机道指》、《玄要篇》等,后被清人编辑成《张三丰全集》八卷。王道源有《还真集》、《道玄集》、《皇帝阴符经注》等等。另有无名道士的《真诠》论述道教炼养之学,体现了明代道教炼养学的更加成熟。

（2）正一道。

朱元璋在对全真道采取抑制的同时,对正一道却采取支持的态度。1372年,朱元璋下令正一道第42代天师张正常掌管天下道教,正一道由此获得了很高的政治地位,成为中国道教的统领。

与全真道形成鲜明对比的是,明代,正一道虽备受恩宠,却再在道教的教义方面没有什么发展,道士中能文者甚少。张正常有《汉天师世家》1卷,43代天师张宇初著述较多,有《道门十规》1卷等。

2. 清朝

清代,统治者在宗教信仰上信仰萨满教与佛教,对道教缺乏信仰。但为了巩固统治,他们对道教既抑制又利用。

清初时,从顺治皇帝开始到雍正皇帝,为了笼络汉人,抑制程度比较宽松,其中,雍正是清代历朝皇帝中最优待道教的皇帝,他主张利用三教为政权服务。1723年,授第55代天师张锡麟为光禄大夫,封龙虎山道娄近垣为提点,赐封"妙正真人",将其语录收入《御选语录》。然而,从乾隆皇帝伊始,清王室对道教的抑制逐渐加强。乾隆宣布佛教为国教,道教为汉人的宗教,道教首领的地位有所降低。同时限制道教活动。清代正一道中,唯一一位受到统治者优待的是道士娄近垣。从雍正开始至乾隆,朝廷对他的宠信始终未减。娄近垣著有《龙虎山志》18卷、《南华经注》1卷等,是清代唯一有著述传世的正一道道士。

清代,全真教在经过长期的沉寂之后,以龙门派为主体,重新出现了复苏。龙门派第七代律师王常月,是清代全真教龙门派振兴的关键人物,被后世道教徒认为是龙门中兴之祖。但王常月的振兴并没有引起清政府的特别重视。最终,全真教的发展还是走向了民间,尤其在江浙一带,影响极大,形成许多龙门支派。

总之,自明代中期开始,道教的发展呈现出日渐衰落的趋势,其活动方式便由上层转向民间。

【思考题】

1. 道教是如何产生的?
2. 道教的主要流派有哪些?
3. 道教对中国文化的主要影响有哪些?

【参阅书目】

1. 卿希泰主编:道教史。南京:江苏人民出版社,2006 年。
2. 冯友兰:中国哲学史新编(第一至六卷)。北京:人民出版社,1995 年。
3. 葛兆光:中国思想史。上海:复旦大学出版社,2001 年。

第三节　伊斯兰教

伊斯兰教始创于公元七世纪初,大约在七世纪中叶由阿拉伯传入中国。史载,唐永徽二年(651 年),伊斯兰教第三任哈里发奥斯曼派使节到长安,晋见唐高宗,这一年为伊斯兰教传入中国的标志年。自 651—798 年间,阿拉伯来华使节达到 39 人次之多。

唐朝时,经济文化的高度繁荣吸引了各国商人来华贸易,其中,以阿拉伯、波斯和中亚国家的人为最多,这些居住在长安和沿海商业城市的人被称为"番客"。后来,这些侨居的"番客"有许多与当地居民通婚繁衍,人口增多,形成所谓的"土生蕃客",他们世代居住在固定的区域,保持着自己的生活习俗与宗教信仰,成为中国穆斯林的先祖,据说,唐代的长安就已经出现了清真寺。五代、北宋之际,新疆天山南北的一些民族也逐渐改宗伊斯兰教。

唐宋两朝是伊斯兰教传入中国的初期。

　　元朝时,伊斯兰教在中国的发展进入一个新的阶段。横跨欧亚大洲的蒙古帝国是当时世界上最强大的帝国,来自欧洲、西亚、中亚等地的穆斯林大量涌入中国大陆,加速了伊斯兰教的传播和发展。新疆地区的伊斯兰教东传至哈密、吐鲁番等地,至16世纪初,新疆地区普遍信仰伊斯兰教。沿海地区以泉州、广州、宁波、杭州等地也是阿拉伯人与波斯人的聚居地。这些地方普遍都兴建了清真寺,著名的有杭州真教寺、昆明礼拜寺等。在元代,伊斯兰教也称"清教"或者"真教"。而把伊斯兰教与信仰伊斯兰教的民族称为"回回"。

　　明末清初是中国伊斯兰教的成熟时期。

　　明初,明太祖朱元璋扶持伊斯兰教,同时也实行民族同化政策。此时,"回回"一词专用于称呼穆斯林,而称伊斯兰教为"回回教"或"回教"。这样,最终形成了一个新的民族——回族。

　　明清时候,中国穆斯林内部开始了阶级分化。格底木是中国影响最大的伊斯兰教教派。它基本上保持着伊斯兰教传入时的宗教制度,分布在中国内地各省和新疆部分地区。格底木实行教坊制。一个教坊以一个清真寺为中心,形成独立的宗教社团,教长(或阿訇)是坊内的最高宗教领袖。这种教坊制对伊斯兰教的传播与回族的形成起了积极的推动作用。

　　随着经济的发展,清真寺的权力逐渐转移到地方富豪手中,加强了宗教上层与世俗封建势力的结合,最终形成了门宦或其他教派。门宦是教主的高门世家,辖有许多清真寺或教坊,教徒与教主的关系是隶属关系或依附关系。在西北,先后兴起了四大名宦:虎非耶、格底林耶、库不林也与哲合林耶——及其40多个分支门宦。19世纪末,伊斯兰教又发生了新的分化,兴起了反对门宦制度的伊合瓦派。清代,多次爆发了信仰伊斯兰教各民族的人民起义,其中很多就是教派斗争的结果。

【思考题】

　　1. 伊斯兰教在中国的传播情况如何。

　　2. 中国的回族是如何形成的?

【参阅书目】

　　1. 金宜久主编:伊斯兰教史。南京:江苏人民出版社,2006年。

2. 冯友兰：中国哲学史新编（第一至六卷）。北京：人民出版社，1995 年。

3. 葛兆光：中国思想史。上海：复旦大学出版社，2001 年。

第四节 基 督 教

基督教中最早传入中国内地大约在七世纪初，被称为"波斯经教"或"景教"，意思是"光明正大之教"。公元 635 年，波斯的景教僧阿罗本来到长安，他是第一位来中国的景教传教士。贞观十二年，唐太宗下令建寺度僧——义宁坊景教寺，景教从此传入民间。唐高宗时，在给地置景寺，当时的长安、洛阳、成都等大都市都建有景教寺。此后，景教在中国流传不衰。唐武宗时，由于实行灭佛政策，景教也受到牵连，一些景教徒还俗，其中外国传教士也被强令回国，仅在北方草原及南方沿海地方还有景教流传，唐末时，除了北方草原民族中还在流传外，景教在中国几乎已经绝迹了。

辽金时期，景教在中国西北民族中广泛传播，先后信奉景教的有克烈部、汪古部、乃蛮部、蔑尔乞部等。后来，蒙古统一了这些部落，并对各种宗教实行兼容并包的政策。元朝廷设置礼部管理宗教，管理景教徒的机构是崇福司。元史景教徒与教堂分布极广。

元代，罗马天主教也首次传入中国。1293 年，意大利方济各会士约翰·孟高维诺来到元大都传教 30 余年，并于 1299 年、1305 年在大都修建了两座教堂。当时的泉州、扬州、杭州及山东临清等地陆续有天主教徒居住。元代将景教与天主教统称为"也里可温教"或"十字教"，称教堂为"十字寺"，称教徒为"迭屑"或"也里可温"，意谓"信奉福音的人"，即基督徒。元朝灭亡后，景教与天主教在中国基本上都已经绝迹了。

明朝时，大约 200 年间没有基督教的任何活动。公元 1583 年，著名传教士利玛窦来到肇庆，开始传播天主教。1601 年，利玛窦来到北京留居 10 年直至去世。1603 年，利玛窦著名的宗教著作《天主实义》刊印成书，影响极大。明末时，天主教发展很快，到崇祯末年，有 30000 多人信教，多明我会、方济各会也进入中国。

公元 1686 年，清政府在与沙俄的雅克萨战役中取得了胜利，部分战俘被押送到北京。康熙将北京东北的一座庙宇赐给他们做教堂。1685 年，沙俄西伯利亚行政中心托博尔斯克东正教区主教正式承认北京的东正教堂。1715 年，彼得一世决定向中国正式派遣东正教传教士团。第二年，第一届传教士团到达北京,正式成立了"中国东正教会"。1727 年,中国东正教得到了清政府的承认。

【思考题】

1. 简述基督教在中国的传播情况。
2. 基督教对中国的近代史有何影响?

【参阅书目】

1. 王美秀主编:基督教史。南京:江苏人民出版社,2006 年。
2. 冯友兰:中国哲学史新编(第一至六卷)。北京:人民出版社,1995 年。
3. 葛兆光:中国思想史。上海:复旦大学出版社,2001 年。

第四章　中国古代文学

　　中国文学具有悠久的历史,我们先人的情怀和希望,他们的人格操守和志趣追求,都沉淀在文学作品里。解读古代文学,不仅可以观照我们先人的精神风貌、风度神态,而且也是对民族精神的重要传承。

　　春秋战国之际社会政治经济的变革带来文化上的百家争鸣,文学也出现了繁荣的局面,出现了最早的诗歌总集《诗》三百。历史散文发达,出现了最高成就的代表《左传》。诸子散文则产生了《孟子》、《庄子》等论著。这些散文不仅成为中国传统文化的重要源泉,而且深刻影响着作家的人格理想和文学作品的审美风范。汉代大一统的政治背景以及汉武帝"独尊儒术"的政策,对汉赋的出现和汉代散文的特点有直接影响。汉代文学以大为美,铺张扬厉成为风尚。汉末以来的军阀混战,影响了建安时期一代文人的思想观念,造就了建安文学的新局面。南北朝的对峙造成了南北文风的差异,隋唐的统一以及唐代广泛的对外文化交流又推动了文学的繁荣。"建安风骨"和"盛唐气象"两种诗歌范式先后确立,成为后代诗人追慕的极致。宋代理学的兴起,文人入仕机会的增多,以及印刷术的发展,对宋代文学产生了重要的影响。元代文人地位低下,迫使他们走向市井阶层,直接促进了元杂剧的繁荣。明代中叶以后,商品经济繁荣,市民壮大,文学也发生了划时代的变化。从元代开始,叙事文学占据了文坛的主导地位。清代初期的民族矛盾在文学创作上也有所反映,鸦片战争以后,中国沦为半封建半殖民地社会,文学的重大变化更是显而易见。中国古代文学的终结,可以划定在"五四"新文化运动爆发的 1919 年。"五四"运动阖上了中国数千年古代文学的大门,同时又开启了文学的一片崭新天地。

　　从上面的简要概括可以见到,中国古代文学在王朝的更迭过程中形成了自然段落,形成一代有一代文学之声的现象。下面各章将分别对每个时代文学的代表作家及其作品、文学流派进行简要介绍,以期初步了解中国古代文学发展、演变之风貌,从而激发对作家个性及其文学作品的进一步探究之兴趣。

第一节　先秦两汉文学

中国文学的各种体裁、思想基础几乎都孕育于这个时期。影响整个中国文学的一些观念,如"诗言志"、"温柔敦厚"等,都在此时提出。中国文学的基本格局也在这个时期基本奠定。

一、《诗经》

《诗经》是我国第一部诗歌总集,现存诗歌 305 篇,其内容依据音乐的不同而划分为《风》、《雅》、《颂》三个部分。《诗经》的内容非常丰富,有歌颂祖先功德的作品,有政治批评的诗歌,有关于战争和劳役的作品,还有大量咏唱爱情的情歌。《大雅》中的《生民》、《公刘》、《绵》、《皇矣》、《大明》五篇是周民族的史诗,反映了周民族从其始祖后稷到周王朝的创立者武王灭商的历史。《伐檀》是对不劳而获者的愤慨:"不稼不穑,胡取禾三百廛兮?不狩不猎,胡瞻尔庭有县貆兮?"《东山》写出征多年的士兵在回家路上的复杂感情,在每章的开头,他都唱道:"我徂东山,慆慆不归。我来自东,零雨其濛。"他走在回家路上,天上飘着细雨,衬托出他的忧伤感情。《采薇》表现了参加周王朝对狁战争的士兵的苦恼,他走在回乡途中,心里充满悲哀:"昔我往矣,杨柳依依。今我来思,雨雪霏霏。行道迟迟,载渴载饥。我心伤悲,莫知我哀。"他去当兵的时候正是春天,杨柳迎风摇曳;他回到家乡的时候正是冬天,雪花霜霏飘洒。这四句,一直受到后代文人的高度评价。《诗经》最集中的是关于恋爱和婚姻的诗篇。如:

　　静女其姝,俟我于城隅。爱而不见,搔首踟蹰。静女其娈,贻我彤管。彤管有炜,说怿女美。自牧归荑,洵美且异。匪女之为美,美人之贻。(《邶风·静女》)

　　蒹葭苍苍,白露为霜。所谓伊人,在水一方。溯洄从之,道阻且长。溯游从之,宛在水中央。(《秦风·蒹葭》)

　　南有乔木,不可休思。汉有游女,不可求思。汉之广矣,不可泳思。江之永矣,不可方思。(《周南·汉广》)

这许多情诗,咏唱着迷惘感伤、可求而不可得的爱情。这类诗篇,是《诗经》中艺术成就最高的作品。

《诗经》关注现实，抒发现实生活触发的真情实感，具有强烈的艺术魅力。无论是在形式体裁、语言技巧，还是艺术形象、表现手法上，都显示了艺术上的巨大成就。赋比兴的运用，是《诗经》艺术特征的重要标志，也开启了中国古代诗歌创作的基本手法。《卫风·硕人》描绘庄姜之美，细致而又生动："手如柔荑，肤如凝脂，领如蝤蛴，齿如瓠犀，螓首蛾眉。巧笑倩兮，美目盼兮。"《秦风·蒹葭》以秋天芦苇上的露珠凝结为霜触发诗人思念"伊人"之情，凄清的秋景与感伤的情绪浑然一体，构成了凄迷恍惚的艺术境界。《诗经》的基本句式是四言，常常采用叠章的形式，造成一唱三叹的效果。《诗经》中大量使用双声、叠韵、叠字，使其语言具有音乐美。总而言之，《诗经》是中国诗歌，乃至整个中国文学一个光辉的起点。它从多方面表现了那个时代丰富多彩的现实生活，反映了各个阶层人们的喜怒哀乐，开辟了中国诗歌的独特道路。

二、历史散文和诸子散文

《尚书》意为"上古之书"，是中国第一部历史文集。《盘庚》三篇古奥难读，但其语言比喻贴切、生动，如"有条不紊"作为成语，至今仍被沿用。《春秋》是我国编年体史书之祖。它是纲目式的记载，文句极简短。最突出的特点就是寓褒贬于记事的"春秋笔法"。

《左传》原名《左氏春秋》，后人将它配合《春秋》作为解经之书，称《春秋左氏传》，简称《左传》。它与《春秋公羊传》、《春秋穀梁传》合称"春秋三传"。《左传》相当系统而具体地记述了这一时期各国的政治、军事、外交等方面的重大事件，表现出高超的叙事技巧。其中关于战争的描写，尤其为后人称道。从文学上看，《左传》最值得注意的地方，在于它记叙历史事件与历史人物时常常注意到故事的生动有趣，以较为细致生动的情节，表现人物的形象。《国语》是中国第一部国别史，以记载言论为主。

《战国策》是汇编而成的历史著作，主要包括策士的著作和史臣的记载。《战国策》对士的个人尊严和个人作用，给予强有力的肯定，还热情讴歌了多位义侠之士的豪情壮举。《战国策》的文学性主要表现在常常使用铺排和夸张的手法，绚丽多姿的辞藻，描写人物的性格和活动。《战国策》所记的策士说辞，常常引用生动的寓言故事，诸如"画蛇添足"、"狐假虎威"、"亡羊补牢"、"南辕北辙"等，历来家喻户晓。《战国策》体现了战国时代活跃的思想氛围，它对语言艺术的重视，在文学史上具有承上启下的作用。

孔子（前551—前479）是古代儒家学派的创始人，也是最有影响的思想家和教育家。《论语》专门记述孔子的言行,用语录体写成,语言明白易懂。如"子曰:岁寒,然后知松柏之后凋也"。形象简约地表达深刻的哲理,令人回味无穷。

老子,姓李名耳,字聃,著《老子》(又名《道德经》)五千言。《老子》以韵文为主,探讨玄妙的哲学问题。行文参差错落,变化多端。如第六章描写"道"育孕万物、生生不息:"谷神不死,是谓玄牝。玄牝之门,是谓天地根。绵绵若存,用之不勤。"文句跌宕流畅,句式连环相对。

孟轲(前372—前289)受业于孔子之孙子思的门人,是战国时期的儒学大师。《孟子》共七篇,记述孟轲的言行。《孟子》具有强烈的感情色彩,文字通俗流畅,又喜欢使用排比句式,形成了富有气势的显著特点。《孟子》长于比喻,善于用寓言故事来说理,如著名的"揠苗助长"、"五十步笑百步"等,形象而生动。

庄周,生活年代与孟轲相仿,他既是一个哲学家,又富于诗人气质,因而《庄子》这部哲学著作,充满了浓厚的文学色彩,它代表了先秦散文的最高成就。想象奇幻夸张,如《逍遥游》:"北冥有鱼,其名曰鲲。鲲之大,不知其几千里也;化而为鸟,其名为鹏。鹏之背,不知其几千里也;怒而飞,其翼若垂天之云。……"鲲自由变换,由鱼而鸟,鲲鹏体形之巨大,飞行之恢弘,奇丽夸张而又壮观。《庄子》许多篇章几乎都是用一连串的寓言、神话连缀而成,使文章充满了诡奇多变的色彩。其文章又富于抒情性,其感情往往无端而起,迷茫恍惚。

荀况是先秦儒家的最后一位大师。他的著作,后人编定为《荀子》三十二篇。《荀子》全书多为关于社会政治、伦理、教育等方面的长篇专题学术论文,论点明确,论断缜密,风格朴实深厚,多用排比句式,整齐流畅。如《劝学》前半篇一个接一个的比喻:"青,取之于蓝而青于蓝;冰,水为之而寒于水。……"辞采缤纷。韩非是韩国的贵族,荀子的学生。起初秦始皇读他的著作,十分佩服,邀他来到秦国。他的同学李斯恐怕他被重用而动摇自己的地位,将他陷害入狱,最后自杀于狱中。他的著作《韩非子》五十五篇,是先秦法家的代表作。《韩非子》有大量的寓言故事,如"郑人买履"、"矛与盾"等,体现了韩非的思想深度。其构思精巧,语言幽默平实,文风峻峭。

三、屈原与楚辞

"楚辞"是指以战国时楚国屈原的创作为代表的新诗体。这是《诗经》以后,我国古代又一部具有深远影响的诗歌总集。楚辞是楚文化的产物,又离不开伟大诗人屈原的创造。

屈原是楚国的同姓贵族，年轻时受到楚怀王的高度信任，后有上官大夫在怀王面前进谗，于是怀王"怒而疏屈平"。屈原眼看一度兴旺的国家已经无望，于悲愤交加之中，自沉于汨罗江。《离骚》是屈原最重要的代表作，也是中国古代最为宏伟的抒情诗篇。这是屈原痛苦灵魂的自传。诗人"既莫足与为美政兮，吾将从彭咸之所居"的以死殉国的爱国情感以及"路漫漫其修远兮，吾将上下而求索"的对理想的执著追求，产生了巨大的艺术感染力。其美人香草的意象构成了全诗哀婉缠绵的风格。《九章》由九篇作品组成，这些诗篇善于把纪实、写景与抒情相结合，以华美而富于表现力的语言，写出复杂的内心状态。如《涉江》："深林杳以冥冥兮，乃猿狖之所居；山峻高而蔽日兮，下幽晦以多雨；霰雪纷其无垠兮，云霏霏而承宇。"窈冥的森林，幽晦的雨天，无边的飞雪，与诗人忧苦的情感结合，凝重而动人。《九歌》共十一篇，是一组祭神所用的乐歌。这是屈原根据民间的祭神乐歌改写而成的。《九歌》中大多数诗篇都包含有神与神或人与神相恋的情节。这些恋爱，又都呈现会合无缘、彷徨怅惘的状态。《湘夫人》："帝子降兮北渚，目眇眇兮愁予。袅袅兮秋风，洞庭波兮木叶下。"秋风中的等待，令人凄清而惆怅。语言的精美、抒情的细致，尤其景物与情感的相互融合与衬托，别具一种动人的情调。

屈原是我国文学史上第一位伟大的诗人。屈原的作品，以纵恣的文笔，表达了强烈而激荡的情感。他用奇丽的幻想，使诗歌的境界恢宏瑰丽。他还发展了《诗经》的比兴手法，以寄托自身的思想感情，又增加了诗歌的美质。在诗歌形式上，屈原创造出篇幅宏大、内涵丰富复杂的"骚体诗"。总之，由屈原开创的楚辞，同《诗经》共同构成中国诗歌乃至整个中国文学的两大源头，对后世文学形成无穷的影响。

四、两汉文学

汉代文学以历史的批判发轫，经由昌盛期的歌功颂德，最后以对现实的批判告终，完成了一次循环。国力的强盛，使这个时代的文学追求广大的容量、恢宏的气势，因而形成巨丽之美。当然，对自身命运的关注也是汉代文学的内容之一。

贾谊（前200—前168），洛阳（今属河南）人。他性格尖锐，好论天下大事。贾谊的文章，洋溢着对国家前途的忧患意识，表现出作为政治家的气魄和历史家的睿智，同时充满热情，富于文采。其中《过秦论》、《论治安策》最为著名,被鲁迅称为"西汉宏文"①。

枚乘,淮阴(今属江苏)人。武帝即位后,慕名召他入宫,结果因年老死在途中。其赋作《七发》标志着汉代新体赋的正式形成。《七发》假托楚太子因安居深宫、纵欲享乐而导致卧病不起,"吴客"说七事以启发之(《七发》之名即由此而来)。《七发》脱离了楚辞的抒情特征,转化为以铺陈写物为中心的高度散文化的文体。《七发》既奠定了典型的汉代大赋的基础,又是辞赋中特殊的一支——"七"体的开创之作。

司马相如,蜀郡成都(今属四川)人。武帝读他的《子虚赋》大加叹赏,把他召到宫廷,他又为武帝作《上林赋》。《子虚》、《上林》二赋,是司马相如的代表作。两篇赋以子虚、乌有、亡是公三人的问答展开,铺叙苑囿之壮丽和游猎之盛,卒章归之节俭,因以讽谏。《子虚》、《上林》二赋是盛世景象的艺术显现,其语言汪洋恣肆,呈现出宏伟壮丽的气势。

王褒,蜀资中(今四川资阳)人。他的辞赋,以《洞箫赋》比较出色。《洞箫赋》善于描摹物态,具有辩丽可喜、悦人耳目的特点。扬雄,蜀郡成都(今属四川)人,是继司马相如和王褒之后蜀地的又一位杰出文人。《甘泉》、《河东》、《长杨》、《羽猎》四赋,是他的代表作。他的赋不但有司马相如式的宏伟气魄,而且更注意锤炼语言,显示出瑰丽奇谲的风格。故向来以"扬、马"并称。

司马迁(前145—约前87)字子长,左冯翊夏阳(今陕西韩城)人。他是汉代成就最高的散文家。他所撰写的《史记》代表了古代历史散文的最高成就。鲁迅称之为"史家之绝唱,无韵之《离骚》"②。司马迁在史官家庭中长大,受到良好的文化熏陶。二十岁那年,他开始广泛的漫游,足迹几乎遍及全国各地。天汉二年(前99),李陵抗击匈奴,兵败投降。司马迁陈说李陵投降乃出于无奈,触怒了武帝,受到"腐刑"的惩罚。他"隐忍苟活",终于在太始四年完成了《史记》的撰述。

《史记》是一部史学名著,又是一部文学名著。《史记》在叙述历史人物事迹的同时,处处渗透了作者自身的人生感受,内心的痛苦和郁闷。《史记》很多传记,是用一系列栩栩如生的故事构成的,不少富于戏剧性。在人物形象的塑造方面,《史记》具有数量众多、类型丰富、个性较鲜明三大特点。在描写人物一生的过程中,司马迁特别注重表现人物命运的巨大变化,揭示出人性的复杂性。他透过表象发掘本质,既有宏伟的画面,又有深邃的意蕴,形成了雄深雅健的风格。总之,《史记》无论在史学史还是在文学史上,都堪称是一座伟

---

① 鲁迅:《汉文学史纲要》。
② 鲁迅:《汉文学史纲要》。

大的丰碑,它对古代的小说、戏剧、传记文学、散文,都有广泛而深远的影响。

司马迁《报任安书》也是文学名篇,这是司马迁写给其友人任安的一封回信。在文章中,司马迁满腔悲愤,抒发了内心的无限痛苦。感情真挚,语言流畅,具有强烈的艺术感染力。

和西汉文坛相比,东汉文坛的变化很大,作家从更广阔的范围寻找有价值的题材,文学的风格和表现形式也有了较大的差异。

班固(32—92)的《两都赋》开创了京都赋的范例。《两都赋》以描绘都市为中心,更为广泛地反映了人类生活场景,气魄宏伟,景象壮丽。其所撰《汉书》是第一部断代史。《汉书》在古代享有极高的名声,与《史记》并称"史汉"。一般说来,班固只是具体地描写事实、人物的言行,却也常常能够显示出人物的精神面貌。最为人传诵的是《李广苏建传》中的李陵和苏武的传记。这两篇感情色彩较浓,其感人之深,可与《史记》的名篇媲美。班固的《咏史》诗是现存东汉文人最早的完整五言诗,风格朴素质实。

张衡(78—139)不仅是著名的古代科学家,而且擅文学。其《二京赋》的规模和篇幅都成为京都大赋的极致。张衡还有一篇抒情小赋《归田赋》也颇具特色。这是辞赋史上第一篇反映田园隐居乐趣的作品,其中写景的部分,自然清丽,十分出色。张衡的《同声歌》、《四愁诗》,绮丽华美,在技巧上已有进一步提高。

赵壹是一个恃才傲物的反传统式的人物,所作辞赋中也充满不平之气。《刺世疾邪赋》是他的代表作,文中对当代社会乃至整个历史都提出了无情的批判。他甚至表示"宁饥寒于尧舜之荒岁月兮,不饱暖于当今之丰年",由刺世发展到同世道决绝。此赋笔锋犀利,语言刚劲朴素。

两汉乐府诗是继《诗经》、《楚辞》之后的一种新诗体,它以独特的立题命意、熟练的叙事技巧成为中国古代诗歌又一壮丽的景观。汉乐府民歌皆是"感于哀乐,缘事而发"①之作。乐府诗表现了丰富的艺术画面,生动地展现了那个时代人们的苦乐、爱恨以及对于生与死的人生态度。《东门行》反映的社会贫穷:"盎中无斗米储,还视架上无悬衣",《相逢行》渲染的富贵奢华,使人领略到苦乐不均的两极世界。爱情婚恋的作品占了汉乐府诗的较大比重,《上邪》是女子的自誓之词:"上邪!我欲与君相知,长命无绝衰。山无陵,江水为竭,冬雷震震,夏雨雪,天地合,乃敢与君绝!"连举五种千载不遇的自然现象,表白自己对爱情的坚贞不移,用语奇警,别开生面。《孔雀东南飞》表达的是另一种爱与恨。男主人公焦仲卿与其妻刘兰芝感情甚笃,但焦仲卿的母

① 《汉书·艺文志》。

亲却不喜欢儿媳,后来刘兰芝与焦仲卿双双自杀。《陌上桑》则是一篇喜剧性的叙事诗。它写一个名叫秦罗敷的美女拒绝"使君"的故事,作品以浪漫性的描写开始,以诙谐性的喜剧结束,得到人们普遍的欣赏。两汉乐府诗对诗歌样式的嬗革起到了积极的推动作用,实现了四言诗向五言诗的过渡。

《古诗十九首》抒发游子的羁旅情怀和思妇闺愁,这个主题在中国古代具有普遍性和典型意义。《明月何皎皎》写游子忧愁难眠,深切地感到"客行虽云乐,不如早旋归",天涯芳草,他乡明月,激发了游子难以遏制的思乡之情。而思妇对于游子的书信非常珍视,"三岁字不灭"(《孟冬寒气至》),为了等待,而鼓励自己"努力加餐饭"(《行行重行行》)。这一组诗抒情委婉,以深衷浅貌的语言和情景交融的笔法构成浑然圆融的艺术境界,被誉为"五言之冠冕"①。

【思考题】

1. 《诗经》的内容主要有哪些? 其在艺术上的表现各有什么特色?
2. 试论《庄子》的文学成就。
3. 以司马相如的赋为例,说明汉代大赋的基本特点。
4. 说明《史记》人物传记的特点和风格特征。

【参阅书目】

1. 余冠英选注:诗经选。人民文学出版社,1979 年。
2. 陈鼓应:庄子今注今译。中华书局,1983 年。
3. 萧统:文选。上海古籍出版社,1986 年。
4. 王伯祥选注:史记选。人民文学出版社,1982 年。
5. 隋树森集释:古诗十九首集释。中华书局,1955 年。

① 刘勰《文心雕龙·明诗》。

第二节　魏晋南北朝文学

鲁迅在《魏晋风度及文章与药及酒之关系》一文中,称魏晋是"文学的自觉时代"。在这个时期,形成了中国文学史上一个重要的转折,带来了文学的繁荣。

一、魏晋诗文

公元196年,曹操奉汉献帝移都许昌,改元"建安"。他不断招纳才士,在北方形成一个文学中心。建安年代并包括其后若干年的文学创作,习惯上就称为"建安文学"。忧时伤乱、悲叹人生短暂、渴望不朽的功业,三者结合在一起,就使建安文学具有了"悲凉慷慨"的显著特色。

曹操(155—220)的文学成就,首先表现在诗歌方面。他的诗句"白骨露于野,千里无鸡鸣"(《蒿里行》)生动地反映了民生凋敝的苦难。《短歌行》:"对酒当歌,人生几何。譬如朝露,去日苦多。慨当以慷,忧思难忘。何以解忧,唯有杜康。……"悲歌慷慨,气韵沉雄。曹操的散文也很有特色。鲁迅称他为"改造文章的祖师"[1]。

曹丕(187—226),曹操次子。曹丕善于写游子思乡、思妇怀远之情,语言通俗流畅。抒发感情,以委婉细致见长。七言《燕歌行》二首尤为著名。曹植(192—232),曹丕弟,世称陈思王。在建安作家中,他是留存作品最多、对当时及后代文学影响最大、后人多数评价最高的一个。曹植前期作品抒写个人的志趣与抱负,如《白马篇》塑造了一个武艺高强的勇士形象,颂扬他视死如归的精神:"名编壮士籍,不得中顾私。捐躯赴国难,视死忽如归。"寄托了自己的壮志豪情。其《洛神赋》写神女之美:"其形也,翩若惊鸿,婉若游龙,荣曜秋菊,华茂春松。仿佛兮若轻云之蔽月,飘飘兮若流风之回雪。远而望之,皎若太阳升朝霞;迫而察之,灼若芙蕖出渌波……"设比摹神,用语璀璨华艳。曹植后期作品更多集中抒写了对个人命运的失望,用激切的语言表现内心的愤慨,其中最有代表性的是《赠白马王彪》。"秋风发微凉,寒蝉鸣我侧。原野何萧条,白日忽西匿。"用凄惨的环境烘托自身危苦的际遇。《诗品》评他的诗

---

[1] 鲁迅《魏晋风度及文章与药及酒之关系》。

是"骨气奇高,词采华茂"。曹植的诗歌多慷慨悲愤之气,辞藻华美,音韵流畅,达到了建安诗歌的最高峰。

建安作家除三曹外,还有所谓"七子",即孔融、陈琳、王粲、徐幹、阮瑀、应玚、刘桢。七子成就并不一致,孔融孤傲狂放,文章"体气高妙"。王粲少有才名,诗赋均佳,刘勰《文心雕龙》誉之为"七子之冠冕",其诗慷慨悲凉,文辞秀美。"客子多悲伤,泪下不可收"(《从军诗》其五)的深切抒情,"方舟泝大江,日暮愁我心"(《七哀诗》)的开阔宏大,都引人瞩目。魏晋还出现了一位杰出的女诗人蔡琰。她字文姬,是汉末著名文学家蔡邕的女儿。汉末军阀混战中,她流落南匈奴,滞留十二年。今传署名为她所作的诗有三篇:五言和骚体《悲愤诗》各一篇,骚体《胡笳十八拍》一篇。五言《悲愤诗》记述了她从遭掳入胡直到被赎回国的经历,将纪事、抒情、议论密切结合,写出时代的动乱和个人不幸的命运。

"竹林七贤"指阮籍、嵇康、山涛、王戎、向秀、刘伶、阮咸七人。其中阮籍、嵇康的文学成就最高。阮籍(210—263)生活于"天下多故"之魏晋时代,"发言玄远,口不臧否人物。"[①]其文学主要以《咏怀诗》八十二首为世所重。"终身履薄冰,谁知我心焦"(其三三),"独坐空堂上,谁可与亲者"(其十七),这些诗表达了生命孤独的思绪。何焯认为"籍之忧思所谓有甚于生者"[②],超越个人生死,忧愤深广。嵇康(223—263)以他的政治态度以及刚傲的性格,难以为司马氏所容,所以终究被构陷杀害。嵇康的文学成就主要在散文,《与山巨源绝交书》最为有名。这篇书信放言无惮,辞锋犀利,风调峻切。他讥讽山涛:"恐足下羞庖人之独割,引尸祝以自助,手荐鸾刀,漫之膻腥",生动贴切,妙思如神。

西晋的主要作家,有所谓"三张(张载、张协、张亢兄弟)二陆(陆机、陆云兄弟)两潘(潘岳、潘尼叔侄)一左(左思)"之目。其中,陆机、潘岳并称"潘陆",在当时评价最高,代表了西晋文学的主流。陆机(261—303)才冠当世,诗、文、辞赋都有成就。陆机诗内容多模拟,文辞繁缛,语言华美典雅。其《赴洛道中作》中"抚枕不能寐,振衣独长想"写得深切动人。潘岳(247—300)的诗文以善叙悲哀之情著称,其《悼亡诗》是文学名篇。左思求取仕进的企图,为门阀制度所阻遏,他将满腔不平,写成八篇一组的《咏史诗》,借古讽今,抒发个人的怀抱,"振衣千仞岗,濯足万里流"写得气象阔大,笔力雄健。除了诗,左思还作过一篇《三都赋》,有"洛阳纸贵"之誉。

---

① 《晋书·阮籍传》。
② 《义门读书记》卷四六。

陶渊明(365—427),浔阳柴桑(今江西九江)人。陶渊明在诗歌、散文、辞赋诸方面都有很高的成就,但对后代影响最大的是诗歌。在陶渊明的诗歌中,最有代表性的是田园诗。其《归园田居》其一:描写田园生活:"方宅十余亩,草屋八九间。榆柳荫后檐,桃李罗堂前。暧暧远人村,依依墟里烟。狗吠深巷中,鸡鸣桑树颠。"纯净的心境和简朴的田园风光交融为一了。陶渊明创造了一种冲淡之美的诗歌境界,韵味隽永醇厚。"采菊东篱下,悠然见南山"(《饮酒》其五),无意之间的相遇,营造出一种宁静平和的精神境界。

二、南北朝诗文与民歌

南朝诗文的总趋势是重抒情、重娱乐,尤其重视艺术形式技巧。北朝诗文则尚写实、崇朴野。南北朝民歌则分别以清新活泼和刚健激越显示出各自的风采。

谢灵运(385—433)性格高傲,平时行为不检,最后他又谋图举兵,终于被杀。谢灵运一生不得舒其志,因此寄情山水以排遣,"所至则为诗咏"[①]。谢灵运善于通过细腻的观察和刻画表现出景观的情思韵味。如"白云抱幽石,绿筿媚清涟"(《过始宁墅》),抱、媚两个字,写出水云竹石仿佛有生命跃动,两情依依。"池塘生春草,园柳变鸣禽"(《登池上楼》)则传达出一种难以言喻的生命的惊喜。谢灵运是中国诗歌史上第一位有成就的山水诗人。

鲍照(?—466)尽管才秀人微,但他被后人推举为刘宋时代成就最高的作者。由于他的社会经历和地位,他的诗歌更多地具有慷慨悲凉的气质。《拟行路难》十八首是其代表作。"泻水置平地,各自东西南北流。人生亦有命,安能行叹复坐愁!"(其四)"对案不能食,拔剑击柱长叹息。丈夫生世会几时?安能蹀躞垂羽翼!"(其六)愤激之气痛快淋漓地迸发于诗中。鲍照善于把浓烈的抒情与构词的美丽融为一体来表现澎湃情怀。他既是第一个有意识致力于七言诗创作的诗人,又是杂言式七言歌行的开创者。

谢朓(464—499)与谢灵运均擅长山水诗,后人有"大小谢"的并称。谢朓感情丰富细腻,其诗情思明净,意象明丽,声韵和谐。名作《晚登三山还望京邑》展现出明丽的景色和一片眷恋情思,"余霞散成绮,澄江静如练。喧鸟覆春洲,杂英满芳甸",绚烂的晚霞,静静的江水,归鸟喧闹,花草缤纷,美好的景色使人流连难舍,的确堪为讽诵。

江淹少孤而家贫,爱好文学,有才名。他的《恨赋》和《别赋》典型地表现

① 《宋书·谢灵运传》。

出南朝骈赋的美文风采。前者写人世种种遗恨,后者写人生样样离别,辞采绚丽而又情感深沉。"或有孤臣危涕,孽子坠心,迁客海上,流戍陇阴。此人但闻悲风泪起,血下蔚沾襟;亦复含酸茹叹,销落湮沉。"(《恨赋》)"春草碧色,春水绿波,送君南浦,伤如之何? 至乃秋露如珠,秋月如圭,明月白露,光阴往来,与子之别,思心徘徊。"(《别赋》)都是精雕细琢的名句。

庾信(513—581),字子山。其诗歌创作以他四十二岁时出使西魏为界,分为前后两期。前期多轻艳流荡之作,辞采华美。后期风格苍劲悲凉,《拟咏怀》二十七首是其代表。"摇落秋为气,凄凉多怨情"(十一),感情沉痛。庾信的《哀江南赋》及序是文学史上著名的作品之一,情深辞工,美不胜收。故国乡关之思,身世之悲,兴亡之感,动人心魄。"日暮途远,人间何世。将军一去,大树飘零,壮士不还,寒风萧瑟。荆璧睨柱,受连城而见欺;载书横阶,捧珠盘而不定。钟仪君子,入就南冠之囚;季孙行人,留守西河之馆。申包胥之顿地,碎之以首;蔡威公之泪尽,加之以血。钓台移柳,非玉关之可望;华亭鹤唳,岂河桥之可闻!"悲凉激楚,措辞凄怆,读之沉郁顿挫。

南朝民歌留存总数近五百首,其内容集中于写男女之情,出语天然明朗。如《子夜歌》:"夜长不得眠,明月何灼灼。想闻欢唤声,虚应空中诺。"相思之苦,彻夜难眠,痴想生幻。艺术水平最高者为《西州曲》:"采莲南塘秋,莲花过人头。低头弄莲子,莲子清如水",清新明丽,摇曳多姿。

北朝民歌所反映的生活内容涉及社会的各个方面,质朴粗犷、豪迈雄壮。最能代表其风格的是《敕勒川》:"敕勒川,阴山下,天似穹庐,笼盖四野。天苍苍,野茫茫,风吹草低见牛羊。"无边的天空,无际的旷野,风吹草伏,牛羊隐现。苍凉阔大,动人心魄。《木兰诗》是北朝民歌中的奇葩。在这首诗中,故事的传奇性,人物的英雄性格,收尾的喜剧色彩,都反映了普通民众的生活理想和审美趣味。

三、魏晋南北朝小说和文学批评

魏晋南北朝集中出现了一批专谈神异灵怪与人物佚事的著作,于是成为中国小说史上第一个重要的阶段。志怪小说的兴盛,是受了民间巫风、道教及佛教的刺激。现存志怪小说中,干宝的《搜神记》是保存最多且具有代表性的一种。它的内容,大部分只是简略记录各种神仙、方术、灵异等事迹,在虚幻的形态中反映了人们的现实关系和思想感情。"志人"这个名目,为鲁迅《中国小说的历史的变迁》所设立,与"志怪"相对而言。其代表是刘义庆的《世说新语》。内容主要记述自东汉至东晋文人名士的言行。文字简洁隽永,笔调含蓄委婉。寥寥几笔,却能表现出相当生动的人物形象。

魏晋南北朝出现了一系列的文学批评专著,为后世文学理论打下了坚实的基础。尤其是《文心雕龙》和《诗品》堪称我国文学批评和文学理论发展的最高标志。

曹丕的《典论·论文》是中国第一篇文学批评的专门论文,他说:"盖文章,经国之大业,不朽之盛事",认为文章的社会地位与事业同样重要。陆机的《文赋》是第一篇完整的系统性文学理论作品,多精到之论。其论意与物的关系十分生动:"谢朝华于已披,启夕秀于未振。观古今于须臾 抚四海于一瞬。"对于诗,作者强调其特点是"缘情而绮靡",表现了他对文学情感因素的重视和对华美风格的爱好。

刘勰受儒家思想和佛教的影响都很深。《文心雕龙》成书于齐梁之际,广泛涉及各种问题,结构严谨,论述周详。其核心思想是强调文学的美质,"本乎道,师乎圣",主张宗经,提倡雅正。《文心雕龙》提出了相当系统而富于创新的意见,成为中国古代文学理论一次空前的总结,其成就十分重大。钟嵘《诗品》专论五言诗,将自汉魏至齐梁的一百二十二位诗人分为上中下三品,显优劣,叙源流,指出各家利病。《诗品》被尊奉为中国古代诗话之祖,在诗歌的专门研究上,具有开创意义。

【思考题】

1. 简述建安文学的特点。
2. 简述陶渊明田园诗的艺术成就。
3. 简述南北朝民歌的内容与特色。

【参阅书目】

1. 余冠英选注:汉魏六朝诗选。人民文学出版社,1978 年。
2. 瞿蜕园选注:汉魏六朝赋选。上海古籍出版社,1978 年。
3. 李华选注:陶渊明诗文选。人民文学出版社,1978 年。

第三节　隋唐五代文学

　　唐代的盛世给文学带来了昂扬的精神风貌,创造了所谓的盛世气象。唐文学的繁荣,表现在诗、文、词、小说的全面发展上。从总体上而言,唐代文学更富于理想色彩,更抒情而不是更理性,更外向而不是更内敛。

一、初唐文学

　　隋朝立国短暂,文学成就并不突出,但由北朝入隋的三位诗人——卢思道、杨素、薛道衡,仍旧留下一些颇有特色的诗作。薛道衡的诗多以富丽精巧见长。他的名作《昔昔盐》,因其中的佳句"暗牖悬蛛网,空梁落燕泥"而见称于世。

　　唐初真正能反映社会中下层士人精神风貌和创作追求的,是被称为"初唐四杰"的王勃(650—676)、杨炯(650—693)、卢照邻(约634—683)、骆宾王(619—约684)。四杰都是英姿逸发的少年天才,但是在仕途上,他们又都是坎坷不遇的。才高位卑影响了他们的思想性格和文学创作。四杰以刚健壮大的审美追求,开始改变唐诗的面貌。如王勃的《送杜少府之任蜀州》:"海内存知己,天涯若比邻。无为在歧路,儿女共沾巾。"虽然有离别的孤独,但有一种昂扬的抱负和气概。初唐四杰拓新了诗歌的主题和题材,使诗歌面向广阔的时代生活,为诗歌注入了高情壮思和倜傥意气。

　　陈子昂(659—700)梓州射洪人,少任侠,性情豪迈,后被诬陷入狱,忧愤而死。陈子昂对于文学革新,鲜明地提出"汉魏风骨"这一口号。代表作有《感遇》三十八首,其基本内容,就是对政治、道德、命运等一系列根本问题的观照与思考。他的《登幽州台歌》是千古名调:"前不见古人,后不见来者。念天地之悠悠,独怆然而涕下。"天地无穷而人生有限,在一己之悲中蕴含着一种伟大的孤独感。陈子昂从理论和创作两个方面,为唐诗注入蓬勃的生命力,开启了盛唐整整一代诗人。

　　张若虚的《春江花月夜》是诗歌名篇,全诗从月生写到月落,从春潮着笔而以情溢于海作结,时空的跳跃空灵飞动,展现出一派鲜丽华美而又澄澈透明的景观,全诗洋溢着浓郁的青春气息,形成极优美动人的艺术境界。自此以后,这些富有青春旋律的诗篇就如潮水般涌来,成为唐诗的鲜明特色之一。

117

二、盛唐诗歌

唐玄宗开元、天宝年间，直至"安史之乱"爆发以前，唐诗经过一百多年的准备和酝酿，至此终于达到了全盛的高峰。这一时期，涌现出一大批才华横溢的优秀诗人，也产生了许多脍炙人口、广为传诵的诗篇。

在盛唐诗人中，孟浩然（689—740）是年辈较早的一个，其人品和诗风深得时人的赞赏和倾慕，以"微云淡河汉，疏雨滴梧桐"一联名动京师。他的《临洞庭湖赠张丞相》中"气蒸云梦泽，波撼岳阳城"一联，表现了非同凡响的盛唐之音。孟浩然是唐代第一个倾大力写作山水诗的诗人。他的诗，平淡自然，意兴无穷。

王维（701—761）是一个多才多艺的作家。王维诗歌的风格、情调，前后期有明显的不同。在前期，他写出了不少意气风发、充满豪情的诗篇，如"孰知不向边庭苦，纵死犹闻侠骨香"（《少年行》），"慷慨倚长剑，高歌一送君"（《送张判官赴河西》），声调高朗，气魄宏大。尤其是《使至塞上》中"大漠孤烟直，长河落日圆"一联，无尽的长河，广阔地平线上的落日，大漠孤堡上的烽烟，形成雄浑壮阔的诗境。其后期的诗歌多吟咏寄情山水间，如"空山不见人，但闻人语响。返景入深林，复照青苔上。"（《鹿柴》）空山青苔上的一缕夕阳，展现的是一片空灵的寂静。王维对后世影响最大的是山水田园诗。苏轼在《书摩诘蓝田烟雨图》中说："味摩诘之诗，诗中有画；观摩诘之画，画中有诗。"王维的创作丰富和发展了中国古典诗歌的抒情艺术。他的山水田园诗，既有精细的刻画，又注重完整的意境；既有明丽的色彩，又有深长隽永的情味。

王昌龄（698—约756）是个慕侠尚气的性情中人，他观察敏锐，有透视历史的厚重感。其《出塞》其二是名作："秦时明月汉时关，万里长征人未还。但使龙城飞将在，不教胡马度阴山。"意脉细密曲折，情气疏宕俊爽，给人以大气磅礴之感。晚年诗风则偏于清逸明丽，如《芙蓉楼送辛渐二首》其一："寒雨连江夜入湖，平明送客楚山孤。洛阳亲友如相问，一片冰心在玉壶。"借送友以自抒胸臆，用"冰心在玉壶"自喻高洁，意蕴含蓄而风调清刚。

高适（704—765），字达夫。《旧唐书》说他"有唐以来，诗人之达者，唯适而已。"诗人的性格和经历反映在创作上，使他的诗歌具有沉雄深厚的特色。如《古大梁行》："暮天摇落伤怀抱，倚剑悲歌对秋草"，慷慨悲歌中寓有雄心壮志。他最负盛名的作品是《艳歌行》，苦难与崇高的对照，增添了出塞征战的悲壮。

岑参（约715—770）的生平遭际和高适有相似之处，思想也和高适颇为相近,但岑参的想象力更加丰富。他的《白雪歌送武判官归京》,大气盘旋,奇清逸发,尤其是"忽如一夜春风来,千树万树梨花开"一联,不仅体现了不畏严寒的乐观精神,而且使边地风光更显神奇壮丽。岑诗喜以瑰丽的笔调,描写带异域情调的新鲜事物或奇特风光,给边塞诗开拓了新奇的境界。

李白(701—762),字太白,号青莲居士。追求功名,漫游山水和求仙学道,伴随了李白的一生。李白的诗歌,最充分也最集中地体现了盛唐的精神风貌。饱满的青春热情,积极乐观的理想展望,强烈的个性色彩,汇成了中国古代诗史上最富有朝气的歌唱。李白的乐府诗最能体现其发兴无端、气势壮大的个性特色。如《蜀道难》渲染蜀道高峰绝壁的险难:"上有六龙回日之高标,下有冲波逆折之回川。黄鹤之飞尚不得过,猿猱欲度愁攀援。青泥何盘盘,百步九折萦岩峦。……"《将进酒》抒发"天生我才必有用"的豪壮气概,具有大河奔流的气势和力量,充分展现了诗人狂放的个性风采。李白的绝句自然明快,具有优美的情韵。如《独坐敬亭山》:"众鸟高飞尽,孤云独去闲。相看两不厌,只有敬亭山。"寂寞的心情与寂静的山景忽然冥会,无限情思在其中,韵味无穷。《早发白帝城》:"朝辞白帝彩云间,千里江陵一日还。两岸猿声啼不住,轻舟已过万重山。"则具有一气流贯的俊逸风神和爽朗情韵。李白用天马行空式的想象和幻想,使形象突破常规而染上了奇幻的色彩。他的抒情壮浪纵恣,如喷涌而出的洪流,不可遏止地滔滔奔泻。李白诗歌的语言风格,保持了率真自然、明朗流转的语言,形成清新而又明丽的风格特色。

杜甫与李白一向被视为唐诗世界中两座并峙的高峰,同时,他们也构成了唐诗的分野。杜甫(712—770),字子美。他的思想受儒家影响较大,在飘零的旅途上,杜甫背负着对于国家和民族命运的沉重责任感,忠实地描绘出时代的面貌和自己内心的悲哀。杜甫早期作品具有开阔的心胸和雄伟的气魄,如《望岳》:"岱宗夫如何? 齐鲁青未了。造化钟神秀,阴阳割昏晓。荡胸生层云,决眦入归鸟。会当凌绝顶,一览众山小。"安史之乱后,国恨家愁,使他的头发都变白了:"国破山河在,城春草木深。感时花溅泪,恨别鸟惊心。烽火连三月,家书抵万金。白头搔更短,浑欲不胜簪。"(《春望》)时代的苦难被杜甫以焦虑和愤怒的心情一一记录在诗中,其诗因此获得了"诗史"的美誉。杜甫在七律方面的成就更为突出。他不但在声律上把七律推向成熟,而且使七律成为一种工丽严整、具有独特的艺术表现力的诗型,《秋兴八首》可为代表。杜甫诗歌的艺术风格多种多样,最具有特征性的是"沉郁顿挫"。主要表现为意境开阔壮大、感情深沉苍凉,语言和韵律屈折有力。杜甫是一位集大成和承前启后的诗人,他善于总结前人经验和善于创造,而开启了后代众多诗家、诗派。

119

三、中晚唐诗文

活动在唐代宗大历年间、唐德宗贞元年间诗坛上的,是较年轻的刘长卿、顾况、韦应物及被称为"大历十才子"的一批诗人。大量的诗歌通过描述自然山水的恬静、幽远、清冷甚至荒寂以表现对人生的感叹及个人内心的惆怅。

刘长卿,字文房。他性格傲岸耿直,身世坎坷。因此,其诗在冷落寂寞的情调中混杂着惆怅衰飒的心绪,显得凄清悲凉。如著名的《逢雪宿芙蓉山主人》:"日暮苍山远,天寒白屋贫。柴门闻犬吠,风雪夜归人。"文字优美而意境幽远,弥漫着难以言说的冷寂的情思。

韦应物(737—约790)的生活经历和思想比较复杂,早期的诗歌带有明显的盛唐气韵,如《寄畅当》:"丈夫当为国,破敌如摧山。何必事州府,坐使鬓毛斑。"后期诗歌则清雅闲淡,如《滁州西涧》:"独怜幽草涧边生,上有黄鹂深树鸣。春潮带雨晚来急,野渡无人舟自横。"简洁的景物描写传神地写出了闲适生活的宁静野逸之趣,形成了高雅明净的独特风格。

人们把孟郊与韩愈并称"韩孟诗派"。孟郊(751—814),字东野。他是韩孟诗派早期的代表作家。他作诗出自苦吟,尚奇峭,如"秋月颜色冰,老客志气单。冷露滴梦破,峭风梳骨寒。"(《秋怀》其二)孟郊还有一些诗描写了平凡的人伦之爱,如《游子吟》写母子之爱,是一首真挚深沉、感人至深的小诗。

韩愈(768—824),字退之,郡望昌黎,所以后人称他为韩昌黎。他提倡"道统"和"文统",确立儒家思想的正统地位。韩愈的诗歌以气势雄放和意象诡奇见长,有"以文为诗"的特点。如《南山诗》连用五十个"或"字诗句描写终南山的高峻和景象变幻,是一种散文化的赋体手法。但他也有清新自然的诗作,如《早春呈水部张十八员外》:"天街小雨润如酥,草色遥看近却无。最是一年春好处,绝胜烟柳满皇都。"但韩愈毕生所致力的是文。他主张学古文根本上是为了学习"道",主张"惟陈言之务去"(《答李翊书》)。其说理文结构严谨,重视行文的气势和逻辑。一些议论性的短文,则带着充沛的感情,写得真挚动人。此外,还有一些近乎寓言的杂感,则锐利尖刻、生动形象。

李贺(790—816),字长吉。他是个早熟的天才,也是个不幸的诗人,二十七岁就怏怏而死。生命与理想的两重主题交织在一起,构成了李贺诗的主旋律。在他诗中,呈现的是一个青年诗人在命运面前的痛苦心灵。其《金铜仙人辞汉歌》:"茂陵刘郎秋风客,夜闻马嘶晓无迹。画栏桂树悬秋香,三十六宫土花碧。魏官牵牛指千里,东关酸风射眸子。空将汉月出宫门,忆君清泪如铅水。衰兰送客咸阳道,天若有情天亦老。携盘独出月荒凉,渭城已远波声小。"浓暗与艳丽、衰残与惊耸、幽冷与华美,共同构成了李贺诗歌意象的特殊美感。

元稹(779—831),字微之。他以杜甫为榜样创作的乐府诗是针对现实政治而写的,内容庞杂,议论多而缺乏形象。艳丽的小诗才是元稹真正爱好和费心创作的,其《离思》写男女爱情:"曾经沧海难为水,除却巫山不是云。取次花丛懒回顾,半缘修道半缘君。"真是哀艳缠绵的绝唱。

白居易(772—846),字乐天。他强调的是诗歌的政治与社会功能,创作了最为人称道的《新乐府》五十首等标为"讽喻"一类的诗歌。这类诗通俗平易,节奏明快,形象生动。但其感伤诗中的《长恨歌》、《琵琶行》,代表了白居易诗歌的最高艺术成就。前者对爱情忠贞的咏叹:"七月七日长生殿,夜半无人私语时。在天愿作比翼鸟,在地愿为连理枝。天长地久有时尽,此恨绵绵无绝期!"后者出神入化地描写歌女弹奏琵琶音乐的美妙:"大弦嘈嘈如急雨,小弦切切如私语。嘈嘈切切错杂弹,大珠小珠落玉盘。"自然流转,明丽圆熟。

柳宗元(773—819),字子厚。失败的悲愤和被贬的怨艾常常与恬静闲适的追求纠结在一起,流露在诗中,使诗在闲适中有寂寞,在恬静中有孤独,在平和中有悲伤。这种闲旷与忧郁的交织,使柳宗元的诗中出现了陶渊明、王维、韦应物等都没有的清峻。如《江雪》:"千山鸟飞绝,万径人踪灭。孤舟蓑笠翁,独钓寒江雪。"空旷而又孤寂,显得异常冷峭清远。柳宗元的文章在隽永、含蓄、深沉上超过了韩愈。他的文风偏于自然流畅、清新隽永。他的山水游记极富诗情画意,把自己的思想感情融汇在山水之中。其《小石潭记》:"坐潭上,四面竹树环合,寂寥无人,凄神寒骨,悄怆幽邃。"宁静而清新,展示了他忧郁寂寞的心境,体现出孤高脱俗的人生情调。

晚唐诗歌集中于感觉和情绪心理的抒发,以哀怨悱恻、幽怨细腻为美,体现了一种浓郁的伤感情绪。杜牧(803—852),字牧之。史学世家的遗风和对现实政治的关切,在他的诗中形成一种深沉的历史感。他的诗总有一种伤今怀古的忧患意识,能在忧郁中透出高朗爽健、俊逸明丽的气格。如《赤壁》:"折戟沉沙铁未销,自将磨洗认前朝。东风不与周郎便,铜雀春深锁二乔。"

李商隐(约811—859),号玉谿生。政治上的失意潦倒,生活经历中爱而不得和得而复失的悲哀,使李商隐常被一种感伤抑郁的情绪纠结包裹。他擅长用精美华丽的语言,含蓄曲折的表现方式,回环往复的结构,构成朦胧幽深的意境,来表现心灵深处的情绪与感受。尤其以无题为名的爱情诗,恍惚不定,旨意隐秘。如《锦瑟》:"锦瑟无端五十弦,一弦一柱思华年。庄生晓梦迷蝴蝶,望帝春心托杜鹃。沧海月明珠有泪,蓝田日暖玉生烟。此情可待成追忆,只是当时已惘然。"深藏于内心深处的惘然无端的情绪记忆,可以体验感受但却空灵缥缈,难以言传。

四、唐传奇

唐传奇指唐代流行的文言短篇小说,是小说文体成熟的标志。唐传奇建立了比较完整的小说结构,其情节更为复杂,内容更偏于反映人情世态,而人物形象的塑造、人物心理的刻画,也有了显著的提高。

自德宗建中年始,传奇创作进入了它的兴盛时期。沈既济撰有《枕中记》和《任氏传》。《枕中记》是一篇讽世小说,所写即著名的"黄粱美梦"故事:热衷功名的卢生,在邯郸旅舍借道士吕翁的青瓷枕入睡,在梦中实现了他的一切理想。一旦梦中惊醒,身旁的黄粱饭犹未蒸熟。于是他顿时大彻大悟,稽首再拜吕翁而去。《任氏传》写贫穷落拓、托身于妻族韦崟的郑六,邂逅自称"伶伦"而实为狐精的任氏,娶为外室。后郑六携任氏往外县就一武官之职,途中任氏被猎犬咬死。全文叙事精工,对任氏的形象刻画尤其出色。

李朝威《柳毅传》写充满神话色彩的书生与龙女相恋的故事,既有奇异的情节,又能刻画出鲜明的人物形象。钱塘君是作者倾注了心力刻画的具有叛逆者气质的英雄人物。情结虽然离奇,但人情味很重。

元稹的《莺莺传》是第一篇完全不涉及神怪情节、纯粹写人世男女之情的作品。故事大略述张生寓蒲州普救寺,适其表姨郑氏携女崔莺莺同寓寺中。在婢女红娘帮助下,张生与莺莺幽会累月。后张生赴京应举、遂与之绝。小说所述张生行事与作者元稹一一皆合,故在某种程度上可视为元稹自己的写照。小说中崔莺莺的形象,刻画得比较成功。

《李娃传》的作者是诗人白居易之弟白行简。小说略述天宝中荥阳公子某生赴京举秀才时恋上娼妓李氏,一年余资财耗尽,沦为唱挽歌的歌郎。后为李氏所救,生进士及第,父子相认,李氏封汧国夫人。这个"大团圆"的结局回避了尖锐的现实矛盾,并成为后世戏曲小说经常套用的一种模式。

蒋防《霍小玉传》写沦落倡门的女子霍小玉与士子李益相爱,后来李益违背誓言,以至小玉愤然死去,死后阴魂不散,使李益终生不得安宁。

晚唐时期,豪侠小说取代爱情小说而兴起。最著名的是杜光庭的《虬髯客传》。小说写隋末天下纷乱,杨素的宠妓红拂私奔李靖,二人在客店中又遇到意在图王的"虬髯客"。后虬髯客见到李世民,知天下有主,遂远去海岛称王。这篇作品同时写三个具有英雄气概的人物,各有其个性风采。所以"风尘三侠"的典故广传于后世。总之,唐传奇通过虚构的故事和虚构的人物,比以往的任何文学样式,能够更自由更方便更具体地反映人们的生存状态和生活理想,从而影响人们的生活趣味,由此而言,它在文学史上有着非常深远的意义。

五、唐五代词

敦煌曲子词的发现,说明了因乐写词的燕乐歌辞是词这一文学体裁的源头。自晚唐温庭筠等大量作词的专门人才出现,形成了以婉约为正宗的花间词风格。

温庭筠(812—866),字飞卿。因才思敏捷,八叉手而八韵成,时号“温八叉”。他是晚唐词坛的第一大词人,善写侧艳之词。如《菩萨蛮》:“小山重叠金明灭,鬓云欲度香腮雪。懒起画蛾眉,弄妆梳洗迟。　照花前后镜,花面交相映。新帖绣罗襦,双双金鹧鸪。”物象错综排比,增加了直觉印象的美感,引人产生深美的联想。

温庭筠之后,写词的文人越来越多,到五代十国时期,倚声填词蔚为风气。西蜀与南唐成为词人荟萃的两大基地。

西蜀词人的词,大多数收在赵崇祚于广政三年(940)所编的《花间集》中。这部词集收录了十六位由唐入五代在蜀地做官或与蜀有关的词人的五百首词,所以他们常被称为“花间词人”。西蜀词人的词大多是描摹女子的体态或表现男女之情,缺乏内在的深沉感情。西蜀花间词人中,成就最高的是韦庄(836?—910)。韦庄以词名世,其词写得疏朗显直,如《女冠子》:“四月十七,正是去年今日。别君时,忍泪佯低面,含羞半敛眉。　不知魂已断,空有梦相随。除却天边月,没人知。”没有艳丽的辞藻,没有晦涩的象征,语言明白,色彩清淡。

南唐词人中以冯延巳和李煜最为出色。冯延巳(903—960),字正中。他的词以写恋情为主,深婉蕴藉。如其《谒金门》:“风乍起,吹皱一池春水。闲引鸳鸯香径里,手挼红杏蕊。　斗鸭阑干独倚,碧玉搔头斜坠。终日望君君不至,举头闻鹊喜。”写优美意境感发的心绪,情调雅致。

李煜(937—978)即李后主,是五代最有成就的词人,也是整个词史上一流的大家。李煜前期词作的题材范围,主要写宫廷生活及歌舞宴饮。但当他成了亡国之君,词转向了写思乡之情、亡国之恨。如《乌夜啼》:“无言独上西楼,月如钩,寂寞梧桐深院锁清秋。　剪不断,理还乱,是离愁。别是一番滋味在心头。”孤独,惆怅和无奈的心绪,显得格外沉痛,完全脱去了秾丽色彩与脂粉气味,使胸中的真情一泄而出。

【思考题】

1. 试述王维孟浩然山水诗的特点。
2. 试述高适岑参边塞诗的特点。
3. 试述李白诗歌的艺术特点。
4. 如何理解杜诗的"沉郁顿挫"？

【参阅书目】

1. 王达津选注：王维孟浩然选集。上海古籍出版社,1990年。
2. 复旦大学中文系选注：李白诗选。人民文学出版社,1977年。
3. 萧涤非选注：杜甫诗选注。人民文学出版社,1979年。
4. 刘学锴等编选：李商隐诗选。人民文学出版社,1978年。

第四节　宋元明清文学

一、宋代文学

宋代文学基本上是沿着中唐以来的方向发展的。宋代古文真正成为具有很强政治功能而又实用的文体,诗歌题材、风格倾向于通俗化,词到宋代达到了巅峰状态。

宋初诗派林立,主要有白体、昆体、晚唐体三派。白体诗人学习白居易的唱和诗,多留恋光景之作,浅近平易。最有成就的是王禹偁(954—1001)。王禹偁早年侧重于闲适唱和,贬官之后则学习白居易"惟歌生民病"的讽喻诗,更进而学习杜甫。如《村行》："马穿山径菊初黄,信马悠悠野兴长。万壑有声含晚籁,数峰无语立斜阳。棠梨叶落胭脂色,荞麦花开白雪香。何事吟余忽惆怅？村桥原树似吾乡。"乡村信步,意态幽远,清新平易。王禹偁能写古文,好为古雅简淡之作,《黄州新建小竹楼记》以清新优雅的笔调写出闲和趣远的情景氛围,成为欧阳修改革文风的先声。宋初晚唐体诗人深受晚唐贾岛姚合的影响,写清苦幽静的隐居生活,其中林逋(967—1028)最受时人推重。他性喜梅,其诗孤淡清逸,尤以《山园小梅》中的"疏影横斜水清浅,暗香浮动月黄昏"一联为世所称。以杨亿为代表的西昆体是宋初影响极大的文学流派,《西昆酬唱集》收诗人十七位,而以杨亿、刘筠、钱惟演为代表。其共同特色是学李商隐的近体律诗,讲究声采修辞,大量用典,对后来的诗人有深刻的影响。

北宋中期的古文运动不仅确立了古文在散文领域的正宗地位,而且影响到诗歌创作,产生"以文为诗"的现象。欧阳修(1007—1072),字永叔,号醉翁,晚年又号六一居士。他集道德、事功、文章于一身,造就了多种角色内涵的士大夫文人的人格模式。欧阳修的文学以散文的成就最高,影响最大。他的文章风格平易流畅,委曲婉转。如《朋党论》、《醉翁亭记》、《秋声赋》等,抑扬顿挫,情韵优美,形成了独具魅力的六一风神。欧阳修的诗与其散文一样,具有平易特色。如《戏答元珍》:"春风疑不到天涯,二月山城未见花。残雪压枝犹有橘,冻雷惊笋欲抽芽。夜闻归雁生乡思,病入新年感物华。曾是洛阳花下客,野芳虽晚不须嗟。"谪居山乡的寂寞愁闷,期盼春天的早日到来,状难写之景在目前,以思致的宽和通达见长。

王安石(1021—1086),字介甫,号半山。他于熙宁二年(1069)进行了著名的"熙宁变法"。王安石主张为文以适用文本,推崇朴实自然、不加雕饰的文风。他的散文无论长篇还是短制,语言简洁朴素,概括性很强,其小品文尤脍炙人口。如《读孟尝君传》,笔力雄健,富有感情。王安石晚年创作了较多描写自然山水的小诗,新颖别致而雅丽精绝,如《泊船瓜州》:"京口瓜洲一水间,钟山只隔数重山。春风又绿江南岸,明月何时照我还?"王安石的词也富有个性,具有超脱的风格和桀骜的气韵,如《桂枝香·金陵怀古》上片写金陵空阔萧瑟的秋景,下片感怀六朝盛衰兴亡的旧事,立意高远,格调苍凉悲壮。

苏轼(1037—1101),字子瞻,号东坡居士。他把士大夫积极入世、刚正不阿、恪守信念的人格理想,与追求超越世俗、追求艺术化的人生境界融为一体,并在其文学作品中加以充分的表现,成为宋文学巅峰时期的代表作家。在散文写作方法方面,苏轼最重视"以意为主",重视自由挥洒、变化无端的艺术风格。文风汪洋恣肆,文采斐然。如《赤壁赋》、《喜雨亭记》、《石钟山记》、《记承天寺夜游》等,既自由通脱,又平易晓畅,诗情画意,触处皆是。他的诗题材广阔,各体兼备,才气纵横,风格富于变化。如《望湖楼醉书》:"黑云翻墨未遮山,白雨跳珠乱入船。卷地风来忽吹散,望湖楼下水如天。"将稍纵即逝的变幻奇景摹写下来,充溢着生命的活力。《和子由渑池怀古》中"雪泥鸿爪"蕴含的人生禅机,《题西林壁》"不识庐山真面目"的哲理,《百步洪》隐喻的政治风浪等,都是展示人生睿智的佳作。

苏轼在中国词史上有特殊的地位。他的词大大开拓了词的题材、意境、风格与表现手法,促进了词体的变革。苏轼词既写男女恋情、离合悲欢之类的传统内容,又将在诗中出现的田园风情、山水景物、人生志趣、怀古感今以及咏物记事等内容移入词中,表现出一种慷慨豪迈、高逸旷达的精神。如《江城子·密州出猎》中的"会挽雕弓如满月,西北望,射天狼"的太守,《念奴娇·赤壁怀古》中"雄姿英发"、"羽扇纶巾"的"千古风流人物",摆脱了花间词婉转绸缪之态而发为纵横豪放之声调。苏轼使词由"歌者之词"转变为"士大夫之词",开创了一种与诗相通的、雄壮豪放、开阔高朗的艺术风格,使词成为与诗文一样具有丰富的表现功能的独立文学体裁。

黄庭坚(1045—1105),字鲁直,号山谷道人。与苏轼并称"苏黄",是宋诗史上一位开宗立派、影响深远的大家。黄庭坚作诗重视句法,强调脱俗。提倡多读书,要以学问为诗,有"点铁成金""脱胎换骨"之说。他的论诗主张对江西诗派的创作有直接的影响。杨万里在《诚斋诗话》中称黄庭坚诗为"山谷诗体"。宋诗至山谷体,为诗歌创作的一大变局。黄庭坚诗歌题材内容丰富,写得最出色和最有个性的是表现自我人格和襟怀的抒情诗歌,如《寄黄几复》:"我居北海君南海,寄雁传书谢不能。桃李春风一杯酒,江湖夜雨十年灯。持家但有四立壁,治病不蕲三折肱。想得读书头已白,隔溪猿哭瘴溪藤。"亲友之情,身世之感,老大之叹糅合混杂,真挚深厚而感人。《雨中登岳阳楼望君山》:"投荒万死鬓毛斑,生入瞿塘滟滪关。未到江南先一笑,岳阳楼上对君山。"浏亮芊绵,自然晓畅。

晏殊(991—1055),字叔同。他是词从晚唐五代过渡到北宋的关键人物。其词题材比较狭窄,写伤春感时、在寂寞中流连光景之情怀,显得清丽疏淡。如《浣溪沙》:"一曲新词酒一杯,去年天气旧亭台。夕阳西下几时回? 无可奈何花落去,似曾相识燕归来。小园香径独徘徊。"酒间花下,一往情深,凄迷婉丽。

柳永(约985—约1053),原名三变。北宋词至柳永而为一大变,自他始,令词渐为慢词所压倒。他年轻时沉迷于追欢买笑的生活,使他科举落第,其《黄钟宫·鹤冲天》云:"忍把浮名,换了浅斟低唱。"功名上的失意促使他到烟花巷里寻求安慰和刺激,因此他的词以俚俗色彩而著名。如《小镇西》:"意中有个人,芳颜二八。天然俏、自来奸黠。最奇绝。是笑时,媚靥深深,百态千娇,再三偎著,再三香滑。"言情道爱,又尽又浅。但他毕竟具备深厚的文学修养,他的羁旅行役词不减唐人高处。如《雨霖铃》中"杨柳岸、晓风残月"的点染,《八声甘州》里"渐霜风凄紧,关河冷落,残照当楼"的萧瑟寥廓,显得深广浩渺,开阔博大。

周邦彦(1056—1121),字美成,号清真居士。他是北宋词的集大成者。

他发展、综合了前人词作的技巧,形成自己精巧工丽的典雅作风。咏物词和羁旅行役词最能体现他的艺术特点。如《兰陵王·柳》:"柳阴直,烟里丝丝弄碧。隋堤上、曾见几番,拂水飘绵送行色。登临望故国,谁识京华倦客?长亭路,年去岁来,应折柔条过千尺。"名为咏柳,实际是就惜别写身世之感,具有一种浑厚的意味。《西河·金陵怀古》则显得深劲和雅,气韵雄浑:"佳丽地,南朝盛事谁记。山围故国绕清江,髻鬟对起。怒涛寂寞打孤城,风樯遥度天际。"周邦彦十分重视语言的锤炼,做到既浑成自然,又精致工巧。他善于化用典故和前人词句,能把它们融化在全篇中,显得天衣无缝,不留痕迹。

辛弃疾(1140—1207),字幼安,号稼轩。他不仅沿续了苏词的方向,写出许多具有雄放阔大的气势的作品,而且以其蔑视一切陈规的豪杰气概,开拓了词的更为广阔的天地。他最具特色的作品是以英雄自许的歌唱,如《南乡子·登京口北固亭有怀》:"何处望神州?满眼风光北固楼。千古兴亡多少事?悠悠。不尽长江滚滚流。 年少万兜鍪,坐断东南战未休。天下英雄谁敌手?曹刘。生子当如孙仲谋。"豪气英风,充满爱国理想。英雄的苦闷和悲愤也是稼轩词时常吟咏的内容,如《菩萨蛮·书江西造口壁》:"郁孤台下清江水,中间多少行人泪。西北望长安,可怜无数山。 青山遮不住,毕竟东流去。江晚正愁余,山深闻鹧鸪。"激越慷慨,难掩壮志难酬的悲愤。辛弃疾总是以炽热的感情与崇高的理想来拥抱人生,更多地表现出英雄的豪情与英雄的悲愤。凡能写入其他任何文学样式的东西,他都写入词中。到了辛弃疾手中,词的语言更加自由解放,变化无端。

陆游(1125—1210),字务观,号放翁。他在民族命运面临危难的关头,热情和理想被充分激发出来,形诸许多诗篇。他的诗歌是古代爱国主义文学发展的一个高峰,爱国热情至死不减是其诗歌创作最显著的特色。如《金错刀行》:"黄金错刀白玉装,夜穿窗扉出光芒。丈夫五十功未立,提刀独立顾八荒。京华结交尽奇士,意气相期共生死。千年史册耻无名,一片丹心报天子。尔来从军天汉滨,南山晓雪玉嶙峋。呜呼!楚虽三户能亡秦,岂有堂堂中国空无人。"气势磅礴,豪迈坚挺。《书愤》:"早岁那知世事艰,中原北望气如山。楼船夜雪瓜州渡,铁马秋风大散关。塞上长城空自许,镜中衰鬓已先斑。出师一表真名世,千载谁堪伯仲间。"悲愤激昂,精练流丽。陆游大部分词写得比较清婉,圆融而富有诗意,如《卜算子·咏梅》:"驿外断桥边,寂寞开无主。已是黄昏独自愁,更著风和雨。 无意苦争春,一任群芳妒。零落成泥碾作尘,只有香如故。"凄清幽深,具有婉约本色。

姜夔(约1155—约1221),字尧章,号白石道人。他以清刚的笔写出空灵高雅的"白石词",成为南宋雅词的典范。姜夔一生未入仕途,是清客幕僚一类的人物。他的词以高洁清雅的意趣为主,很少香艳妩媚之语,词境开朗疏阔。如《疏影》将人生飘零的失意、国事日非的感触与物象景色相结合,蕴藉灵动,意味深长。《扬州慢》则以扬州残破的景象,传达出冷月无声的清虚情韵和凄凉感受。遗貌取神,意境空灵含蓄。

南宋后期文学的发展每况愈下,"永嘉四灵"和"江湖诗派"是这一时期诗风的主要代表。"四灵"是指永嘉的四位诗人,即的赵师秀(字灵秀)、徐玑(字灵渊)、徐照(字灵晖)、翁卷(字灵舒)。他们多为布衣,生平难以详考。四灵专为格律诗,意平语诡,刻意雕琢,以表现一种凄情落寞的心境,和自然淡泊的高逸情怀。

江湖诗派是继永嘉四灵而起的一个诗派,因陈起刊刻的《江湖集》而得名。江湖诗人大多是一些落第的布衣文士。他们的诗多效四灵之体,宗尚清巧之思,多属意于苦吟,代表人物是刘克庄和戴复古。刘克庄(1187—1269),字潜夫,号后村。他的诗歌刻琢精丽,风格简淡,如《早行》:"店妪明灯送,前村认未真。山头云似雪,陌上树如人。渐觉高星少,才分远烧新。何烦看堠子,来往暗知津。"戴复古(1167—约1252),字式之,号石屏。他一生行谒江湖,居无定所,其生活状况是江湖诗人中最典型的。他的五律占了作品的大半,内容多写人情世事,采用白妙手法,清健轻快,如《世事》:"世事真如梦,人生不肯闲。利名双转毂,今古一凭栏。春水渡旁渡,夕阳山外山。吟边思小范,共把此诗看。"

二、元代文学

在元代文学中,首先异军突起的是杂剧,它标志了中国戏剧的成熟,作家、作品的数量相当可观,关汉卿、王实甫、马致远、白朴等是元杂剧最重要的作家。在南方地区,自南宋以来还流传着一种用南方曲调演唱的戏剧,称为"戏文"或"南戏",其中较重要的有《荆钗记》、《白兔记》、《拜月亭》、《杀狗记》。元代散曲作为一种新的抒情诗体,表现出一种前所未有的尖新感、灵动感。元诗的作家与作品都很可观,主要作家有"元四大家"(虞集、杨载、范梈、揭傒斯)、萨都剌、杨维桢、高启、顾瑛、王冕等。

关汉卿(约1225—1302),号已斋叟,是元代最早的杂剧作家之一。他在《南吕·一枝花》(不伏老)中表白自己具有浪子风流的品行,所谓"半生来折柳攀花,一世里眠花卧柳",展示出一种倜傥风流、桀骜不驯的个性风采。他的杂剧可以分为公案剧、爱情婚姻剧、历史剧三类。《窦娥冤》为公案剧的代表。这是一出描写好人蒙冤受难的苦情戏,具有催人泪下的悲剧效果。窦娥是封建社会里孝女和节妇典型,安分守己,逆来顺受,如她一开始就表示:"我将这婆侍养,我将这服孝守,我言词须应口。"然而她却蒙受不白之冤,押赴刑场。她悲愤地唱道:"有日月朝暮悬,有鬼神掌著生死权。天地也只合把清浊分辨,可怎生糊突了盗跖颜渊。为善的受贫穷更命短,造恶的享富贵又寿延。天地也做得个怕硬欺软,却原来也这般顺水推船。地也,你不分好歹何为地?天也,你错勘贤愚枉作天!"叱天骂地,蕴含着强烈的反抗精神。爱情、婚姻有关的题材在关汉卿剧作中占了较大的比重。其中像《救风尘》、《切脍旦》(又称《望江亭》)反映了弱者对社会中邪恶势力的反抗,带有"社会剧"的意味。《拜月亭》和《调风月》则是一般意义上的爱情、婚姻剧。另外,《金线池》和《谢天香》都是写士子与妓女的爱情,但在关汉卿的笔下,那种彼此天涯沦落、相互怜惜的意味要更为浓厚。在关汉卿的历史剧《单刀会》、《双赴梦》、《哭存孝》中,比其他剧作更多地表现了作者个人的人生情怀,带有较浓厚的文人化的气息。关汉卿的杂剧具有很强的艺术创造力,重视舞台演出效果,适应观众的欣赏心理,表现出新鲜的社会意识与人生追求。在语言方面,关汉卿被认为是元杂剧"本色派"的代表,新鲜活泼,生气蓬勃。

王实甫,名德信,生卒年不详。他以一部《西厢记》"天下夺魁"。作者以舞台上的胜利,表达了"愿天下有情的都成了眷属"的美好愿望。剧本善于塑造性格鲜明的人物形象,张生的情真意专,莺莺的多情大胆,红娘的机智,都给人留下非常深刻的印象。剧中的曲词,明显地偏向于华美,形成一种诗剧的风格。如"长亭送别"中的《正宫·端正好》:"碧云天,黄叶地,西风紧,北雁南飞。晓来谁染霜林醉?总是离人泪。"还有《滚绣球》、《叨叨令》等,都具有清丽华美的语言风格。

白朴(1226—1306),字仁甫,号兰谷。他幼年经历颠沛流离,漂流大江南北十五年之久。在他的词和散曲中,常表现出故国之思、沧桑之感和身世之悲,情调凄凉低沉。他的《梧桐雨》直接取材于白居易的《长恨歌》,但意境格调却有很大不同。第四折是全剧的高潮和重心,写唐明皇退居西宫的孤独生活,表现他在秋夜听雨中回忆过去的心理感受。"一声声洒残叶,一点点滴寒梢,会的把愁人定虐。""这雨一阵阵打梧桐叶凋,一点点滴人心碎了"。由盛至衰的人世沧桑的悲剧,通过李杨爱情故事的敷衍,动人心魄。

马致远,号东篱。他的名气很大,有"曲状元"之誉。《汉宫秋》是马致远最著名的作品,敷演王昭君出塞和亲故事。剧情并不复杂,但与历史事实出入较大,是马致远根据自己的现实感受和主观情感进行改变的结果。他在剧中以大量篇幅表现汉元帝的悲愁别恨,唱词声情并茂,意境优美,极富感染力。如汉元帝灞桥送别的唱段:

【梅花酒】呀,俺向着这迥野悲凉。草已添黄,色早迎霜。犬褪得毛苍,人搠起缨枪。马负着行装,车运着糇粮,打猎起围场。他他他伤心辞汉主,我我我携手上河梁。他部从入穷荒,我銮舆返咸阳。返咸阳,过宫墙。过宫墙,绕回廊。绕回廊,近椒房。近椒房,月昏黄。月昏黄,夜生凉。夜生凉,泣寒螿。泣寒螿,绿纱窗。绿纱窗,不思量。

【收江南】呀,不思量。除是铁心肠,铁心肠也愁泪滴千行。……

真是字字含情,苍凉激楚。在众多的元杂剧作家中,马致远的创作最集中地表现了当代文人的内心矛盾和思想苦闷,并由此反映了一个时代的文化特征。

郑光祖,字德辉。他"名香天下,声震闺阁",被称为"郑老先生"。《倩女离魂》是郑光祖的代表作。此剧写张倩女恋爱书生王文举而魂不附体的爱情故事。张倩女"愁心惊一声鸟啼,薄命趁一春事已,香魂逐一片花飞",把闺阁佳人渴望爱情的心理和痛苦惟妙惟肖地表现出来,具有较强的艺术感染力。

元灭南宋以后,北方剧作家大批南下,一些北方作家参与了南戏声腔的改造和剧本的编写,南戏的艺术因而得到进一步提高。《琵琶记》的出现,标志着南戏达到了成熟的阶段。高明的《琵琶记》是对早期南戏《赵贞女蔡二郎》的改编,写赵五娘和蔡伯喈的故事。剧作通过蔡伯喈的遭遇,揭示了"忠"与"孝"的冲突。赵五娘是《琵琶记》中着力刻画的人物。剧中的语言,大都本色自然,能够比较深入地写出人物的心理和感情活动。

在元末明初,还有些较著名的南戏剧作。其中《荆钗记》、《刘知远白兔记》、《拜月亭》、《杀狗记》(习惯上简称为《荆》、《刘》、《拜》、《杀》)被称为"四大家"。《荆钗记》叙穷书生王十朋和钱玉莲的离合故事,文辞较粗糙,但戏剧性很强,有较好的演出效果。《刘知远白兔记》写刘知远"发迹变泰"以及他和李三娘悲欢离合的故事,文字质朴顺畅,刻画人物、编排情节生动自然。《拜月亭》(又名《幽闺记》),此剧系改编关汉卿的同名杂剧,增添了很多喜剧成分,使这出戏有更多的娱乐性。《杀狗记》是一出家庭伦理剧,强调了稳定的家庭秩序的重要,提倡"亲睦为本"、"孝友为先"、"妻贤夫祸少"等伦理信条。

元代前期散曲创作的中心是在北方,主要作家有关汉卿、王和卿、白朴、马致远、卢挚、张养浩等。关汉卿的散曲,豪爽而带老辣,常表现出诙谐的个性。语言虽以质朴自然为主,但在写男女恋情之类时,也有一种尖新流丽的特点。如《南吕·四块玉》(别情):"自送别,心难舍,一点相思几时绝?凭阑袖拂杨花雪。溪又斜,山又遮,人去也。"王和卿与关汉卿友情甚笃。据说他性格诙谐,善于嘲谑,连关汉卿都要让他几分。王和卿的《仙侣·醉中天》(咏大蝴蝶)写得狂放奇特,带有游戏人生的意味。马致远的散曲多了些文人的品味,如《越调·天净沙》(秋思):"枯藤老树昏鸦,小桥流水人家,古道西风瘦马。夕阳西下,断肠人在天涯。"意境萧瑟,景中含情,被誉为"秋思之祖"。

后期散曲作家大多不乐仕进,优游于江南美丽的湖光山色之间,醉心于城市的繁华佚乐,愤激和幻灭的情绪在他们的作品中淡化了。后期散曲以乔吉、张可久为代表,进一步向清雅工丽发展。乔吉的散曲数量之多仅次于张可久,他们两人并称为元散曲两大家。乔吉的散曲清新自然,飘逸脱俗,如《卖花声》(悟世):"肝肠百练炉间铁,富贵三更枕上蝶,功名两字酒中蛇。尖风薄雪,残杯冷炙,掩青灯竹篱茅舍。"凄冷的意境中透出高洁的志向。张可久的散曲主要表现归隐山林的情趣和清高傲世的品格,清通雅丽。如《齐天乐·过红衫儿》(道情):"人生底事辛苦?枉被儒冠误。读书图驷马高车,但沾著也之乎。区区,牢落江湖,奔走在仕途。半纸虚名,十载功夫。"

元代前期诗文是由北方作家和南方作家两个群体的不同创作构成的。从诗来说,大体北方作家的风格雄犷而豪健,艺术上较为粗糙;南方作家的风格偏于清婉秀雅,情调较低沉,艺术上更为讲究。元代前期的散文,减少了说理成分,增强了抒情性。元代前期出身于北方的诗人主要有耶律楚材、郝经、刘因等。其中,耶律楚材生活年代最早。他的诗境界开阔,情调苍凉。刘因的诗大都写得高昂自信,常带有议论成分。戴表元"以文章大家名重一时",他的诗大量记载了残酷的战争给人民带来的巨大灾难。赵孟頫的诗以五言古体和七律最为著名。他的七律一般以清丽委婉见长,令人想起他的书法。

元代中期诗文几乎有一种"盛世之音"的味道。其主要作家,就是有"元四家"之称的虞集、杨载、范梈、揭傒斯。四家的诗仍沿着与宋诗相背的轨迹,在诗艺方面,他们对诗的结构的安排、声律的调节、字句的锤炼,都加以仔细的探究。从总体上说,他们在艺术上也讲求法度,形式工整,措辞典雅。

元代后期诗文创作的中心是在东南沿海城市。重要的作家中,除萨都剌是北方人,杨维桢、高启、顾瑛、王冕等都是南方人。萨都剌的诗,题材相当广泛,风格也多种多样。他的诗歌语言,既深细又流畅,善于抒情。杨维桢的"铁崖体"以自由奔放的古乐府为主要体式,自我精神的恣肆飞扬和赞美世俗享乐,构成了杨维桢诗内涵的两个基本特点。

三、明代文学

从明代开始,以诗文为代表的传统文学在思想和质量上已经蜕化,而小说、戏曲等通俗文学形式却获得了无限生机。

高启(1336—1374),字季迪。他为人狂放,诗风与李白近似。其《登金陵雨花台望大江》:"我生幸逢圣人起南国,祸乱初平事休息。从今四海永为家,不用长江限南北。"踌躇满志,乐观豪放。

约永乐至成化年间形成的"台阁体",体现了洪武朝以后一段长时期里上层官僚的精神面貌和审美意趣,其主要人物是"三杨":杨士奇、杨荣、杨溥。台阁体表现的思想情感"雅正平和",有浓厚的道学气,应制、唱和之作数量非常多。在三杨之后,出现了以李东阳为代表的茶陵诗派。李东阳(1447—1516)字宾之,号西涯。他主张以杜甫的诗风矫正台阁体纤弱的文风,成为台阁体向前七子过渡的中间人物。

"前七子"是以李梦阳、何景明为中心的文学群体。李梦阳(1473—1530),字献吉,号空同子。他最为推崇民间真情流露、天然活泼的歌谣,认为"真诗在民间"。但其创作却未能体现和传达他的主张。何景明(1483—1521),字仲默,号大复山人。他主张以复古作为创新的手段,创作风貌更多地趋向于俊逸秀丽一路。

明中期文学复兴在南方的主要代表是被称为"吴中四才子"的祝允明(1460—1526)、唐寅(1470—1524)、文征明和徐祯卿。唐寅早期创作"颇崇六朝",后期的许多诗歌,在情感内容上,描绘了一个凡庸而真实的自我,不给自己加以任何高雅的涂饰;在语言务近俚俗,轻便自由。祝允明的诗文有一种显著的特点,就是表现出自我觉醒的意识和向外拓张的强烈要求。

"后七子"是指嘉靖、隆庆时期以李攀龙、王世贞为首的文学群体。这一文学集团声气相连,声势十分浩大。在他们的掊击下,"唐宋派"的势力很快就瓦解了。李攀龙(1514—1570),字于鳞,号沧溟。他在文学上标榜高古比李梦阳走得更远,他作文甚至运用先秦古文中词汇与句法,结果文章充塞着在历史上久已废绝的语言,但这样的文学既难以传达时代的激情,也难以获得时代的呼应。王世贞(1526—1590),字元美,号凤洲。他是后七子中才学最富、成就最高者。王世贞十分重视文学的真情实感和文学的艺术价值,追求自然境界。

晚明诗歌、散文领域中,以"公安派"的声势最为浩大,其代表人物是袁宗道、宏道、中道三兄弟,他们是湖广公安(今属湖北)人,故称公安派。其中袁宏道声誉最隆。公安派理论核心的口号是"独抒性灵"。写诗冲口而出,浅易率直,宁取俚俗,不取陈套,是袁家三兄弟诗歌共同的特点。

在公安派锋芒消退的情况下,以湖广竟陵(今湖北天门)人钟惺、谭元春为代表的"竟陵派"遂趁势而起。钟惺、谭元春曾编选《诗归》,在序文和评点中宣扬他们的文学观,风行一时,竟陵派因此而成为影响很大的诗派。竟陵派他们反对步趋人后,主张标异立新。他们的诗偏重心理感觉,境界小,主观性强,喜欢写寂寞荒寒乃至阴森的景象,语言生涩拗折。

明代散文的基本走向与明代诗歌相同,始终在文与道、情与理的相互交锋中向前推进发展。宋濂(1310—1381)被称为"开国文臣之首"。他的文集中,大量充斥着美化、歌颂明初统治集团上层人物及表彰贞节妇女的作品,这就是他的"道统"文学的集中表现。他另外还有一些散文,对生活实际比较尊重,因而在宣扬某种道德观念的同时,比较接近真实的人性。文辞简练典雅,文章风格具有密吻于道德规范的特征,所以成为明初文学风尚的典范。

"唐宋派"是指对嘉靖间文坛颇有影响的、以反拨李、何为主要目标的文学派别。该派作家主要从事散文创作。"唐宋派"的主脑人物是王慎中和唐顺之。唐、王的文学理论的核心,乃从维护道学的立场出发,重弹宋儒以来"文道合一"论的老调。唐顺之把文学贬为"枝叶无用之词"(《寄黄士南》),而王慎中对曾巩之文特别敬重,也是因为认为它"会通于圣人之旨"和"思出于道德"(《曾南丰文粹序》)。归有光出仕较晚,在文坛发生影响比唐顺之、王慎中等人要迟,他所批评攻击的对象,也主要是嘉靖后期声势煊赫的"后七子"。归有光为文主张根于六经,宣扬道德。但是,他在散文方面酷好司马迁,对文学的抒情作用也比较重视。因此,他一部分散文写得相当感人。如《项脊轩志》所写虽是家庭琐事,但极富人情意味。

明代小品的散文,体制通常比较短小,文字喜好轻灵、隽永,偏重于思想的机智,有不少带有诙谐的特点。小品文以公安派为显著的开端,袁宏道、袁中道都写过很多出色的富于性情的短篇散文。袁宏道的名篇《徐文长传》,通过徐渭一生坎坷而痛苦的经历,抒发了这一时代敏感的文人对于个性难以舒张的共同苦闷。袁中道的散文足以与中郎相敌,或雄快,或尖新,或简洁,或闲淡,大抵性情流露,能打动人心。张岱(1597—1679),字宗子。他早年生活豪华,未曾入仕,明亡后入山著书,生活艰苦,然始终隐迹不出。他的现存作品,大多作于明亡以后。张岱是一个生活经历、思想情感都非常丰富的人,他的散文风格大抵以公安派的清新流畅为主调,在描写刻画中杂以冷峭,时有诙谐之趣。《陶庵梦忆》、《西湖梦寻》都是忆旧之文,心绪是颇为苍凉。

三国故事很早就流传于民间,而后罗贯中"据正史"创作出杰出的历史小说《三国志通俗演义》,在细节处多有虚构,形成"七分实事,三分虚假"的面目。《三国演义》具有完整细密的宏大结构,有条不紊地处理了繁复的头绪,描绘了极其壮阔的、波谲云诡的历史画面。尤其是对战争的描写,成就最为特出。《三国演义》在人物形象塑造方面也有重大的进步。《三国演义》写人物,有一种"类型化"的倾向。他们的品格性情,大都可以用简单的语言概括出来。如刘备的宽厚仁爱、曹操的雄豪奸诈、关羽的勇武忠义、张飞的勇猛暴烈、诸葛亮的谋略高超和勤于国事、周瑜的聪明自信和器量狭小……。《三国演义》中写得最好的人物是作为反面角色的曹操。小说在写出他的奸诈、残忍的同时，也写出他的雄才大略、敢作敢为、善于引纳人才等种种长处。曹操的形象虽然"恶"，却很有生气，他的性格比其他人物显得复杂，也更具有吸引力。

《水浒传》的故事源于北宋末年的宋江起义。它通常被评价为一部正面反映和歌颂农民起义的小说。小说不仅深刻地反映了社会现实，而且反映了民间、尤其是市井社会生气勃勃的人生理想。在"替天行道"的堂皇大旗下，作者热烈地肯定和赞美了被压迫者的反抗和复仇行为。梁山好汉是传奇式的理想化的人物，他们或勇武过人，或智谋超群。在污秽而艰难的现实世界中，这些传奇式的英雄，给读者以很大的心理满足。《水浒传》最值得称道的地方，是在人物形象的塑造方面。《水浒传》的人物众多，人物各自的身份、经历又各异，因而表现出各自不同的个性。武松的勇武豪爽，鲁智深的疾恶如仇，李逵的戆直鲁莽，林冲的刚烈正直，无不栩栩如生，使人过目难忘。《水浒传》十分重视故事情节的生动曲折，非凡人物与非凡故事的结合，使得整部小说充满了紧张感，引人入胜。

《西游记》，吴承恩撰。《西游记》是一部充满幻想、情节离奇的神话小说。这部小说直接的创作目的，是为了提供娱乐，给读者以阅读的快感，所以小说中一本正经的教训甚少，戏谑嘲弄的成分十分浓厚。《西游记》以丰富的艺术想象力，创造出许多离奇的神话故事，塑造了孙悟空、猪八戒等鲜明生动的神话艺术形象。它的文字幽默诙谐，灵动流利，善于描写各种奇幻的场面，都显示了相当高的艺术水平。

《金瓶梅词话》是我国第一部以家庭日常生活为素材的长篇小说。小说描写西门庆家庭内发生的一系列事件，以及西门庆与社会中各色人物的交往，直到他纵欲身亡，家庭破败。书名由小说中三个主要女性（潘金莲、李瓶儿、春梅）的名字合成。作者的情况不详。《金瓶梅词话》不仅反映了社会政治的黑暗，还大量描写了那种时代中人性的普遍弱点和丑恶，尤其是金钱对人性的扭曲。在这部一百回的长篇小说中，几乎没有一个通常意义上的"正面人物"，人人在那里钩心斗角，相互压迫，尖锐地反映出人性在金钱的驱使下是何等的可悲与可怜。《金瓶梅词话》受后人批评最多的，是小说中存在大量粗鄙的性行为的描写，这使小说的艺术价值受到削弱。《金瓶梅词话》表现了小说创作对于人的真实平常的生活状态的深入关注与考察，从而成为我国古代第一部真正意义上的社会小说，标志了中国古典小说发展的一个新阶段的开始。

冯梦龙(1574—1646),字犹龙。他一生精力主要从事通俗文学的研究、整理与创作,成就卓著。他最重要的成就,是编著"三言":《喻世明言》(原称《古今小说》)、《警世通言》、《醒世恒言》。冯梦龙的文学观具有鲜明的时代特点,他要"借男女之真情,发名教之伪药"。"三言"中的小说,既是投合广大市民阶层读者的阅读趣味的,也反映着作者严肃的人生思考和艺术追求。在"三言"中,写恋爱与婚姻题材的占据了很大比重,成就也最高。这类小说常把"情"和"欲"放在"理"或"礼"之上,要求"礼顺人情"。这意味道德规则只有建立在满足人们的正常情感需要的基础上,才有其合理性。"三言"作为一部小说集,它最引人注目的特点,则是大量描写了普通市井人物的凡俗生活,肯定人们按照自身意欲追求生活幸福的权利。《杜十娘怒沉百宝箱》是最有名的作品。

凌濛初(1580—1644),字玄房。他因科场不利,不得已而转向著述。《拍案惊奇》(又称《初刻拍案惊奇》)撰成于天启七年,四十卷四十篇;《二刻拍案惊奇》是因前书印行后受到普遍欢迎,应书商之请续作,完成于崇祯五年。"二拍"完全是作者据野史笔记、文言小说和当时社会传闻创作的。它对传统的陈腐观念的冲击与反抗、所表现的市民社会意识,要比"三言"更为强烈。"二拍"中写缙绅名流厚颜无耻、凶暴残忍、忘恩负义之类行径的故事特多。在反映商人的经济活动和追求财富的人生观念方面,"二拍"也更为集中和具体。爱情与婚姻也是"二拍"中最重要的主题。《转运汉巧遇洞庭红》、《蒋兴哥重会珍珠衫》是比较有名的作品。

明代戏剧数量众多,题材多样,审美风格趋向雅化。明初杂剧作家,影响最大的是朱有燉(1379—1439)。他是明太祖之孙,袭封周王,谥"宪",故世称周宪王。因地位关系,他的剧作全部完整保存下来,较可取的是《香囊怨》、《豹子和尚》等。他的杂剧结构匀称、语言俊爽、音律谐美,在当时流传很广。

徐渭(1521—1593),字文长。个性孤傲倔强,一生经历充满坎坷、险恶和痛苦。恶劣的社会环境和不幸的个人命运导致他精神崩溃,以至多次自杀,后又在狂病发作时杀死继妻,下狱多年,最终潦倒而死。徐渭的杂剧《四声猿》闪耀着新的思想光彩。《四声猿》包含四种剧:《狂鼓史》一折,《翠乡梦》二折,《雌木兰》三折,《女状元》五折。长短无定制,在形式上表现出不受陈规束缚的革新精神。《雌木兰》和《女状元》都是写女扮男装的故事,《翠乡梦》捏合了传说中红莲和柳翠的故事,又借禅宗思想来表达对禁欲主义的厌恶和批判。《狂鼓史》以历史上祢衡骂座的故事为素材,作者通过祢衡之口,宣泄由巨大的压迫所带来的精神痛苦和愤懑不平之气。《四声猿》的曲辞不假涂饰而才气飞扬,词锋犀利,富于气势。

明中期,传奇取代了杂剧的主导地位。出现了李开先、王世贞、梁辰鱼三位比较重要的作家。李开先(1502—1568),字伯华。《宝剑记》是李开先的代表作。此剧叙林冲被逼上梁山的故事,剧中将林冲写成一个忠臣义士,将张氏写成一个孝妇贞妻,道德说教的色彩相当浓厚。剧中的唱辞偏向于文雅工丽,但雕琢不深。梁辰鱼(1519?—1591?),字伯龙。他的散曲集《江东白苎》依昆山腔写作的,有较大的影响;戏剧方面除《浣纱记》最有名。《浣纱记》取材于《吴越春秋》,把勾践复仇灭吴的历史大事件与范蠡、西施的爱情传说结合在一起来写,因西施与范蠡初以一束浣纱定情,故以此为名。剧本赞扬了范蠡和西施为了国家利益牺牲个人爱情和幸福的行为,语言研炼工丽。《鸣凤记》相传为王世贞所作。该剧通过忠奸对立以及相互之间的严酷斗争描写,广泛揭露了嘉靖年间的政治黑暗。

汤显祖(1550—1616),字义仍。在戏剧方面,他最早的作品为万历初年所写的《紫箫记》,未完,后于万历十五年改编为《紫钗记》。其余三剧即《牡丹亭》、《邯郸记》、《南柯记》,均作于晚年,这四种传奇以其书斋名合称《玉茗堂四梦》。《牡丹亭》是汤显祖用力最深,也最能表现其文学思想和艺术才能的一种。故事取材于话本小说《杜丽娘慕色还魂记》,写南宋时太守杜宝之女杜丽娘在梦中与素不相识的书生柳梦梅幽会,抑郁而死。柳梦梅观画思人,杜丽娘起死回生,两人结为夫妇。《牡丹亭》问世不久,便"家传户诵,几令《西厢》减价"(沈德符《顾曲杂言》),不但为众多才士所称赏,而且在社会上引起轰动。娄江女子俞二娘读《牡丹亭》而哀感身世,含恨而死;杭州女艺人商小玲演此剧时想到自己的遭遇,悲恸难禁,猝死在舞台上。《牡丹亭》中的杜丽娘对于柳梦梅,恣一时之欢,由此孕育了生死不忘之情。汤显祖第一次在戏剧中以明白和肯定态度指明:"欲"才是"情"的基础,并以杰出的艺术创造表现了它的美好动人。剧中写杜丽娘"慕色而亡",死犹不甘,终得复生。作者通过离奇的情节来表现人们追求自由与幸福的意志无论如何也不能被彻底抹杀,它终究要得到一种实现。《牡丹亭》是一部美丽的诗剧,它的抒情气氛极为浓厚。

沈璟(1553—1610),字伯英。因仕途挫折,专力于戏曲创作及研究。著有传奇十七种,合称《属玉堂传奇》(部分已失传)。其中《红蕖记》、《埋剑记》、《双鱼记》以情节离奇、关目曲折取胜,表现了重视舞台效果的倾向,对后来的戏剧创作有一定影响。沈璟是曲学名家,他的曲论要点有二:一是格律至上,二是推崇"本色"语言。这对于明传奇过于偏重文藻骈骊的倾向有纠正的意义。

孟称舜的创作思想深受汤显祖影响,"生生死死一片情难掉"(《贞文记》)是他着力表现的主题。剧作以传奇《娇红记》和杂剧《桃花人面》最为著名。《娇红记》写王娇娘与申纯相爱殉情而死,此剧结构奇巧,人物形象也描绘得颇为生动。《桃花人面》写崔护、叶蓁儿的恋爱故事,歌颂了"情"可以使人死,也可以使人生的伟大力量,文辞婉丽秀美,抒情气氛十分浓厚。

四、清代文学

清初的诗坛上,钱谦益、吴伟业是明末就有诗名、入清后继续保持着相当影响的诗人,他们和龚鼎孳被称为"江左三大家"。他们的人生经历颇为相似,但诗歌的作风和对诗歌的看法却有显著的区别。钱谦益(1582—1664),字受之,号牧斋。其诗作于明者收入《初学集》,入清以后的收入《有学集》;另有《投笔集》系晚年之作,多抒发反对清朝、恢复故国的心愿。乾隆时,他的诗文集遭到禁毁。钱谦益是个思想和性格都比较复杂的人,在他身上,反映了明清之际一些文士人生态度的矛盾。钱谦益虽然接受晚明以来重视"性灵"的立场,却又提出重"学问"的要求。清代诗歌宗宋的一派,即以钱氏为起点,明清诗的变化,亦以钱氏为一大转折。钱谦益本人的诗,主要是把唐诗的华美的修辞、严整的格律与宋诗的重理智相结合,善于使事用典,富于藻丽。吴伟业(1609—1672),字骏公,号梅村。明亡后迫于清廷的压力,应召北上,一年多后即辞职南归。吴伟业为了保全家族的考虑,不得不出仕清朝,心情十分痛苦。他早期的诗善于用清丽之笔抒写青年男女的缠绵之情。在明末清初的社会大动荡中,吴伟业写了许多以重大历史事件为背景的诗篇,而尤以七言歌行体的长篇最能代表他的艺术风格与成就,如《圆圆曲》、《听女道士卞玉京弹琴歌》等。作为一个诗人,他所关心的不仅是史实,而且更多的是具体个人在历史中的命运。如著名的《圆圆曲》以充满同情的笔调描述了名妓陈圆圆被不幸的命运所播弄,完全无法自主。这里面包含了诗人自身的人生体验。王士禛(1634—1711),字贻上,号阮亭,别号渔洋山人。他的成名作是《秋柳四首》。此诗一出,大江南北遍为传诵,和者甚众,这表明它打动了许多文人的内心。王士禛的《秋柳四首》所传达的是诗人对历史变化与自然变化所产生的人生伤感,是一切美好的东西都不能在时光中驻留而注定要被毁灭的伤感。

袁枚(1716—1797),字子才,号简斋。生活放浪,颇为礼法之士所讥。他的诗歌主张一般称为"性灵说"。袁枚的诗歌创作很有特色。他的诗以新颖灵巧见长。乾隆时代与袁枚并称"江右三大家"的蒋士铨、赵翼以及郑燮等人都与袁枚有交往并多少受到他的影响 。赵翼(1727—1814),号瓯北。晚岁辞官,专心著述,尤深于史学,《廿二史劄记》、《陔余丛考》为世所重。文学方面有《瓯北诗钞》和《瓯北诗话》。赵翼论诗与袁枚相近之处，是以创新为最高标准。赵翼为诗不主一格，无所不入，个性分明、才情豪放是其长。黄景仁（1749—1783），字汉镛。多次应试不中，一生潦倒而多病，穷愁困顿的生活实情也就成为其诗歌的主要内容。在他的诗中，还常常表现出对于人格尊严的珍视和由此产生的孤傲之情。黄景仁的诗以七言之作最能显现其特有的气质，风格深受唐诗影响，但又自出机杼。张问陶（1764—1814），字仲冶。论诗力主性情，与袁枚相似。他的诗作抒发感情也有自由解放的精神，如中国古代诗歌很少对夫妇之间亲昵的感情生活作正面的描写，而张问陶却对此无所忌讳。在语言艺术上，张问陶的诗大都写得清浅灵动。龚自珍（1792—1841），字瑟人。学识宏富，通经史、诸子、文字音韵及金石学，并以诗、词、文著名，既是敏锐而深刻的思想家，又是富于激情和想象力的文学家。龚自珍的政论及学术论文，议论纵横无羁，也常带有感情色彩。另一部分记人物、述行旅的作品及各种抒发人生感想的杂文，文学性更强。龚自珍是一个思想家，又有诗人的气质，他的诗中总是有一种睥睨俗世的奇气、高扬飞越的人格精神。抨击时弊之作代表着龚自珍诗歌的一个方面。龚自珍更多的诗作，抒发了诗人自身生活遭遇中的感受。情诗在龚自珍的集子中也占有一定比例。龚自珍的创作，既有狂傲的个性、自由的精神，又有深刻的思想和对国家与民族前途的热情，这对于随后的社会发生剧烈动荡时期的文人，产生了强大的吸引力。

词经历元、明的衰落，到清代重又繁荣。清代前期的词，以陈维崧、朱彝尊、纳兰性德为三大家。陈维崧（1625—1682），字其年，号迦陵。出身名门，其父贞慧为复社重要人物，以气节著称。他少负才名，性豪迈，能诗，工骈文，尤以词著称，所作存约一千八百首，为古今词人所罕见。陈维崧词题材广泛，无所不入，继承了苏、辛以诗为词的传统，而以感慨身世、怀古伤今的抒情之作最具特色，语言风格以豪放为主。朱彝尊（1629—1709），字锡鬯，号竹垞。他是名诗人，在清词中影响更大。他主张宗法南宋词，尤尊崇其时格律派词人姜夔、张炎。朱彝尊所作讲求词律工严，用字致密清新，其佳者意境醇雅净亮，极为精巧。朱彝尊有一部分情词，大都写得婉转细柔，时有哀艳之笔。朱彝尊还有一部分怀古、咏史之词，颇有苍凉之意。纳兰性德（1655—1685），字容若，满洲正黄旗人，大学士明珠长子。自幼敏悟，好读书，与陈维崧、朱彝尊等众多当世名士相交往，与词人顾贞观尤为契厚。曾救助吴兆骞由宁古塔戍所归还，为世所称。纳兰性德于词崇尚南唐后主李煜，其词也完全是用自己的语言写自己的人生感受。纳兰性德深于情，后来有人认为《红楼梦》中宝玉写的就是他。他的许多表现男女之爱和悼念亡妻的词，写得十分感人。纳兰性德的词不乏南唐风格的华丽，但他善于将华丽的语言和自然朴素的语言相结合，绝少矫饰做作。张惠言(1761—1802),字皋文。是一位经学家,并以词和散文著名,是当时"常州词派"和古文中"阳湖派"的首领。其主张最根本一点是提出词和诗一样要讲求比兴、要有寄托。张惠言的词作,文字简净,少用华艳的辞藻和典故,抒情写物,细致生动,词旨在若隐若显之间。

清前期文坛上居于正统地位的,是号称接续唐宋古文传统的古文。先有侯方域、魏禧、汪琬所谓清初"三大家",后有桐城派。

侯方域,父恂为东林名士,他自己也是复社中人物,明末与方以智、冒襄、陈贞慧号称"四公子"。侯方域在为人上由傲诞任性转向努力于儒者的修养,在为文上从"春花烂漫"转向讲求"唐宋以来之矩矱",这是顺应时代的变化,意图在新的社会环境中获得新的立足点。侯方域的作品以人物传记类较为出色,较多取法于司马迁、韩愈的活跃的笔法,也讲求辞采之美。魏禧(1624—1681)与兄际瑞、弟礼合称"宁都三魏"。他对文章强调"积理"、"练识",以合于实用。魏氏文好发议论,没有什么趣味。他入清不仕,喜表彰抗清的志节之士。另外,魏禧集中有不少文章好谈奇异之事,议论驳杂。汪琬的文章力求雅正,结构严谨而文字朴实。因为合于"道"又合于皇帝的喜好,在当时负有盛名。

"桐城派"是清代中期重要的散文流派,因其代表人物方苞、刘大櫆、姚鼐都是安徽桐城人,所以被称为"桐城派"。随着清王朝统治的稳定和思想控制的深化,由方苞提出以程朱理学为内核,以《左传》、《史记》等先秦两汉散文及唐宋八家古文为正统,以服务于当代政治为目的理论,并以具体的作品与之配合。方苞(1668—1749),字凤九,号望溪。曾因同乡戴名世《南山集》案牵连入狱,几乎论斩,后得赦。方苞的文章,以碑铭、传记一类写得最为讲究。其长处在剪裁干净,文辞简洁。他的文章中最有价值的,应数《狱中杂记》,文章记狱中种种黑暗现象,真切而深透,议论也较少迂腐气。刘大櫆(1698—1779),字才甫,号海峰。因文章受到同乡方苞的嘉许而知名,并师事方苞,又为姚鼐所推重,在"桐城派"的形成中起着承先启后的传递作用。刘大櫆的文章,大都铿锵上口,音调高朗,有韵律之美。姚鼐(1732—1815),字姬传,号惜抱。人称惜抱先生。他的文章,说理、议论偏多,且大都迂腐,但写人物和景物,也间有生动之笔。他的游记颇重文采,以文字凝练简洁和刻画生动见长。桐城派由于姚鼐而声势大张。他主讲书院四十年,门下弟子甚众,由此桐城派几乎发展到全国范围。

汪中(1744—1794),字容甫。三十四岁为贡生,后绝意仕进,钻研经史,以博学称。汪中禀性孤直,恃才傲物,被目为狂人。他不喜宋儒之学,对封建礼教和传统思想每加驳斥,文章也自具思想光彩。《经旧苑吊马守真文序》,

更是文采优美,感情动人。

　　小说是清代主要的文学样式,数量和质量都达到了历史上的巅峰状态。文言小说以蒲松龄的《聊斋志异》为代表。蒲松龄(1640—1715),字留仙。十九岁时以县、府、道试三个第一补博士弟子生员,得到学使施闰章的称扬。自此文名大振,而自视甚高。但他此后的科场经历却始终困顿不振,到七十一岁时,才援例得到一个已经无意义的岁贡生名义。从中年开始,他一边教书一边写作《聊斋志异》,一直写到晚年。书未脱稿,便在朋辈中传阅。《聊斋志异》长期以来受到人们的喜爱,最主要的原因,是其中有许许多多狐鬼与人恋爱的美丽故事。这些小说中的主要形象都是女性,她们在爱情生活中大多采取主动的姿态,敢于追求幸福的生活和感情的满足,少受人间礼教的拘束。作者能够把真实的人情和幻想的场景、奇异的情节巧妙地结合起来,从中折射出人间的理想光彩。《聊斋志异》既结合了志怪和传奇两类文言小说的传统,又吸收了白话小说的某些长处,形成了独特的风格。

　　吴敬梓(1701—1754),字敏轩。少年时代生活颇优裕,父亲亡故,他的生活发生了显著的变化。他在三十三岁时把家搬到了他所喜爱的有着名山胜水的南京,主要靠卖文和朋友接济过活。《儒林外史》约作于吴敬梓四十岁至五十岁时,这正是他经历了家境的剧变而深悉世事人情的时期。全书中没有贯穿始终的主要人物和故事框架,而是一个个相对独立的故事的连环套。但全书以明代为背景,揭露在封建专制下读书人的精神堕落和与此相关的种种社会弊端。《儒林外史》几乎完全排除了传奇色彩、幻想的或诗意的成分,以及激烈的戏剧化的矛盾冲突,成为平平实实的生活原貌的描述。它的出现,标志了中国小说艺术的重大发展。

　　《红楼梦》,曹雪芹著。曹雪芹在繁盛荣华的家境中度过了他的少年时代。也许可以说,中国历史上除了司马迁作《史记》,再没有人像曹雪芹这样以全部的深情和心血投入于一部著作的写作。《红楼梦》以爱情故事为中心线索,在贾府这一世代富贵之家从繁盛到衰败的过程中,写出以贾宝玉和一群红楼女子为中心的许多人物的悲剧命运,反映了具有一定觉醒意识的青年男女在封建体制和封建家族遏制下的历史宿命。《红楼梦》正如书名所提示的,是写了一场由女性的光彩所映照着的人生幻梦;又正如作者以"悼红轩"为书室名所提示的,是写了对由女性所代表的美的毁灭的哀悼。但是,《红楼梦》在描写爱情故事的同时,反映了广大的社会生活面和深入的人生体验,表现了不同人生价值观的冲突,从而赋予这部小说以深刻的意义。《红楼梦》是一部天才的,又是精心构撰的巨作。在艺术上,它达到了中国小说前所未有的成就。鲁迅称许说:"自有《红楼梦》出来以后,传统的思想和写法都打破了。"[①]

戏剧和小说一样,是清代文学的主要样式。李玉(1591?—1671?)在明末剧坛已有声望,是明末清初创作最多、影响较大的戏曲家,所作传奇今存十八种。李玉于明亡以前所作戏剧,以"一笠庵四种曲"即《一捧雪》、《人兽关》、《永团圆》、《占花魁》最为有名,合称"一人永占"。李玉属于力图以旧道德的重振来挽救"颓世"的人物,代表这一倾向的作品有《一捧雪》和《清忠谱》。《一捧雪》写权奸严世蕃为谋夺莫怀古家传宝物"一捧雪"玉杯而对之加以陷害的故事。《清忠谱》写天启年间魏忠贤"阉党"迫害东林党人的史实。但从全剧来说,仍陷入忠奸之争的陈套,人物性格显得极端化。李玉剧作中写得较好的是《千钟禄》,述明初燕王(即后来的永乐帝)与建文帝争夺帝位、攻破南京后,建文帝化装成僧人逃亡的故事。此剧虽是写明初史事,却隐约带有明亡的影子,表现了巨大的历史变动带给人们的失落感,具有悲剧气氛。

洪昇(1645—1704),字昉思。才情超脱,却一生坎坷,生活也很贫困。洪昇的剧作,有传奇九种,仅存《长生殿》;又存有杂剧《四婵娟》一种。《四婵娟》由四个单折的短剧合成,分别写谢道韫、卫夫人、李清照、管夫人这四个历史上才女的故事。《长生殿》写唐明皇与杨贵妃的爱情故事,但用了相当大的篇幅写安史之乱及有关的社会政治情况,这使得此剧显得场面宏大、人物众多、情节富于波澜曲折,既是一部浪漫的爱情剧,又具有历史剧的特色。

孔尚任(1648—1718),字季重,号东塘。兴趣广泛,知识淹博,尤其爱好书画古玩,他也擅长诗文。《桃花扇》以复社(东林党后身)名士侯方域与秦淮名妓李香君的爱情故事为主线,描绘了南明弘光王朝由建立到覆灭的动荡而短暂的历史,从而也就写出了明王朝最后的崩溃。《桃花扇》表现了危难动荡的特殊历史阶段的社会生活图景,抒发了巨大的历史变化在人们心中引起的深深的感慨。全剧弥漫着悲凉与幻灭之感。

【思考题】

1. 简述欧阳修在诗文革新运动中的作用及其诗文特点。
2. 简述苏轼诗文词的艺术特征。
3. 简述辛稼轩词的风格特色。
4. 简述关汉卿的杂剧成就。

---

① 《中国小说的历史的变迁》。

5. 简述《儒林外史》的讽刺艺术。

6. 为什么说《红楼梦》达到了中国古代小说的艺术巅峰？

【参阅书目】

1. 钱钟书选注：宋诗选注。人民文学出版社，1959 年。

2. 唐圭璋注：宋词三百首笺注。上海古籍出版社，1979 年。

3. 王季思主编：元杂剧选。北京出版社，1980 年。

4. 曹雪芹撰：红楼梦。人民文学出版社，1982 年。

第五章　中国古代艺术

　　原始美术是如何发生的,今天尚无定论。但是,有一点是肯定的:在形态万千、五颜六色的自然世界中早期的人们在生产、生活中逐渐学会使用图像传达思想意识;学会使用一定的形体于吃、穿、用、住等物质活动中;学会应用刺激感官的色彩表达自己的情感体验。于是,原始美术在人类追求"形"与"色"的实用功能—诸如造物、采集、狩猎、记事、巫术、娱乐等活动中慢慢产生。虽然劳动工具的制作、陶器装饰、岩画、雕塑、建筑等生产、生活行为所呈现的审美意识是相当不自觉的,原始美术的题材、功能主要围绕生存的主题展开,如狩猎场面刻画、动物的雕塑、孕妇的雕塑、图腾的崇拜等总与人的生存相关,不属于"为艺术而艺术"的范畴,但是以实用为目的的生产、生活的母体却孕育了原始人们朴素的美术直觉。

　　严格地讲,原始美术史应该被称为图像与形体史。因为原始的人们还没有美术的观念。

第一节　绘　　画

一、原始绘画

　　原始人通过制作日常生产、生活用品培养了形式美感,还将图像与色彩的应用更广泛地运用于陶器的装饰、岩画的创作,产生了最初的绘画。陶器的装饰图案有人物、动物、几何等纹样。大多能把握形象的主要特征,线条流畅,色彩明快而单纯。仰韶文化的陕西半坡遗址、河南庙底沟遗址、马家窑文化等地的彩陶装饰成就突出。典型作品有文化仰韶的五鱼纹彩陶盆(鱼纹绘于内壁)、半坡的彩陶鱼纹盆(鱼纹绘于外壁)、半坡的人面鱼纹彩陶盆(人面鱼纹绘于内壁)、庙底沟的花瓣纹陶盆、马家窑的舞蹈彩陶纹盆等。中国原始岩画分布广泛、历史悠久,从目前考古发现看,较早的有连云港将军崖岩画和内蒙古阴山岩画。岩画内容丰富,题材涉及广泛,略去细节刻画,形象简洁粗放,能抓住对象的基本特征,手法夸张而有对比。其功能主要与宗教相关,当然亦不排除记事、娱乐方面的实用功能。

二、先秦绘画

先秦绘画最有影响的是壁画、漆画和帛画。考古表明,原始社会末期我国已有壁画。《夏书·五子之歌》有"峻宇雕墙"的记载,"雕墙"就是指壁画,只不过夏代壁画被当作奢侈的表现。殷墟小屯发现了建筑壁画的残块。西周初年曾有表现周武王、成王伐纣以及"巡省东国"的壁画创作。而且周代已经相当重视壁画的教化作用,如《孔子家语·观周》云"孔子观乎明堂,睹四门牖,有尧舜之容,桀纣之象,而各有善恶之状,兴废之戒焉。"春秋战国时期,壁画创作大盛,公卿贵族的祠堂、府第多用壁画装饰。漆画,是指漆器上的装饰图像,或绘于丧葬器具如漆棺上,或绘制于日常生活的用具上。漆画整体上色彩斑斓,形象生动。色彩以红黑两色为主,间以黄、绿、蓝、白、金、银等色为调节,具有对比性、变化性。最著名的作品是湖北荆门包山大冢出土的土漆奁上的《车马人物出行图》。帛画,在江陵和长沙战国楚墓中已有发现,虽然数目不多,但为研究先秦绘画提供了极为珍贵的文物资料。代表性作品有出土于湖南长沙子弹库的《人物驭龙图》和长沙陈家大山出土的《人物龙凤图》。两幅作品都具有想象性,写实和夸张并用,笔法上以墨线勾勒为主,局部施彩协调,线条的表现力达到了较高的水平,为中国画线的运用打下了坚实的基础。

三、秦汉绘画

汉代绘画题材广泛,天上、人间、地下,无所不包,目的在于道德教化,宣扬儒家的伦理纲常。绘画类型包括壁画、画像石、画像砖、帛画和工艺装饰画。

(一)壁画

秦汉时代的壁画以宫殿寺观壁画和墓室壁画为主。秦汉时代的宫殿衙署,普遍绘制有壁画,但随着建筑物的陆续消亡几乎丧失殆尽。20世纪70年代发现的秦都咸阳宫壁画遗迹让人们见证了秦代宫廷绘画的辉煌。在秦宫遗址3号殿的长廊残存部分上,绘着长卷式的马车出行队列,有仪仗人物、楼阙、树木等图像,七组车马,每辆车由四匹奔马牵引,人物车马服饰皆作彩绘;另一处残存的壁画则画的是一位头残毁的宽袍宫女。这些形象都是直接彩绘在墙上的,并没有事先用线勾画轮廓,似乎是中国传统绘画中"没骨"法的最早探索。西汉的壁画则主要是为了标榜史治的"清明"而创作的。王延寿《鲁灵光殿赋》中记载了鲁恭王所建宫殿里壁画的盛况。宣帝时更是在麒麟阁绘制了11 位功臣的肖像壁画,开了后世绘制功臣图的先河。东汉明帝时,由于明帝本人的爱好,壁画创作之风更盛行。派使赴西域求来佛法后,在新建的白马寺绘制了《千乘万骑群象绕塔图》,这是中国佛教寺院壁画的肇始。汉代墓室壁画的内容和形式丰富多彩。题材涉及农耕、桑园、放牧、射猎、燕居、庖厨、乐舞百戏、车马姓列、任职治所、伦理道德、神化人物、历史故事等等。西汉洛阳卜千秋夫妇墓的壁画想象丰富,线条流畅自如,艺术形象奇异生动,突出了生命力和运动感。西汉洛阳烧沟的墓室中《二桃杀三士》、《鸿门宴》等壁画笔法简练奔放,线条粗犷有力,人物身份、性格的刻画个性鲜明。东汉河北望都 1 号墓壁画以简练的线条将门卒属史的身份地位生动地刻画出来。

（二）画像石与画像砖

画像石,指在石料上雕刻平面图像的石刻艺术。多见于墓室、祠堂,也有的刻于石碑、石阙、门楣、棺椁等处。在雕刻技法上有阴线刻、浅浮雕和凹雕等。画像石的内容是十分丰富的,诸如生产劳动,历史故事,乐舞杂技,车骑出行,建筑,天象、列女孝子等,具有很高的历史、艺术价值。西汉晚期画像石以山东沂水鲍宅山凤凰刻石、山东汶上县"路公食堂画像"为代表;东汉前期画像石的代表作品有山东长清孝堂山石祠和河南南阳画像石。东汉后期的画像石以山东嘉祥武氏祠最为著名。其中的武梁祠的画像石最为精美,皆用"减地平雕加阴线刻"的技法雕成,多为历史故事及神仙、奇禽异兽,技法高超。作者善于抓取历史故事矛盾冲突的高潮,并善于运用必要的景物以交代特定的环境,人物之间的呼应关系也处理得非常出色,如《荆轲刺秦王》。画像砖,就是用拍印和模印方法制成的图像砖。画像砖是秦汉时代用于墓室或祠堂的一种建筑装饰构件。秦汉至西汉初期,多用于装饰宫殿衙舍的阶基;西汉中期以后,主要用于装饰墓室壁面;东汉则是画像砖艺术的鼎盛时期。秦代用模印和雕刻两种方法制作画像砖,有大型空心砖与实心的扁方砖。临潼出土的一块侍卫、宴享、射猎纹画像空心砖,是现存秦代模印画像空心砖的代表作。西汉画像砖则以河南洛阳的出土品为代表,以简洁有力,形象生动传神著称。东汉的画像砖以河南、四川两省出土最多。艺术造诣最高的是四川成都一带出土的东汉后期画像砖,四川画像砖用黏土模印烧制而成的实心砖,印模上形体凹入,使用阴刻线,印在砖面上便形成凸起的浅浮雕和阳线结合的艺术效果,具有遒劲有力、细腻丰富的味道。内容大多表现现实生活情。代表作有《弋射收获》。

（三）帛画

"帛"是一种质地为白色的丝织品,在其上用笔墨和色彩描绘神灵、人物、走兽、飞鸟等形象便形成帛画。帛画约兴起于战国时期,至西汉发展到高峰。西汉帛画画在缣帛上的作品很多,但因历时久远,遗存极少。目前最重要的发现有 20 世纪 70 年代分别出土于湖南长沙马王堆、山东临沂金雀山的汉墓中的西汉帛画。马王堆 1 号墓中出土的帛画的上部和底部大抵描绘的是天界和阴间,中间两部分则表现的是死者軑侯利仓夫人的生活场景。墓主及各种神禽异兽的刻画极为生动,线条流畅挺拔,设色庄重典雅,显示了西汉绘画的卓越水平。此外,马王堆 3 号墓中帛画的内容和布局与 1 号出土帛画近似,除墓主人外,还描绘有迎宾、仪仗等内容,制作精美,勾线富有变化。山东金雀山汉墓出土的帛画内容与马王堆汉墓帛画相近,上有日月仙山、下有龙虎鬼怪,中间部分描绘的是墓主人的人间生活景象,此画设色似乎采用没骨法,局部地方用线勾勒,绚丽多彩。

四、魏晋南北朝绘画

绘画创作上题材范围扩大。汉代宣传道德规范的经史、孝子、列女和列士的内容仍占一定比重,反映生活特别是士族生活面貌的作品有所增加,以文学作品为题材的绘画创作也日趋活跃,所以这一时期发展最为突出的是人物画（包括佛教人物画）和走兽画,山水、花鸟画有脱离人物画而走向独立的趋势。曹不兴创立了佛画,他的弟子卫协在他的基础上又有所发展。作为绘画走向成熟的标志之一,南方出现了顾恺之、戴逵、陆探微、张僧繇等著名的画家,北方也出现了杨子华、曹仲达、田僧亮诸多大家,画家开始在社会生活中扮演愈来愈重要的角色。

（一）主要的人物画家

顾恺之,字长康,小字虎头,生于晋陵无锡。擅画人像、佛像、禽兽、山水等。他的绘画的传世摹本有《女史箴图》卷、《洛神赋图》卷、《列女仁智图》卷等几种。《女史箴图》描绘古代妇女清规戒律。宣扬封建女德。《洛神赋图》则是根据三国曹植的名篇《洛神赋》所绘制的一卷故事画,描写曹植与洛神之间的一段情缘,画面随着情节发展而展开,并描绘有车船、山水、仙人等物景,人物衣纹用线"紧劲连绵",似春蚕吐丝,被后世称为"游丝描"。顾恺之的艺术成就在于他的人物画以日常生活为题材,生动传神。笔法如春蚕吐丝,形神兼备。其艺术创作理论如"迁想妙得"、"以形写神"、"传神写照"等对后世影响极大。顾恺之的画论现存的有《魏晋胜流画赞》、《论画》、《画云台山记》三篇。顾恺之突出的艺术成就表现为对艺术的神韵追求和奠定了"以形写神"的理论基础。

陆探微，吴人，大概生于晋末宋初，主要活动于刘宋孝武帝和南齐武帝时期。南齐谢赫对陆探微绘画评价极高："穷理尽性，事绝言象。包前孕后，古今独立，非复激扬所能称赞。但价重之极乎上，上品之外，无他寄言，故屈标第一等。"其线条"连绵不断"，用笔"劲力如锥刀焉"，气脉贯通，形成"秀古清像"的人物造型风格。陆探微绘画的两个主要特征：一是人物外在形象的清秀瘦削和绘画用笔追求如刀刻般的刚劲有力；二是超越于对外在形式的关注直达理想人格的精神本体。后人把他和顾恺之归在一起，作为"密体"的代表画家，陆探微的画风对后世影响极大。

张僧繇，吴（苏州）人，约生于南齐，主要活动于梁。梁武帝好佛，凡装饰佛寺，多命他画壁。所绘佛像，独具风格，被称为"张家样"。他接受了天竺晕染技法，在绘画中创造了显现体面关系"凹凸法"，使作品具有强烈的立体感。张僧繇将书法技巧运用于绘画中创造了"笔才一二、像已应焉"的"疏体"，与顾恺之、陆探微的密体画相区别。他对后世的影响很大，南北朝后期和隋唐的画家郑法士、阎立本、吴道子都师法于他。

谢赫，南齐时代（479—502）的人物画家，但他的画不如他的理论著作有影响。他的《古画品录》是我国绘画史上第一部完整的绘画理论著作。《古画品录》提出绘画的目的是："明劝戒，著升沉，千载寂寥，披图可鉴"，鲜明地强调了美术的教育功能。他提出了绘画的"六法"是：一、气韵生动，二、骨法用笔，三、应物象形，四、随类赋彩，五、经营位置，六、传移模写。"六法"是古代绘画实践经验的总结。《古画品录》的大部分文字是谢赫评论曹不兴以及他同时代的二十七个画家的作品，他采用当时品评人物的方法去品评画家的作品，以此把画家们分成六个等级。谢赫《古画品录》中对于画家的评论的重要意义除了艺术美学的价值意义外也保存了可贵的美术史料。

北方的画家曹仲达，来自中亚曹国，擅画人物、肖像、佛教图像。所画人物"其体稠叠，而衣服紧窄"，即用稠密的细线，贴身的衣服褶纹，表现出似从水中出来的艺术效果，人称"曹衣出水"。曹仲达没有作品传世，但人们可从北朝的石窟造像中看到"曹家样"风格的某些特征，曹仲达的这种风格特征实际上是吸取了印度笈多朝造像的特点。

杨子华，善画贵族人物、宫苑、车马。所画马尤其生动逼真，据传他在壁上所画马甚至引起观者夜间听到马索水草而嘶鸣的感觉。时有"画圣"之称。他所画人物形象丰满圆润，其画风影响到唐代，具有承前启后的历史地位。《北齐校书图》（宋摹本）是我们今天唯一能见到的杨子华的卷轴画。该画描绘北齐天宝七年(556年)文宣帝高洋命樊逊诸人刊定五经诸史的故事。画中人物形象特征鲜明,已非"秀骨清像",人物面孔都呈鹅蛋形,与出土的娄睿墓壁画相吻合。

(二)墓葬壁画与石窟壁画

墓葬壁画,在北方继续流行。汉末以来的长期战乱,昔日的繁盛文化已不可见。但在东北、西北等偏远区域发现了绘制于公元3世纪到4世纪上叶的墓葬壁画。当时许多中原人为躲避战乱而移居到那里。高句丽是古代鸭绿江流域少数民族建立的政权,后迁都到朝鲜平壤,其文化遗址分布在吉林集安和平壤。高句丽墓葬均由石头堆砌,墓室中会有精美的壁画。壁画内容涉及墓主人生前活动、社会风俗、山水、动植物、祥瑞、飞仙等,与中原文化有密切联系,因而具有鲜明的民族色彩。在西北地区的墓葬中,儒家影响的减弱也表现得比较明显,大量墓葬壁画是表现这一边远地区的现实生活。在嘉峪关附近发现的一系列3世纪建造的砖室墓的装饰风格极为独特。墓中的砖上分别有用鲜艳的颜色和流畅的线条描绘的壁画豪放感人,富有生活气息。甘肃酒泉发现的丁家闸墓室壁画却属于另外一种类型。它的两个墓室为连续性的大型壁画所覆盖,后室中描绘墓葬中的各种摆设,而前室壁画则描绘有神仙世界和墓主人生前的生活图景和歌舞伎乐表演。这种与中原及东北墓葬壁画一脉相承的题材,其产生是由于古代酒泉在丝绸之路上的特殊位置决定的。山西太原的娄睿墓壁画是迄今发现的最完美的北齐壁画创作。残存的200多平方米壁画,不仅数量惊人,而且其艺术水平也超过了已发现的早期或同时期的墓葬壁画。这座墓的主人是北齐重要贵族之一,他的生活图像及出行、归来,门卫仪仗,天象和十二辰图等被绘制在墓中的墙壁上。其构图的处理,人物形象、鞍马以及走兽的勾描,无不显示着北朝末年壁画艺术开创一个新阶段的惊人发展。

石窟壁画以克孜尔石窟与敦煌莫高窟最为著名。克孜尔千佛洞位于现拜城县东的克孜尔镇,系古代龟兹境内。根据洞窟形制、壁画题材和艺术风格分析,石窟主要为4至8世纪的遗存。是中外艺术家合作的产物,壁画手法取凹凸法,注意烘染,富有立体感。画面上都以简洁的构图画出故事中的主要人物和情节,以爽利流畅如曲铁盘丝的线描勾勒形象轮廓,以兰、白、绿、赭、灰等色为主,单纯明快,人物形象与服饰多为龟兹式。壁画题材主要为佛传故事、游化说法、姻缘故事、涅槃故事等,壁画中出现的本生故事较多,可辨识者达数十种。本生故事画的形式最为独特,均以单幅的形式表现一个故事内容,这种独特形式对敦煌早期的壁画有一定的影响。莫高窟位于河西走廊西端的敦煌境内。公元366年开始凿窟,直到元代,历代均有建造。从十六国到隋以前的壁画内容大致可以分为佛像画、故事画、装饰画、民族传统神话题材。佛本生故事是莫高窟壁画反复表现得题材,本生故事在所有的壁画中题材最常见的应用。如《尸毗王本生图》、《萨埵那太子本生图》、《鹿王本生图》等。举世闻名的敦煌的第一个洞窟兴建于公元366年,敦煌早期洞窟中的壁画和彩塑受印度和中亚影响比较大,独特的"敦煌风格"直到北魏时才开始出现,而中原文化对其影响到西魏时期变得更为明显。总的说来,北朝时期的敦煌艺术精力了逐步本土化的过程,此时,印度、中亚传入的题材和源于中国的主题和风格往往以独特的方式汇聚在同一个洞窟中,这从北魏末年建造的249窟中集中反映出来。在这个窟中,正面佛立像的两旁是菩萨和飞天,佛像的周围绘有许多小佛像,俗称"千佛";上方的彩绘佛龛中绘有演奏各种乐器的乐伎飞天。

（三）山水画的兴起与山水画理论

山水画在中国传统绘画中是一个十分重要的画种,南北朝时期,山水画勃然兴起,出现了一批能画山水画的画家和山水画作品及画论。著名的山水画家戴逵、戴勃、宗炳、陶弘景、张僧繇等。宗炳的《画山水序》是重要的早期山水画文献。文中除了论述山水画艺术与自然景物的关系外,最重要的是提出了山水画艺术"畅神"的功能观。宗炳的《画山水序》是当时山水画实践和表现技法发展到一定程度的理论总结。王微的《叙画》也是有关早期山水画的重要文献。文中阐明了山水画写生的方法,主张不照抄自然和追求形貌的真实,要经过提炼、概括,表现景物的内在精神,特别是景与情的联系:见景生情,以情观景,达到主客观体的融合、自然与精神的合一,便能使人获得对自然地真实美感,也只有大自然才最能激发人们丰富的情感和想象力。

五、隋唐绘画

隋唐美术具有对各种文化艺术兼容并蓄的非凡气度,在民族传统的基础上又容纳了一些外来的艺术形式,丰富发展了民族艺术传统,赋予作品以一种丰富、健康、生气勃勃的时代精神。唐人张彦远在《历代名画记》中评价初盛唐的作品是"灿烂而求备"这也是对整个唐代绘画风貌的概括。人物画和道释绘画在表现的题材内容和艺术形式上都有所提高。出现了阎立本、尉迟乙僧、吴道子、张萱、周昉等杰出画家。山水画已有青绿、水墨之划分,奠定了宋元山水画基础。花鸟画继山水之后以独立姿态登上画坛。佛教绘画随着佛教哲学的变化以及对外来艺术吸收融合,创造出清新鲜明富有时代特色的民族风格,并在一定程度上摆脱了宗教的羁绊,洋溢着浓郁的世俗气息。

（一）隋唐主要的人物画家

隋代的人物画家主要有田僧亮、杨契丹、郑法士、董伯仁、展子虔等，他们是继南北朝之后在绘画史上一批承上启下的画家。从内容上看，他们大都描绘上层社会的生活，题材多是豪华的游耍、车马楼阁等。从绘画风格上看，曾经兴盛于齐梁时代的"细密精致而臻丽"的画风，也一度左右隋代南北画坛，并对初唐的绘画产生过很大的影响。随着封建经济的发达与上层社会统治阶级的需要和爱好，唐代人物画进入了一个黄金时期。唐代人物画发展大致可分为三个阶段：第一阶段为初唐。这一时期的人物画不仅继承和发展了中原的传统，而且还不断地吸收了边区各族和外来艺术的影响，不断向新的方面探求并发展。代表画家是阎立本和尉迟乙僧。尉迟乙僧，在当时的画坛上也以其独特的艺术风格与阎立本齐名。第二阶段为盛唐，是人物画最光辉灿烂的时期。这时期人物画的发展和宗教画有密切的联系，吴道子、杨惠之等人是这方面的重要代表。世俗美术这时是以反映贵族的生活为主，代表性画家有陈闳、张萱等人。盛唐的画风一变初唐细润风格而为雄健宏伟的气魄，在中国绘画史上有广泛而长远的影响。第三阶段为安史之乱以后。这一时期仕女画极为流行并大大推动了贵族美术的发展，其他以贵族宴饮游乐及文人生活为题材的作品也较为普遍。代表性画家有周昉、孙位等人。沉郁、深刻、委婉抒情是中、晚唐人物画的美学特征。五代人物画在绘画内容和风格上都起着承上启下的作用。

阎立本，雍州万年人。阎立本绘画的题材非常广泛，除当时流行的宗教画外，人物、车马、山水、台阁等无所不能。但他最擅长、成就也最突出的还是肖像画和政治性题材的历史画。他的作品有《秦府十八学士图》、《凌烟阁二十四功臣图》、《职贡图》、《历代帝王图》及太宗李世民等人的肖像。阎立本的绘画继承并发展了顾恺之、陆探微、张僧繇等人"以形写神"的艺术传统。他的作品线描劲健，设色深沉，注重人物心理的刻画，他的绘画创作对我们了解当时美术的发展及社会状况具有重要价值。

尉迟乙僧是来自于阗的贵族、也是久居长安的画家。他的画具有西域画风，在表现技法不同于"迹简意洁而雅正"的中原画风。张彦远《历代名画记》称他："画外国菩萨，小则用笔紧劲，如屈铁盘丝，大则洒落有气概"用线或紧劲如屈铁盘丝，或洒脱有气概，有丰富的变化，用色则沉着浓重，有明显的凹凸感。

唐朝在贞观以后，封建经济一直处于上升趋势，到"开元"、"天宝"年间，唐代进入全盛时期。在绘画的各门类中，宗教艺术占据重要地位，很多卓有成就的画师以娴熟的技巧，创作了大量世俗化了的宗教壁画，吴道子是此时宗教人物画坛最具代表性的画家，也是中国古代最杰出的画家之一。吴道子（约689—758），又名道玄，阳翟人。吴道子是一个精力充沛，有多方面艺术才能的画家。尤其在宗教画之有突出的成就。他以旺盛的精力和极度热情绘制壁画300多间，其中有佛教、道教的宗教画题材，也有山水画。他的宗教画数量大，种类变化也很多。仅佛教经变题材就多达10余种。且每种绘画中又有不同的情景和气氛，塑造了丰富的形象。所画"变相人物，奇踪异状，无有同者"（《唐朝名画录》）吴道子的作品有自己独特的风格特点在人物造型上整体感觉强，面部圆润，所画人物"如塑"、"旁见周视，盖四面可以意会"（《广川画跋》），在用笔技法上，早年常摹顾恺之，陆探微用笔，属较工细的一种，到了中年以后，一改顾恺之以来的主线型，创造了一种波折起伏错落有致的"莼菜条"式的描法。用这种描法画人物的衣袖、飘带、具有迎风起舞的动势，故有"吴带当风"之称。设色是"傅彩于焦墨痕中，略施微染"（《画鉴》），不似西域画那样浓重富丽，而是以线条为主，略加色彩的渲染，使形象有一定的立体感。在唐代，吴道子创造的宗教绘画风格，被称为"吴家样"，这标志着崭新的民族化的宗教画以至整个人物画，已完全成熟。

张萱，长安人，活动于开元天宝年间。以画贵公子、鞍马、屏障、宫苑、仕女，名冠于时。他的人物创作大多是描写宫廷妇女的闲散娱乐生活，多表现了妇女的温柔与妩媚，歌颂了当时升平向上的生活。张萱画的妇女形象的特点是耳根用朱色晕染，衣饰华丽，曲眉丰颊，体型丰满，表现出雍容华贵的、美的气质。他也很注意人物与景物位置如亭台、花鸟、树木等环境关系的描绘。他所塑造的人物形象不仅"形似"，而且传神，能确切刻画人物的心理状态。其代表作品有《虢国夫人游春图》、《捣练图》等。

周昉，字景玄，长安人，出身贵族。擅画贵族人物肖像及宗教壁画，亦以仕女画为突出。他在仕女人物画上继承和发展了张萱的艺术风格，笔下的仕女，具有以"丰厚为体"，"衣裳简劲，彩色柔丽"的特点，体现了盛唐以后社会的审美习尚。而周昉生活的时代已失去了开元时的盛况，安史之乱后社会危机日趋严重，他作品中的贵族妇女已经不同于张萱笔下那种欢快的女性形象，描绘了特定历史环境下贵族妇女精神上的苦闷和空虚，反映了贵族奢侈生活后面的社会危机，也体现了当时审美倾向由宏丽之美向婉约之美的转变。代表作品有《簪花仕女图》、《纨扇仕女图》、《调琴啜茗图》等。周昉宗教画中的人物形象十分接近现实生活中的人物，被称作"周家样"。"周家样"不仅影响到新罗的人物画，而且波及日本奈良时代的佛教造像，这个时期日本仕女画的造型更是直取"周家样"之形。

晚唐社会处于极度的动荡之中，人们在极力追求物质享受的同时，更注重寻求精神的安慰。在这一时期的绘画领域之中,雍容华贵的宗教人物画和世俗人物画已经失去其一向占据的正统地位,而对自然风物的吟咏描绘却成为时尚,因而山水、花鸟、禽兽、松竹画在画坛上有了长足发展。人物画在题材上则突出了对闲情逸致的生活的表现,以及追求魏晋名流雅士的生活和审美趣味、理想。最能代表这一时期人物画艺术精神的无疑是孙位及其作品《高逸图》。孙位,又名孙迁,会稽(今浙江绍兴)人。性情疏放不羁,不拘礼法,平生常与僧道往来,颇有魏晋名士风度。《高逸图》描绘四个"不事王侯,高尚其事"的封建文人在幽僻静穆的环境中清淡、闲适的生活情节。画面的环境仅有简单的树石芭蕉之类,给人以冷僻静穆的感觉。此画具有魏晋遗风。人物形象刻画准确细腻,设色复杂凝练,对衣襟、树石、芭蕉等的刻画技巧,都超过前人。《高逸图》体现了晚唐人物画所达到的新水平。

（二）山水画的独立与两种不同画风的形成

山水画从人物画中独立出来,形成风格迥异的两种流派。展子虔、李思训画山水树石笔格遒劲而细密,赋色工致浓丽,开创金碧山水一派。代表作品有展子虔《游春图》、李思训《江帆楼阁图》、李昭道《明皇幸蜀图》等。水墨山水画的影迹可以从在汉代墓室壁画及初唐敦煌壁画中见到。到盛唐时期的吴道子,水墨山水画的艺术形式已被确立。《历代名画记》说他"因写蜀道山水,始创山水之体,自为一家"笔简意远的"疏体",近乎粗放的速写,有"山水之变始于吴"之说。唐中期以后,出现了以水墨渲淡为法的山水画艺术形式,如王维、张璪、王洽等人,都以其"破墨"一体著称于世,他们将山水画艺术推向一个新的高度。王维的山水画以笔墨精湛、渲染见长、张彦远评论王维的画说:"曾见破墨山水笔迹劲爽"。王维的山水画的墨法属于晕染一体,这一体山水画以墨为色,墨色由淡到浓,最后以焦墨破轮廓线,这一画法丰富了山水的表现技法。此后,墨法被提到很高的地位。

（三）花鸟画的独立

花鸟画是中国画的一个重要门类,是由工艺装饰发展而来。新石器时代的彩陶上已有花、草、鸟的图像,商周青铜器上有花瓣纹、鸟纹、凤纹等,战国楚帛画中的凤鸟、西汉帛画上的鸟兽树木、六朝时期屏画等,还具有浓重的图案装饰气息。但是直到唐代,花鸟画才发展成为独立的画科并走向成熟的阶段。盛唐的薛稷、中唐的边鸾是花鸟画的代表画家。薛稷擅于画鹤,他创作了用"鹤"装饰六扇屏风的形式。边鸾,善画折枝花鸟,蜂蝶雀蝉,亦俱精巧,张彦远评论他的花鸟画说:"右卫长史花鸟冠于代"。晚唐的花鸟画家刁光胤,善画湖石、花竹、猫兔、鸟雀之类,为五代黄筌、孔嵩所宗师,成为黄派花鸟画的渊源。

（四）其他动物杂画

在鞍马方面，唐代杂画中以鞍马最盛。马形态矫健、性格强悍，被作为勇武豪迈精神之象征。唐代国力强盛，继北朝尚武之风，对鞍马尤为重视，统治阶级养马之风极盛。曹霸、韩干、韦偃等是活跃于盛中唐之际的画马名家。如韩干《照夜白》画的是李隆基的御马，简练而富有弹性的线勾勒后，稍加渲染，将一匹烈马狂暴不安的神情刻画得栩栩如生。"牛"也是重要的题材之一，画牛题材的广泛流行，反映了盛唐时期农耕事业的发展。代表画家有韩滉、戴嵩等。韩滉《五牛图》形象健壮有力，神气生动自然，手法写实，用笔厚拙粗辣、苍劲有力。

（五）隋唐壁画的发展

墓室壁画自秦汉时期兴起以后，一直经久不衰，唐代的墓室壁画依然兴盛。乾陵陪葬墓壁画人物造型准确，情态生动，色彩鲜明，线条挺拔简练，体现了唐朝的人物画秀丽风格和极高的艺术水平。如李贤墓中，有壁画 50 多幅，面积近 400 平方米，画面保存完整，技巧熟练，用笔刚健，色彩艳丽，形象生动。其中《马球图》《狩猎图》《客使图》最为突出。

唐代石窟壁画题材范围广阔，场面宏大，色彩瑰丽典雅。在题材内容上有了新的变化，巨大构图的经变故事成为壁画的主要部分，图案装饰亦出现了新的高峰。经变故事多半是用图画描写佛国极乐世界的楼台伎乐、水树花鸟、七宝莲池等美丽的事物及欢乐氛围，暗示皈依佛门必得善果。在敦煌石窟的壁画中，各种佛教形象，都保持着同现实生活的密切联系。佛像往往被描绘成为慈祥、和蔼、亲切的形象。菩萨形象更突出了现实生活中女性美的特征：他们或端庄文静，或窈窕多姿，或丰腴艳丽，无不亲切、温柔、高雅，故有"菩萨如宫娃"之说。画工们用自己对现实世界的切身感受去描绘佛教内容，用生活现象去解释宗教教义，必然反映了他们对于生活的主观认识和美的理想。正是凭借民间匠师们非凡的创造力和精湛的艺术技巧，唐代的佛教美术实现了外来艺术民族化，宗教艺术世俗化的转变。代表作品有《观无量寿经变》、《维摩诘经变》等图。

（六）隋唐绘画理论

随着绘画艺术的繁荣，隋唐的绘画史论大量涌现，体裁变化丰富。主要有姚最《续画品》、彦悰《后画品》、裴孝源《贞观公私画史》、李嗣真《续画品录》、张怀瓘《画断》、朱景玄《唐朝名画录》、张彦远《历代名画记》等。隋唐的画论、画史著作显示了唐代美学理论的深度。不少画论著作和新的观念范畴对后世绘画艺术创作和美术理论的发展与提高产生了重大的影响。

六、五代宋辽金元绘画

五代两宋时期的美术创造了唐代之后中国美术史上的一次辉煌。绘画题材更宽泛,宫廷院画盛极一时,民俗绘画也非常发达。由于受唐代以来诗歌伟大成就的影响,这一时期的绘画作品重诗意、重境界、重情趣,这种强调绘画的文学性、抒情性的倾向,导致山水、花鸟画的地位逐渐上升,荆浩、关仝、董源、巨然、李成、范宽、郭熙、黄筌、徐熙、刘松年、李唐、马远、夏圭等成为后人仰慕的绘画巨匠。北宋时期,随着苏轼、米芾、文同等倡导的文人画的逐渐兴起,中国绘画由偏重描写客体向偏重表现主体转换。宋代是宫廷美术、民间美术、文人美术三家开始分野的重要时期,同时又是文人画理论形成期。宋代初期承袭五代后蜀和南唐翰林图画院之制,设立画院。宋代各朝都沿用翰林图画院的体制。画院崇尚写实,风格富丽工致,被称为"院体"。文人画是宋代绘画中极富特色而又在中国绘画史上产生深远影响的画派。文人画代表人物如米芾、苏轼、文同等都在文学上很有造诣。虽然文人画在宋代没有形成强大的阵营与宫廷绘画相抗衡,但它在事实上给中国画增添了富有独特意义的内容和形式。这个时期"文人"作为一个概念明确地提出来,苏轼将"文人"称为"高人逸士"、"名卿士大夫",画工则被称为"俗人",两者社会地位和身份是截然不同的。文人士大夫和画工在对待艺术态度上也有区别。北宋文人的画既有行家画,又有文人与院体结合的一类,而典型的文人画则以文同、苏轼、米芾等为代表。他们兼有诗文与书法之长,文名与书名多在画名之上。文、苏的竹石,除士气外,还因或有比兴寄托而具文学意味;文人画山水,不求形似,与行家的山水画相异,而有特殊的意趣。与宋代美术并存的先后有辽、金,其政治、经济措施多采用汉制,实行汉族与本民族分治,劫掠了很多汉人其中包括有技艺的工匠、画家,他们的美术是在北宋及北方民间传统的基础上发展起来的,著名画家有李赞华、王庭筠、武远直等。元代是蒙古族入主中原的一个朝代。始于北宋熙宁、元丰年间的文人士大夫绘画潮流成为宋代至元朝明清时期重要的美术现象,文人画士在宋代处于初级阶段,未形成强大的潮流,其影响主要在后世。元代文人画另辟蹊径,从写意入手,形似与写实迅速退居次要地位,笔墨趣味成为欣赏和品评的重要因素,获得了独立于绘画形象之外的审美价值。诗、书、画的结合进一步紧密,画上题诗作赋的风气大盛,并成为画面构图的一部分有深化画面的意义,书法的体势、诗意的文辞与画面很好地协调。相得益彰,共同抒发主观意兴。文人画发展到这时,虽然以写意为主,不求形似,画面简单,但内容的涵盖量却大大地丰富了,它体现的是多种文化的综合,它是唐代写实风格后的一个巨大转变。元代文人画一种怅怅幽幽的清远之气将其绘画的格调推向"逸"的巅峰。

（一）山水画

1. 五代山水画

山水画发展到五代，画家深入研究自然，形成有显著地域特色的山水画，北方以荆浩、关仝为代表，好写重峦峻岭的全景山水；南方以董源、巨然为代表，长于描绘草木华滋的江南平远山水。荆浩，字浩然，河南沁水（今属山西）人。荆浩继承了唐代发展起来的水墨山水画艺术，经过总结传统和长期观察感受自然，他形成了自己的艺术风格。他的画以表现北方山水气象为主，技法上笔墨并重。今传作品《匡庐图》。荆浩《笔法记》是重要的山水画论著作，同以往的山水画论著作相比，内容更加深入、细致，具有系统性。《笔法记》提出的"六要"、"四品"等山水画标准论，为我国古代山水画理论打下了坚实基础。关仝，长安人。其山水画师法荆浩，多描写关陕一带山川，取全景式构图，山峰险峻，气势雄伟，石体坚凝，杂木丰茂，台阁古雅，人物幽闲，人称"关家景致"。《山谿待渡图》、《关山行旅图》是其代表作品。五代南唐山水画家董源、巨然专画江南一带山水，风格迥异于北方山水画。董源，字叔达，钟陵人。他的山水画有青绿、水墨二体，尤擅水墨山水。他创造了披麻皴与点子皴等表现方法，皴擦点染并用，成功地描绘出"土厚林秀、草木华滋、重汀绝岸、烟水苍茫"的江南山水风光。这种"平淡天真"的山水对后来的文人画有深远的影响。其传世名迹有《潇湘图》、《夏山图》、《夏景山口待渡图》等。巨然，江宁人。工画山水，师承董源，他与董源并称"董巨"。擅画江南烟岚气象和山川高旷的"淡墨轻岚"之景。多用长披皴，笔墨清润。山顶矾头相聚，以破笔焦墨点苔，水边点缀蒲草，在林麓间点缀卵石，玲珑剔透，清晰润泽，仿佛刚被水冲刷过一般。代表作品有《秋山问道图》、《万壑松风图》等。活跃于江南的山水画家还有卫贤和赵干，存于今的作品有卫贤《高士图》、赵干《江行初雪图》。

2. 宋代山水画

宋代是我国山水画发展的重要阶段，名家辈出，风格多样，具代表性的画家有李成、范宽、郭熙等。李成，字咸熙，山东营丘人。开创"平远寒林"画体。画法简练，笔势锋利，喜用淡墨，墨法精微，有"惜墨如金"之誉。画石用卷云皴法，嶙峋多洞，俗称"窠石"；画树曲折多节，枝桠皆枯瘦尖利，坚硬虬屈，因而被称为"蟹爪"。从传为其作品的《读碑窠石图》、《寒林平野图》等见到他的风格特征。范宽，字中立，陕西华原人。初学荆浩、李成，尤重面对真山真水写生。他所画崇山峻岭，往往以顶天立地的气势突出其雄伟壮观，成功地刻画出"山峦浑厚，势状雄强"的北方关陕风貌。《溪山行旅图》是他传世的代表作品。该画通过质朴粗韧的用笔,浓重浑厚的施墨,表现出北方山石苍劲厚重的质感。郭熙,字淳夫,河南温县人,北派山水的集大成者。他的山水画主要继承李成画派,但又博采众长,形成自己的风格。郭熙强调山水画要富有诗意,追求山水画的"可行"、"可望"、"可游"、"可居"之景。其绘画理论著作《林泉高致》,总结了他自己的山水画创作经验,提出了"三远"的创作方法。并着重讨论了山水特征和意境创造,提出"春山淡冶而如笑,夏山苍翠而如滴,秋山明净而如妆,冬山惨淡而如睡"等山水的审美观照和选材方法。如《早春图》就是"春山淡冶而含笑"审美观照的具体艺术实践。宋徽宗时期,绘画有突飞猛进的发展,画家云集,风格多样,青绿山水与水墨山水并存。著名画家有米芾、米友仁、赵令穰、赵伯驹、赵伯骕王希孟等。米芾创造了一种浓淡枯湿横点、积点成山的"米点"山水画技法,人们称其山水画为"米氏云山"、"米家云山"或"米点山水"。由于历史的原因,米芾山水画的真迹至今无一遗存,我们现在只能通过其子米友仁的山水画和元代的一些模仿品中见到米家山水的面貌。米友仁画山水"点滴烟云、草草而成",不求修饰,崇尚天真。赵令穰多画京洛间风光,传世作品有《湖庄清下图》。赵伯驹、赵伯骕山水人物花鸟全能,青绿山水继承李思训而更秀雅。传为赵伯驹作品有《江山秋色图》,赵伯骕代表作品为《万松金阙图》。王希孟《千里江山图》代表了画院青绿一体精密不苟、严格依照法则的院体风格。

南宋山水改变北宋传统,以边角之景代替全景式的山水构图,以局部特写体现整体刻画,开创了山水的新时代。代表画家是被称为南宋四家的李唐、刘松年、马远、夏圭。李唐是这一时期山水画变化的创始者,其山水画严谨质朴,气象宏伟,体现北宋传统,但造型章法及笔墨上明显趋于简括,开创了南宋山水的新画风。《万壑松风图》他融北方山水画诸大家所长于一身,首创大斧劈皴。历史故事画《晋文公复国图》与《采薇图》也是他的代表作,在画中李唐借历史故事表明自己恢复故土的强烈愿望,意在劝勉当时的统治者。刘松年山水皴法受李唐影响,但画风典雅,严谨不苟。刘松年传世作品《四景山水》描绘了春、夏、秋、冬四个季节西湖边的不同景色,以不同的情趣组成一曲和谐的韵律,让观者欣赏到不同的意境美。马远山水继承并发展了李唐画风,以大斧劈皴表现山石的奇峭坚实,章法上大胆取舍,画面留出大幅空白以突出景观,近景多偏在一角,细致刻画;远景简练概括,清淡悠远。马远人称"马一角"。代表作品《踏歌图》、《水图》、《寒江独钓》等。夏圭用笔苍老,水墨淋漓,喜用拖泥带水皴,其构图习惯于集中景物于一侧,空间旷大,意境邈远。夏圭人称"夏半边"。《溪山清远图》是其风格特征的典型代表。

3. 辽、金、元山水画

辽、金的绘画艺术继承唐和五代画风,并受宋代中原文化的影响,亦有本民族的特色。辽代山水画处于未成熟阶段。金代士大夫中不少画家师法苏轼、文同、米芾等人,多擅长山水墨竹。较有著名的作品有王庭筠《幽竹枯槎图》、武元直《赤壁图》。

元初文人画以山水画为大宗,以高克恭、赵孟頫等为代表的士大夫画家,提倡复古,回归唐和北宋的传统,主张以书法笔意入画,因此开出重气韵、轻格律,注重主观抒情的元画风气。高克恭《云横秀岭图》主峰突兀,岗阜林壑相拥,犹如君臣,云塞山腰,下有烟林溪渚,青绿横点浓重灵活,将董源、巨然的山水脉络和米点风格融合起来。赵孟頫,字子昂,号松雪道人,湖州人。其《鹊华秋色图》用花青、赭石设色,色不掩墨,开元代"浅绛"山水先河。作品一反宋代山水"可游"、"可居"的特点,山峦简朴抽象,丛林村舍、沙渚舟楫,点缀于萧散的平川之上,景物的理法开始被放于次要地位,代之而起的是对笔墨意趣的重视,披麻清润柔婉,具有书法意味,线条的浓淡干湿统一于平澹幽静的格调里。在理论方面,提倡古意,以书法入画。元代中晚期的黄公望、吴镇、倪瓒、王蒙四家及朱德润等画家,弘扬文人画风气,以寄兴托志的写意画为旨,推动了画坛的发展。黄公望,字子久,号大痴道人,常熟人。他是赵孟頫的弟子,取法荆浩、董源诸家,以水墨或浅绛作画,苍润浑厚,疏松远逸。《富春山居图》江水平静,峰峦起伏,沙渚逶迤,杂树参差,村落若隐若现,笔墨富有韵致。吴镇,字仲圭,嘉兴人。吴镇画风沉郁清壮,朴茂湿润,气象苍茫。其传世作品有《渔夫图》、《秋江鱼隐图》等。倪瓒,字元镇,号云林,无锡人。倪瓒画风简洁冷寂,荒寒清旷,带有孤独寂寞的感情色彩。他将山水画"逸"的境界推向顶峰。其"自娱说"在中国文艺美学史上影响深远。倪瓒"仆之所谓画者,不过逸笔草草,不求形似,聊以自娱耳",这种主观意趣浓厚的元代山水画其萧疏淡雅、简练超逸的创新风格实为中国山水画的新阶段,是文人画的范本。代表性的作品有《渔庄秋霁图》、《虞山林壑图》、《幽涧寒松图》等。王蒙,字叔明,湖州人。其用笔及写景富有存次变化,画意深秀苍茫、繁茂深邃。有作品《青卞隐居图》、《夏山高隐图》、《夏日山居图》、《葛稚川移居图》等传世。

（二）花鸟画

五代是花鸟画艺术走向成熟的时期。与山水画一样,它也形成不同的地区艺术特色,主要有两个流派,一派以为西蜀黄筌父子为代表,一派以南唐徐熙为代表。前者擅长宫园中的珍奇异兽的描画,充满富贵气,继续唐代写生的路子并在技巧及真实生动的表达上有很大进步;后者则是取材于郊野中自幼生长的花鸟鱼虫,传达自然朴素、天真野逸的意趣。在画史上有"黄家富贵,徐家野逸"之说。宋代是花鸟画空前发展的时期。一方面有画院画家应宫廷厅堂壁装饰之需要而创作的承袭五代的"黄家富贵"的花鸟画风。北宋的黄居寀、赵昌、崔白、马贲等,南宋的李安忠、林椿、李迪等都是较著名的院体花鸟画画家。画家们深入自然观察花鸟情态,作为创作构思的基础。北宋初期院体画以黄体为标准。黄筌之子黄居寀在画院中是代表人物,其作品宁静平和、艳丽细腻,现存代表作品有《山鹧棘雀图》。北宋的赵昌以画色彩明丽的折枝花果著名。赵昌之后,较为有影响的是崔白,他将徐、黄风格结合起来,以墨为骨干,勾染结合,色墨融合,善于表现花鸟的运动变化及相互关联。《双喜图》、《寒雀图》等均体现了其特征。南宋花鸟画沿袭北宋,亦有成就较高的名作。如李安忠的《草卉秋鹑图》,林椿的《果熟来禽图》,李迪的《雪树寒禽图》等。另一方面文人士大夫的水墨花鸟画也形成了独特的体系,不拘陈法,不拘泥于形似,多好水墨写意,寄情于笔墨,与院体花鸟画形成鲜明对比。如文同的《墨竹》,杨补之的《墨梅》、《四梅花卷》、《雪梅图》,赵孟坚的《岁寒三友》、《白描水仙图》等。南宋后期的梁楷、牧溪的水墨减笔画开创了写意花鸟的先河。牧溪的《松猿图》是典型代表。元代花鸟画大体上可分两类,一类是延续宋代院体花鸟画而略有发展。另一类则是在继承苏轼、米芾等文人画传统基础上继续发展并占主流地位的水墨花鸟画,大都借梅、兰、竹、菊之形以寓君子之德。郑思肖的墨兰、管道升的兰花、柯九思的墨竹、王冕的墨梅、李士行的竹子、钱选的菊花、倪瓒的秀石,都较为著名。

（三）人物画、风俗画与历史画

五代时期的人物画,发展了唐以来的世俗化倾向,但在内容上那种盛唐时期欢愉升平的题材已日趋稀少,画家笔下呈现更多的是日常生活、身边琐事、爱的苦恼、闲的寂寥了。顾闳中、周文矩等人物画作品不仅善于把握生动的富有表现力的情节,而且十分注意对在特定的环境和情节中的人物心理的表现,从而较为深刻地揭示出社会的本质。顾闳中是五代时著名的人物画家,南唐后主李煜时为画院翰林待诏。其代表作《韩熙载夜宴图》再现了当时现实生活,揭示了统治阶级内部矛盾,具有深刻的思想内容和较高的艺术价值。周文矩,句容人。工画人物,尤擅仕女,多以宫廷贵族或文士生活为题材。风格近唐代周昉而更纤丽,多用曲折颤掣的笔法表现衣纹,其线条挺健又略带抖动和顿挫。这一特点在当时影响很大。画的内容以"用意深远"著称 流传于世的作品有《重屏会棋图》和《宫中图》。

宋代人物画的表现主题、题材范围比起唐代、五代的绘画则有明显的变化和拓展,平民市井的乡村生活,各种社会风俗活动,以及边区少数民族生活,都成了画家们精心构思和表现的内容。在道释画方面最有名的是武宗元的《朝元仙仗图卷》,该图描绘五方帝君中的三个帝君率众前往朝谒天上的最高统治者的情形。对全部人物行列勾绘了稠密重叠的衣褶,并且尽量变化着头饰、仪仗和六十七个仙女的姿态。这些变化产生了形式上的丰富和华丽的效果,努力避免单调的感觉。行进的人物、幡旗、裙裾、飘带等处于动态之中。线条使用兰叶描,极富有韵律。李公麟《维摩演教图》通过线条的粗细浓淡、轻重虚实、刚柔曲直来写形传神,生动地表现人物的形体、喜怒哀乐等表情以及衣着的质感等。梁楷《泼墨仙人图》除头部外形及五官用细笔勾勒外,通体以淋漓的水墨抒写,并将眼口鼻紧凑一起,使仙人醉态更加突出。宋代风俗画到张择端的《清明上河图》已达到了成熟的阶段。张择端《清明上河图》分三段,以汴河为中心详细地描绘了北宋政治经济中心汴京的都市生活。从商业、漕运、建筑等角度,全景式地展示了郊野、汴河、街市三处的景致。作品采用散点透视,长卷构图中充满了戏剧性情节和引人入胜的细节描写。风俗画成就较高的还有苏汉臣的《秋庭戏婴图》、《货郎图》、《婴戏图》、《五瑞图》,李嵩的《四迷图》、《巴船下峡图》、《货郎图》等。历史画方面陈居中的《文姬归汉图》、李唐的《薇图》较有影响。元代人物画成就远不如唐宋时期,唯有肖像画成绩比较突出。同时,宗教壁画和界画受到元代统治者的偏爱,有了较快的发展。

七 、明清绘画

明代人物画发展缓慢,出现了如仇英、陈洪绶等杰出画家;山水画出现了浙派的戴进、吴伟和吴派的沈周、文征明等有影响的人物;花鸟则有边文进、林良、吕纪等。尤其是陈淳、徐渭独抒情怀,笔墨淋漓的写意花鸟,别具一格,显得格外醒目。明末董其昌,倡导士大夫画的尚意画法,创立画分"南北宋"的山水画理论,对清代以后绘画的发展产生了一定影响。明代恢复了被元代废弃的宫廷画院,但不论规模还是创作活动都无法与宋代的翰林图画院相比。画院画风多取工丽一路,在追求华贵、富丽中,有浑朴端严之风。

（一）明代绘画

1. 明代画院与浙派的绘画

明代画院与浙派的绘画,较多地承袭了宋代画院的风格,在花鸟、山水、人物各方面都有传统中较深厚的笔墨功夫和造型能力,并注意到表现生活内容。吕纪,字廷振,浙江宁波人。弘治年间进入宫廷,擅长如丽沉稳的工笔重彩,又能作水墨淡色写意,所作花鸟敷色灿烂,代表了明中叶院体的风格。吕纪画风上追两宋院体,又能兼取时人边景昭、林良等人之所长。画面富有生气,不拘一格。吕纪代表作《桂菊山禽图》,此图为工笔重彩花鸟与写意树石相结合的作品。所绘主体花鸟如绶带鸟、八哥、桂花、秋菊,均属于祥瑞、珍贵之物,寓有富贵长寿和君子节操含意,内容明显地反映了皇家的艺术和审美旨趣。林良,字以善,广东南海人。多用水墨写禽鸟、树石,笔势奔放,法度森严,兼有工笔重彩,用笔刚健奔放,构图气魄宏大,尤善于画鸟。代表作品有《双鹰图》、《古木苍鹰图》、《山茶白羽图》等。边景昭,字文进,福建沙县人。是明代画院中影响较大的工笔花鸟画家。他博学多闻,所画花鸟尤能注重精神特征描写,对于花鸟妍姿飞鸣之态皆能精心刻画。画风以端庄妍丽的工笔重彩见长,这种风格在明代画院是极为普遍的。传世作品《三友百禽图》描绘了入冬季节,百禽集戏于松竹梅间的热闹场面。画风工而不板,带有南宋院体工致富丽的风韵,画面的物象既真实地展现了生物的自然本性,也形象地表达了内涵的寓意。

浙派,指活跃于杭州一带的画家群体,杭州是南宋的都城,宋院体画传统深厚,浙派尤尚马夏画风,在明宣德前后占据画坛主导地位,中期在吴门画派崛起后逐渐衰微。戴进与吴伟、商喜是其突出代表。戴进,字文进,号静庵,钱塘(浙江杭州)人。绘画上戴进取法南宋马、夏,他的山水画境象恢宏,造型明快而富有质感。笔墨劲健而法度谨严,在画风上有南宋苍劲的形式。他尤其善于在山水实境中安排略有情节的人物活动,画面初看颇有气势,细看又多生活意味。在职业画家中戴进影响是很大的,有众多的追随者。由于他是浙江人,所以后人把这一派称为"浙派"。戴进的代表作品《关山行旅图》,该图全景布局,景致可居可游,继承了李郭体系,图中以人物活动为主线,使山水画充满世俗人情味。吴伟,字士英,又字次翁,号小仙,江夏(武昌)人。吴伟初学戴进,画风奔放,笔法纵逸,但用水更多,气魄更大,布景造型简括整体。画中人物大都气宇昂扬,飘然物外,人物和山水结合,给人以简劲放纵,水墨淋漓之感。吴伟画风在画院内外职业画家中亦多追随者,如张路、蒋嵩等,论者以吴伟的籍贯又称追随他的一路为"江夏派"。传世作品主要有《渔乐图》、《长江万里图》、《柳下读书》、《梅下抚琴》等。吴伟代表作《长江万里图》此图绘于明弘治十八年(1505年),为吴伟传世水墨写意画中少有的长卷巨制,也是作者在故乡创作的重要作品。画面峰峦起伏连绵,江河湖港气象万千,野渡渔村、水榭楼台、茅屋草舍、水磨长桥点缀于山川湖泊之间。吴伟的山石画法一般受马、夏传统"斧劈皴"的影响,但在这幅作品中,他采用刚健奔放的勾勒与水墨晕染相结合的手法,挥洒纵横,描绘出万里长江的撼人气势,表现了画家以雄强风格取胜的艺术特色,在宋元以来放笔写意一派的水墨山水中有其独特的创造性。

2. 吴门画派及"吴门四家"

画史上的"吴门画派"概念是明代后期董其昌明确提出的,其核心人物沈周、文征明,都是江苏吴县(又称吴门)人,故称此派为"吴门派"。属于这一画派的主要人物还有唐寅、仇英。这四人合称"吴门四家",又被称为"明四家"。吴门画家多为诗书画全能的名士,他们厌恶仕进,悠游林下,以诗书画自娱并作为生计。吴派画风以标士气,精笔墨,尚意趣为旨归。艺术上致力于宁静典雅,蕴藉风流的风格,进而抒写自得其乐的精神生活。吴派画家的艺术风格主要继承宋元以来文人画传统,他们大多有良好的古典文化和艺术修养。他们的作品变元人的疏简放逸为文雅蕴藉,成为中国美术史上文人画发展中的一个特殊阶段的代表,影响深远。沈周,字启南,号石田,江苏吴县人。一生不仕,博览群书。尤善诗书画一体结合的文人画风。他的绘画创作以山水为主,风格沉着浑厚。除山水外,亦画花鸟人物,淡墨浅色情满意足,为吴门派宗师,文征明、唐寅都曾先后入其门。《庐山高图》轴是沈周的代表作,为其师陈宽70岁生日所作的祝寿图,画中借助庐山五老峰之崇高宏大的形象,表达他对尊师的崇敬之意。画面圆深挺健,体现了沈周的丰健笔墨功夫和轩昂的文人意态,并可见他在山水画的温雅情调里,表述的恢宏胸襟。文征明,号衡山,江苏吴县人。诗书画全能。他的书画体势流利劲秀。文征明绘画远效郭熙、李唐,近师王蒙。画风早年工丽细致,格调恬静典雅;中年用笔粗放,水墨淋漓;晚年粗细相间而得清润自然之致。其画可谓是粗中有细,粗的以水墨为主,细的以青绿为主。亦善人物、花卉,为吴门派重要画家。代表作品有《霜柯竹石图》、《万壑争流图》等。唐寅,字伯虎,吴县人。唐寅的山水画多学李唐、刘松年,兼及元四家,又曾远游名山,故其画用笔豪放中见风雅情致,自创一派。唐寅亦擅长仕女人物画,多用"院体"工细着色之法描绘。他笔下的仕女多是下层社会的妓女,他以同情的态度描绘她们。《孟蜀宫妓图》取材于五代后蜀孟昶的宫廷生活,他以同情的态度批判了这些宫伎的生活态度。图中所绘四位女子形象娟秀端丽,眉目勾勒精细,晕染匀净,衣纹线条苍劲畅利,既继承了宋代人物画工整流畅的线描功夫,又吸取了元人刚健方折的笔法,具有刚柔相济的特点,创明代仕女画之典型。唐寅花鸟画笔法利落,墨色清净。仇英,字实父,号十洲,江苏太仓人。漆工出身,后改学绘画,曾师从周臣学画。其山水画纤细精巧,又具有古朴典雅的意趣。其人物画工笔重彩,用精细、粗放笔法,刻画出绚丽清雅的画意。代表作品《修竹仕女图》、《人物故事图册》等。

3. 明代写意花鸟画

明代花鸟画有工整艳丽的院体和崇尚士气的写意两派。院体有边文进、吕纪等,但由于明代社会文化环境所致,院体并不受文人喜爱,一般文人对绘画的态度是:"绘事不难于写形,而难于得意"(祝枝山《书画鉴影》),"画以三笔五笔得其神者佳,虽笔笔工整,敷色浓丽,即得其妙,神亦难至"(刑侗《题沈周花果》）。故而，院体的工丽花鸟画在明初盛行一段后，便让位于写意花鸟。写意花鸟自五代、宋盛行以后，发展至明代中叶形成一个高峰期。沈周、唐寅开拓了这一领域，画法洗练，题材广泛，继而出现了以表现个性为主，笔墨技法淋漓酣畅，情感充分溢于笔墨的杰出画家陈淳与徐渭。陈淳，字道复，号白阳山人，苏州人。作画以元代绘画及文征明为法，随意点染，尤擅写意花卉。他的画面处理，常有一花半叶，疏斜历乱之致，造型精研，剪裁选取巧妙有生气。与徐渭同为明代文人写意花鸟画的代表。陈淳的《洛阳春色图》水墨洒脱，颇得士气，是陈淳写意画的典型作品。牡丹花攒三聚五，错落有致，得典雅飘逸之风姿。徐渭，字文长，号青藤道士、天池山人等，浙江山阴（今绍兴）人。徐渭是一位具有多方面艺术才能的狂士，他在书法、绘画、诗文、戏剧等方面都有较深的造诣。徐渭青年时代胸怀大志，但八次应试都未能求得功名，只得绝意于仕途。后来他精神错乱失控，竟误杀妻子，被监禁六年。出狱后，穷困潦倒的徐渭以诗文书画发泄愤世嫉俗之情。正是因为他性情放纵，将一腔愁愤寄托在诗文书画上，故其画不拘于细枝末节，所画花鸟以泼墨肆意挥洒，使形象更趋奔放简练，神韵尽现。其《墨葡萄图》，藤条盘曲交错，叶子披离纷杂，葡萄得意忘形。画上又题有一首诗："半生落魄已成翁，独立书斋啸晚风。笔底明珠无处卖，闲抛闲掷野藤中。"徐渭的悲愤之情在此画中一览无余。此图运用泼墨、积墨、破墨等多种技法，浑然飘逸，气势奔放，一气呵成，是大写意花卉中的精品。

4. 董其昌及其绘画理论

董其昌，字玄宰，松江华亭人。在绘画方面，注重师法古人之法，不重写实，提倡书法入画，强调笔墨虚实关系，讲究章法形势，对文人画极为推崇。他的作品以含蓄性的意境见长。其山水集宋元诸家技法之大成，形成苍秀雅逸的画风。《北山荷锄图》、《昼锦堂景图》册、《秋兴八景》册是其山水名作。著有《画旨》，提出山水画"南北宗"论。他把佛教"北宗"的"渐修"与南宗的"顿悟"套用到绘画风格的内涵里去分析。文人画派是"顿悟"式的灵感体现。工细画风是"渐修"的结果，无天趣可言。董其昌崇尚率真、士气、笔墨，主张变化，比较轻视功力、画工、自然丘壑。在"南北宗论"里他有意推崇表达文人世界观审美意趣的水墨写意画风，这种思想理论在明后期至清代产生了很大的影响。

（二）清代绘画

清代美术在复古与革新等各种不同思想的矛盾斗争中，形成了异彩纷呈的景象。清朝建国之初，画坛便呈现了流派纷争，风格多姿的局面，其中既有强调传统的"四王"；又有笔墨豪放，执著求新的"四僧"；还有面对自然表现实景的"金陵八家";以及吸收欧洲画风,为皇室服务的宫廷绘画;其后,又有追求个性解放,风格鲜明的"扬州八怪"等。流派之多画风之多超过了历史上的任何时代。各种艺术观念在相互斗争中,促使各自的成就愈益突出鲜明。

1. 清初六家

清初占据画坛时间最长的画派是被当道者视为正统的"四王"画派。"四王"与另外两位画家吴历、恽寿平,并称为"清初六家"。从某种程度上说,清代山水诗对董其昌艺术思想的一种注解和回应。"四王"醉心于前人的笔墨技巧,注重融汇传统图式构成之大成。他们都生活在江南,受董其昌的影响,主张模古,反对创新。画面缺少生活气息与创造力。王时敏,字逊之,号烟客,少时深受董其昌及陈继儒的赏识和影响,他对宋元名迹无不精研,对黄公望的山水尤其追慕。他的画用笔含蓄,格调苍润。作品《仙山楼阁图》、《落木寒泉图》、《山水图》等的山石画法在披麻后加横点迭皴,使丘壑具有浑成之感。王鉴,字圆照,号湘碧。以董、巨为宗,融合元四家。其早期与王时敏风格相近,如《仿古山水册》。晚年形成特色,如《梦境图册》、《夏山图》等,布景繁密,丘壑深邃,皴法爽朗而细密,用墨浓润而层次丰富,风格苍莽古厚。王翚,字石谷,常熟人。是技法较全面的画家,追求笔墨与丘壑并重,将笔墨的精神传达与造型相结合。《仿古山水册》、《仿巨然山水册》是其仿古佳作。王原祁,字茂京,号麓台。受祖父王时敏的影响,崇拜黄公望。其干笔积墨法最具有代表性,先笔后墨,连皴带染,由淡而浓,由淡而浓,层次丰富,并常以关键处焦墨破之,显得浑然一体,厚重精美。自称笔端为"金刚杵"。代表作品有《仿黄公望山水图》、《仿高房山云山图》等。

"四王"与吴历、恽寿平并称"清初六家"。吴历,字渔山,常熟人。吴历在师法宋元诸家的基础上,又融合西画之法,是清初六家中的独特现象。其山水画取法自然所得,画中取景真实,又是在潜移默化中间接渗透西法使然。代表作品有《雨歇遥天图》、《湖天春色图》等。恽寿平,号南田,江苏常州人,没骨画法的代表人物。他早年的山水师法王时敏、王鉴,中年后多作花卉,他的花鸟画创作极重写生,力求去除宫廷脂粉气息。他在准确造型的基础上巧妙运用水与色,恰到好处地在色中施水。创"色染水晕"之法,丰富了没骨画法的表现手段,有清润、雅致活泼的感觉。恽寿平的《花卉图册》赋色绚丽明快,正所谓"浓妆淡抹总相宜"。

2. 清初"四僧"

清初画家具有强烈的创造精神和民族意识,以愤世、压抑的情感突破窠臼,在新的审美区域取得了显著的成就,其中最有名的便是画史所载石涛、八大山人、髡残、弘仁四位遁迹空门的画家,被称作"四画僧"。作为前朝的遗民画家,他们心怀亡国之痛,在笔墨之中抒发激越、压抑的情感,加之,东南地区经济发达,萌发了初步的民主与个性解放的追求等因素的影响,造成他们的绘画形式不守前人规范,风格奇肆,笔情恣纵,有强烈个性的风格特征。"四僧"有高深的学养,扎实的绘画功底,将佛学、禅理、老庄融入他们的学术思想和艺术创作之中。社会潮流、时代审美趋向,加上他们的个人情怀,使他们的绘画合时代新貌,有极大创造力,在与清初"四王"势力的挑战与对抗中,他们的成就更为杰出。清初四僧的艺术成就标志着传统文人画在清代所达到的高峰,他们的独特笔墨意趣是时代社会的心声,是更具表现性的艺术形式。他们学识修养高深,在艺术中的进取与革新创造精神,永远为人们所称颂。弘仁,字大奇,号渐江,安徽歙县人,"新安画派"之主要代表,与查士标、孙逸、汪之瑞称"新安四家"。与石涛等同受益于黄山,因而又有"黄山画派"画家之称。他往来黄山,黄山一松一石,无不蕴于胸中,深得写生之妙。其山石造型多为几何形方折状,笔墨苍劲整洁,富有秀逸之气,给人以清新感觉,不落陈规。代表作品有《松壑清泉图》、《黄海松石图》、《黄山始信峰图》、《余雨柳色图》等。朱耷,号彭祖,明宗室后裔,南昌人。朱耷出于贵胄之家,家学渊源,明朝覆亡后,便皈依佛门,佛事之余,奋志书画。朱耷有很多别号,如个山、雪个等,书画常以"八大山人"署名。画面意气纵横,有一种难以伸展的抑郁之气。与他的诗"墨点无多泪点多,山河仍是旧山河"两相对照。他画山水多有荒寒萧索之气,画花鸟虚疏淡泊,冷逸逼人。是其凄凉身世、冷落情怀的表现。晚年非僧非道,这时书画更臻出神入化。《秋林亭子图》、《松谷山村图》、《鸟石图》、《荷石水禽图》皆有代表性。石涛原名朱若极,为避难求生,出家为僧,法名原济,号苦瓜和尚、大涤子等。石涛禅理诗画皆有造诣,艺术创作境界幽深,氤氲变幻,笔墨洒脱,形成了物我浑融的画风。《梅竹图卷》,画中劲挺的梅枝与竹枝互相交错,左右曲折而婉转,盛开的梅花在竹枝映衬下显得生机活泼、傲岸挺拔。用墨色的浓淡变化来表现梅与竹的神韵,笔工精妙,生机益然。石涛对于古人于批判中继承,当时董其昌的"南北宗"论影响着画坛,社会盛行摹古之风,他则独抒己见:"我自用我法"。石涛晚年卖画扬州,对扬州画派产生了很大的影响。代表作品有《山水画册》、《苍翠凌天图》、《苍山结茅图》等。在其绘画理论《苦瓜和尚画语录》提出了著名的"一画"论。髡残,字介丘,号石道人、残道者,湖南常德人。其画既受元四家影响,也博采吴门众家。他更多以造化为师,黄山、金陵、武陵山都是他作品中的素材。笔墨简练沉郁,秃笔干墨勾勒皴擦山石,水墨渲染云烟。线条短粗而有律动,森森然令人震慑。《雨洗山根图》画崇山层叠,古木丛生,近处茅屋数间,柴门半掩,远方山泉高挂,楼阁巍峨。山石浓墨描写,干墨皴擦,描色勾染,焦墨点苔,远山少许花青勾皴。全幅景物深幽奥妙,峰峦浑厚,笔墨苍茫。

3. 扬州画派与"扬州八怪"

清代的扬州城,盐商富贾云集,他们以附庸风雅为时尚,加上新兴市民阶层对绘画的需求,于是一批职业画家寓居扬州,以卖画为生,形成一个绘画群体,一般称为"扬州画派"。其中以金农、汪士慎、黄慎、高翔、郑燮、李鱓、李方膺、闵贞、罗聘等人为代表,这些人画风各异,以"崭新"与"异趣"追求个性情怀的抒发,是一些代表绘画新风尚的画家。在创作中他们并不因循统治者标榜"正宗"的守旧画风,继承徐渭、石涛等人的创作思想和实践,重视师造化,强调个性,强调抒发自己的感受,写意传情,"刺时"、"言志"。以巧藏拙,苍劲中求柔媚,纵逸中见法度,完善了诗书画印相结合的文人画风。扬州画派不尚正统文人画派标榜山水的风气,以花鸟创作为主。他们的绘画创意不以清高避世为出发点,而着眼体现对现实的执著关怀,或寄托高洁人品情操,或怀着美好愿望,在强调写意形式中,增加了世俗成分,变革了传统文人画的书卷气。

华岩,字秋岳,福建汀州人。花鸟画主要吸收恽寿平的小写意画法,同时取宋人工笔花鸟意趣。他重视写生观察,使形象姿态清新活泼。其作品文质相兼、雅俗共赏。他尤喜画疏枝上自由飞鸣的鸟雀,善用简括的笔法勾出树杈,用干笔枯墨,赋以淡彩画鸟的形体羽毛,质感极强,能生动地画出鸟的动态。《海棠禽兔图》、《山雀爱梅图》等都体现了其风格特征。金农,字寿门,号冬心,浙江仁和人。金农的画风不以恣纵狂肆画风见长,而富有修养,以金石篆刻的韵味入画,画面与书法融为一体,所画梅竹、花鸟、人马和山水古拙而意境奇奥。金农尤喜画梅,画面上满是梅花,其冷落的外表有着形外之音。代表作品有《玉壶春色图轴》、《梅花图册》等。黄慎,字恭懋,号瘿瓢,福建宁化人。擅长人物写意,间作花鸟、山水。黄慎的写意人物,创造出将草书入画的独特风格。怀素草书到了黄慎那里,笔意更加跳荡粗狂,风格更加豪宕奇肆。以这样的狂草笔法入画,行笔"挥洒迅疾如风",气象雄伟,点画如风卷落叶。黄慎的人物画,多取神仙故事,对历史人物和现实生活中樵夫渔翁、流民乞丐等平民生活的描绘,给清代人物画带来了新气息。其作品有《采茶图轴》、《伏生授经图》、《渔妇图》、《携琴仕女图》、《花卉册》等。郑燮,字克柔,号板桥,江苏兴化人。其绘画题材主要是兰、竹、石,形象生动多姿,笔墨刚健。在水墨写意画风格中,承徐渭、八大山人和石涛画法,又自辟蹊径。他提出"胸有成竹"的观点,把眼中、胸中、手中之竹概括为三个步骤,讲的既是画竹的方法,更是艺术创作的重要方法。在章法上以"六分半书"或"乱石铺街"体著称,实为诗、书、画三者结合。代表作品有《兰竹图》、《衙斋听竹图》、《竹石图》等。罗聘,字遁夫,祖籍安徽歙县,后为江苏扬州人。为金农入室弟子,好游历。画人物、佛像、山水、花果、梅、兰、竹等,无所不工。笔调奇创,超逸不群,别具一格。他又善画《鬼趣图》,描写形形色色的丑恶鬼态,无不极尽其妙,藉以讽刺当时社会的丑态。其代表作有《三色梅轴》《茛榖图》等。李方膺,字虬仲,号晴江,江苏南通人。善画松、竹、兰、菊、梅、杂花及虫、鱼,也能人物、山水,尤精画梅。所画梅花,铁干铜皮,矫健蟠曲,以瘦硬见称。作品有《梅花图卷》《潇湘风竹图》等。汪士慎,字近人,号巢林,安徽歙县人。善画梅竹,偶作山水、人物。所画梅花主要挥写而成,稍施皴擦,产生水墨淹润的效果,独具清新幽香的风格。扬州八怪究竟是哪些人,历史上并没有一致记载。该画派重写尚意、以意遣形,是继八大、石涛之后清代写意花鸟的又一次高潮。

4. 晚清上海画派

鸦片战争后,中国社会沦为半殖民地半封建社会。传统美术从过去少数人享用的圈子里走出来,面对大众,成为大众斗争的工具或共有的精神财富。传统文人画独抒个性的形式主义,转变为与社会生活相联系的新风尚。艺术家立足时代需要,有选择的继承传统,有选择地吸收西方文化并汲取民间美术万分,使中国绘画出现了雅俗共赏的新格局。上海画派在这方面取得很大成就。上海画派的活动分为两个时期:前期以赵之谦、任颐的成就最大,画家包括任熊、任熏、虚谷;后期以吴昌硕为代表。赵之谦,字益甫,号无闷,绍兴人。绘画采用书法、篆刻的古拙风格,赋予大写意花卉挺拔、峻峭、浓艳与厚重的特征。色彩上则吸收民间赋彩的一些优点,变清淡为艳丽。代表作品有《积书岩图》《墨梅图》等。任颐初名润,字小楼,后字伯年,浙江绍兴人。在绘画技法上逐渐形成勾勒敷彩、没骨法和水墨写意几种不同的表现形式。其人物画题材广泛,内容通俗易懂,描绘先画墨骨,然后敷彩。《三友图》《寒酸尉像》等是其代表作品。在花鸟方面,他善于刻画运动中的花鸟,将瞬间的姿态描写于画面,设色淡雅,活泼轻松。代表作品有《五瑞图》《水仙双雄图》《春江水暖图》等。吴昌硕,字昌硕,别号老缶,苦铁等,浙江湖州安吉人。其作品画面疏密错综,虚实相间,笔墨轻重照应,左右相生。运笔与书法一致,下笔浑厚,老辣苍劲,拙朴如篆如籀,有浓重的金石味,用墨雄浑豪放。色彩强烈鲜艳,富有对比性。代表作品有《墨梅图》《红梅图》等。

(三) 明清版画艺术与民俗画

中国传统版画,最早见于唐代佛经。宋元时期更广泛应用于各种类型的书籍插图。到明代中叶以后,随着市民文艺的发展,传统版画走向了它辉煌的里程。尤其在安徽、江苏、浙江、福建等省份最为活跃。明代中叶,徽派版画空前发展,万历年间达到高峰,尤以黄应麟、汪忠信两个刻版家族最为突出。徽派版画风格精细秀美,线纹柔细,人物修长,表情似笑非笑,背景衬托繁密精丽,具有典雅、精巧而且生动的艺术效果。作品有《养正图解》《古烈女传》等。在徽派的影响下,各地方版画都形成了自己的特色。杭州版画贵气华丽;苏州纤巧精丽;南京古朴厚实等。这些版画,大都以人物为主,对人物刻画细腻精到,颇重视心理描写,并以景物烘托气氛。明代版画不仅应用于各种书籍插图。而且也大量用于画谱、笺纸、墨谱、民间娱乐品、酒牌等。在木刻版画盛行的同时,技艺的提高势所必然。安徽"十竹斋"在技术探索中发明了"短版"(分色分版的水印)与"拱花"(以凸版在笺纸上压印花纹图案),尤其是套色水印的发明,开拓了中国版画艺术的新领域。明代大画家为雕版作画的也很多,如仇英曾为《列女传》的插图起稿,唐寅为《西厢记》作插图。最著名的是明末著名的画家陈洪绶,他所画的《博古叶子》与《水浒叶子》,还有为文学名著《离骚》作的插图等,艺术个性十分独特而鲜明。清代版画内容广泛,"尽收天下大事,兼图里巷所闻",而且"不分南北风情,也画古今逸事"。内容包括戏文故事、人情风俗、美人仕女、吉祥寓意和风景花鸟,亦有佛经插图与画谱等,艺术风格着眼于大众化,重视各阶层典型人物特征的概括,色彩明快,对比强烈,对人物刻画简洁而又深刻。康熙年间出版的《芥子园画传》系统地介绍了传统绘画的画法和流派,图文结合,简明扼要,便于习画者摹写。刻工精致独到,艺术价值较高,是我国版画史上有影响的作品。明清时期的民俗画,题材涉及宗教、历史、文学、戏曲、日常生活等许多方面,形式有壁画、木刻年画等。一般来说,民俗画富于装饰情趣,通俗耐看,多含劝恶从善、吉祥喜庆的寓意,如《莲生贵子》、《五子登科》、《鱼跃龙门》、《年年有余》等。明清时期苏州桃花坞、天津杨柳青年画名声较大,成为南北年画的代表。其中杨柳青的年画,素雅柔和,线条流畅,尤其是描绘戏剧内容的年画,人物的性格、神态、表情、举动都描绘得出神入化,极为生动。

【思考题】

1. 简述原始绘画的发展。
2. 叙述两汉画像石、画像砖的发展。
3. 叙述顾恺之绘画艺术成就。
4. 简述唐代人物画的艺术成就。
5. 叙述隋唐山水、花鸟画的发展。
6. 简述五代山水特征。
7. 简析"徐黄异体"。

8. 叙述北宋山水的概况。

9. 分析南宋山水的特征。

10. 简述元四家的艺术特色。

11. 简述浙派画家的艺术成就。

12. 叙述吴门画派的艺术特征。

13. 分析董其昌的艺术主张及影响。

14. 简述"四王"的艺术特点。

15. 分析清初四僧的艺术个性。

16. 简述扬州八怪的艺术特色。

【参阅书目】

1. 朱狄:艺术的起源。武汉:武汉大学出版社,2007 年。

2. 陈传席:中国绘画史。天津:天津人民美术出版社,2001 年。

3. 潘公凯、李超、惠蓝等:中国绘画史。上海:上海古籍出版社,2004 年。

4. 陈绶祥:隋唐绘画史。北京:人民美术出版社,2000 年。

5. 刘敏:华夏五千年美术文化史。北京:中国文史出版社,2004 年。

6. 徐书城:宋代绘画史。北京:人民美术出版社,2000 年。

7. 中央美术学院美术史系:中国美术简史。北京:高等教育出版社,1990 年。

8. 陈传席:中国绘画美学史。北京:人民出版社,2002 年。

第二节 雕 塑

一、原始雕塑

原始雕塑主要伴随制作生产、生活用具而出现,多属于工艺装饰雕塑,拟形陶器的制作就属于此类。代表文物有甘肃秦安大地湾出土的人头器口彩陶瓶、陕西华县出土的鸮形陶鼎、陕西洛南的人头形器口红陶壶、山东郊县三里河出土的猪形鬶和狗形鬶等拟形陶器。可能出于宗教的目的,独立的雕塑亦被制作。雕塑手法丰富,题材广泛。在辽宁红山文化出土了大量的陶塑与泥塑女神像。最著名的是出土于辽宁牛河梁的一件与真人等大的泥塑女神像与在喀左县发现的陶裸体女像。除了独立的人形陶塑外,在湖北天门、黑龙江宁安等地发现了陶塑动物。

二、先秦雕塑

先秦雕刻从材料上看,主要有青铜雕刻、玉石雕刻、木雕刻。青铜是红铜加锡的合金。在新石器晚期的陕西羌寨仰韶文化、甘肃东乡的马家窑、山东的龙山文化、甘肃的齐家文化等遗址,就已经出现了红铜或铜器制品。我国先秦时期的青铜器种类繁多,按照其功用可以分为礼器、乐器、兵器、工具和车马器几种类型。礼器用于各种礼仪场合,是统治阶级用以区分尊卑等级的器具。礼器包括炊煮器、食器、酒器和水器。青铜器在不同时代大抵呈现不同的风格。夏代青铜器体量较小,造型简单、质朴,铸造水平很低。商代青铜器由简到繁,是青铜器艺术发展的鼎盛时期,总体上讲其风格凝重雄浑、奇诡狞厉。西周青铜器典雅理性。春秋、战国青铜器繁复精细。夏、商、周时期奴隶制度不仅创立了完善的国家机构,而且建立了等级森严的宗法制度。维护这种宗法秩序的就是"礼",由于等级制度的复杂,礼的表现形式也很繁复,作为礼器的青铜器就是这种复杂的礼的物化形式。如出土于河南安阳商代墓中的司母戊鼎,是商王祭祀其母亲的祭器,被视为贵族地位、权势的象征,它采用神秘奇诡的夔纹和兽面纹作装饰,再加之其体量厚重,形成一种令人震撼的狞厉之美。春秋战国时期,礼崩乐坏,个人的思想、价值从"礼"的禁锢中被解放出来,形成了自由争鸣的"百花齐放"的局面,青铜器装饰所采用题材多样化、生活化,呈现出写实的特征。如春秋中期的《立鹤方壶》装饰精致繁复,以一只展翅欲飞的鹤传达出自由灵动的精神。成都百花潭出土的战国青铜器《宴乐渔猎攻战纹壶》,题材广涉采桑、宴乐、狩猎、攻战等内容,真实地再现了当时的社会生活的丰富性。商周青铜器形式可分为圆雕、附属于青铜器体的圆雕或浮雕、拟形器。独立的青铜圆雕在基本轮廓方面写实,在细部刻画方面夸张抽象。四川广汉三星堆出土的《铜面具》、《青铜立像》可为代表。商代附属青铜器身雕刻所达到的艺术成就很高。如湖南宁乡出土的人面方鼎,鼎身四面各装饰一浮雕人面,五官简练概括,表情威严传神。拟形青铜器在商代获得高度发展。出土于湖南安化的人虎相抱卣,作品造型庄严稳定,纹饰繁缛富丽。西周独立的青铜器人物雕像从现有的出土文物中还未被发现,从山西出土的《刖人守囿铜挽车》可以看到附属于青铜器体的人物雕塑。西周的拟形青铜器较普遍,如象尊、驹尊、羊尊等,其形象的轮廓保持基本特征,并不完全写实。

春秋、战国的雕塑亦未从工艺中独立出来,流传下来的主要是拟形青铜器、青铜器装饰雕塑、泥木俑、漆木雕刻等。其拟形青铜器像商、周的传统主要模仿动物。而装饰青铜器雕塑的形象大多经过了夸张变形。湖北随县曾乙侯墓出土的用作编钟支架的铜人,其肢体的刻画往往根据支架承重的实际需要来确定,形成了整体写实与局部夸张变形相结合的艺术魅力。曾乙侯墓出土的《鹿角立鹤》形象超越现实,它不仅是由鸟的身体和鹿的权桠长角所构成的均衡对称的组合体,而且整个形象被抽象成为有意味的线性结构。在玉石雕刻方面,由于青铜器工具的盛行使得玉石器的象征功能进一步增强,玉石主要被用于祭祀和礼仪。商代的玉石雕刻发展迅猛,商殷墟曾发现玉石加工作坊。河南安阳数处妇好墓出土了大量的玉石和大理石雕刻,如玉人、玉虎、玉龙、玉象、玉鱼、玉龟、石鸮、石蝉、石熊等。最具有代表性的是双面玉人和踞坐玉人。商代玉石雕刻大多造型简洁,注重对称,结构紧凑,圆雕、浮雕与线刻紧密结合,花纹较复杂。作品题材广泛,不重写实,富有神秘的色彩。西周玉石雕刻多沿袭商代风格,圆雕作品大幅度减少,片状平雕作品增多。洛阳出土的戴枷玉人、甘肃灵台出土的人形玉铲、长安张家坡出土的蚕、鱼、兔等均属此类。春秋战国的玉石雕刻神秘色彩减弱,追求精致、繁丽、新颖和多样化的时代风格。在木雕方面,春秋战国时期,随着人殉逐渐被废止,俑被当作随葬品而流行起来。已经发现的春秋战国时期的俑,多为木俑,集中于湖南、湖北、河南三省。表现对象多为侍仆与歌舞伎,姿态有立有站,俑身或施以彩绘,或穿着绢衣。木雕动物,想象丰富,制作精美,以湖北江陵出土的虎座凤架鼓、木雕小座屏、江陵拍马山出土的漆木卧鹿、河南信阳长台关楚墓出土的镇墓兽等较为著名。

三、秦汉雕塑

秦汉雕塑规模宏大、技艺精练,是中国雕塑史上第一高峰,其类型涉及秦代兵马俑、两汉陶俑、汉代石刻、青铜铸像和汉代木刻。秦代兵马俑作为随葬物品发现于陕西临潼的秦始皇陵。这些兵马俑与真人、真马等大,形象刻画细致,人物的身份、年龄甚至性格气质各有特点。列阵按秦始皇生前的实际阵容布置。兵马俑是用泥质灰陶制成,俑头和身躯四肢分开制作,然后安装粗胎,再用传统的塑、堆、捏、贴、刻等技法进行细致加工,塑成后入窑烧制,再施彩绘。秦俑所呈现的艺术特色是:个体写实,手法严谨,形象生动,性格鲜明;整体上写意,造成排山倒海的磅礴气势。两汉陶俑整体上呈现出简洁生动的特征。秦代贵族丧葬的豪奢之风在西汉有所收敛,虽然以俑陪葬的现象仍然普遍,但陶俑的尺寸已不如秦俑高大,造型也较之简朴单纯。如景帝阳陵和其他诸侯贵族的墓中的陶俑便是其例。咸阳杨家湾汉墓出土的兵马俑，作整齐的军阵排列，再现了西汉初期的军阵形式，装备精良，阵容雄伟。但造型风格较为古朴，单纯洗练，是典型的西汉雕塑风格。山东济南出土的乐舞杂技陶俑群、西安任家坡出土的侍女俑、西安白家口出土的舞女俑等具有亲切的生活味道，人物形象生动，情感刻画丰富。总之，西汉陶俑的艺术手法趋向简洁概括，注重造型的动态展示。东汉陶塑题材扩大，涉及社会生活的各个层面，形象更为生动传神，充满浓厚的生活气息，极富有感染力，广泛地反映了当时社会生活状况以及人们的精神风貌。典型的陶塑有成都天回山出土的陶说唱俑，河南辉县出土的陶母羊，成都天回镇出土的陶马等。东汉的冥器雕塑虽然是坟墓的随葬品，但作者并未把这些形象当作死板的模型来做，而是在作品中融入他们的思想感情和审美情趣，把冥器形象塑造成为生动活泼、丰富感人的艺术品。汉代石刻以西汉的霍去病墓前的一组大型的纪念性的石雕和东汉贵族坟墓的石兽雕刻为代表。霍去病墓纪念性雕刻如马踏匈奴、卧马、跃马、卧虎等与墓主人的历史功绩结合起来，形成造型质朴、厚重雄浑、强劲有力、寓意深邃的艺术风格。东汉石兽主要体现在造型劲健的大型石辟邪上。石兽往往综合多种猛兽如狮、虎、豹特征，写实与变形相结合，突出石兽雄健、勇猛、阳刚的精神气质。代表性石雕是雅安姚桥高颐墓前的一对石兽辟邪。秦汉青铜铸像在形体、设计、工艺等方面都超过了先秦。根据《史记·秦始皇本纪》、《汉书·五行志》等记载秦代曾铸造巨大的钟镰金人和身着夷狄服装的铜人。在秦陵兵马俑出土的铜车马，完全仿照真车马制作，真实具体，铜车马均加彩绘，与金银饰件相配，显得华贵庄重。汉代青铜俑出土数量不如陶俑多，但并不缺乏精品。西汉最雄伟的青铜景观是神明台上建造的巨大的铜铸仙人承露盘。东汉最著名的青铜雕塑是出土于甘肃武威擂台的铜奔马（又叫马踏飞燕）。汉代木雕在继承传统的基础上，表现的题材扩大，雕刻技艺也有进步。西汉前期木俑重装饰，身体轮廓富有曲线变化，彩绘鲜丽典雅，如江陵凤凰山出土的车仗奴婢木俑。西汉后期木俑神态活泼生动，感染力很强。如邗江胡场出土的踞坐说唱俑。西汉末到东汉中期的木雕以甘肃武威磨嘴子出土的为代表，其风格雄浑质朴，人与动物的刻画富有特色。

四、魏晋南北朝雕塑

在魏晋南北朝时代，佛教造像中最重要、最能体现佛教艺术兴盛景象的，无疑是石窟造像。著名的石窟，如新疆克孜尔千佛洞、甘肃的敦煌莫高窟、炳灵寺、麦积山，山西的云冈，洛阳龙门等石窟，都是沿古丝绸之路由西向东分布的。应该说这个时期佛教美术的重头戏是在中国北部展开的。魏晋南北朝时代的石窟造像,就其风格发展演变而言,大致可分为4个阶段。十六国时期为第1阶段;北魏孝文帝迁都以前为第2阶段;北魏迁都至正光末年为第3阶段;东西魏至隋统一中国之前为第4阶段。第1阶段以莫高窟、炳灵寺、麦积山诸窟中的造像为代表,印度和西域风韵甚浓。第2阶段(即北魏前期)以云冈石窟造像为代表,宗教信仰中融进世俗权力。第3阶段(即北魏后期)以洛阳龙门宾阳洞造像为代表,外来佛教艺术与民族传统艺术、鲜卑审美倾向和南方汉民族的风尚相融合而生发的新的风格的确立,这是北魏统治者推行汉化政策,吸收南方汉文化的必然结果。第4阶段以河北响堂山、山西天龙山等处石窟的北齐造像为代表,神秘的宗教世俗化。从南北朝石窟艺术,可以明显地看出,作为外来艺术,初被引入中国时,开始总是依原样照搬的成分,但很快就中国化了,从洞窟形制到形象、服饰乃至精神气质,都换成了中国人所熟悉的式样。

当佛教造像之风席卷南北时,其他门类的雕塑也并未沉寂。陵墓雕刻,特别是南朝的陵墓雕刻也以洗练的艺术手法,雄伟的气势,展示出特有的魅力。陵墓雕塑大致可分为两大类,一类是明器雕塑,即用雕塑手法制作的人俑、家畜和鸟兽以及建筑和车马等陪葬的模型。一类是陵墓表饰雕塑,即陵墓周围设立的石兽、石人等仪卫性雕塑,具有一定纪念夸示功能。

五、隋唐雕塑

雕塑艺术在唐代又被推向一个新的高峰。佛教造像显示出鲜明的民族特色和时代特色。道教雕塑也占有相当重要的地位,甚至与佛教造像共存一处,这是道释合一的社会思想的形象反映。融会了南北朝时北方和南方雕塑艺术的成就,又通过丝绸之路汲取了域外艺术的养分,雕塑艺术到盛唐时大放异彩,创造出具有时代风格的不朽杰作。雕塑所获得的长足发展,体现出雄浑、豪迈的大唐气度。主要表现在陵墓石雕、宗教雕塑、陶塑等。陵墓石雕以唐太宗昭陵、高宗及武则天的乾陵、武则天母亲的顺陵为代表。唐陵墓石雕具有很高的艺术水平,从一个侧面反映了大唐的时代精神。气魄宏伟,技艺精湛,如昭陵六骏、乾陵翼马、乾陵石狮、献陵石犀等,既具有汉代雕刻的浑朴刚劲,又具有南北朝雕刻的精巧。如昭陵的浮雕分别选取侍立、徐行、奔驰等动态,并使用"起位"这一典型浮雕创作技巧,使作品产生强烈的体积感,将马的劲健、活力充分表现出来。隋代到盛唐时期是古代大规模开窟造像的最后一个高峰,石窟遍布北方、西北以及巴蜀地区。主要有敦煌石窟、克孜尔石窟、龙门石窟、炳灵寺石窟、天龙山石窟、麦积山石窟、四川巴中石窟、夹江千佛崖、大足石窟、安岳石窟、乐山大佛以及晚唐时期的云南剑川石窟等。隋唐石窟艺术的主要特征是佛教形象的普遍世俗化。佛教形象与现实生活中的人物无异，甚至有"菩萨如宫娃"之说。雕塑的内容更符合人们的愿望，表现佛国净土、西方极乐世界的题材成为主导，苦修苦练如舍身饲虎之类的题材不见了。神性被削弱，人性被强化，佛的形象更具有亲切感。在陶塑方面，与汉代质朴传神相比较，唐代陶俑富丽多彩，形神兼备，充分体现了唐代的时代特征。唐代陶俑多为彩俑，颜色主要有黄、绿、蓝、赭等，又被人们习惯称作"唐三彩俑"，所谓"三彩"并非一件器物上只有三种釉彩。唐陶俑的题材内容广泛，以生动的形象反映了社会生活的方方面面。在表现手法上唐陶俑将线条与雕塑形体块面的造型方式结合起来，使形象既生动形象又简括质朴。典型作品有西安中堡村出土的三彩驼背乐舞俑。

　　隋唐时期著名的雕塑家有韩伯通、宋法智、杨惠之、张爱儿、王耐儿等。

六、五代宋辽金元雕塑

　　宋元雕塑成就主要反映在宗教题材上，尤其是佛教艺术雕塑，这个时期宗教艺术进一步世俗化，神佛塑像中理想化成分明显减弱，现实性生活气息在很大程度上增强，一些佛像几乎是现实生活中人物的写照。在审美上失去了隋唐的静穆和神圣，而倾向于在宗教雕塑中渗入世俗性和现实性的成分。宋元雕塑在规模上不及隋唐时代的气势宏伟。元代雕塑除沿袭传统的汉式雕塑外，大量采用由尼泊尔传来的"梵相"式样。无论是北宋还是南宋罗汉题材的雕塑，均以其丰富多姿的艺术造像而取得很高的成就。其中以苏州保圣寺和山东灵岩寺的彩塑为著名。保圣寺雕塑形态各异，写实中带有一定的夸张性，衣纹刻画富有动态，具有行云流水般的感觉，保圣寺佛像在很大的程度上继承了唐代雕塑的特征。灵岩寺千佛殿内的彩塑罗汉与真人等高，形态上看出人物的年龄、经历和性格特征的不同，人物的神态生动入微，体现了较高的写实水平。在石窟造像方面，五代时期敦煌莫高窟曾保持相当规模，但宋代时已经衰落，很少有雕塑佳作。天水麦积山宋塑的写实技巧很高，但为数不多。大规模的石窟造像转移到四川、陕西等地。而杭州飞来峰宋元造像却是江南石窟中的突出作品。飞来峰位于灵隐寺前，山崖石壁分布着五代、宋元时的造像近400来尊，这里面有手执念珠，袒腹嬉笑的布袋和尚，有生动而富有变化的十八罗汉等。元代造像中有大量密宗佛像，这些造像面貌俊秀、姿态活泼、刀法洗练、衣纹流畅。雕像被布置在风景优美的林壑之间，带有超尘绝俗之气，环境的选择和设计上别具匠心。

173

七、明清雕塑

明清雕塑已经无法与唐宋相比,总的发展趋势是走向衰落,但亦不乏少数有生气的作品。在宗教雕刻方面,佛寺雕塑数量多,主要为泥胎彩塑,较为出色的作品是世俗化、个性化的罗汉和侍女造像。汉地佛教雕刻以山西平遥双林寺为最有特色。双林寺初建于北齐,北宋曾有大规模的修建和塑绘,现存于寺内的大多为明代雕塑,但在风格上却是宋元雕塑的继续,人物形体修长,面型圆润,表情细腻,个性鲜明,神态各异,世俗意味浓厚。藏传佛教雕塑有的具有浓厚的世俗化特征,有的则注重抽象的宗教象征意味。如江孜班根寺内的罗汉造像完全像藏族人,无垢菩萨被塑成妩媚动人的俊俏少女。青海瞿昙寺的雕塑,如四大护法神像,一样的立式、宝冠、手印、面相,没有个性特征,其象征意味较浓。在仪卫性雕刻方面,明陵墓雕刻也气势渐衰,清代则更失去了坚实感,呈现出平庸颓萎的特征。不过在追求现实性与理想性、写实与装饰、整体与细节相结合方面,仍然继承了唐宋传统。在建筑装饰雕刻方面则有新发展,这些雕刻将多种雕刻手法相参合,工艺精巧华美,体现了能工巧匠的高超技艺性。明清实用性工艺雕刻与小品雕塑亦获得较大的发展,这类小型雕塑品多是玩赏性的案头小摆设,也有具有观赏性的生活用品与文房用品,如玉雕、牙雕、竹木雕刻等。

【思考题】

1. 简述先秦青铜器艺术的发展及特征。
2. 分析秦汉雕塑艺术的特点。
3. 简述魏晋南北朝石窟造像的发展。
4. 叙述隋唐宋元雕塑的概况。

【参阅书目】

1. 张光直:中国青铜时代。北京:三联书店,1999 年。
2. 陈少丰:中国雕塑史。广州:岭南美术出版社,1993 年。
3. 刘敏:华夏五千年美术文化史。北京:中国文史出版社,2004 年。

4. 中央美术学院美术史系：中国美术简史。北京：高等教育出版社，1990 年。

第三节　建　　筑

一、原始建筑

在旧石器时代早期原始人像动物一样普遍采用天然的洞穴作为居所。随着生产力的发展，生产劳动的主流已由原始的渔猎、采集转变为较为固定的农业耕作，农业的出现为永久性的定居生活提供了物质保障，于是建筑活动日趋频繁。并逐渐形成两种代表性的建筑样式：一种是黄河流域由穴居发展而来的、木骨泥墙的地面建筑；一种是长江流域由巢居发展而来的干栏式建筑。仰韶时期的西安半坡遗址的建筑已经出现房子朝向中心的统一布局，聚居地亦有了明显的分区，房屋以圆形和方形为主，墙体和屋顶多采用木骨架上扎结枝条后再涂泥的建筑法，并用草木燃烧外墙使之陶化，以增强外墙的坚固性和耐水性。在龙山文化，建筑已经广泛在室内地面上涂抹光洁坚硬的白灰面层，使室内防潮、洁亮。长江流域的河姆渡遗址的巢居形式已经发展成干栏式建筑。其木构件遗物有柱、梁、枋、板等，栏杆广泛采用榫卯结合。

二、先秦建筑

（一）夏代建筑

夏朝的建立标志着中国进入奴隶制社会，宫殿成为了建筑的最高代表。据考古发现，河南偃师二里头文化遗址是夏代的宫殿遗址，共有大型宫殿和中小型建筑数十座。其中的 1 号宫殿遗址是一组规模宏大、结构复杂的夯土台基。整体略呈方形，东西约 108 米，南北约 100 米。夯土台上有一座面阔八间的殿堂，周围有回廊，殿堂有列柱、前后左右呼应，这说明当时木构架技术已有了较大的发展。

（二）商代建筑

商代作为奴隶制社会的发展期，建筑技术较夏朝有明显的进步，代表性的建筑有河南偃师商城遗址、郑州商城遗址和安阳殷墟遗址。偃师尸沟乡商城遗址由宫城、内城、外城组成，宫城的宫殿建筑为庭院式建筑，其墙体夯土筑成。郑州商城遗址继承传统,用黄土夯筑城墙,城外建造了用于制陶、酿酒、冶铜等加工作坊,已经体现了城市发展的雏形。殷墟是商代后期的政治、经济、文化中心。洹水流经宫殿区的北面和东面,建筑区功能划分较为明确,其他建筑区围绕宫殿区而建,如王室居住区、墓葬区、作坊区等,其作坊区甚至考虑到了风向的问题,处于西面和南面。宫殿遗址大致分为北、中、南,王室居住区大概位于北面;中区基址作庭院式设置,可能是商王朝廷、宗庙遗址,南区是商王祭祀的场所。

(三)西周建筑

西周是"礼"文化发展的高峰期,建筑的形式必须符合礼的规定,因此周代建筑规划的思想已经形成。西周具有代表性的建筑是陕西岐山凤雏村遗址和湖北蕲春的干栏式木架建筑。岐山凤雏村遗址是四合院式建筑,由两进院落组成。中轴线上依次为照壁、大门、前堂、后室。前堂和后室之间有中廊。门、堂、室的两边为通长的厢房,使院落成为封闭空间。房屋基址下设有排水陶管和卵石叠筑的排水沟。用版筑的方法筑墙,并有木柱加固,为美化墙面已经使用了三合土。屋顶使用了瓦,瓦的运用是西周建筑史上的突出成就。蕲春的干栏式木架建筑说明干栏式木构架建筑在长江中下游是一种常见的居住类型。

(四)春秋战国建筑

春秋战国的建筑也同先秦诸子的学术思想一样,呈现出百花齐放的局面。建筑技术、建筑材料和装饰手法等,都进入了新阶段。春秋时期各国之间的战争频繁,夯土筑城成为重要的防御手段。高台建筑兴起,建造了大量的高台建筑,如侯马晋故都新台遗址的土台,面积达五千多平米,高七米多。瓦已经被普遍使用,山西侯马、凤翔雍城、河南洛阳、江陵楚都等春秋遗址中发现了数量众多的筒瓦、板瓦以及瓦当。在陕西凤翔雍城遗址中出土了有花纹的空心砖。从《论语》《左传》等记载看,春秋时期人们已经重视建筑的装饰及色彩运用。战国时期大城市大量的出现,宫室和高台建筑被广泛修建,使用了排水设施。随着铁制工具的应用,促进了建筑技术的发展。斗栱已被木结构建筑使用。斗栱成功地解决了剪应力对梁架的破坏,也加深了屋檐外挑的长度和高度,使建筑外观更具有装饰性美感。

三、秦汉建筑

秦在统一六国的过程中,曾仿照六国宫室样式建造了许多宫殿楼台,《史记·秦始皇本纪》记载"秦每破诸侯,写仿其宫室,作之咸阳北阪上。"在此基础上秦宫殿建设吸取了各国不同的建筑风格和技术经验,修建了众多宫殿,有甘泉宫、兴乐宫、长杨宫、信宫、北宫梁山宫等,其典型代表是阿房宫。秦都咸阳的建设在布局上具有创造性,在渭水南北广阔的地区建造了许多离宫,它已经不再是传统的城郭制度。秦代建筑追求宏大的规模,其豪华壮观史无前例。骊山脚下的秦始皇陵现存封土堆的面积就有 12.07 万平方米,简直就是一座高山。又如长城,它是在战国时期的秦、魏、齐、燕、赵等国原有的城墙基础上扩建而成,形成了 3000 多千米的防御线,显示了中华民族的伟大创造力。

在建筑技术方面,汉代有新的突破。从当时画像石、画像砖等资料看汉代木构架建筑日趋成熟,叠梁式、穿斗式两种主要的木结构形式已经形成,多层木结构建筑普遍出现,斗栱被广泛使用,虽然形式上存在差别,但是结构作用表现突出。汉代制砖和拱券技术获得较快发展,在西汉墓中发现了各种形式的砖,有空心砖、楔形砖、有榫的砖、条砖等,并用条砖和楔形砖做成拱券。人们用纵联砌法与并联砌法建造筒拱,东汉时期纵联法建拱成为主流,墓室出现了穹隆顶。石建筑在东汉相当盛行。在宫室建筑方面,汉承秦制,汉高祖将秦渭水南岸的兴乐宫改建为长乐宫,在长乐宫西边又建未央宫。惠帝元年至五年,完成对长安城的夯筑。太初元年又兴建北宫、明光宫和建章宫,在城西修上林苑,开凿昆明池等。长安城的形制布局基本符合《周礼·考工记》"面朝后市"规制。东汉的洛阳遗址,是在周代东都洛邑周城的基础上建造起来的,全城略呈长方形,全城共设 12 个城门,东、西各三门,南面四门,北面 2 门。城内有南、北两宫,有复道相连。城内有三个工商业区。秦汉建筑空间规模在广阔的平面上铺开,建筑群之间连接、配合,在平面布局上讲主次、对称以及纵横关系,注重均衡的整体安排。在建筑装饰方面,除了壁画、画像石、画像砖外,瓦当的装饰在秦汉时期亦十分盛行。秦代瓦当装饰在继承了自己战国时期的动物纹样的装饰风格的基础上,出现了大量动物组合纹样及文字装饰纹样,如四鹿纹、四兽纹、子母凤纹等园瓦当,咸阳等地发现的篆文瓦当。两汉瓦当图案更为丰富,云纹与吉祥文字瓦当最流行。此外还有植物纹、昆虫纹、鸟兽纹等,而鸟兽纹中,尤以"四神"形象最为出色,它们是青龙、白虎、朱雀、玄武四种被神化的动物形象,艺术手法简洁朴素,生动传神的形象与装饰性完美结合。

四、魏晋南北朝建筑

城市建设方面的主要是曹魏邺城的修建。全城面积 6.5 平方千米,平面成矩形,由一条东西干道分成南北两部。北部除东北一角为贵族区外,均为宫室苑囿,主殿居全城南北中轴线上。南部为衙署和居住区。佛教建筑方面,佛教建筑主要有塔、寺庙、石窟。早期的佛寺以塔为中心,塔置寺中央,塔为后殿。随着佛寺规模扩大,前堂改为大殿,后堂改为讲堂,形成以殿堂为主的寺庙,佛寺建造中国化。自然山水园林在秦汉的基础上获得大发展。这时期士大夫谈玄避世,寄情山水,促进了自然山水园林的兴盛。中国佛教建筑是我们民族传统建筑艺术的重要组成部分。魏晋南北朝的佛教建筑也是这个时代建筑成就的反映。塔,也称"浮屠"或"浮图",是寺中的主要建筑之一。寺庙,佛塔本是印度唯一的庙宇建筑形式。

五、隋唐建筑

隋唐是中国古代建筑发展成熟的时期。城市建筑由于经济文化的繁荣得到发展,长安、洛阳等都市建筑规模严整,气势宏伟,是当时世界上最伟大的城市之一。宫殿建筑由于政权的稳固因而更加富丽堂皇、气势磅礴。佛教建筑也由于文化上的开放而更具规模。同时还出现了伊斯兰建筑。隋朝兴建了都城大兴城、东都洛阳及宫殿苑囿。河北赵县安济桥是隋代石匠李春设计建造的,它是世界上最早的石砌"拱券桥",整个桥由一个大拱和四个敞肩券构成,这种设计既减轻了桥自身的重量又减轻了洪水对桥身的冲力。桥身造型平缓舒展,流畅轻盈。隋代开凿了促进南北经济、文化交流的大运河。唐朝时期的建筑规模宏大,规划严整。建筑群体处理愈趋成熟。宫殿、陵墓等建筑在空间组合上,利用地形和利用前导空间的建筑来陪衬主体,同时强调纵轴方向上的陪衬,加强突出主题建筑,如乾陵的布局。木建筑解决了大面积、大体量的技术问题,并已定型化。设计与施工水平提高。出现了专门从事建筑施工设计的阶层——"都料"。唐代建筑气魄雄伟,严整而又开朗;屋顶简洁明快,舒展平远,门窗朴实无华,庄重大方,色调简洁明快,已使用琉璃瓦。佛教建筑史唐代建筑的一个重要活动方面,王朝与民间都在佛寺建筑上投入很大,佛寺、佛塔、石窟、道观、经幢等佛教建筑数量众多,促进了砖石建筑的发展。唐代砖石塔的类型有楼阁式、密檐式和单层塔。流传到今天的唐代佛教殿堂较为完整的只有两处:山西五台山的南禅寺和佛光寺的正殿。唐代的楼阁式塔有西安兴教寺玄奘塔、香积寺塔和大雁塔。唐代密檐式塔有云南大理崇圣寺千寻塔、河南嵩山永泰寺塔等。唐代单层塔多为僧尼的墓塔,有石造的,有砖造的,一般体积不大,塔身较矮,装饰简单。隋唐的园林建筑较繁荣,私人花园明显增多。私家园林,不拘形式,不求豪华,以怡情养性为宗旨。

六 、五代宋辽金元建筑

五代末的建筑与唐代相比,发生了新的变化。其一,斗拱的承重作用减弱,装饰作用增强;其二,在装饰方面,建筑大量使用可以开启的由棂条组合成的门窗,与唐板门、直棂窗相比,不仅改变建筑的外观,而且改善了室内的通风和采光。其三,柱子的形式和雕刻趋于多样化。宋代城市结构和布局起了根本变化,实行街巷制,沿街设店,以街为市,街道变窄。木架建筑采用了古典的模数制。建筑组合在总平面上加强了进深方向的空间层次,衬托主体建筑。单体建筑没有太大变化,主要是群体变化,形成丰富的轮廓线,注重轴线变化和空间纵深方向变化。如河北正定隆兴寺是典型代表。建筑装修与色彩有很大发展。宋代开始大量使用格子门、格子窗、门窗格子有球纹、古钱纹等多种式样,在改善采光条件的同时,还增加了装饰效果。砖石建筑的水平达到新的高度。这时的砖石建筑主要仍是佛塔,其次是桥梁。园林日渐兴盛。宋代私人宅第修建出现园林化的趋势,就洛阳一处而言,私人园林遍布全城,其规模较大,具有别墅的性质。江南私人园林小巧精致,文人、画家参与其中,将艺术美与自然美巧妙地融合起来。随着赏石文化的发展,造园叠石已经成风气,无论是皇家园林还是私家园林,都要摆设玲珑剔透的太湖石以供赏玩。大都是元代建筑的杰出代表,它是我国第一个按照《考工记》理想所建造的城市,城的平面接近方形,街道纵横交错,有良好的水利设施和街市景观。宫殿是大都城的主要建筑,宫城有前后左右四座门,四角并建有角楼。宫殿建筑多使用贵重材料。在装饰方面,主要宫殿用方柱,以红色、金龙图案修饰,墙壁上挂毡毯、毛皮丝顶帷幕等装饰物,宫殿的装饰体现了汉文化与少数民族文化的融和。元代藏传佛教传入,内地出现藏传佛寺,如北京妙应寺白塔,由尼泊尔工匠阿尼哥设计,是喇嘛塔中杰出的作品。

七、明清建筑

中国古代建筑与园林到明清时期已经发展到相当成熟完善的地步。建筑在形式上主要以木结构为特色;园林以变化多端的自然景观的摹仿为出发点,与诗书画相结合,与建筑相交连。在明代建筑中砖已经普遍应用于民居砌墙,并出现全部用砖拱砌成的建筑物,用作防火建筑,如南京灵谷寺无梁殿、北京故宫皇史楼等。琉璃面砖广泛用于塔、门、照壁等建筑物。如南京报恩寺的外表全部用琉璃砖镶面,使用多种釉色。斗栱的结构作用减少,梁柱构架的整体性被强化。建筑群的布置成熟,将皇权与神权相统一的思想体现于其中。故宫、明十三陵、天坛等都是建筑群处理的优秀代表。私家园林在明代中叶以后勃兴起来。无论是皇家宫苑,还是私家园林,都倾向于模仿自然,讲究诗情画意,运用虚实夸张,强调天人相合,采用具有变化性的布局,突破空间,借景抒情,景中有景,景中有情,构成一个意味无穷的艺术境界。苏州、杭州、扬州、南京、无锡等地都有不少的私家林园,较著名的私家园林是苏州的拙政园、留园、五峰园。清代建筑与明代相承,没有明显差别。不过造园艺术是清代的突出贡献。帝王们在北京西郊兴建了圆明园、清漪园、静明园、承德避暑山庄等。在帝王的影响下,各地官僚和富商也竞建园林,私家园林空前繁荣,如怡园、网师园、环秀山庄等。清代疆域辽阔,民族众多,由于居住条件和文化背景的差别,也造成了民居建筑的千变万化。

【思考题】

1. 简述夏商周的建筑成就。
2. 叙述汉代瓦当的特色。
3. 简述唐代建筑的特色。
4. 叙述五代、宋代建筑的新发展。
5. 叙述明清园林的艺术特色。

【参阅书目】

1. 贺西林、赵力:中国美术史简编。北京:高等教育出版社,2004 年。
2. 中央美术学院美术史系:中国美术简史。北京:高等教育出版社,1990 年。
3. 刘敏:华夏五千年美术文化史。北京:中国文史出版社,2004 年。
4. 刘敦桢:中国古代建筑史。北京:中国建筑工业出版社,1980 年。

第四节　工　艺

一、原始工艺

在制作生产工具与生活工具的过程中早期的人们逐渐认识到造型与色彩的装饰性作用,于是原始工艺便产生了。在旧石器时代(距今约 200 万年前—1 万年前)人们就知道利用形体制造生产工具。他们利用砾石打出棱角或利用砾石的天然形式,用于投掷、砍砸、刮削、雕刻等方面,其形状涉及球形、尖形、斧形、刀形等。在新石器时代(距今约 1 万年前—公元前 21 世纪)石器的制作技术得到空前发展,敲、打、钻、磨等手段综合应用,石器形状区分明确,石器材料的类型丰富,石英、玉石、玛瑙等不仅石质坚硬,而且色泽光润。在巫术、祭祀等宗教活动中,玉作为礼器或用于避邪而人们广泛采用。如内蒙红山文化的玉龙,太湖良渚文化的玉琮等就是因为玉石的色彩沉稳、温润融和的原因而受人们喜爱。在原始生产、生活工具中最能体现原始工艺的辉煌成就的是陶器的制作与装饰。原始陶器主要用于炊煮、饮食、储藏等方面。从器表装饰来看,有素陶、印纹陶、彩陶、拟形陶器等。最初的装饰是陶器上编织物的痕迹,如布纹、席纹、绳纹等简单纹饰。黑陶的烧制也体现较高的工艺水平,其颜色的形成是通过从窑顶加水熄灭木炭,所产生的碳蒸汽渗入陶器而变成黑色。彩绘是原始陶器工艺中最具有艺术性的器具装饰。其方法是在打磨好的土坯上,用天然的矿物质颜料进行描绘,再进入陶化的烧制处理,形成红、黑、白等各种颜色的装饰图案。原始工艺还涉及到漆器、骨牙、编织等方面。

二、先秦工艺

先秦工艺艺术主要体现在漆器、陶器、丝织刺绣等方面。商代漆器生产的工艺水平已经很高,从安阳武官村、河北藁城等地出土的商代漆器残片看,红色的底子上装饰着黑色的花纹,有的纹饰还以绿松石、錾花金箔等装饰、点缀。西周时期的漆器有湖北蕲春毛家嘴出土的漆杯,该器物无镶嵌装饰,在棕色和黑色漆地上,绘着红彩纹饰,图案美丽。春秋漆器的装饰有南北风格的差异,北方漆器基本上继承了西周青铜器纹饰。南方风格的漆器装饰主要是彩绘。在陶器方面,商代的刻纹白陶与商周的青釉器皿是这一时期陶器工艺的两项突出成就。春秋战国时期常以仿铜陶器随葬,烧成的陶器表面多以彩绘装饰。战国时期丝织工艺发达,从湖北江陵马山出土的织物看,丝织品类型多,有绢、绨、纱、罗、绮、锦、绦、组等 8 类。纹样以动物纹、人形纹、几何纹等为主,刺绣颜色丰富,采用满绣技法,填彩工艺被取代,与西周的绣绘结合的工艺相比,具有很大的进步性。

三、秦汉工艺

随着经济的发展,生产技术的进步,秦汉工艺美术呈现繁荣景象,其陶瓷、玉器、青铜、织绣等实用工艺门类,都有新的发展。

（一）陶瓷工艺

秦代现存陶器多为随葬冥器，多沿袭战国传统，造型庄重，彩绘艳丽。如秦陵兵马俑从规模、技法看，它是中国古代制陶工艺的史无前例的杰作。西汉后期出现了用作冥器的低温铅釉陶，铜、铁是其主要的着色剂，釉色呈现绿色、黄色或黄褐色。低温铅釉陶的工艺技术对唐代唐三彩、宋明的琉璃釉等工艺艺术的发展有重要的影响。商周以来的原始瓷器，在汉代也有新发展，到东汉，这种原始瓷器已被烧制称胎质致密、釉色青绿的具备瓷器特性的青瓷器。

（二）玉器工艺

秦汉的玉器工艺，前期主要继承战国用于礼仪的玉器较多，汉武帝以后，随着与西域各国的交往加强，玉器制作工艺更为兴盛。玉器除用作实用器皿外，还被广泛用于陪葬、辟邪及赏玩。西汉玉雕的杰作是咸阳汉元帝渭陵出土的玉人飞马玉雕，质料为洁白润泽的羊脂玉，圆雕造型，马背上有一位长着翅膀的驭马仙人，具有浪漫的气息。此外，汉代贵族盛行穿戴用贵金属丝将玉片连缀而成的葬服，如河北满城中山靖王刘胜夫妇的金缕玉衣。

（三）青铜工艺

秦汉时期的青铜器向轻便、实用的方向发展，铜镜和铜灯最为广泛。铜镜在继承战国的基础上获得新发展。秦到西汉铜镜的装饰纹样除传统的云雷纹、蟠螭纹、动物纹等纹样外，出现了如云藻纹、四叶纹等新纹饰。镜铭也产生了，多实用"长相思，勿相忘，长富贵，乐未央"等吉祥语言。同时装饰纹样也被简化，草叶纹、云气纹、涡纹绳纹等开始流行。东汉中晚期，纹饰逐渐复杂富丽，铭文变长，流行动物纹样的神兽镜，神话、历史和现实中的人物、车马亦大量用于铜镜装饰，风格更为写实。汉代灯具多为青铜铸造，有的通体鎏金。铜灯造型多以动物和人物为主。出土于河北满城的长信宫灯是人物造型灯具的代表作品。

四、魏晋南北朝工艺

魏晋南北朝时期，民族文化、东西文化的大交流、大融合，为工艺美术的发展提供了新的契机。在织绣方面，当时江南的广陵（扬州）、北方的定州和四川的成都市三大高级织物中心。西北地区传统的毛织物、丝织品的制作、印染技术也达到了很高的水平。织物装饰纹样内容方面，传统的龙凤主题图案虽然仍然被广泛使用，但其生动灵巧的风貌有异于浑穆古拙的汉代式样，新的花鸟、植物纹样已大为增加，一些具有波斯或其他民族风格的纹样也时常可见。漆器和金属工艺方面，传统装饰题材（如神话故事、历史故事、宣扬封建礼数的题材)逐渐被佛、菩萨形象及国中的瑞禽、瑞兽、瑞草所取代。特别是缠枝无疑拓展了装饰母题,丰富了表现领域,为中国的装饰纹样开辟了新天地。由于青瓷的成熟,使陶瓷工艺成为魏晋南北朝时期工艺领域中最值得注意的门类。南方江浙一带的青瓷工艺最早步入成熟阶段,而且在人们的生活中被广泛使用。各种日用青瓷器皿和青瓷(明器)在南京、宜兴都有不少遗存,其施釉均匀、明朗、雅致、独具风味。北方的青瓷虽然起步较晚,但至北朝时也渐入佳境,河北景县封氏墓出土的著名的青瓷"莲花尊"便是其中最具代表性的作品。尽管南北青瓷各有风貌,但是,继承传统的朴素特点,不以纹饰为主,而以造型和釉色取长,却是这个时代青瓷工艺的共同特色。

五、隋唐工艺

唐代工艺美术随着手工业的繁荣和对外贸易、文化交流的频繁,获得了生机,有了大的发展。纺织、陶器、漆器、金银器以及雕刻等工艺门类同绘画一样融合中外艺术精华,具有健康、明朗、活泼的美学趣旨。首先是陶瓷工艺,以釉陶工艺生产中的富有时代特点,以唐三彩为例,它是一种低温多彩釉陶,以黄、绿、赭等为基本釉色,造型生动逼真、色泽艳丽和富有生活气息。它吸取众多艺术特点,融雕塑、绘画、釉陶等造型装饰技巧于一体,采用堆贴、印花、刻划、绞胎等装饰艺术,以人物、动物、植物、几何图案为主的装饰题材,创造了一种新颖的民族工艺,形成唐代陶塑艺术的独特风格。唐三彩三大类型:一是器皿,如尊、钵、盆、杯、罐、瓶、碗、盘、豆等盛贮器,以及砚台、烛台、枕头等文房日常生活用具;二是模型,诸如房屋、仓库、车马、柜橱、假山、水榭、亭台楼阁等;三是俑像,人物造型多为天王、武士、文官、贵妇、女侍、男僮、胡人以及骑马、杂技、乐舞俑等,动物俑造型主要有马、骆驼、牛、狮、虎、猪、狗、兔、鸡、鸭、鹅等。在织锦工艺方面,胡服盛行,体现唐代包容性和开放性。唐人善于融合西北少数民族和天竺、波斯等外来文化,唐贞观至开元年间十分流行胡服新装。"帔帛"的装饰性在女性的穿戴中亦相当盛行。在唐代绘画或陶俑等艺术遗存物中都可以见到妇女穿着窄袖的衣服,袒露胸口,露出半只臂膊,系着束到乳房以上的长裙。在她们的肩背上还披着一条长长的披巾,它就是"帔帛"。敦煌莫高窟许多唐代女供养人形象上都有"帔帛",陕西乾县永泰公主墓壁画及石椁线刻画宫女图,周昉《簪花仕女图》、张萱《虢国夫人游春图》等都再现了"帔帛"的各种花色和披戴的方式。"帔帛"发展了传统服饰艺术以虚代实、以动代静的艺术法则,吸入西域服饰的特点为我所用,使汉民族服饰更加丰富。隋唐丝绸呈现出前所未有的新兴技术和中西合璧的艺术风采。通过丝绸之路,频繁的文化交流,唐代工匠不断汲取西方纺织文化的营养,不仅改进了传统技术,还改变了中国传统的丝绸图案,从而使中国丝绸进入了光辉灿烂的黄金时代。

六、五代宋辽金元工艺

宋代官府所设立的手工业管理机构非常庞大,并有细致的分工。城市的繁荣,市民的激增,导致大量工艺美术向商品化和平民化的方向发展。各种工艺产品,大多不惜工本,十分精美。宋代尤以陶瓷工艺的成就最为辉煌,生产规模、制作技术、艺术水平都达到了史无前例的成就。定窑、汝窑、官窑、哥窑、钧窑等五大名窑蜚声海内外。除五大名窑外,耀州窑、龙泉窑、景德镇窑等的瓷器制作也颇有影响。其余工艺门类亦有相应的发展与提高。在金银器制作方面,宋代金银器造型玲珑奇巧,新颖别致,花样繁多,装饰题材丰富多彩。在漆器工艺方面,宋代雕漆相当精巧,宫中所用雕红漆器多以金银为胎,刀法圆熟,锋藏不露。所刻山水、楼阁、人物、鸟兽,简直像图画。宋代漆器除一般素漆外,还有其他品类。雕漆以朱漆所雕者叫"剔红"。"剔彩"是五色漆在胎上分层涂盖,再根据图案需要,根据雕刻深浅而显露不同色彩。金漆是用金粉为漆器的装饰,主要有描金和戗金。犀皮漆器是用稠厚的色漆在器胎上涂成凹凸不平的漆层,再以各种异色漆填涂,经过磨光,形成自然多变的斑纹漆器。在染织、缂丝工艺方面,宋锦为我国古代高级丝织品,品类丰富,花色繁多,装饰活泼典雅,除几何花纹外,还有动物纹、花鸟织物纹,色彩绚丽多变。宋代绫织物不仅用于制作服饰,还用做装潢书画,或者以白底子织诗词,山水、人物、花鸟,形象生动,与绘画无别。宋代缂丝工艺受当时绘画"重理尚法、精密不苟"的风气的影响,绣制人物、山水、楼阁、花鸟等,针线细密,不露边缝,不仅丝绒色彩鲜艳,而且具有绘画的真实感。元代统治者不仅爱好工艺美术,而且有的甚至还亲自学习各种手工艺技术。这样,就使得工艺美术和手工艺人的地位得到空前的提高,几无异于画师。加上元代对外交往空前扩大,文化、贸易往来频繁,不断吸收外来艺术的影响,工艺美术方面出现了许多新技术,增加了新品种,新式样。元瓷器以景德镇为全国瓷业中心。元代拓宽了瓷器釉彩及色彩装饰的新途径,出现了青花、红釉、釉里红、蓝釉等新品种。雕漆在元代达到高峰,雕漆分为剔红、剔黄、剔彩、剔犀等多种类型。元代织绣工艺花色很多,尤以织金锦缎中的纳石失最为突出。纳石失给人的感觉是花满地少,金光灿烂,耀眼夺目的感觉。它是统治阶级庆典和日常生活不可或缺的装饰品。

七、明清工艺

中国明清两代均建都北京,其文化艺术上承宋、元,继续发展,不断提高。同时,蒙古族、藏族、维吾尔族和满族等少数民族的生活习俗和文化特点,对汉族传统文化产生了某些影响,极大地丰富了中华民族的文化传统。明清两代对外贸易比较发达,在输出的同时,也引进了一些阿拉伯和欧洲的工艺,加以模仿、吸收、消化,为明清时期工艺美术的发展,灌输了新的血液。这一时期的工艺美术,形成了独特的风格和时代面貌。

（一）陶瓷工艺

江西景德镇窑的官、民窑生产均迅速扩展,成为全国陶瓷生产中心,几乎垄断了全国城镇瓷器消费市场。明初永乐、宣德年间,青花、釉里红等瓷器已达顶峰。永乐宝石红、甜白,宣德宝石蓝都是永、宣两朝瓷器获得巨大进步的标志。明成化时期斗彩工艺发展成熟,成化斗彩多为小型器物,釉质精良,雅丽和谐。五彩是斗彩后彩瓷的又一创新,彩绘烧制方法大致同于斗彩。但釉下青花已经不是主题,而是构成整个纹饰的一个元素,与釉上的红、黄、绿等颜色处于同等的地位,这样釉上彩和釉下彩相映成趣、绚丽多姿。康熙时期出现粉彩,到雍正时期更为成熟,色彩浓淡相间,娇柔秀美,花卉有没骨花鸟的特点。珐琅彩在康、乾时期很盛行,珐琅彩原料既有国内的,也有进口的,彩绘以工笔为主,画风细腻工致,形象真实,花纹绚丽。

（二）纺织工艺

明、清时期的丝、麻、棉、毛的纺织、印染和刺绣等,直接关系到整个民族苍生的衣着,在这一雄厚基础上建立起来的织、染、绣等行业,有着蓬勃的生命力。其生产中心为苏州、江宁和杭州等地。明清的染织技术既讲究实用也注重美观,其娱乐性的刺绣与缂丝比宋元更具有绘画性。织染的纹样比较丰富,有山水、动物、植物、文字符号等,艺术手法多采用象征、比拟、寓意、谐音等。明清丝织工艺类型众多,有锦、缎、绸、罗、纱、绉、绫等。明清时期,棉布成为广大群众的服用材料,手工印染工艺有大发展。产量最大的是汉族的蓝印花布。少数民族印染的方法主要有"绞缬"、"蜡染"、"型板染"等。

（三）漆器与金属工艺

明清两代髹漆工艺与建筑、家具、陈设相结合,并由实用转向陈设装饰领域。大的品种有雕漆、金漆、彩漆、嵌漆等。明清的雕漆最为有名,雕漆技法不仅高超、独特,而且还增加了剔红、剔彩等新类型。在传统的基础上明代金银器工艺的特点是与宝石镶嵌结合。内廷设银作局,专为皇家打造金银器。清

185

代内廷金银器由养心殿造办处制造。银器作为金器的代用品,制成首饰、器皿,通行全国城乡。铸铜工艺获得了特殊发展,最著名的是铸于永乐年间、现存于北京大钟寺的金刚华严钟,为国内现存最大铜钟。宣德鼎,因产于宣德年间,又称宣德炉,其工艺吸取了古代冶炼技术,采用商周秦汉青铜器的造型与纹饰,涉及青绿、黄褐、古铜、秋葵色、蟹壳青、栗色、枣色等多种颜色品种,极富有装饰效果。紫禁城内的铜狮、铜炉、铜缸、铜龟、铜鹤等陈设足以代表乾隆年间铸铜工艺的水平。"景泰蓝"制作是"洋为中用"的一种艺术创新,这种工艺在元代由波斯传入,明代工匠融入传统的金属镶嵌工艺,并参用陶瓷工艺,发展成一种中国化的工艺美术品种。其在宣德年间已有很大的成就,景泰时期更加繁荣。清代景泰蓝工艺应用范围更广泛,屏风、桌椅、床榻、文具等,无不可用。

（四）明式家具与其他工艺

明式家具的产地主要有三处:北京有皇家的"御用监",民间有苏州与广州。明代家具大抵沿用宋式家具而作损益,其形制、式样以便于生活并富于美感为原则,比例权衡更为科学、合理,附加饰件和雕饰都较为简单。材料多用紫檀、钱梨、花梨木、鸡翅木、楠木等硬木,也采用其他硬杂木。这些材料色泽柔和,纹理细密,木质富有弹性。装饰以素面为主,局部饰以小面积漆雕或透雕。明式家具有造型简洁、线条流利、装饰适度的工艺风格。清代家具,在民间仍沿用明式家具的简洁质朴、大方合度的传统。而官方制作则趋向于华贵繁缛。此时苏州、北京的硬木家具发生了不少变化。苏州家具装饰繁复,硬木家具往往与髹漆、玉器镶嵌结合,制造雕漆、描金、彩漆、金漆等家具,与明代家具已相去甚远。明清其他方面工艺美术如玻璃工艺、木竹牙雕工艺、镶嵌工艺、文房四宝工艺等也取得了突出成就。

【思考题】

1. 简述秦汉工艺的发展状况。
2. 简述唐三彩的艺术性。
3. 叙述唐代"帔帛"的用途及艺术性。
4. 简述宋代工艺美术的发展概况。
5. 简析明式家具的特征。

【参阅书目】

1. 刘敏:华夏五千年美术文化史。北京:中国文史出版社,2004 年。
2. 中央美术学院美术史系:中国美术简史。北京:高等教育出版社,1990 年。
3. 田自秉:中国工艺美术史。上海:东方出版中心,2005 年。
4. 杭间、郭秋惠:中国传统工艺。北京:五洲传播出版社,2006 年。

第五节　书　　法

书法艺术是中国独有的一门艺术,它积淀着中国人的思维方式,深深地烙有民族文化的印记。中国的传统艺术,如绘画、舞蹈、建筑、雕塑、音乐等几乎都受到外来民族文化的影响,惟独书法艺术,它扎根于中华民族这块土地上,成为东方艺术的一个奇葩。书法也影响了中国周围的国家,比如日本、韩国等,成为这些国家文化的重要组成部分。随着世界艺术的交流和对话逐步深入和扩大,中国书法艺术的独特魅力越来越受到其他国家艺术家的重视。

一、书法与汉字

书法之所以能成为一门艺术,与汉字息息相关。中国最早的文字有相当一部分是象形字,它的特点是"画成其物,随体诘屈",主要靠描摹事物的形状来造字。后来又形成了指事、会意、形声等造字方法,在这些造字方法中,象形是基础,这造成了很多汉字以形示意的特点,这样的特点对书法能成为一门艺术具有很大的作用。在文字的演变过程中,汉字逐渐走向了抽象化,它的变化也主要是字形的变化,但它以形示意的特点并没有改变。西方的拼音文字之所以没有能够成为一门艺术,就与拼音文字没有这样的特点有关。汉字除了能表意之外,还有一种独特的形式美,这种独特的形式美,使人们可以撇开文字的内容,对汉字的形式美进行欣赏。汉字的这种音意的结合方式,尤其是汉字的独特形式美,使汉字能成为艺术有了可能。

中国最早的文字是甲骨文,以及后来的金文、铭文,它们的基本特征是象形味浓厚,但这种象形味不是简单的模拟事物的形象,它是对自然中事物的概

187

括和抽象。在文字的演变过程中，汉字逐渐由繁复走向简明，由不规则走向规则，象形味也逐渐减弱。随着人们审美意识逐渐提高，人们对汉字所具有的"势"有了比较明确的认识。中国古代的书论中就有很多论述到书势的，如蔡邕《九势》就中说到："夫书肇始于自然。自然既立，阳阴出焉；阳阴既生，形势出焉。"这种形势主要以动感和力量的方式出现的，具有一种单纯的形式美。如卫恒《四体书势》中所言："颓若黍稷之垂颖，蕴若虫蛇之梦绲。若绝若连，似水露缘丝，凝垂下端。远而望之，象鸿鹄群游，络绎迁延。研桑不能数其诘曲，离娄不能睹其隙间。"

汉字的结构就是一种对形势的提炼和加工，使书体具有一种别有味道的"字势"，这种字势的形成暗合着自然和人体生理的机制。汉字的书体演变其实就是字势的演变，从篆书到隶书再到楷书、行草书，就是字体不断地从象形意味抽象出来，进入到一个相对自由的体势。例如文字演化中最后形成的草书，就完全脱去了象形的意味，它高度的概括和抽象，完全的符号化和线条化了。

二、书法的时间和空间

字势的形成和变化，也是书法艺术空间和时间得以展开的条件。从空间的角度来说，书法艺术是一种以汉字为载体的造型艺术。汉字的形体基本是稳定的，这种稳定性是人们对汉字的空间形式长期总结的结果，它约定俗成，为人们所广泛认同，例如我们对隶书的辨认，当我们面对一副隶书作品的时候，我们一眼就能看出来。书法家在创作的时候，必须受汉字形体基本规则的制约。但是书法家在创作的时候，可以在不改变书体基本规则的基础上，加以发挥性的创造，这种创造首先是对汉字基本体势的改写和变化。书法家根据自己审美理想和追求，对字的结构进行处理，创造出或飘逸、或险峻、或狂放的书法作品来，呈现出不同的字势和情态。由于书法艺术的抽象性，它的空间性作用于人的视觉和心灵的。书法上的"分间布白"以及章法就是一种空间上的分割。在中国的书法空间中，有两种书法空间，一个是字内空间，另外一个是字外空间。字内空间就是一个字内留下的空白的部分，字外空间就是一个字和其他字组合后形成的空白。一般来说，单字的内部空间相对内向和封闭一些，行草书的空间则是流动的，它完全打破了字内和字外的界限，或者行与行之间的界限，解放了单字的封闭性，它的空间的流动是连续性的、节奏化的。空间视点是不断转换的，它由高到低，由左到右，由近及远，并在流动中形成一种"势"，这种书势就是空间的分割和转换形成的。相比行草书来说，其他的书体的空间流动性则稍微弱一些。唐代的书法家怀素以草书见长,他的草书就呈现出狂放的气势,如其《自叙帖》,如急风暴雨一泻而下,墨色飞舞,气势逼人。李白在《草书歌行》中写道:

> 少年上人号怀素,草书天下称独步。
> 墨池飞出北溟鱼,笔锋杀尽山中兔。
> 八月九月天气凉,酒徒词客满高堂。
> 笺麻素绢排数厢,宣州石砚墨色光。
> 吾师醉后倚绳床,须臾扫尽数千张。
> 飘风骤雨惊飒飒,落花飞雪何茫茫。
> 起来向壁不停手,一行数字大如斗。
> 恍恍如闻神鬼惊,时时只见龙蛇走。
> 左盘右蹙如惊电,状同楚汉相攻战。
> 湖南七郡凡几家,家家屏障书题遍。
> 王逸少、张伯英,古来几许浪得名。
> 张颠老死不足数,我师此义不师古。
> 古来万事贵天生,何必要公孙大娘浑脱舞!

在章法的安排上,书法家在创作的时候不但要考虑到字与字之间的间隔距离,同时还要考虑到行与行之间的距离,这不同的距离会形成不同的艺术效果,或俊朗,或疏淡,或雄放等。书法"疏处能够走马,密处不使透风,常计白当黑,奇趣乃出"(《艺舟双楫·邓石如传》)王羲之的行书《兰亭序》,在总体布局这错落有致,疏密合宜,行笔若断若连,全篇呈现出俊秀的风格特点。董其昌的书法往往是字字独立,行距拉的很开,所以董其昌的书法表现出空灵疏宕的特点。在各种书体的创作中,草书的章法安排的难度最大,字可大可小,可长可短,字距和行距可疏可密,书法家极大地调动了草书字型的变化功能,最大限度的发挥了它的写意性和抒情性,具有极强的艺术感染力。有的书法家甚至突破了字和字,行与行的界限,采用"乱石铺路"式的方法,它的空间感完全迥异于人们的日常的审美观,变得杂乱,如郑板桥的某些书法作品。

书法的时间是一种空间化了的时间,书法家在创作的时候。书法家在创作的时候,毛笔的书写顺序是时间的展开,呈现出一种时间的流动。从一个笔画的完成,到一个字的完成,再到一行字一幅作品的完成,这种时间的展开和流动是在纸面上进行的,在时间的行进中,同时对纸面的空间分割。由于笔顺的顺序性和时间的不可逆性,空间的分割只能是一次性按照时间的先后来完成的。中国的书法特别讲求气脉的贯通,唐代张彦远在《历代名画记》中论

189

顾、陆、张、吴用笔一节中说:"昔张芝……草书之体势,一笔而成。气脉通连,隔行不断。唯王子敬明其深旨,故行首之字,往往继其前行,世上谓之一笔书。"这种气脉的贯通其实就是要求时间的连续性。书法又同音乐和舞蹈一样,讲究呼应、承接,它的点画线条在形态上有起有伏、有收有放;力度上有强有弱,有刚有柔,速度上有急有缓,有断有连。整体布局上有高潮也有低回,有急速的行进,也有短暂的间歇或休止。它行笔时的抑扬顿挫,酣畅淋漓,婉转流便,就像是一曲悠扬的旋律,令人回味无穷。

书法的这种时空观是中国艺术观的重要体现,这种时空不是现实时空,它是一种节奏化和空灵化的时空,它内蕴着宇宙的节奏和生命情调。宗白华说:"由舞蹈动作延伸,展示出来的虚灵的空间,是构成中国绘画、书法、戏剧、建筑里的空间感和空间表现的共同特征,而造成中国艺术在世界上的特殊风格。"[1]

三、笔墨

汉字之所以能成为一门独特的艺术,和书法的使用工具有很大的关系,如果没有毛笔、宣纸、墨,书法的艺术魅力就无从表现。古代文人所说的文房四宝就是笔、墨、纸、砚。它们是创作书法的工具,笔、墨、纸,它们是否成功运用,是作品成败的关键。

(一) 笔法

毛笔具有圆、健、齐、尖的特点,它能敏锐的记录下书写时的动作和力量的变化。书写时的快慢节奏、轻重缓急、笔画的粗细长短等,宣纸上都能清晰的记录下来。在古人长期的书法实践和总结中,形成了笔法这个重要的技术和审美要素。什么是笔法,笔法就是使用毛笔时点画、线条运行的形态和方法,邱振中在《笔法与章法》中归纳了五个方面的内容:一是对笔的控制方法——执与运(腕运、指运等等);二是笔锋的运动形式(包括空间形式与时间形式);三是笔法的形态表现——点画书写方法;四是各种审美理想对笔法的要求;五是笔法产生的审美价值。前三个作者是从技术层面来归纳的,后两个方面是从审美层面来归纳的。在技术层面上,第二个方面是最重要的,笔锋的运动形式是指毛笔的锋毫在书写时的运动变化,如转动、提按等。这一切都是在时间和空间内进行的。古人在探讨笔锋运动形式时,总结了很多方法。如《翰林密论》说:"凡攻书之门,有十二种笔法,即是迟笔、疾笔、逆笔、顺笔、涩笔、倒

---

① 宗白华:《美学散步》,上海人民出版社,1981年,第93页。

笔、转笔、涡笔、提笔、啄笔、罨笔、赴笔。元李雪庵归纳运笔方法有八种,它们是:落、起、走、住、叠、围、回、藏。清康有为说:书法之妙,全在运笔,该举其要,尽于方圆。现代美学家宗白华在《中国书法里的美学思想》中说:"用笔有中锋、藏锋、出锋、方笔、圆笔、轻重、疾徐,等区别。"总结起来,笔锋的运动形式,就这么几种:中侧、藏露、提按、转折等。笔法演变的一方面是随书体的演变进行的,每一种书体的笔法都不尽相同,另一个方面,笔法的演变也反映了每个时代的审美观念和个人审美追求。这里主要讲用笔。

中锋用笔就是让笔锋在点画中间进行的方法,中锋用笔时,由于毛笔中的墨能随着毛笔的书写顺利地进入纸内,因此书写出来笔画饱满充盈,而且能给人一种立体感,所以中锋用笔是最常用的一种笔法。侧锋用笔时则笔杆倾斜,毛笔笔尖偏向于笔画的一边运行。由于侧锋运笔比较随意,可以承接上一个笔画,有利于书写的速度的提高,所以古今书法家都非常喜用侧锋,明丰坊《书诀》中说:"古人作篆、分、真、行、草书用笔无二,必以正锋为主,间以侧锋取妍。分书以下,正锋居八,侧锋取二,篆则一毫不能侧也。"行草书中,往往中侧兼用,以中锋为主,侧锋为辅,加以使转,这样就会丰富了用笔的趣味,提高了艺术的表现力。

露锋起收,就是下笔时或收笔时笔锋被包裹在笔锋中,不露出锋芒。因为这种起笔的方向与点画运行的方向相反,所以又称逆锋入笔。藏锋起笔、收笔的特点是用笔含蓄,笔画厚重。露锋起收,起笔和收笔时笔锋芒外露的方法。露锋用笔往往以侧为主,这种用笔方法干脆利落,精神外露,并能承接上一个笔画,加强了笔画之间的联系,所以在行草书中这种笔法最为常用。

提笔和按笔是使笔锋做上下运动,是使笔画产生粗细变化的条件。提笔笔画轻,按笔笔画粗,从而使笔画产生节奏的变化。此外,提按也是笔锋转换的重要条件,从一种笔法转到另外一种笔法,要借助于提按才能完成。如中侧的变化,转折的变化等,都要用到提按。一味的提或是一味的按,会使线条过于单一,所以古人说:"笔笔按,笔笔提。"

转笔是笔毫在平移时做弧形的转向运动。毛笔在做弧形运动时,接触纸面的锋毫部分保持不变,以中锋做弧形运动,这样的运动方式会产生圆润的笔画效果。折笔是笔毫在平移时,从一个点上做方向的改变,形成一个折角。在转折处,由于方向的突然改变,笔锋会出现偏锋或者散锋,书法家往往使用"暗过"的换锋方式,然后调整到中锋用笔。朱和羹《临池心解》说:"转折处须暗过,方知折钗骨之妙。暗过处,又要留行处,行处留,乃得真诀。"转笔成圆,折笔成方,圆笔圆润,方笔刚劲,有不同的艺术效果。

（二）笔法的审美意味

上述几种用笔方法的除了能产生笔势之外,还能够产生古人所谓的笔意。什么是笔意?笔意就是点画线条的意趣。我们这里先讲单纯的笔法所产生的笔意,也就是书法"有意味的形式"。书法是由点、画、线条构成的,他们本身就有一种独特的形式美,例如线,在书写的时候,线的形状有曲直、粗细、松紧等形态,每一种线给人的感觉都是不一样的。直线方向明确,显得刚正、峻直。曲线圆润、柔媚、生动、婉转。康定思基在《点线面》中认为,曲线属于冷静优雅的色调,它的精神特点是阴柔。曲线和直线的造型特征不一样,它们的使用对构成不同的书风有很大的影响。大体说来,直线更适应比较端正的书风,如楷体,而曲线更适应变化比较丰富的草体奔放的书风,如行草。但是如果单纯使用直线或曲线,书风会显得过于刚硬或柔滑,所以书法家往往都会同时使用两种不同的线,唐孙过庭在《书谱》中说:"草不兼真,殆于专谨;真不通草,殊非翰札。真以点画为形质,使转为情性;草以点画为情性,使转为形质。草乖使转,不能成字,真亏点画,犹可记文。回互虽殊,大体相涉。"如果书法家把这几种方法有机地结合起来,就会产生"灵通入妙"的艺术效果。王羲之在《笔势论十二章》说"每做一字,须用数种意,或横画似八分,而发如篆籀;或竖牵如深林之乔木,而屈折如钢钩,或上尖如枯竿,或下节若细芒,或转侧之势似飞鸟空坠,或棱侧之形如流水激来。做一字,横竖相间;做一行,明媚相成。"苏姗·朗格说:"在每一件作品中,线条和色彩以一种特殊的方式组合在一起,一定的形式和形式之间的关系激起了我们的审美情感。这些关系。这些线条与色彩的组合,这些美的运动方式,我称之为'有意味的形式'。"书法线条本身这种"有意味的形式"是中国人独特审美思想的表现。

（三）墨法

有笔处必定有墨,有墨处也必定有笔,笔墨相辅相成,缺一不可,用墨之法是笔法的重要辅助手段。

在宋代以前,书法家们还不太重视用墨,唐孙过庭在《书谱》中有这样的话:"带燥方润,将浓遂枯",但没有更深入的论述。宋代以后,书法家们才开始重视墨的表现作用。苏轼《论书》中说:"书必有神、气、骨、肉、血之说,五者阙一,不能成书也。"这里的血就是用墨给人的审美感觉。后来很多书法理论家在论述用笔、结体等以外,还专门论述了用墨。如南宋姜夔《续书谱》中有专门的论述:"凡作楷,墨欲乾,然不可太燥。行草则燥润相杂,以润取妍,以燥取险。墨浓则笔滞,燥则笔枯,亦不可不知也。"他这里主要论述了乾笔和燥笔在楷书和行草书中的使用,以及审美效果。清包世臣《艺舟双楫·述书下》云:"画法、字法,本于笔,成于墨,则墨法尤书艺一大关键已。笔实则墨沉,笔飘则墨浮。"强调了墨法和笔法的关系。从古人对墨法的论述中我们可以看出。墨法对书法的表现的重要作用。

墨法可以分为浓墨、淡墨、干墨、湿墨、涨墨等。

浓墨一般是用墨较浓,可以见精神,康有为《广艺舟楫》说:"东坡论墨,如小儿眼睛。"又说:"所以能致此者,万毫齐力,而用墨浆浓色深,故能黝然作碧深也。"篆、隶、楷用浓墨能见力度和精神。

浓墨显得庄重沉实,淡墨则淡远素雅。两种墨色的视觉效果不一样,书法家各有不同的喜好。元代赵孟頫喜用浓墨,显得坚实,明代董其昌喜用丹墨,显得淡雅。但很多的书法家们常常是两种墨法兼顾使用,产生的艺术效果更好。

干墨是指作书时点画中含的墨比较少。因为水墨水少,所以墨就淡一些,在书写的时候,由于墨干,常常会出现飞白,这样的用笔会产生一种枯燥苍劲的感觉。

湿墨是指墨中含水较多。湿墨用笔,会形成点画浑厚丰腴的特点。

涨墨就是笔中含墨很多,在书写的时候,水常常从点画中渗透出来,形成块面。王铎最喜用涨墨。涨墨用得好的话,会增加墨色层面的变化。

浓墨神旺气实,显得强健;淡墨则神活气清,显得淡;墨干苍茫枯劲,墨湿则悠远深邃。每个书法家都有自己擅长和喜爱的墨法,但在实际使用的时候,往往是几种墨法一起运用,这样就会产生"带燥方润,将浓遂枯"的效果。墨法的使用是和用笔、纸紧密的联系在一起的,笔法的轻重缓急、提按顿挫,纸的生熟优劣都会对书法创作产生一定的影响。用墨往往又和用水相关,陈绎曾《翰林要诀》说:"字生于墨,墨生于水,水者字之血也。笔尖受水,一点已枯矣。水墨皆藏于副豪之内,蹲之则水下,驻之则水聚,提之则水皆入纸矣。"又说:"水太干则肉散,太燥则肉枯。干研墨则湿点笔,湿研墨则干点笔。墨太浓则肉滞,太淡则肉薄。粗即多累,积匀不均。"一个书法家在创作时常常是三者兼顾,这样会产生墨色变化丰富的用墨效果。

四、书法的精神构成

任何艺术都是人的创造,它们都是人精神的映照,书法也不例外。书法创作时,书法家个人的审美倾向、气质、性情、学养都会倾注到作品中去,书法之所以能够成为一门艺术,正是由于它包含着丰富的精神内涵,而且从书法中,我们能领悟中国人对宇宙的认识和思维方式,体会到中国哲学思想的深深烙印。中国几千年的哲学观念对中国书法的形成、发展和丰富都有着非常深刻的影响。一个时代的书风，或是个人的审美趋向往往是一个时代哲学思潮的体现。

（一）书法的人格意味

书法是一种抽象性的艺术，它不像绘画那样可以直接的描绘形象，也不像诗歌那样直接表现情感，它更多的时候是以点画线条构成的文字形象作用于人的视觉。书法是人精神的映射，它必然带有书法家的人格意味。这种人格意味是非常复杂的，它是人性格、气质、修养、审美爱好等综合的表现，而创作时不同的精神状态，会使一个书法家的作品呈现出不同的面貌和形态，表现出风格的多样性来。书法艺术的抽象性，增加了书法欣赏的难度。因为书法的含蕴往往是通过点画、结字、章法等体现出来，所以人们在欣赏书法时，作品中蕴涵的精神内容往往是一种直觉抽象的感悟。在用具体的文字陈述感受时，也往往是一种感悟式的、比喻式，带有很大的直观抽象性和含混性。从古代的书论中有大量的文字来描述书法与性情、书法与人品、书法与修养等的关系来。

书法与性情方面，梁萧衍在《古今书人优劣评》是这样描述王僧虔的书法风格的："王僧虔书如王、谢子弟，纵复不端正，奕奕有一种风流气骨。"王、谢子弟的风流到底是怎么样的，我们根本无从知道。

书法与人品方面，明朱和羹在《临迟心解》中是这样说的："书学不过一技耳，然立品是第一关头。品高者，一点一画自有清刚雅正之气；品下者，虽激昂顿挫，俨然可观，而纵横刚暴未免流露楮外。"古人非常重视书品与人品的关系，这与中国自古以来就重视道德观念有关，那些人品书品都好的人，受到了世人的崇敬和赞扬，那些书法好人品不好的人，往往受到世人的唾弃，颜真卿和蔡京就是一个正反例子。其实书法与人品的高低之间的关系，我们能难从作品中看出来的。

在书法与修养的关系上，宋代的黄庭坚这样说："学书须要胸中有道义，又广之以圣哲之学，书乃可贵。若其灵府无程，政使笔墨不减元常、遗少，只是俗人耳。余尝言，士大夫处世可以百为，唯不可俗，俗便不医也。"强调了道德修养和读书对书法的作用。宋代的苏轼，就是一个博学的书法家，他诗、画、文等都在那个时代达到了一个高峰，所以黄庭坚在评论苏轼的书法时这样写道："余谓东坡书，学问之气，郁郁芊芊，发于笔墨之间，此所以他人终莫能及尔。"古人还非常重视到生活和大自然中去学习，感悟艺术、开阔胸襟，唐张怀瓘在《书断》中说："善学者乃学之于造化，异类而求之，固不取乎原本，而呈其自然。"古代的书法家大都是文人，琴、棋、书、画、诗文等，都是他们艺术修养的重要组成部分，而这之间往往又会互相影响，进而影响了他们的书法。

　　所以,清刘熙载在《书概》中这样说:"书者,如也,如其学,如其才,如其志,总之曰如其人也。"书法就是一个人综合人格的表现。

　　(二)书法的情感意味

　　书法艺术是用点画线条来表现的,书法家在创作的时候,宣纸能清晰地记录下毛笔运行时的疾徐顿挫的运动节奏,而这种节奏的变化正是书法家情感变化的轨迹。书法艺术的抽象性,使我们不能用准确的语言描述下来,但我们能通过书法作品线条的变化,感受到作者情绪的变化。书法的抒情功能,在很早就被认识到了。汉代的书法理论家蔡邕就提出了书法具有抒情的功能:"书者,散也,欲书先散怀抱,任情恣性,然后书之。"至于是什么样的性情,蔡邕并没有说出。唐代的孙过庭在《书谱》中明确说出书法有:"达其性情,形其哀乐"两方面的功能。在书法对于性情的表现上,他说:"虽学宗一家,而变成多体,莫不随其性欲,便以为姿:质直者则径庭不遒;刚狠者又倔强无润;矜敛者弊于拘束;脱易者失于规矩;温柔者伤于软缓,躁勇者过于剽迫;狐疑者溺于滞涩;迟重者终于蹇钝;轻琐者染于俗吏。"在这段文字中,质直、刚狠、矜敛、脱易、温柔等等都是人性情的表现,这些性情是人天生的或者是后天形成的,这些性情具有很强的稳定性,书法家在创作的时候,这样的性情会影响到书写状态,所以会有"径庭不遒"、"倔强无润"、"弊于拘束"、"失于规矩"等等的书法风格。在"形其哀乐"方面呢? 他说:"写《乐毅》则情多怫郁;书《画赞》则意涉瑰奇;《黄庭经》则怡怿虚无;《太史箴》又纵横争折;暨乎《兰亭》兴集,思逸神超;私门诫誓,情拘志惨。所谓涉乐方笑,言哀已叹。"这里是用王羲之的作品来阐述文字内容对书法风格的影响、文字内容的不同,往往会影响到书写者的情绪状态,致使书法风格呈现出不同的面貌。乐毅是贤良,但是遭到迫害,文章有一种抑郁不平之情,所以王羲之在书写的时候,便带上了沉郁的情绪;东方朔是一个妙趣横生诙谐风趣的人,王羲之在书写时便有许多奇妙的想法;《黄庭经》是道家的作品,它表现的是到家恬淡虚无的思想,所以王羲之在书写的时候也是带着这样的情绪去写……文字的内容固然和书法风格有一定的关系,但是二者往往具有不同构性,它更多是综合人格和个人审美观的表现,人格和审美观念的不同、可以让每个书法家的作品表现出奔放、轻柔、高古、疏淡、雅致等不同的风格来。书法的风格特点还和一个人的情绪状态有关,人在生活中会有不同的情绪,书法家在创作时,作品会染上不同的情感色彩和意味。韩愈在《送高闲上人序》中这样描述张旭的创作状态:"往时张旭善草书,不治他技。喜怒、窘穷、忧悲、愉佚、怨恨、思慕、酣醉、无聊、不平,有动于心,必于草书焉发之。观于物,见山水、崖谷、鸟兽虫鱼、草木之花实、日月列星、风雨水火、雷霆霹雳、歌舞战斗、天地事物之变,可喜可愕,一寓于书。故旭之书,变动犹鬼神,不可端倪,以此终其身,而名后世。"作者完全把书法作为一种寄托感情的方式了。

所以清刘熙载说:"笔性墨情,皆以其人性情为本。是则理性情者,书之要务也。"(《艺概·书概》)

【思考题】

1. 试述书法艺术的特点。
2. 书法的情感表现的特殊性在哪里?

【参阅书目】

1. 黄惇:书法篆刻。北京:高等教育出版社,2007 年。
2. 宗白华:美学散步。上海:上海人民出版社, 1979 年。

第六节　音　　乐

中国民族的音乐源远流长,早在远古时期,先民们在狩猎前后就常常模仿狩猎对象和狩猎活动舞蹈,用以抒发他们的心情与感受。在面对神秘的大自然时,他们怀有敬畏之心,他们以边歌边舞的巫术方式,沟通人神,出除鬼魂,以求得风调雨顺,五谷丰登。在表现爱情、战争、婚姻、图腾等,先民们都可以通过音乐歌舞来表现的。原始时期的歌舞尚处于萌芽状态,歌、舞、乐是三位一体的,音乐在当时并没有独立出来,音乐形式也非常简单。当时的乐器是极为简陋的,一般都采用、骨、石、竹、革等做材料,主要的乐器有石磬、鼓、陶铃、骨笛与古哨、陶埙等。经过了夏、商时期,音乐逐渐从歌、舞中分化出来,变得成熟起来,到春秋战国时期,音乐成为了一门独立的艺术,形成了中华民族独具特色的艺术形式。

一、先秦音乐

《诗经》是我国最早的诗歌总集,由孔子删订,最初是配乐的歌词,它保留着古代北方的风土民谣。《诗经》按音乐分为风、雅、颂三个部分。《风》诗是从周南、召南、邶、鄘、卫、王、郑、齐、魏、唐、秦、陈、桧、曹、豳等15个地区采集上来的土风歌谣,清丽自然,纯朴通俗;《雅》是朝廷音乐,是宫廷宴乐或朝会时的乐歌;《颂》是宗庙祭祀的舞曲歌辞,内容多是歌颂祖先文德武功。《诗经》流传的过程中,音乐逐渐失传了,只剩下歌词。

南方楚国民间有信鬼神、有巫术和祭祀的风俗,以屈原为代表的楚辞就反映了楚国一带的风俗和生活。《九歌》就是屈原根据楚国民间祭祀鬼神的舞曲改编的十一首歌曲,带有强烈的楚地神秘文化气息。

春秋战国时期,音乐生活和表演是非常丰富的,《战国策》、《史记》等保存了大量的音乐史料。《战国策》卷八中载:"临淄甚富而实,其民无不吹竽、鼓瑟、击筑、弹琴、斗鸡、走犬、六博、蹴鞠者。"《史记·李斯列传》:"夫击瓮,叩击。弹筝,搏髀。而歌呼呜呜快耳者。真秦之声。"可见,当时的音乐已经伴随人们的生活,成为人们表达情感的重要方式。当时出现了很多的演奏家和歌唱家,他们共同的努力促进了音乐的普及和发展。《孟子》、《列子》、《吕氏春秋》等书都有记载。例如《吕氏春秋·长见》载:"晋平公铸为大钟,使工听之,皆以为调矣。师旷曰:'不调,请更铸之。'平公曰:'工皆以为调矣。'师旷曰:'后世有知音者,将知钟之不调也,臣窃为君耻之。'至于师涓,而果知钟之不调也。是师旷欲善调钟,以为后世之知音者也。"师旷是当时的著名古琴演奏家,别的演奏高手不能听出钟的声音不协调,唯独师旷能分辨出来,可见他对乐音高超的辨别能力。

当时的统治阶级非常重视音乐的教化作用,同时他们也极为重视音乐的享乐作用,他们不惜浪费大量的人力和物力,极尽穷奢极欲,满足他们的享乐。1978年湖北随县城郊挖掘的曾侯已墓让人们目睹了宫廷乐队的盛大场面。墓内共有北、东、西、中四个墓室。北室主要放置车马和兵器,东室放置主人棺椁和陪葬侍妾的棺木,陪葬者大多是20岁左右的年轻女子,有九具之多。最让人叹为观止的是东室陪葬的乐器,在这个墓室里出土了十弦琴一张、无弦琴一张、瑟五件、笙两件,还有悬鼓等。东室的南墙放有青铜器,西墙放有钟架和编钟,东室的北墙放有编磬。西室葬有陪葬的歌舞乐人,共有十三具,全部为女性。我们由此可以想象当时的演出场面是多么盛大,统治阶级的生活是多么奢靡。

春秋战国时期处在我国古代社会的大变革时期,那些图谋变革的思想家们纷纷提出自己的主张和见解,形成了"诸子蜂走,百家争鸣"的局面。他们以各自的思想,著书立说,传徒授学,产生了很多的思想流派。在他们的思想主张中,有很多方面涉及音乐。这一时期的音乐思想主要体现在儒家、道家、墨家等几家。

儒家的代表人物是孔子,他不但是伟大的思想家、政治家、教育家,还是一位音乐家,他的音乐思想对后世有很大的影响。孔子特别重视礼乐的教化作用,他认为礼能约束人,分别贵贱等级,他说:"非礼勿视,非礼勿听,非礼勿言,非礼勿动。"(《论语·颜渊》)他认为乐则可以调和上下关系,使人际关系变得和顺,《礼记·仲尼燕居》曰:"礼也者,理也;乐也者,节也。君子无礼不动,无节不作。"在礼和乐的关系上,他认为如果把礼和乐结合起来,就能够发挥其统治作用,所以他说"移风易俗,莫善于乐,安上治民,莫善于礼。"(《孝经》)礼和乐二者的不同是:礼以序人伦,靠的是强制手段的利用;乐以教化,靠的是音乐自身感染力。孔子认为,音乐有陶冶性情,使人格健全,他说:"兴于诗,立于礼,成于乐"(《论语·泰伯》)。他相信通过"六艺"的全面学习——礼、乐、射、御、书、数,具备各方面的技艺、知识与修养,就能入世发用、丰富人生。

孔子评价音乐的标准是"善"和"美",在二者的关系上,他更强调的是前者。他所说的善是以伦理为基础的,那就是合乎"仁"、"德"。如果不合乎"仁"、"德",也是不美。他特别崇尚以歌颂舜时文德为内容的《韶》乐,因为舜的治理符合人民的意愿。《论语·述而》曰:"子在齐闻《韶》,三月不知肉味。"他认为《韶》乐是尽善尽美了,而他对武王伐纣的《大武》的评价是"尽美矣,未尽善也"(《论语·八佾》)就是因为武王使用了武力,导致了"仁"的破坏。他非常反感郑国和卫国的音乐,《论语·阳货》说:"恶郑声之乱雅乐也。"就是郑国和卫国的音乐大多是表现男女爱情,形式华美流丽,容易让人产生淫邪的念头,这与他提倡"思无邪"(《论语·为政》)是背道而驰的,所以他认为"郑声淫,佞人殆。"(《论语·卫灵公》)他不仅追求形式上的美,而且还要求音乐符合善的要求,这体现了他对音乐教化作用的重视。

《乐记》是儒家的经典著作,它所提出的"和"的思想集中体现了儒家音乐的重要观点。从儒家的道德观念出发,《乐记》将音乐的社会功能放到突出的地位,强调音乐的社会调节作用。《乐记》的音乐思想的独特之处在于,它将"和"的思想向上延伸到天地宇宙来考察,向下将"和"延伸到人的内心来考察。所以"和"的思想包括人与天地的和谐、人与他人的和谐、人与自身的和谐。作者在《乐记·乐论篇》说:"乐者,天地之和也。礼者,天地之序也。和故百物皆化,序故群物有别。乐由天作,礼以地制。过制则乱,过作则暴。明于天地。然后能兴礼乐也。"明确提出乐能调节人与天地的和谐。在《乐论篇》说:"乐行而伦清,耳目聪明,血气平和,移风易俗,天下皆宁。"指出了乐对于人与他人、人与自身和谐的作用。《乐记》中又说:"大乐与天地同和,大礼与天地同节。"这里的"大乐"是音乐的本体,它具有保全大和的作用,而天地本源是和谐同一的,所以大乐和天地具有同构性。万物生生不息,阴阳相摩,天地相荡,共同成为一生命的大乐章。乐的精神就是滋生、成长、化育、和谐。《乐论》说"乐由中出,故静;礼自外作,故文。"音乐作为人的一种生命需要,是发自人心灵深处的,所以《乐化篇》说:"故乐者,天地之命,中和之纪,人情所不能免也。"礼是外在的、规范性的,使人们在差异中恪守自己的本分,它的核心在"分",它是人和世界签订的契约,人们必须严格遵守,所以"礼自外作"。而乐就不同,乐者乐也,它使人快乐。这种乐不是一般的快乐,而是生命的融合中的适意感受,它具有内在性、非规范性。对乐的欣赏和感受,就是一种至高的道德愉悦,它是审美和道德愉悦的结合。

以老庄为代表的思想学派体现了代表了道家的音乐思想。《老子》倡导以自然为美,反对雕饰之美,反对儒家礼乐音乐思想。《老子·十二章》说"五色令人目盲,五音令人耳聋,五味令人口爽,驰骋畋猎,令人心发狂;难得之货,令人行妨。是以圣人为腹不为目,故去彼取此。"又说:"道之出口,淡乎其无味。"(《老子·五十三章》)提倡一种自然恬淡之美。老子认为,最高境界的音乐应该体现道的精神,《老子》说:"大音希声,大象无形。"什么是"希"?王弼注曰:"听之不闻名曰希,不可得闻之音也。"这样的声音素朴自然,暗合了道的精神,体现了绝对的音乐之美。庄子继承了老子的思想,在音乐上,他提倡"法天贵真",认为音乐的本质就是表现自然和人的真性情,反对一切违反自然本性的"人为",反对束缚人性、违反自然的儒家礼乐思想。在《庄子·缮性》说:"中纯实而反乎情,乐也。"肯定符合自然性情的音乐。在庄子看来"至乐无乐"(《庄子·至乐》),提倡"不彰声而声全"的音乐,这样音乐更能体现道的精神。《庄子·天籁》提出"天籁"、"地籁"、"人籁"三种概念的音乐,"地籁则众窍是已,人籁则比竹是已","天籁者,吹万不同,而使其自己也。"三者之中,"比竹"是人工制作之声,天籁则是真正的自然之声、自然之乐,所以是最美的声乐。

二、汉唐音乐

秦国被刘邦灭掉之后,建立了西汉王朝。汉承秦制,开国不久就建立了音乐机构——乐府。乐府是管理音乐的机构,它的主要任务是搜集民歌,创作新声、演唱音乐、编配曲调以及训练乐工及研究音乐理论等,主要为皇帝大臣们享乐之用。乐府搜集的民歌范围很广,据《汉书·艺文志》记载,当时收集的民歌地区北起燕、代、雁门;南到吴、汝南;东到齐鲁;中原地区则有邯郸、淮南、洛阳等地。这些民歌保存在班固编的《汉书·艺文志》里,收有134篇,另有"周谣歌诗声曲折"及"河南周歌声曲折"各75篇,总共284篇。汉乐府的歌曲大都是郊祀歌、房中乐,是为宫廷服务的歌词,其他则属宴乐性质的歌曲,大都是采用民歌整理加工而成的,形式比较自由。汉乐府虽为统治者享乐之用,但它对民间音乐的吸收、继承和发展,扩大中华民族传统音乐的影响具有重要的作用。

在汉代,产生了一种新的音乐形式叫"相和",它是在原始民间音乐的基础上发展起来的一种演唱形式,它没有任何伴唱、伴奏,只是一种清唱,也叫徒歌。徒歌进一步发展成为有人帮腔,但无伴奏 歌唱形式,被称为"但歌"。《晋书》曰:"但歌,四出,出自汉世。无弦节,作伎最先唱,一人唱,三人和。"但歌再进一步发展成用管弦乐器伴奏的音乐形式,演唱者手执一种叫"节"的击打乐器,合着节拍,一边歌唱,后来被称为"相和歌"。相和歌的伴奏乐器由笛、笙、琴、瑟、琵琶、筝、节等组成,有的加篪成为八种,也有的不用节,而用筑。相和歌在发展过程中与舞蹈、乐器伴奏相结合,这种新的歌舞形式被称为"相和大曲",又称"汉大曲"。相和大曲进一步发展为纯器乐合奏,称为"但曲"。

秦汉以来,随着各民族交往的日益频繁,一些少数民族的音乐和乐器相继传入中原。鼓吹乐就是北方少数民族传入中原的一种音乐,它在宫廷中演奏并获得了发展。《旧唐书·音乐志》说:"鼓吹,本军旅之音,马上奏之,故自汉以来,北狄乐总归鼓吹署。"北狄,主要指生活在北方的匈奴、鲜卑、吐谷浑等少数民族,他们以游牧为主,骁勇剽悍。在打猎闲暇之乐,他们常骑在马上吹奏笳、角等乐器,演奏的音乐主要以打击乐、吹奏乐为主。打击主要是鼓,吹奏有箫、笛、笳等乐器。吹鼓乐是当时的一种乐器合奏方式,它主要用于四种不同场合的演奏形式。①黄门鼓吹,是天子宴乐群臣时使用的。②骑吹,随车驾驶行走时演奏的马上音乐。③横吹,军中马上演奏的音乐。④短箫铙歌,是庙堂、战争凯旋时使用的音乐。

百戏是汉代民间表演艺术的泛称,《汉文帝纂要》载:"百戏起于秦汉曼衍之戏,技后乃有高絙、吞刀、履火、寻橦等也。"可见百戏是对民间诸技的称呼,主要以杂技为主,另有舞蹈、曲艺等形式,李尤《平安观赋》中有"歌舞俳优,连笑伎戏"的记载,逗笑说唱的俳优当是"百戏"中的曲艺节目。百戏在民间非常盛行,有钱人家"钟鼓舞乐,歌儿数曹"(桓宽《盐铁论》);中户人家"鸣竽调瑟,郑舞赵讴"(同上)。在民间聚会时,"民间酒会,各以党俗,弹筝鼓缶而已,无妙要之音,变羽之转"(同上)。

魏晋南北朝的时候,随着民族逐渐融合,文化交流的日益频繁,大量的少数民族音乐传入中原,极大地丰富了汉族的音乐。当时的少数民族音乐有龟兹乐、西凉乐、高昌乐,还有西域的天竺乐等。地域的不同也形成了不同的音乐风格,北方的有北歌,它是北方民族产生的民间歌曲。南方地区则有清商乐、吴歌、西曲等。

唐代的各种艺术都达到了高峰,音乐和诗歌则是最耀眼的两颗星星。唐代音乐和诗歌的结合产生了曲子这样的音乐形式。曲子产生于隋代,是隋唐以来的音乐新形式,它和相和歌、清商乐是一脉相承的。曲子主要是专业人员把民间的山歌、小曲、歌谣等加工而成的一种新的歌曲。唐代的山歌范围很广,有劳动号子、船歌、民俗歌舞等,在四川一带流行的"竹枝词",诗人们称之为"山歌"。唐代的山歌有时是伴随舞蹈、乐器伴奏进行的。曲子的另一种形式是"小曲",它是在城市里演唱的歌曲,反映城镇人民的生活,这种小曲是山歌、舞曲传入城市后,有艺人加工而成的。曲子的形式自由,有长短句结合的杂言,也有齐言的。曲子新颖活泼,富有生气、歌词接近口语,所以广为人们所喜爱。

唐代重要的音乐品种还有燕乐、法曲、大曲等。

燕乐是统治阶级在宫廷宴乐时所使用乐舞的总称,又称宴乐,创作者和表演者大都是各族艺人乐工。它的起源可以追溯到南北朝时期,它是随着少数民族入主中原后传入内地的。燕乐的来源主要有三个:一是汉魏以来的清商乐;二是外来民族传入的音乐;三是当时音乐家创作的音乐作品。隋唐燕乐是从隋文帝的七部伎——国伎、清商伎、高丽伎、安国伎、龟兹伎、文康伎发展而来的。到了隋炀帝的时候又增加了"康国"、"疏勒"两部,扩充为"九部乐"。唐太宗时期形成了唐代的"十部乐",它们是燕乐、清商伎、西凉伎、高丽伎、安国伎、龟兹伎、康国伎、疏勒伎、扶南伎、高昌伎,十部乐主要是宣传统治者的征伐功绩的。经过不断的发展创新,到唐玄宗时期,人们按燕乐演出形式对燕乐进行了分类,分坐部伎和立部伎两类,共有十四部曲,立部有八曲,坐部有六曲,它们演奏的次序和乐器的使用都有所不同。燕乐以其宏大的体制和演奏水平的高超标志着中国古代的音乐水平发展到的空前的高度。

法曲是唐代的道教音乐。法曲起源于东晋及梁代的"法乐",始见于东晋《法显传》,因用于佛教法会而得名,至隋称为法曲。隋代作为法事仪式音乐,唐代与道曲相结合,发展更为兴盛。法曲使用的乐器有:钟、磬、铙、钹、瑟、琵琶等,以及丝竹乐器。法曲的作用是为了使宗教仪式显得庄重、典雅,让人产生一种静穆之情。到开元、天宝年间，唐太宗把法曲植入宫廷，在艺术上与宫廷音乐相结合，产生了新的音乐艺术效果。当时流行的《霓裳羽衣曲》就是著名的法曲作品。白居易有《霓裳羽衣歌舞赞》把整个演出的场面以及乐曲的结构描述的淋漓尽致。

大曲是结构比较长大的乐曲。汉魏的相和大曲，主要是一种兼有器乐演奏的大型歌舞曲，唐代发展得更为复杂庞大。大曲可分为用于郊庙祭祀等重大典礼的雅乐大曲，用于宴乐、元旦朝会、重大节日与道教法曲三大类。总的说来，大曲可以分为三个主要部分：第一部分称"散序"，是节奏自由的散板，独奏或合奏，没有歌舞。第二部分称"中房"或"拍序"，以歌唱为主，可舞可不舞。第三部分是"舞遍"，以舞蹈为主，或歌或不歌，是繁音急节的结束部分，也是全曲最精彩的部分。唐代的知名大曲有四五十部以上，比较著名的有《春莺啭》、《秦王破阵乐》、《剑器》、《凉州》等。

三、宋元音乐

宋代的工商业非常发达，城市的繁荣使得市民阶层日益壮大，这自然带动了城市文化生活的昌盛，出现了瓦肆、勾栏等各种演出的场所，每天上演着艺术歌曲、说唱音乐、百戏、戏剧，以及器乐等丰富多彩的艺术形式。北宋时期，杂剧得到了相当快的发展；南宋时，地方戏曲也逐渐发展起来，出现了南戏这样的戏曲形式。民间音乐的发展和城市小曲的繁荣，影响了诗人们的创作活动，他们根据民间音乐题材填词、作曲，开创了一个所谓的"宋词"的时代。

为满足市民的文化生活需要，城市中兴起了大量的市民艺术，如戏曲、曲艺等。当时的大城市里有许多供艺人们演出的场所，包括茶楼酒肆、开阔的空地，另外还有许多以游乐为主的地方，称为瓦子。这些酒楼、瓦肆里不仅提供酒食，还提供许多供各种民间演出的场所。这种"勾栏"、"游棚"每到夜晚的时候，整个酒楼灯火通明，人流如织，浓妆艳抹的艺伎纷纷而出，等待酒客的呼唤。酒客们喝酒时，可以让她们演唱或者弹奏音乐，以祝酒兴。宋代的艺伎主要是艺术表演，供人欣赏，与后来的娼妓不同。

说唱音乐在宋代得到很大的发展，出现了很多说唱形式，瓦子、勾栏是它重要的演出场所。主要的形式有：鼓子词、诸宫调、淘真等。

鼓子词因歌唱时用鼓伴奏得名，可以一人说唱，其他人伴唱，同时兼管合唱及伴奏，演奏的乐器除了鼓之外，还可以有管弦乐器。

诸宫调是大型的说唱形式，其歌唱部分是有诸多宫调的不同曲牌构成，有单个曲牌的只曲，也有套曲的双叠或多叠加上尾声构成的短套曲，以及用属于同一宫调的若干曲牌连接成的套曲。诸宫调是应多种不同宫调的乐曲联接而成,它体制宏大,曲调丰富,适宜大型说唱。诸宫调继承了叙事鼓子辞、唐宋大曲、宋词赚词缠令以及其他流行歌曲,伴奏乐器主要用鼓、笛、板等,也有用弦乐的。金代董解元作《西厢记诸宫调》是现存诸宫调作品中最完整的一部,它运用了 14 个宫调,151 个基本曲调,加上部分曲调的变体,总共有 444 个曲子构成。

陶真是一种用琵琶或鼓伴奏的说唱艺术,其歌词多为七字句,在音乐上主要采用上下句反复吟唱的方式,音调主要借用当时明间流行的"莲花落"。陶真的乐器伴奏起初是鼓、后来使用琵琶。

宋代词乐是配合词歌唱的一种音乐形式,词起源于隋、唐的曲子词,在五代时期走向成熟,在宋时进入鼎盛时期。词又称长短句,是依照曲调的长短曲折而增减词句字数。词人在创作时,要依据词牌"依声填词"。词牌均有定格,特点是"调有定句,句有定字,字有定声"。根据篇幅的长短,词牌有令、近、慢等类别。词乐主要来源于民间音乐,也吸收了少数民族音乐的特点。由于词形式灵活、词曲优美,所以广为人喜爱,柳永、李清照、苏轼、姜夔、辛弃疾等都是当时著名的词人,他们创作大量的词为后人留下了一笔丰厚的文化遗产。

元代的音乐主要以戏曲音乐为主,有元曲和南戏等。宋代兴起的南戏,元代依然盛行。它不断地向杂剧学习,并广泛采取了唱赚、歌舞等形式,逐渐形成了多种曲牌联接形式。常见的乐曲曲式是前有引子后有尾声,中间的过门乐曲由多个曲牌相联的方式。南戏本身自由灵活的特点,使得南戏在元代得到了长足的发展。后来南戏向传奇发展,在中国的南方剧坛异常活跃。元代南戏中主要有四大传奇剧:《荆钗记》、《刘知远》、《杀狗记》、《拜月厅》。

四、明清音乐

明、清时期,民歌、说唱音乐、民间歌舞、戏曲,音乐演奏等在继承前代音乐的基础上,都有了很大的发展。

明清时期,由于城市和农村经济的发展,促进了民间音乐活动的繁荣,无论是山歌、小曲、劳动号子以及各种各样的歌曲都有很大的发展。这时的民歌形式有:南北小曲、江南的"山歌"和"棹歌"、北京郊区的"插秧歌"、湖南衡山的"采茶歌"、广大潮州的"秧歌"等,它们都是劳动人民在长期的劳动生活实践中创作出来的艺术珍品,带有深厚的地域色彩,散发着浓郁的乡土气息。这些民歌反映的内容非常广泛,有反映社会黑暗的、有描写农民起义的、有反映婚姻爱情的等。明清时期的文人们积极地参与到当时的民歌搜集和整理工作,形成一种风气。如明代的冯梦龙就编有《桂枝儿》和《山歌》;清代的李调元辑有《粤风》,王廷绍编有《霓裳续谱》等,这些著作对于古代民歌的收藏和研究都具有一定的促进作用。

说唱音乐在元、明词话的基础上,发展出了北方的大鼓、南方的弹词,各地的小曲、道情等出现在当时的茶馆、书场、庙会、集市以及田间地头,成为人民精神生活中重要的一部分。

明清时期是我国乐舞艺术激烈发展变化的时期,民间歌舞非常丰富。汉族歌舞中比较普遍的有秧歌、花鼓、采茶、跑旱船、竹马灯等,少数民族的歌舞也极为繁荣。明人姚旅《露书》载仅洪洞县就有很多的歌舞种类:"在洪洞所见,有凉茶舞、回回舞、菩萨舞、花板舞、柘枝舞、巫舞。"我国的少数民族以能歌善舞著称,被誉为"维吾尔音乐之母"的大型歌舞音乐套曲"十二木卡姆",就是我国古典歌舞音乐中的一朵奇葩。

南戏在向传奇的发展过程中,吸收了宋、元戏曲音乐的基础上,形成了以"海盐腔"、"弋阳腔"、"余姚腔"、"昆山腔"四大声腔体系。明万历以前,以海盐、弋阳两腔最盛。海盐腔多用官语,唱腔婉转,很受两京人喜爱。弋阳腔则多用乡语,因而被普通大众所接受。余姚腔在万历以前比较盛行,后来被弋阳腔吸收乃至合流,没有得到独立的发展。嘉隆年间魏良辅吸收了海盐、弋阳等腔的优点之后,对昆山腔进行变革、变得流丽悠远,进而取代了海盐腔的地位。从此,传奇剧场上占主导地位的是昆山、弋阳两腔。

明末清初,陕甘一带又兴起了一种新的戏曲体制,叫做"乱弹",它的体制最大的特点是唱词全部由整齐的七字句组成,以上下句为一组,可以比较自由地反复陈述,它的唱腔不像昆、弋那样由一个曲牌联接而成,而是由一个基本上下句反复吟唱,在此基础上作不同节奏的变化,形成不同的板类,如原板、快板、慢板等。它的音乐结构来源于唐诗、变文,以及元明的鼓词、词话,与宋元词曲、诸宫调等。

在音乐演奏方面,明清琴、琵琶、筝的演奏水平都达到了一个新的境地。随着印刷技术的发展,出现了刻印琴谱的技术,到了明代,不少贵族文人提倡琴学,他们常常把琴曲汇编起来谱集。我国最早一部系统的琴谱就是这一时期朱权的《神奇秘谱》,其中就载有《广陵散》、《潇湘水云》、《大胡笳》、《小胡笳》等,都是历史上有名的古曲。后来又有很多的琴谱出现,保存了大量的琴曲,据不完全统计,见于记载的琴曲有一千多首。明清以来,著名的琴曲就有《平沙落雁》、《渔樵问答》、《良宵吟》、《溪山秋月》、《洞天春晓》等。筝以其不同的地域风格特点和师承关系形成了不同的派别,如河南筝、山东筝、武陵筝、客家筝等。在明清时期,出现了很多的琵琶演奏大家,如明嘉靖年间河南张雄以弹元代的琵琶曲《海青拿天鹅》著称。明万历年间江苏汤应曾善弹琵琶曲《楚汉》，后世一般认为《楚汉》是《十面埋伏》的前身。另有清人华秋苹、李芳园都是弹奏琵琶的高手。著名的琵琶曲有《十面埋伏》、《霸王卸甲》、《将军令》、《夕阳箫鼓》、《平沙落雁》等。

【思考题】

1. 乐记的音乐思想表现在哪里？
2. 元朝说唱音乐盛行的原因是什么？

【参阅书目】

1. 陈四海：中国古代音乐史。西安：陕西旅游出版社，2004 年。

第七节　戏　　曲

中国戏曲主要是由民间歌舞、说唱和滑稽戏三种不同艺术形式综合而成。它起源于原始歌舞，是一种历史悠久的综合舞台艺术样式。经过汉、唐到宋、今才形成比较完整的戏曲艺术，它由文学、音乐、舞蹈、美术、武术、杂技以及表演艺术综合而成。戏曲的特点是将众多艺术形式以一种标准聚合在一起，反映社会生活，表达人们情感。从原始时期的歌舞不分，到汉代百戏，唐代参军，宋金诸宫调，元杂剧，明传奇，再到清末形成的京剧，中国的戏曲艺术不断地发展成熟，成为世界上一种独特的艺术。

一、元曲

元代是中国戏曲发展史上的一个鼎盛时期，形成了后人所说的元杂剧。元杂剧是在宋杂剧、金院本基础上，吸收诸宫调等说唱文学而形成的戏剧形式。这个时期，出现了很多的戏曲大家，产生了很多优秀作品，有所谓的元四家:关汉卿、王实甫、马致远、郑光祖;有元四大戏剧:关汉卿《窦娥冤》、王实甫《西厢记》、汤显祖《牡丹亭》、洪升《长生殿》。元代戏曲兴起的原因在于,一方面是因为从戏剧自身的发展规律来看,经过前代的艺术积累和艺术家的努力,戏曲艺术的结构规律和表现方式逐渐走向成熟。另一方面,元代的统治者们取消了科举考试,使得大量的知识分子不能跻身仕途而沉为下伦。他们饱读诗书却无机会报国,有时连生活都非常困难,这些文人们只有到勾栏瓦舍去打发光阴、寻求生路。元代市民生活的发达,为这些文人施展艺术才能提供了一个绝好的机会。例如关汉卿,他不但能写剧本,还能上台表演。明代臧晋叔《元曲选·序》说他"躬践排场,面敷粉墨。以为我家生活,偶倡优而不辞"。

元代的剧本结构一般分为四折一楔子,剧末附"题目正名",四折戏按照古故事的开端、发展、高潮、结束来安排。楔子放在剧首为序幕,放在剧中为过场戏。"题目正名"为二句或四句诗,用来概括剧情。演唱体制主要用北方歌曲演唱,流行的宫调有五宫四调,每折只采用一个宫调,四折的宫调不重复,每折一般只有一个人唱,其他脚色只是说白。元曲的脚色分为旦、末、净、杂四大行当。旦行扮演女性脚色,末行扮演扮演男性脚色,净行扮演滑稽脚色,杂行扮演陪衬脚色。每一种脚色又都可以细分。宾白,指戏曲中的说白,有韵白和散白之分,韵白是指带韵脚的,散白是不带韵脚的。科范,指演员的做工、武打、歌舞等表演。

王国维《宋元戏曲考》中《元剧之文章》一章中对元杂剧的特征概括为"自然"二字,他说:"元曲之佳处何在? 一言一蔽之,曰:'自然'而已矣。古今之大文学,无不以'自然'胜,而莫著于元曲。"他所说的自然一方面是指感情的自然流露和社会现实的真实表现。元杂剧的作者大多为下层文人和艺人,他们往往怀才不遇,命运坎坷,又受尽民族压迫,他们把自己的抑郁不平之情和对社会的观察通过戏剧表现出来,所以情感的流露和现实的描写真切自然。第二方面,元杂剧是艺术意境的自然凝结。王国维说:"元杂剧不在其思想结构而在其文章。其文章之妙,亦一言以蔽之,曰:有意境而已矣。何以谓之有意境? 曰:写情则沁人心脾,写景则在人耳目,述事则如其口出是也。古诗词之佳者,无不如是。元曲亦然。明以后其思想机构,尽有胜于前人者,唯意境则为元人所独善。"(《红楼梦评论》)戏剧是一门综合艺术,它的基本要素"曲"和诗词有很大的关系,另一方面,戏曲艺术中的唱曲、宾白、动作、舞蹈、情节等等都有很强的写意性特点。中国的艺术以虚实相生、情景交融、蕴涵丰富为特点的意境为最高境界,元曲也是以追求戏曲要素完美结合的境界为至高目的。

二、明传奇

明传奇是明代戏曲的主体,明代是中国戏曲史上的另一个繁荣期。传奇是宋元南戏发展到明代时的改称,主要指那些以南曲演唱为主的中长篇戏曲。明传奇和杂剧有很多的不同。(1)杂剧的通例是一折四出,不标折目,传奇不称折而称出。传奇没有楔子,第一出为"家门",又叫开场,说明创作意图,介绍剧情,它不是剧情的组成部分。第二出才是正戏。一个剧本,大都有30出左右,常分为上、下两部分。(2)传奇也不像杂剧那样由一个角色唱到底,而是各种角色都可以唱,唱的形式也是多种多样,可以独唱、合唱、对唱、轮唱等。(3)杂剧和传奇在音乐上都可以采用曲牌套联的方式,不同的是,杂居每折限用一个宫调,一韵到底;传奇每出不限一个宫调,可以换韵。杂剧演唱用北曲,传奇主要用南曲,兼以北曲。明传奇包括众多的地方声腔。其中流传最广、影响最深远的是海盐腔、弋阳腔、余姚腔、昆山腔。(4)传奇的角色与杂剧大体相似,但角色增多了,分工更细致了。

经过近一个世纪的发展,明传奇在嘉靖年间达到成熟。魏良辅等人融合其他声腔之长,对昆山旧腔进行了改革,创造出一种婉转、流丽的昆山新腔,昆腔从此成为传奇"正声"。嘉靖后的大多数传奇剧本都是为昆腔而作或者尽量向昆腔靠拢,昆腔传奇从此树立了权威和示范的地位,昆腔传奇也成为我国古代戏曲史上最为完整的表演艺术体系,并在南方城市占据300年的主导地位,明传奇剧的音乐逐渐走向规范。大批文人参与到剧本创作当中去,文人审美情趣的影响,使得传奇剧走向文学化、典雅化,艺术的感染力和表现力大大加强。李开先的《宝剑记》、梁辰鱼《浣纱记》、传为王世贞的《鸣凤记》三大传奇先后问世,是明代中期传奇创作转变最为显著的特征,表明作者开始有意识地对政治、历史和人生进行积极探索,有力地提高了戏曲的思想水平与审美品格,这三部作品的出现,标志着明传奇已发展到一个新的历史阶段。

《宝剑记》共52出,取材于小说《水浒传》,写林冲逼上梁山的故事,与小说中被动反抗的林冲不同,剧作中的林冲基本上是一位具有抗争精神的英雄。在与高俅、童贯的斗争中,他数次揭露他们的罪行,结果落得个"毁谤大臣之罪",被降职处理,然而林冲再度上本揭露高俅等奸党的种种腐败行为。当时连好心的黄门官都劝"官不在监司、职不居言路"的林冲就此罢休:"童大王切齿君旁,高俅叩首告吾皇,说你小官敢把勋臣谤,早提防漫天下网。"但是不服输的林冲,仍然请求面奏君王,弹劾他,体现出林冲威武不屈、不畏权贵的高尚品格。剧本将高、童权奸的陷害以及高衙内对林冲妻子的调戏,全都安排在林冲上本之后,不再像小说那样把调戏林妻作为矛盾冲突的起点和根源。这就强化了忠奸斗争的力度,突出了林冲疾恶如仇、为国分忧的崇高精神。借宋人之事,影射明代政坛上的官场黑暗,剧本无疑具有很强的现实批判精神。《宝剑记》以其充满战斗激情的浩然之气,让人荡气回肠,激动人心。

梁辰鱼的传奇《浣纱记》,取材于春秋时代吴越争霸的故事。首出《家门》云:"看今古浣纱新记,旧名吴越春秋",可见此剧是根据名为《吴越春秋》的旧本改编而成的。它借中国春秋时期吴、越两个诸侯国争霸的故事来表达对封建国家兴盛和衰亡历史规律的深沉思考,也表现了范蠡与西施在国家危难之时勇于献身的爱国情怀。《浣纱记》开头写范蠡与西施范蠡在苎萝西村的溪水边相遇并相爱, 西施赠范蠡一缕溪纱作为定情之物。一条洁白的浣纱,见证着二人的爱情。范蠡临别时将溪纱一分为二,二人各持一半。后吴王率军打败越国,将越王勾践和范蠡掳掠到吴国,勾践卧薪尝胆,忍辱负重,决心东山再起。他听从了范蠡的建议,将范蠡的情人西施送给吴王,来消磨他的斗志。西施被送到吴国之后,采用离间的方法挑拨他吴王和大臣之间的关系,君臣之间因此失去信任,将士毫无斗志。三年后他们被放回越国,越国君臣苦心经营,终于打败吴国取得成功,夫差自杀。灭吴之后二人在太湖舟中成婚,又取出溪纱,后来二人一同泛舟而去。它第一次成功地把水磨调用于舞台,并开拓了昆山腔传奇借助爱情抒发兴亡之感的创作领域,唱词优美抒情,昆曲音乐与剧情结合得非常自然,许多富于创造性的音乐段落很好地加强了演出效果。

《鸣凤记》为王世贞或其门人所作的《鸣凤记》,主要描写嘉靖年间严嵩父子结党营私、把持朝政,被称为"双忠八义"的十位朝臣同他们展开不屈不挠的斗争,最终取得了胜利。剧作者着力表现了以严嵩父子为主邪恶一方的骄奢淫逸、残害忠良,突出表现了正义一方的浩然正气、大义凛然,具有强烈的艺术感染力。剧本时间跨度大、人物众多、情节复杂,但是作者选取了五个典型事例,并重点刻画重要人物,使得剧情紧凑,人物性格分明。作为中国戏曲史上第一部描写当代重大政治事件的时事剧,它具有鲜明的政治倾向。忠臣们勇敢的斗争精神,以及干预时政的迅速及时,都具有强烈的现实意义。剧本在形式上突破了传奇以一生一旦为主角贯穿全剧的传统格局,而把重点放在忠义群像的刻画上,具有很强开拓精神。在明代传奇发展史上,以当代重大政治斗争题材入戏,《鸣凤记》是一部代表作,它对后来李玉《清忠谱》和孔尚任《桃花扇》等剧本的创作都有明显的影响。

万历至崇祯年间,传奇创作进入了高潮期和繁荣期。以汤显祖为杰出代表的临川派和以沈璟为带头人的吴江派,在传奇的创作和理论上形成了自己的特点,成为当时戏剧创作的主要代表人物。在汤显祖多方面的成就中,有戏剧作品《紫钗记》、《南柯记》、《牡丹亭》和《邯郸记》，它们被合称"临川四梦"，又称"玉茗堂四梦"，其中《牡丹亭》是他的代表作。沈璟的主要贡献是在声律上，他针对当时传奇创作中出现的卖弄学问、搬用典故、不谐格律等现象，沈璟提出"合律依腔"和"僻好本色"的主张，并编纂《南九宫十三调曲谱》以为规范。他的作品现存7种：《红蕖记》、《双鱼记》、《桃符记》、《一种情》（即《坠钗记》）、《埋剑记》、《义侠记》和《博笑记》。

三、京剧

京剧是在北京形成的戏曲剧种之一，至今已有将近二百年的历史。它是在徽调和汉戏的基础上，吸收了昆曲、秦腔等一些戏曲剧种的优点和特长逐渐演变而形成的。京剧音乐属于板腔体，主要唱腔有二黄、西皮两个系统，所以京剧也称"皮黄"。京剧常用唱腔还有南梆子、四平调、高拔子和吹腔。京剧较擅长于表现历史题材的政治和军事斗争，故事大多取自历史演义和小说话本。

唱念做打是京剧表演的四种表现手法，也是京剧的四项基本功。"唱"，指的是歌唱，"念"是指音乐性的白，"念"指的是音乐性念白，"做"指的是舞蹈化的形体动作，而"打"则指的是武打动作。京剧角色的行当划分比较严格，早期分为生、旦、净、末、丑、武行、流行（龙套）七行，以后归为生、旦、净、丑四大行，每一种行当内又有细致的进一步分工。"生"是除了花脸以及丑角以外的男性角色的统称，又分老生（须生）、小生、武生、娃娃生。"旦"是女性角色的统称，内部又分为正旦、花旦、闺门旦、武旦、老旦、彩旦（摇旦）刀马旦。"净"，俗称花脸。"净"又分为以唱工为主的大花脸和以做工为主的二花脸。"丑"，扮演喜剧角色，因在鼻梁上抹一小块白粉，俗称小花脸。每一种行都有特有的性格、唱腔以及念白的规定。如老生为中年以上的人物，性格刚直，重唱工，用真声、念韵白，动作造型庄重。小生分文武两类，在表演上则是唱和念都是真假声互相结合，唱法也有分类，如老生用本嗓，响亮的"膛音"或"云遮月"；小生大小嗓并用。假声一般说比较尖，比较细，比较高，声音听起来比较年轻，这样就从声音上跟老生有所区别。行当分类的不同，性格也会不同：文生儒雅，武生威武。京剧脸谱的分类有：整脸、英雄脸、六分脸、歪脸、神仙脸、丑角脸、三块瓦脸、僧脸等。例如，整脸以一种颜色为主色，以夸张肤色，再勾画出眉、眼、鼻、口和细致的面部肌肉细纹。英雄脸指扮演拳棒教师和参与武打的打手的脸。六分脸特点是将脑门的主色缩为一个色条，夸大眉形，白眉形占十分之四，主色占十分之六，又称"老脸"。大体说来，红脸表示赤胆忠心，

209

气性耿直;紫脸表示有血性而较沉稳;蓝脸表示凶猛剽悍,性情暴烈;黄脸表示胸有城府,工于心计;黑脸表示勇武鲁莽或铁面无私;白脸则表示虚伪奸诈,阴险狠毒。脸谱化妆能够表现人物的性格、气质、品德、情绪、心理等方面。脸谱对人物的善恶、褒贬的评价是直接的,一目了然的,带有明显的善恶、褒贬的道德评价在里面,如曹操勾白脸表示奸诈,关羽勾红脸表示忠义等。脸谱化妆具有很强的类型化的特点,有相对独立的审美作用。京剧的服装也非常有讲究,主要有四大类:大衣、二衣、三衣和云肩。如大衣类中的服装名称又有:蟒、改良蟒、旗蟒、官衣、改良官衣、学士官衣、判官衣、开氅、鹤氅、帔、八卦衣、法衣、僧衣、褶子、宫装、古装、裙、裤、袄以及其他服饰配件,每一种服装和服饰配件用在固定的人物身上,不能穿错。如表现宫廷帝王将相以及朝廷名官等身份的人物通常穿蟒,身居地方官员则穿官衣,蟒和官衣都属于朝服及礼服。服饰具有类型化的特点,它能表明人物身份以及为塑造人物性格服务。人物的形象除了用唱和服饰化装表现以外,还可以通过程式化的动作来表现。例如,生气时"抖须",着急时"甩发",激动时"叫头",忧虑时轻摇帽翅,昏厥时"气椅",激动时激颤双翎,得意时"三笑",暴怒时"鼻吼"和打"哇呀呀"。京剧舞台上,以旗轮表现车,以帐子表现轿,以桨表现舟,四个龙套代表千军万马,以鞭代马,走边表现侦察、夜行、暗袭,赶程等,这些动作都带有戏剧本身固定的特点和意义。

　　戏剧发展到近代,出现了梅兰芳、程砚秋、尚小云、荀慧生四位京剧表演艺术家,他们被誉为"四大名旦"。梅兰芳对旦角的唱腔、念白、舞蹈、音乐、服装、化妆等各个方面都有创造发展,形成了独特的艺术风格,世称梅派。他功底深厚,文武兼长;台风优美,扮相极佳;嗓音圆润,唱腔婉转妩媚,创造了为数众多、姿态各异的古代妇女的典型形象,世称"梅派"。梅派代表作有《宇宙锋》、《贵妃醉酒》等。程砚秋在艺术上勇于革新创造,讲究音韵,注重四声,追求"声、情、美、水"的高度结合,并根据自己的嗓音特点,创造出一种幽咽婉转、起伏跌宕、若断若续、节奏多变的唱腔,形成独特的艺术风格,世称"程派",代表作《锁麟囊》等。尚小云功底深厚,嗓音宽亮,唱腔以刚劲著称,世称"尚派",代表作有《昭君出塞》等。荀慧生功底深厚、戏路宽广,又出身于梆子班,所以能吸取梆子旦角艺术之长,将京剧青衣、花旦、闺门旦、刀马旦的表演熔于一炉,兼收京剧小生、武生等行当的技艺,从唱腔、念白、身段到化妆等方面进行了改革和创造,并逐渐形成风格新颖、独树一格的"荀派"艺术,代表作《金玉奴》等。另有李世芳、张君秋、毛世来、宋德珠"四小名旦"和马连良、谭富英、杨宝森、奚啸伯"四大须生",他们以风格独特的演技在京剧舞台上尽领风骚数十年,为京剧的发展和繁荣作出了很大的贡献。

四、中国戏曲的特点

（一）程式化

程式是戏剧表现形式的材料，它在人民在长期的艺术实践中总结、抽象、固定下来的艺术表现形式，具有相对的稳定性。戏曲的表演采用一种"舞容歌声"表演手段，不论是音乐的曲牌、板式和组合、唱腔的音色、舞蹈的云手、走边、起霸等，以致挥鞭示马、以桨示舟等等无不是按照音乐化、舞蹈化的原则而创造出来的。出现在戏曲中的各种表演要素不是对生活的简单模仿，而是经过了艺术加工、处理，形成了戏曲舞台中一个自足的世界。从演员的表演到观众的欣赏，都要有一种"共识"存在，否则，就不能达到一种艺术的默契。戏曲的程式化包含在戏曲的每个表演要素中，从角色行当到服饰化装、从动作表情到音乐舞蹈等，这些要素往往具有夸张性、鲜明性、典型性、规范性的特点，完全地艺术化处理了。例如出现在戏曲中的动作要节奏化、装饰化的夸张变形处理。如表演乘船，就不能照搬在水中摇船的动作，而只选用足以鲜明表现乘船时的一跳和划桨动作，以及在船行中时的身体摇晃起伏，并把这一切动作改造成节奏化、线条化的姿态。再如戏曲的服装实际上是"歌舞之衣"，它色彩鲜明调和、花纹丰富精美、本身就具有整齐、匀称、华美等的艺术品质，而水袖、雉翎、帽翅、靠旗、鸾带的配合，更有利加强动作的韵律感和节奏感。当这些"歌舞之衣"在形制上被规划为蟒袍、官衣、靠、褶子等，色彩上被规划为红、白、黄、黑、绿的上五色和紫、蓝、粉红、湖色、古铜色的下五色等时，戏曲服装就纳入到戏曲程式之中了。

（二）虚拟化

与西方戏剧写实的特点不同，中国的戏曲充分吸取了中国古典美学写意性的特点，它通过"以形写神"、"虚实相生"的表现方式，使演员利用戏曲的要素和空间，广阔地反映现实生活和表现思想情感。中国戏曲的虚拟化首先表现在动作的虚拟性，主要依靠某些特定化的动作来暗示舞台上不存在的实物、情景。戏曲舞台上，五六步可以走遍天下，七八人走台代表百万雄师，一根鞭子挥动表示马在飞驰，一支桨意味泛舟江湖，这样的动作有一种规定性和暗示性，观众在欣赏的时候能够心领神会。第二，舞台上的道具布景也有虚拟性。如舞台上简单的一桌二椅，通过演员的表情动作，可以展示出不同的情景：招待宾客、家庭宴会等，另外还可以通过虚拟的道具和布景，为演员提供了很大的自由表现的空间。戏曲的这种虚拟性特点，让观众在欣赏剧情的时候，可以自由地发挥想象，进入到一个忘我的艺术境界中，体会到无限的审美乐趣。第

211

三,戏曲的时空也有虚拟性的特点。戏曲舞台空间和表演时间的局限决定了它不能像小说、诗歌那样,去展现广阔的时间和空间,它采用的方式是时将时空虚拟化,这种虚拟主要是通过演员的演唱、动作、暗示以及说白等表现出来的,具有高度灵活自由的特点。演员通过表演可以把几天,几月,几年的时间压缩为几分钟,也可以把几秒钟的情感变化延伸到几十分钟;可以通过表演在七尺戏台中展现千军万马的战争,也可以通过表演在瞬息之间跨越万水千山。如京剧《三岔口》,一个舞台既是旅店又是郊外,剧中两个主人公在黑夜之中整整打斗了一个晚上,但是舞台上的时间只有几十分钟;尽管演员们的打斗是在灯火通明的舞台上展现的,但通过演员的动作和表情,观众好象置身于漆黑的夜晚中亲身目睹了这一场搏斗。这场戏中,白天和黑夜、旅店和郊外、舞台时间与生活时间等完全地虚拟化,它极大限度地调动了演员的能动性和创造性,将舞台的局限性化为灵活性,为艺术表现提供了更大的自由空间。

（三）写意性

写实和写意是艺术的表现手法,写实的艺术观认为艺术在于逼真地表现对象的真实感,因此写实艺术家以描摹对象的本来面目为目的,力求做到形似,寓神于形;写意的艺术观认为艺术不在于对事物和说话的简单模仿,而在于表现事物的本质和特征,所以写意艺术家更多的是通过心灵,洞察对象所包含的深刻意蕴,通过艺术化的处理方法表现出来,它重在神似,追求艺术目标是神韵和意境。写实的艺术重实轻虚,贵露而不藏,在无限中表现有限;而写意的艺术则以虚带实,以藏胜露,含蓄抽象,在有限中表现无限。

西方的艺术主要以写实为主,我们从西方的绘画当中就可以看出,它通过焦点透视和光影色彩的准确运用,能够真实地立体的表现物体的立体感和质感;对解剖学的应用则能表现正确地表现出物体的肌肉和骨骼,这样的方式体现出一种科学主义的倾向。中国的传统艺术由于受中国传统哲学和思想影响,则采用一种写意的手法,如中国的绘画,在人物的造型和自然的表现上,不讲究解剖,而是讲究在"似与不似之间"中,体现出人和物的神采;在表现物体和空间上,不用焦点透视的方法,而是采用散点透视的方法,表现出物体的情趣和空间的幽深;在构图上,不讲求直接的描摹自然,而是以意运笔,通过泼墨、勾勒等神来之笔方式表现出事物的灵妙和生命的体验。

中国的绘画是这样的,中国的其他艺术也表现出相似的特点。中国的戏曲表演综合了诗、歌、舞蹈、音乐、绘画等艺术形式,要在有限的时空中表现丰富的社会生活,它采用写意式为主的艺术方式,不管是音乐创作、舞蹈、舞台空间结构、演员的服饰以及演员的表情动作等等,戏曲以这样虚实相生的写意方式,超越了现实和舞台时空的界限,让人触发想象,启发思考,使观众浮想联翩而又神驰天外,体味到艺术的魅力和人生的意味。"中国艺术从它的萌芽时代就以泛美地、程式化的塑造形象为自己的美学思想,从而在艺术形式上首先导致了对生活现实自然形态这一局限的突破生活语言的自然形态被突破了,化为诗与歌的艺术形态而以诗歌的美与力来写意;生活动作与表情的自然形态被突破了,化为舞蹈与雕塑的艺术形态的美与力来写意。与此同时,生活里的人体自然形态也被突破,而化为绘画的艺术形态,以图案的美与力来写意。"①这样,出现在戏曲里的各种要素都写意化了。例如服装的写意性,表现在它对季节、时代、地域等服装特点的忽略,它只考虑戏曲服装是否符合人物的身份、地位、年龄等与人物塑造相关的方面,而且服装的花纹、装饰、色彩等都有一定的寓意。戏曲的写意性还表现在时间和空间上,如《三岔口》。

【思考题】

1. 元杂剧的特点是什么?
2. 中国戏曲艺术的特点是什么?

【参阅书目】

1. 陈多:戏曲美学。成都:四川人民出版社,2001 年。
2. 陈幼韩:戏曲表演的美学探索。北京:中国戏剧出版社,1985 年。

---

① 陈幼韩:《戏曲表演的美学探索》,中国戏剧出版社,1985 年,第 258 页。

第六章 中国古代法律

中国有着悠久的历史,创造过灿烂的古代文明,在整个人类文明史上具有很重要的地位。但因为年代久远,资料匮乏,我们只能根据考古成果和后人的研究进行归纳。过去很长时期,国内外学术界认为商代是中国古代文明的源头。然而著名中国史学家、考古学家李学勤在《中国古代文明十讲》中用"二重证据法"对中国文明起源的考古资料和文献资料做了细致的梳理,这些大量的考古发掘资料证实了一些被我们视为不足为据的"传说"资料的真实性。"现在看来,中国文明很可能应上溯相当长一段时间。最近很多学者撰文,提出中国古代文明形成于公元前三千年,即考古学上的龙山时代,这就和《史记》始于《五帝本纪》差不多了。"[1]鉴于此,中国法律文明的起源应从《史记》记载的五千前的皇帝时代说起了。

根据现有的考古资料和文献资料印证,学界大多数人认为中国法律起源于传说时代(公元前26世纪—公元前21世纪),其间历经了一个漫长的发展过程,人们通常将中国的传说时代上限定于距今约五六千年前的皇帝时期,下限定于大禹时期,这一时期是法律的萌芽时期。中国古代法律的起源途径有二:一是自皇帝时便日益频繁的部落战争,导致了"刑"的出现,即古人所言"刑出于兵",是后世刑律之源,不仅只对被征服者使用,而且对整个国家所辖地区具有普遍的效力。二是部落时期庄严的祭礼与习俗导致了"礼"的形成与发展。这种以神权为后盾的"法",其内容博大精深,既包括了国家的典章、家族的规约、民间的习俗,也包括了人们对法的价值追求,其是中国古代法的精神与核心之所在[2]。中国法律在形成之时,特色已然鲜明。源于战争的刑,重视法的威慑力,手段极为残酷;源于祭祀的礼,带有浓厚的血缘亲情,手段较为温和。正如《左传·成功十三年》记载:"国之大事,在祀与戎",由祀而生礼,由戎而生刑。"天理、国法、人情"作为狱讼裁断的依据,同时也是中国古代法的价值观的体现。

---

① 李学勤:《中国古代文明十讲》,上海,复旦大学出版社,2003年,第52—53页。

② 马小红、柴荣、刘婷婷:《中国法律思想史十讲》,北京,中国人民大学出版社,2008年,第9页。

第一节　夏商西周的神权法与礼治思想

夏商西周法律思想的发展有两条主要线索：一是神权法思想的发展，形成于夏，极盛于商，发展于西周。二是宗法礼治思想的发展，形成于夏商，完备于西周。夏、商、周的法律是奴隶制法律，以习惯法为主，礼刑并用。它体现了王权与族权的统一，渗透了神权思想。

一、夏商西周的神权法思想

（一）神权法思想产生的根源

神权的观念是在原始社会的图腾崇拜和祖先崇拜的基础上逐渐发展起来的，是人类文明必然要经历的一个历史阶段。其产生的根源有三：一是自然压迫。由于生产力水平低下，受到对自然界认识能力的限制，原始人类无法摆脱外界自然力的威胁和束缚，对自身的存在（生、死、梦等）和自然界的存在（风、雨、雷、地震等）均无法理解而又试图寻求答案，就形成了原始的宗教，认为有一种超自然力存在，主宰着一切。二是社会压迫。国家形成之后，阶级压迫比自然压迫更为惨重，人们对贫富、剥削、战争等无法解释，也将其归咎于神的安排。三是阶级统治的需要。统治者为稳固其统治，解释其政权的合理性，便借助神权来强化王权，"神"已不再只是统治者维护自己统治的精神支柱，更是被统治者赖以生存的精神寄托。

（二）夏、商统治者的"天命"、"天罚"观

神权法思想是由宗教迷信思想发展而起的。相传夏朝奴隶主已开始利用神权法思想对奴隶进行欺骗，为其统治披上合法的外衣。夏商统治者都把自己的统治说成是天的意志，即"受命于天"。"有夏服（受）天命"，"有殷受天命"（《尚书·召诰》）。夏禹的儿子夏启讨伐有扈氏，以暴力夺取王位，作《甘誓》说："有扈氏威侮五行，怠弃三正，天用剿绝其命，今予惟恭行天之罚。"（《尚书·甘誓》）。由此可见，夏代奴隶主贵族已有"天命"、"天罚"的思想。

到了商代，随着奴隶制生产关系的发展和王权的加强，神权法思想有了很大发展并进入高峰。殷商奴隶主以迷信鬼神著称，"殷人尊神，率民以事神"（《礼记·表记》）。殷商奴隶主宣称其祖先是上帝的子孙，上帝是商王的祖先，人们既要服从上帝也要服从其在人间的代理人商王的统治。违抗王命就

是违抗天命,就要受到"天罚",是代天行罚。这样殷商奴隶主便从血缘上找到了充当上帝代理人的合法依据,并为其垄断神权找到了借口。但是"小民方兴,相为敌仇",夏、商奴隶主阶级的统治都没有逃脱覆灭的命运。

（三）西周"以德配天"的君权神授说

西周灭商以后,过去殷商统治者曾一再宣扬的"帝立商"且可以永世长存的观念相矛盾,神权法思想发生了一次重大的变化。于是,周公提出了天命转移的"以德配天"说,对"天命观"做了修正。周公认为,天命是有的,它不是固定不变的,"惟命不于常"（《尚书·康诰》）;只有有德者才可承受天命,"皇天无亲,惟德是辅"（《左传·僖公五年》）,失德就会失去天命,现在殷已失德,所以天命归周,周王成了天子;周公言:"人无于水鉴,当于民鉴"（《尚书·酒诰》）,"敬天保民"成为周人的为政理念,认为民心向背是有德失德的标尺,民心直接反映了天意,要求统治者既要克制贪婪,使民安居乐业,又要能谨慎用刑。

从当时的生产力水平和生活状况来看,人们对神的崇拜都是必然的、难以动摇的,所以周公的"以德配天"说只能是对夏、商神权法思想的继承、发展和补充。神权与王权的高度统一,使中国社会的发展难以形成其他文明中所具有的那种宗教信念,同时又难以摆脱"上天"与"神"的羁绊。

二、夏商西周的"礼治"思想

相传西周初期,"周公制礼",即在周公主持下,对以往的宗法传统习惯进行了补充、整理,制定出了一整套以维护宗法等级制为核心的行为规范、典章制度和礼节仪式。与这种"礼制"相适应,西周统治者在政治思想方面所实行的就是以"亲亲"、"尊尊"为基本原则的"礼治"。"礼治"思想是与"神权法"思想并行的维护夏、商、西周社会的另一精神支柱。夏、商之时,礼治思想不十分发达,仅是作为神权的辅助思想、为加强神权而存在,神权思想占据主导地位,天子的言行和一切规章制度都被看做是神意的产物,神圣不可违背。周亡商之后,神权法思想反过来成为礼治思想的辅助,礼治思想因宗法制的完善而发达起来,它容纳了亲亲、尊尊、长长、男女有别等内容,它既是道德的戒律、法律的规范,也是统治者治国的手段。礼治思想于夏具备雏形,于商进一步发展,于西周达到鼎盛。

（一）礼治的基本原则与内容

周公所制的礼,是维护宗法等级制的工具。它始终贯穿着这样几个原则,即"亲亲也、尊尊也、长长也,男女有别"（《礼记·大传》）,其中"亲亲"和"尊尊"是基本原则。这些原则又产生出西周礼治思想的主要内容,即孝、忠、节、义,实际上就是要维护王权和族权的统治。

亲亲,就是亲爱自己的亲属,特别是以父权为中心的尊亲属,必须做到父慈、子孝、兄友、弟恭。它确定和维护的是宗法等级制度,与"孝"相适应,即谓"亲亲父为首"①。

尊尊,就是奴隶和平民要服从奴隶主贵族,下级贵族要服从上级贵族,所有贵族要服从周天子,不许犯上,不得僭越,与"忠"相适应,即谓"尊尊君为首"②。

长长,就是强调年幼者应尊重年长者,与"义"相适应;男女有别则强调男尊女卑、授受不亲,与"节"相适应。

（二）礼治的基本特征

"礼治"以宗法等级制度为基础,以"德"为核心,所谓"礼不下庶人,刑不上大夫"③。这是周公时期礼治的基本特征,也是指导西周立法、司法的重要原则。"礼不下庶人",是指周人的宗法之礼不适用外族人,各级贵族按礼规定所享有的各种特权,奴隶和平民一律不得享受。所谓"刑不上大夫",是指宫刑不得用于大夫以上的贵族,刑罚的锋芒主要是指向劳动人民。可见,礼和刑都是奴隶主贵族的统治手段,只是不同时期各有侧重。

在当时的历史条件下,"礼治"所维护的宗法等级制度,对于安定社会政治秩序、巩固王权,曾起过重要的作用。

三、周公"明德慎罚"的法律思想

周公旦是周武王姬发(约公元前1122—前1116)的母弟。他在周灭商之战中,"常左翼武王,用事居明德慎罚多。"灭商2年后,武王病死,其子成王年幼,由周公摄政。相传他推行井田,制礼作乐,建章立制,主张"明德慎罚"。

"明德慎罚"是西周的立法指导思想之一,也是周公法律思想的主要内容。他在《康诰》中说:"惟乃丕显考文王,克明德慎罚,不敢侮鳏寡,庸庸,祗祗,威威,显民。"意思是,文王为政,能够崇尚德政,慎用刑罚,不侮鳏寡,用可用,敬可敬,刑可刑,以显示于民。他又说:"告汝德之说于罚之行",言"明德"就在"慎罚"之中。这样,他就在中国法律思想史上,第一次明确地把"德"与

---

① 《史记·太史公自序》索引。
② 《史记·太史公自序》索引。
③ 《礼记·曲礼》。

"刑"结合起来。

所谓"明德",就是提倡尚德、敬德,要求统治者严于律己、勤于政事、体恤民情,它是慎罚的指导思想和保证。其主要内容包括:一是要 体恤民情、视民如子,以教化为主;二是要严于律己、勤于政事;三是要对同族贵族特殊关照,以免众叛亲离。所谓"平易近民,民必归之"(《史记·鲁周公世家》)。

所谓"慎罚",就是刑罚适中,不乱罚无罪,不乱杀无辜。其主要内容包括:不杀无辜;罪人不孥,罪止一身;区别对待;先教后刑;恰当使用法条,防止偏颇。

周公的"明德慎罚"思想对后世法律思想影响深远,春秋战国时儒家的"为政在德"思想与法家的"缘法而治"思想,尤其是汉时儒法合流之后产生的"德主刑辅"思想皆可从中找到渊源。在中国古代社会,周公是政治家的楷模,周公之礼也被奉为万世"经典"。

【思考题】

1. 试述夏、商、西周神权法思想的表现。
2. 礼治的基本原则与特征是什么?
3. 简要评述周公"明德慎罚"的思想。

【参阅书目】

1. 张国华:中国法律思想史新编。北京:北京大学出版社,1991 年。
2. 杨鸿烈:中国法律发达史。上海:上海书店,1990 年。
3. 杨鹤皋:中国法律思想史。北京:北京大学出版社,2000 年。
4. 马小红、柴荣、刘婷婷:中国法律思想史十讲。北京:中国人大出版社,2008 年。

第二节　春秋战国时期的"礼治"与"法治"之争

春秋战国时期(公元前 770—前 221 年),始于周平王东迁,止于秦的统一,是我国从奴隶社会向封建社会过渡的时期,也是我国古代社会大变革的时期。由于铁器在农业生产和手工业中的普遍应用,生产力得到很大提高,出现了私田,形成了新的地主和农民两大阶级。随着诸侯国势力的逐渐强大,周天子的宗主地位被动摇,夺权的斗争至春秋末期一直延续到战国。期间数百个诸侯国兵戎相见、天下纷争,先有齐、晋、韩、楚、郑的"五霸相争",后有齐、楚、韩、赵、魏、燕、秦的"七雄逐鹿"。激烈的社会变革,出现了儒家、道家、墨家、法家、纵横家、阴阳家、名家、农家、兵家、杂家等"百家争鸣"的局面,尤以儒、法两家对法律的影响最大。所谓"诸侯异政,百家异说",各阶级、阶层的利益代言人都提出了自己的治国方案,"各著书言治乱之事,以干世主"(《史记·孟子荀卿列传》)。春秋战国时期的变革,从制度上讲,是由礼制到法制的变革;从政治法律思想上讲,是由礼治到法治的变革。

一、春秋战国的"百家争鸣"

中国春秋战国时期的"百家争鸣",是中国古代学术史上一个非常重大的事件。它上承夏、商、周三代学术,下开秦、汉、六朝、隋、唐、宋、元、明、清等两千多年的思想先河。"诸子百家"中对后世法律思想与制度影响较为深远的是儒、法、道、墨、阴阳诸家。诸子思想虽各引一端、各具特色,但又互相吸收和融合,在互相借鉴与批判中不断发展,才使 2500 年后的人们也倍感其博大精深。其中,名家的"循名责实"促成了中国古代法律注释的发达,杂家的兼容并蓄思想为"大一统"思想的出现开辟了途径。科学地认识百家争鸣,不仅对深入研究百家争鸣本身有重要意义,而且对整个传统文化的反思也有重要意义。本节简要论述道、墨、阴阳家的法律思想。

(一) 道家的法律思想

道家是先秦时期的一个思想派别,集中反映了隐士阶层的思想要求。以老子、庄子为主要代表。道家的思想崇尚自然,有辩证法的因素和无神论的倾向,同时主张清静无为,反对斗争。道家的法律思想也是以"道法自然"和"无为而治"为中心的,具有两个显著特点:一是崇尚自然,以自然法则为上;二是具有极强的批判性,认为儒、法等诸家学说背离"大道",认为这也正是天下大乱的原因。

老子(前 571 年—前 471 年),根据《史记》的记载,姓李,名耳,谥曰聃,字伯阳,楚国苦县(今涡阳县)人。他的《道德经》(又名《老子》)开创了我国古代哲学思想的先河,是道家的第一部经典。书中直接涉及法律的地方不多,但法哲学思想却非常丰富,主要表现为对现实礼法的否定和提倡法律简约。一是崇尚自然,主张以道统法。指出"人法地,地法天,天法道,道法自然"①,自然是指天然,不假人为而自成的意思。《老子》最先提出"自然"的概念,"自然"是"道"的本质,"道"是"自然"的表现。道是宇宙的本体,《老子》说:"道生一,一生二,二生三,三生万物",认为天下万物都来自道,道就是"无",道是永恒的、充满天地、普遍且无私;二是"无为而治",即要求统治者无所作为、效法自然,让百姓自由发展。概括起来有两个方面:一方面,对于统治者而言要少干涉、少作为,提出要做到"三去",即"去甚、去奢、去泰",反对厚敛、暴政苛刑、穷兵黩武,主张薄税、减少刑罚、和平稳定②;另一方面,对于被统治者而言提出的是"无知无欲"的愚民政策,做到"三绝",即"绝圣弃智"、"绝仁弃义"、"绝巧弃利"。这两个方面的结合,便组成了"我无为而民自化,我好静而民自正,我无事而民自富,我无欲而民自朴"③的"无为而治"的总纲领。《老子》强调唯道是从,反对依靠具体的法令治理国家;主张秘而不宣,反对制定和公布成文法;主张"利而不害",反对滥施刑杀。其思想主要还是以"无为"的手段,造成人民的愚昧状态,以更有效的控制人民,最终实现"圣人"对广大"群氓"的稳定统治。

《庄子》是战国中期的庄周及其后学所著。在法律思想方面,《庄子》发展了《老子》中否定礼、法等主张,对礼的虚伪性何法的残酷性进行了揭露,主张绝对无为,否定仁义礼法,使道家思想中积极的方面更加积极;同时又发展了《老子》中的"虚无"倾向,主张取消道德和法律在内的一切人类文明,主张绝对自由,反对任何约束和限制,提出了中国最早的道德虚无主义和法律虚无主义,使道家思想中消极方面更为消极。

(二)墨家的法律思想

墨家是中国古代主要哲学派别之一,约产生于战国时期,创始人为墨翟。墨子姓墨名翟,生卒约公元前468年至公元前376年,鲁国人,出身社会下层。最初受业于儒家(《淮南子·要略》载:"墨子学儒者之业,受孔子之术。"),后因不满儒家维护强权高贵尊尊亲亲压抑人性的统治思想,及对儒家强调的繁文缛节和靡财害事的丧葬报有疑虑,故"背周道而用夏政",强调要学习大禹刻苦俭朴的精神。遂脱离儒家的"其君用之,则安富尊荣",而创立墨家。墨者多来自社会下层,以"兴天下之利,除天下之害"为教育目的,"孔席不暖,墨突不黔",尤重艰苦实践,"短褐之衣,藜藿之羹,朝得之,则夕弗得","摩顶放

---

① 《老子》二十五章。
② 《老子》二十九章。
③ 《老子》五十七章。

踵,利天下,为之"(《孟子·尽心上》)。墨子为宣传自己主张,广收门徒,一般的亲信弟子达数百人之多。儒、墨同为春秋战国时期显学(《韩非子·显学》),当时有"不入于儒,即入于墨"之说。先秦时期,儒、墨两家曾是分庭抗礼。战国后期,墨学的影响一度甚至在孔学之上。墨家是一个纪律严密的学术团体,其首领称"巨子",其成员到各国为官必须推行墨家主张,所得俸禄亦须向团体奉献。墨家学派有前后期之分,前期思想主要涉及社会政治、伦理及认识论问题;后期墨家在逻辑学方面有重要贡献。墨家是一个有领袖、有学说、有组织的学派,他们有强烈的社会实践精神。墨者们吃苦耐劳、严于律己,把维护公理与道义看作是义不容辞的责任。墨者大多是有知识的劳动者。

墨家"兼相爱、交相利"的社会理想与法律观。墨家认为他们所处的时代是一个强执弱、众劫寡、富侮贫、贵傲贱的乱世;人民过着"饥者不得食、寒者不得衣、劳者不得息"的痛苦生活;原因是"天下之人皆不相爱",应该代之以一个"天下之人皆相爱"的理想社会。为了实现这一理想,他们提倡人与人之间互爱互利的"兼相爱、交相利",反对人与人之间互争互害的"别相恶、交相贼"。这样就会出现一个"强不执弱、众不劫寡、富不侮贫、贵不傲贱、诈不欺愚"的理想社会。

墨家的法律观也是以"兼相爱、交相利"为核心,并以此为立法原则和标准。他们很重视"法"、"法仪"或"法度"的作用,认为无论从事任何工作,都必须有"法",如百工的"为方以矩,为圆以规"一样,否则便将一事无成。《墨子·经上》说:"法,所若(顺)而然也",一切都必须顺法而行。治理天下、国家当然更应该有"法"。关键在于以什么为"法"和法什么?墨家的答复是必须"以天为法"和"莫若法天"。意即天是最公正、最仁慈的。既要"以天为法",则应以天的欲、恶来确定人们的行为准则。他们借口天对一切都"兼而有之,兼而食之",因而宣称:"天欲人之相爱相利,而不欲人之相恶相贼也"[1]。这就是说,"以天为法",就应以"兼相爱、交相利"为"法"。墨家所说的"法"是广义的,既包括法律、道德等行为规范,也包括规矩、准绳等度量衡。他们提出"以天为法"的目的,是想使"兼相爱、交相利"成为衡量一切是非、曲直、善恶、功过的统一的客观标准。

墨家提出"壹同天下之义"的法律起源论,目的在于使"兼相爱、交相利"上升为国策和法律,以便用国家强制力加以贯彻。墨家提出了"尚同"的主张,要求各级正长直到天子必须"壹同天下之义",即用"兼相爱、交相利"来统一思想。他们认为需要"选天下之贤可者、立以为天子"和各级"正长"。然后

———————————
[1] 《墨子·天志》。

由天子"发宪布令于天下之众",自上而下地"壹同天下之义",并让人民逐级向上报告"善"与"不善"的情况。人民不但要"上同乎天子",而且要服从各级正长,这样就能使"天下治"。

在法律的具体实施中,墨家强调以公正来实现"天志",威慑犯罪,主要体现在用刑恰当上。主要有:(1)"杀人者死,伤人者刑"①;(2)"杀盗人,非杀人"②;(3)赏罚公正,"勿有亲戚弟兄之所阿"③;(4)"罪不在禁,惟害无罪"④,指有些不好的言行虽然给社会带来了危害,但如果法律没有规定,就不可视作犯罪。

立足于"利民"的经济立法原则。墨家为了制止贵族"暴夺民衣食之财",把"饥者不得食"、"寒者不得衣"、"劳者不得息"称为人民的"三患"。而把致力于"国家之富"、"人民之众"、"刑政之治"称为"三务"。在他们看来,为了解除"三患"、实现"三务",以"兴天下之利,除天下之害",不仅要靠"兼相爱、交相利",而且必须使整个社会的财富充裕起来。因此提出了立足于"利民"的发展生产和限制浪费的经济立法原则。其一是,"强乎耕稼树艺,多聚菽粟"和"使各从事其所能"。其二是,"凡足以奉给民用则止,诸加费不加于民利者圣王弗为"。意即生产生活资料,以能满足需要为止,不应生产奢侈品和贪求享受;所有用度如不利于人民生活,便应终止。所以墨家提出"节用"、"节葬"和"非乐"等主张,反对贵族讲究排场的各种礼仪和厚葬、久服(丧服)。但他们把音乐等精神艺术也看成是徒供贵族享受的奢侈品,一概加以反对,而没有意识到劳动人民精神生活中也需要艺术。

从《墨子》记载来看,墨家对法律并无系统的论述,但是其法律观和主张却很有特色。以往维护统治者利益的"天"在墨家学说中成了保护民众、制约统治者,尤其是制约天子的"天",正因如此,墨家学说才在服务于专制统治的"大一统"文化中难以找到立足之地。战国以后,墨家已经衰微。到了西汉时,由于汉武帝的独尊儒术政策、社会心态的变化以及墨家本身并非人人可达的艰苦训练、严厉规则及高尚思想,墨家在西汉之后基本消失。

(三)阴阳家的法律思想

阴阳家是流行于战国末期到汉初的一种学派,齐人邹衍(约公元前305年—前240年)是其代表人物,以阴阳、五行说为中心思想,其代表人物亦称

---

① 《吕氏春秋·去私》。
② 《墨子·小取》。
③ 《墨子·兼爱》。
④ 《墨子·经说》。

阴阳家、五行家。据说是由古代天文学家和占星家转化而来。

《尚书·洪范》称，"五行：一曰水，二曰火，三曰木，四曰金，五曰土。"古人认为，宇宙万物就是由这五种基本物质构成的。它也是关于宇宙社会属性及其变化规律的范畴系统。五行的行字，有运行之意，故五行中包含着一个非常重要的观念，便是变动运转的观念，也就是相生与相克。即"木生火、火生土、土生金、金生水、水生木"和"水胜火、火胜金、金胜木、木胜土、土胜水"的观点。阴阳家，《汉书·艺文志》云："阴阳家者流，盖出于羲和之官，敬顺昊天，历象日月星辰，敬授民时，此其所长也。"战国时，阴阳五行学说盛极一时，《礼记·月令》、《吕氏春秋·十二纪》等以阴阳五行理论说明四季的变化，以邹衍为代表的一派则用阴阳五行说解释王朝的更替，于是形成了"五德终始"说。其主要内容是以五行为五德，认为历史朝代的嬗变即遵守五行相生相胜之道，是为"五德终始说"。司马迁称邹衍"称引天地剖判以来，五德转移，治各有宜，而符应若兹"（《史记·孟子荀卿列传》）。以五行相克的循环变化决定历史朝代的更替，如夏、商、周三代之变，就是金（商）克木（夏）、火（周）克金，秦汉统治者均以此为自己统治的合理性寻找根据，对后世有很大影响。

阴阳家的法律思想主要有两方面：一是创立了"时令说"。阴阳家将为政的方式——德与刑附会于阳与阴，认为统治者应顺应天地四时阴阳的变化而或用德政，或用刑治，不可逆时而动。后人总结其为政原则为：春夏以庆赏，秋冬以行刑。正统法律思想中的"司法时令"说也直接源自于此。二是创立了灾异谴告说，即统治者如未按"时令"行政，阴阳就会失调，五行变化就会出现混乱，自然界就会发生灾异。该说具有神秘色彩，对日益强大起来的君权毕竟是一种制约的力量。

阴阳家的学说因神化统治者的统治，以"阴阳"证明了等级制的合理与永恒，但同时也束缚统治者的作为，故秦汉之后，阴阳家学说虽为统治者所用，但终无法独成流派而登大雅之堂。汉武帝罢百家后，部分内容融入儒家思想体系、部分内容为原始道教所吸收，作为独立学派的阴阳家便不在了。

二、先秦儒家的礼治与法律主张

儒家思想指的是儒家学派的思想，由春秋末期思想家孔子（前551年—前479年，春秋时期鲁国人）创立的。儒家，又称儒学，也有人认为它是一种宗教而称之为儒教，最初指的是冠婚丧祭时的司仪，后来逐步发展以"仁"为核心的思想体系。孔子创立的儒家学说在总结、概括和继承了夏、商、周三代尊尊亲亲传统文化的基础上形成的一个完整的思想体系。司马迁在《史记·

孔子世家》中说:"孔子乃因史记作春秋,上至隐公,下讫哀公十四年,十二公。据鲁,亲周,故殷,运之三代。"儒家学派的创始人孔子说过:"述而不作,信而好古"(《论语·述而》)是自己的思想本色。

在中国历史上,儒家的发展经历了两大阶段:先秦儒家和作为封建正统的儒家。先秦儒家以孔丘、孟轲和荀况为主要代表。在法律思想方面,主张礼治、德治与人治,反对严刑峻法,反对"缘法而治"。

(一)孔子以"仁"、"礼"为核心的法律思想

孔子(前551年—前479年),名丘,字仲尼,鲁国人,出身于宋国贵族,因避乱而迁居鲁国,其父早死,年幼家境败落。孔子的主要活动和贡献是教育,办学的主要目的是培养"士",开创了"学而优则仕"的潮流。他主张"克己复礼"、"博施于民"、"导德齐礼"。总之,孔子维护"礼治",重视"德治",提倡"人治",继承和发展了西周的"礼治"和"明德慎罚"的思想,奠定了整个儒家法律思想的理论基础,起到了为封建制度立言立法和承先启后的重要作用。孔子的思想言行,见于《论语》、《左传》和《礼记》等书。

1. 以"仁"为核心的法律观

孔子系统地提出了"仁"的观点,认为"仁"是最高的道德标准,是最完美的伦理道德,是实现"礼治"的必由之路。同时,把他认为的人类的一切美好的品格,如孝、悌、忠、信、恭、宽、敏、惠、智、勇、敬、诚、好礼、忠恕、爱人、中庸、博学等,全部包容在"仁"之中,主张"仁"的基本精神是重视人,"仁"的基本含义是"爱人"。

孔子的仁者"爱人",虽有"泛爱众"的因素,但仍表现出明显的宗法性、等级性和强制性。具有多重含义:一是主张"爱人"必须从"亲亲"开始,由亲及疏,由己及人。二是主张"爱人"有等级,等级不同,具体要求不同。三是主张"爱人"有强制性,将"仁"与"礼"联系起来,直接使孝、忠等伦理规范具有法律的性质。

孔子"仁"论的实质内容是,以"爱人"为中心,以孝悌为根本,以"克己"、"忠恕"为手段,以恢复和完善礼治为目的,这也是其法律观的主要结构。

2. 以礼作为立法、司法的指导原则

强调法律的制定和运用必须以礼为指导,"礼乐不兴则刑罚不中,刑罚不中则民无所措手足"[①]。具体表现在:

第一,主张"正名",以法律严格维护"君臣父子"的等级名分。

第二,主张"礼乐征伐自天子出",即制礼作乐的权力应归天子。

① 《论语·子路》。

第三,主张"父子相隐",即父子之间应互相隐瞒犯罪,不应相互告发。

第四,反对"铸刑鼎",反对乱立法和立乱法,反对不符合礼治的法令,主张"为国以礼",用礼来指导立法。

3."德主刑辅"的思想

主张"为政以德"的"德治"。"德治"在法律思想上表现为:先教后刑、德主刑辅和以德去刑。

4."为政在人"的思想

突出贤人在立法、司法中的决定作用。提出"人存政举"、"身正令行"。

(二)孟子以"仁政"为中心的法律思想

孟子(约前372—前289),名轲,字子舆,邹(今山东邹县)人。约生于周烈王四年,约卒于周赧王二十六年。战国时期伟大的思想家,儒家主要代表之一。相传孟子是鲁国贵族孟孙氏的后裔,幼年丧父,家庭贫困,曾受业于子思的学生。学成以后,以士的身份游说诸侯,企图推行自己的政治主张,到过梁(魏)国、齐国、宋国、滕国、鲁国。当时几个大国都致力于富国强兵,争取通过暴力的手段实现统一。孟子的仁政学说被认为是"迂远而阔于事情",没有得到 实行的机会。著作有《孟子》。被认为孔子的学说的继承者,有"亚圣"之称。

孟子对儒学最大的贡献是将孔子的"仁"运用于政治,继承和发展了孔子的德治思想,发展为"仁政"学说,成为其政治思想的核心。所谓"仁政"就是要求统治者为政以"仁"为本,对民以教化为主,对己自尊自立。其内容主要有以下几个方面:

第一,主张人性善,"性善"论是仁政的基础。他以为人生来就具备仁、义、礼、智四种品德,是人之本性。人可以通过内省去保持和扩充它,否则将会丧失这些善的品质。

第二,主张仁政就是对人民"省刑罚,薄税敛。"他从历史经验总结出"暴其民甚,则以身弑国亡"[1],又说三代得天下都因为仁,由于不仁而失天下。提出"正经界",保障土地私有;"薄税敛",推恩于民;"省刑罚",反对繁法苛刑。

第三,主张民贵君轻。孟子根据战国时期的经验,总结各国治乱兴亡的规律,提出了一个富有民主性精华的著名命题:"民为贵,社稷次之,君为轻"[2]。认为如何对待人民这一问题,对于国家的治乱。

第四,"尊贤使能"与"徒法不能以自行"。主张国家的治乱,取决于"圣

---

① 《孟子·离娄上》。

② 《孟子·尽心下》。

王"、"贤臣",提出"惟仁者宜在高位"①。

（三）荀子的礼法统一观

荀子（前313年—前238年）名况，字卿；又称孙卿。战国时期赵国人，著名思想家，教育家，儒家代表人物之一，对儒家思想有所发展，提倡性恶论。早年曾游学于齐国，广泛接触各派学说。他是战国末期儒家学派中的大师，李斯、韩非都是他的学生。其法律思想主要有以下几个方面：

第一，在人性问题上，他针对孟子"性善论"提出"性恶论"，认为人性本来是恶的，"其善者伪也"②，即经过后天改造才变善。他认为，人性是与生俱来的、质朴的一种自然属性，"生而有好利焉"，"生而有疾恶焉"，"生而有耳目之欲，有好声色焉"（《荀子·性恶》）。"善"是后天环境和教化学习的结果，反对"生而知之"的先验论是具有进步意义的。他认为人的知识、品德不是天赋的，是后天经过礼义教化、学习改造获得的。

第二，在政治上，他主张礼治法治并用，引礼入法。一方面仍很重视"王道"，提倡"礼义"；同时主张"法后王"，同意武力兼并天下，用法禁、刑赏治理国家。所以他的一些思想又为法家所汲取。

荀子博学深思，其思想学说以儒家为本，兼采道、法、名、墨诸家之长。

综上所述，儒家法律思想的特点概括起来主要是：维护"为国以礼"的礼治，提倡"为政以德"的德治，重视"为政在人"的人治，俞荣根教授将其总结为"伦理法思想"。儒家关于法律的主张主要表现为：（1）就法的地位而言，主张"礼乐不兴则刑罚不中"③，即法律只是一种手段，礼教则教人们自觉的守法，其地位低于礼教。（2）就法的核心而言，主张"承天之道以治人之情"，即法律只有与人情和道德相一致时才具有生命力。（3）就法的目的而言，主张"胜残去杀"④"必也使无讼乎"⑤，即法律的目的在于社会和睦、制止争讼。（4）就法实施的最佳途径而言，主张"其身正，不令而行"⑥，即人与法相比，人的作用是首要的，统治者自身行为端正，天下人便会争相效法。在儒家仁礼一体和"以礼为体，以法为用"的分层践行的礼法体系中，礼与法是统一的，但礼是法的目的和灵魂，处于主导地位，法是礼的体现，法应在礼的指导下应势而变。儒学在历史上曾经作为我国奴隶社会某些诸侯国在某些时期的主流意识形态，

---

① 《孟子·尽心上》。

② 《荀子·性恶》。

③ 《论语·子路》。

④ 《论语·子路》。

⑤ 《论语·颜渊》。

⑥ 《论语·子路》。

同时又是我国整个封建社会的主流意识形态。

三、先秦法家的法律思想

法家是春秋战国时兴起的、代表新兴地主阶级的利益,他们以主张"变法"和"以法治国"的"法治"而闻名,而且提出了一整套的理论和方法。这为后来建立的中央集权的秦朝提供了有效的理论依据,后来的汉朝继承了秦朝的集权体制以及法律体制,这就是我国古代封建社会的政治与法制主体。

法家在法理学方面作出了贡献,对于法律的起源、本质、作用以及法律同社会经济、时代要求、国家政权、伦理道德、风俗习惯、自然环境以及人口、人性的关系等基本的问题都做了探讨,而且卓有成效。但是法家也有其不足的地方。如极力夸大法律的作用,强调用重刑来治理国家,"以刑去刑",而且是对轻罪实行重罚,迷信法律的作用。法家主要代表人物有商鞅、申不害、韩非子、李斯等,本节主要介绍商鞅和韩非的法律思想。

(一)商鞅的"变法"和"法治"思想

商鞅(约前390—前338),原名卫鞅,也叫公孙鞅,卫国人,战国时期著名的政治家、法学家,法家理论的重要奠基人之一。商鞅早年为魏国宰相公叔痤家臣。公孙痤病死后,魏王并没有重用商鞅。后来听说秦孝公下令求贤者,便携同李悝的《法经》到秦国去,受到重用,主持变法。

商鞅变法的主要内容为:建立新型的军功爵制,激励士兵奋勇杀敌;奖励耕织,保证了秦国后方粮草充足;制定新法,使得百姓各司其职,安分守己。秦国自商鞅变法后,迅速成为一个强大的诸侯国,为后世统一天下奠定了基础。

在法律思想上,主张"变法更礼"、"任法而治"。商鞅的法律思想体系内容具体可以概括为:

第一,提出"变法更礼"的思想。社会是发展的,法治是时代的要求,应该顺应历史发展而变化,即"三代不同礼而王,五霸不同法而霸"[①],主张变法是兴邦之路。

第二,提出"垂法而治"[②]的法治论。认为实行法治是历史的发展和人"好

---

① 《商君书·更法》。
② 《壹言》。

利恶害"的本性所决定的,法能够确定等级名分、制臣民。"好恶者,赏罚之本也"①,"人生有好恶,故民可治也"②,赏罚是法治的主要内容,法治比礼治、德治、人治更合乎人性,法治是君主治国的关键。提出了一套法治的方法,突出法、信、权三要素,认为"国之所以治者三:一曰法,二曰信,三曰权。"③,即以刑罚为主体的法令,赏罚的信用,君主的权柄。法令应公之于众,君主应带头遵循。

第三,提出"刑无等级"的思想,应做到"一教"、"一刑"、"一赏"。"一教"即主张统一教育的内容,取缔一切不符合的法令、思想和言论;"一刑"即统一刑罚标准,刑罚的适用应不分等级亲疏,实行重刑连坐;"一赏"只赏赐那些有功农战和告奸的人。

第四,提出"以刑去刑"的重刑思想。他主张赏刑并用,刑主赏辅,提出重刑爱民论,"禁奸止过,莫若重刑"④。这一思想后来成为法家以至秦始皇推行严刑峻法的理论基础。

(二)韩非的"法治"思想

韩非(约前280—前233)是法家学说的集大成者。韩非本是韩国的王族贵人,但是,他的理论不被当时的韩王所采纳。在悲愤之下,写出了《孤愤》、《五蠹》、《内外储》、《说林》、《说难》等十余万言的著作。后来这些著作传到了秦国,秦王政看完后,发出了"嗟乎!寡人得见此人与之游,死不恨矣"的感叹。但韩非在出使秦国时,没有得到秦王政的信任,后遭陷害,自杀于秦狱中。韩非虽一生都没能施展自己的抱负,却著成了流传千古的《韩非子》。他的法律思想以"法治"为核心,实质在于建立中央集权政权,实行君主专制独裁。

第一、韩非法治观的理论基础——历史进化观与人性论。认为历史的发展不以人的意志为转移,提出"法与时转则治,治与世宜则有功"⑤的结论;提出"人民众而货财寡"的人口论,即人口多了,财物不够分配,因而发生争夺,法治则十分必要;在人性问题上,发展了"性恶"论,认为任何人都会为了自己"欲利自为",这种本性不可改变,只能用法令赏罚因势利导。

第二、提出法治的必要性,认为法能有效地"禁奸"、"尊主"、"强国"。"禁奸"即禁"奸臣",防止内部的篡夺;禁"奸民",镇压人民反抗。"尊主"即君主以法治吏,察奸、知奸、除奸,法自君出,自然对君主无限尊崇。"强国"即无论

---

① 《商君书·错法》。
② 同上。
③ 《修权》。
④ 《商君书·赏刑》。
⑤ 《韩非子·心度》。

"耕战"、"官治"或是"民用",都只能依靠法治,故"国有常法,虽危不亡"①。

第三、提出了法治的各项要求,即"以法为本"、"布之余百姓"、"不重变法"、"信赏必罚"和"严刑重法"。

第四、主张以君为主,法术势结合的治国方略。商鞅、慎到、申不害三人分别提倡重法、重势、重术,各有特点。到了法家思想的集大成者韩非时,韩非提出了将三者紧密结合的思想。法是指健全法制,势指的是君主的权势,要独掌军政大权,术是指的驾驭群臣、掌握政权、推行法令的策略和手段。主要是为了察觉、防止犯上作乱,维护君主地位。

总的说来,法家"法治"的实质还是用严刑峻法和阴谋权术来维持专制君主的统治,体现了当时新的生产关系的要求,对后来中国封建法律思想产生了重要的影响。

【思考题】

1. 试述先秦时期出现"百家争鸣"的原因。
2. 论述先秦儒家法律思想的特点、内容及影响。
3. 先秦法家对中国古代法律思想有哪些影响?
4. 简要评述儒、法两家法律思想的异同。

【参阅书目】

1. 杨鸿烈:中国法律发达史。上海:上海书店,1990 年。
2. 杨鹤皋:中国法律思想史。北京:北京大学出版社,2000 年。
3. 马小红、柴荣、刘婷婷:中国法律思想史十讲。北京:中国人大出版社,2008 年。
4. 俞荣根:儒家法律思想通论。南宁:广西人民出版社,1998 年。

① 《韩非子·饰邪》。

第三节　秦汉至清（鸦片战争前）的法律思想的形成和发展

公元前 221 年,秦王嬴政统一六国,结束了战国时期的分裂局面,建立了中国历史上第一个统一的专制主义中央集权的封建国家,自称"始皇帝"。中国从此进入了长达 2000 余年的专制主义中央集权制国家统治的历史阶段,创造了我国封建社会历史上第一个鼎盛时期。国家治理历经了由秦的"法家独尊"至汉的"独尊儒术"的思想转变,在这一转变中封建正统法律思想逐步形成、发展、完善和衰败,但自汉唐到宋明清时期,该思想始终居于主导地位。在"大一统"文化的影响下,除正统法律思想之外,以批判姿态出现的非正统法律思想也随之产生,至明末清初时出现的启蒙思想对正统法律思想进行了批判。

一、封建正统法律思想的形成、发展与衰败

秦汉时期是我国古代法律思想发生重大转变的时期,法律思想由秦朝的严刑峻法到汉初的无为而治,再到汉武帝时期以儒家为主,兼采法、道、阴阳各家主张,封建正统法律思想从此确立。

（一）封建正统法律思想的形成

1. 秦法治的失败

公元前 221 年,秦始皇建立了中国历史上第一个统一的封建王朝,并建都咸阳,成为中国封建王朝中第一个皇帝。丞相李斯(?—前 208),楚国上蔡人,作为秦始皇的主要辅佐者则是先秦法家理论在秦的实践者,他协助秦始皇统一中国,也帮助其推行暴政,用严刑峻法镇压人民。秦法治思想的主要内容是:

第一,开创了"法令由一统"的新局面。秦经过商鞅变法,具备了统一的条件,实现了全中国的统一,开创了"海内为郡县,法令由一统"①的新局面。李斯作为先秦法家的集大成者,极力推崇"法治",一切均有"法式",法家思想占据统治地位。但是秦始皇在推崇法家思想的同时,也利用了阴阳五行家的"五德始终"说,并以此为其"事统上法"的理论依据。秦始皇在此基础上制定

---

① 《史记·李斯列传》。

了统一的法律,颁行全国。《秦律》早已佚失,它的具体内容,史书中只有零星记载。1975 年,在湖北云梦县睡虎地出土秦代竹简一千余支,内容大部分是秦的法律及文书,内容主要包括:法律条文、法律答问和治狱程式三个部分。这些法律和各种诏令对于巩固统治,强化中央集权,起到了主要作用。

第二,“事皆决于法”的法治思想。当时,秦在政治、经济生活的各个方面皆有法式,特别强调维护极端君主专制,皇帝要“独制于天下”①。

第三,严刑峻法,轻罪重罚。认为只有这样才能有效地制服人民,并将其发挥至极致,对人民滥施刑罚、妄杀无辜,整个社会笼罩着极其恐怖的气氛。不久,终于爆发了陈胜、吴广领导的农民起义。

第四,以法为教、“焚书坑儒”的文化专制。秦王朝极力推行愚民政策,搞文化专制。到公元前 213 年(秦始皇三十四年),博士淳于越又提出了恢复分封制的主张。丞相李斯加以反驳。他指出,时代不同,治理的方法也应该不同。腐儒“道古以害今”,如不加以禁止,统一可能遭到破坏。因此他建议:除《秦纪》、医药、卜筮、农书以及国家博士所藏《诗》、《书》、百家语外,凡私人所藏诸子经典、《诗》、《书》和其他春秋战国时各诸侯国的史书,一律限期交官府销毁,逾期不交的,处以黥刑并罚作城旦(旦即早晨,是清晨就开始筑城的一种苦役);两人或以上私下谈论《诗》、《书》者处死,以古非今者灭族;严禁私学,“以吏为师”。秦始皇采纳了李斯的建议。这就是历史上的“焚书”事件。公元前 212 年,两个术士因没能按时完成炼丹的任务而准备逃跑,在临走前对秦始皇进行了议论、诽谤。事情败露,秦始皇下令追查。据《史记·秦始皇本纪》记载,因此事,有大约四百六十余人在咸阳被坑杀。这就是历史上所说的“坑儒”事件。

秦王朝的暴政和文化专制主义,致使法家理论失去了战国时期的战斗力,虽立法完备,但执法上却以皇帝的权力为中心,难以做到“缘法而治”,激化了社会各方面的矛盾,仅仅 14 年就被“揭竿而起”的农民起义推翻了。

2. 汉初法律思想的转折

西汉,又称前汉,是中国古代的一个朝代,与东汉合称汉朝,是中国第四个强盛稳固的朝代。西元前 206 年刘邦被西楚霸王分封为汉王,而后经过历时四年的楚汉战争,刘邦取胜后,西元前 202 年最终统一天下称帝,建国汉,按照现代的断代史称为西汉。继秦而起的西汉王朝十分重视总结秦亡的教训,严厉批判秦朝“专任刑罚”的法家思想,主张以“无为而治”、“与民休息”的黄老思想为治国的指导思想,并进行实践。汉初的黄老法律思想带有明显的各家

---

① 《史记·李斯列传》。

思想合流和过渡性的特征。其基本内容如下：

第一，主张"无为而治"、"与民休息"。西汉初年，经济凋敝、国库空虚、人民大量死亡和流散，汉高祖总结秦亡的教训，实行黄老无为政治，采取"与民休息"的政策。到了文帝、景帝时期，倡导以农为本，进一步推行"轻徭薄赋"、"约法省禁"的政策，废除了一些严刑苛法，以缓和阶级矛盾和统治阶级内部的矛盾，使生产得到恢复和发展，以致"政宽人和"、天下"富实"，史称"文景之治"。

第二，主张以道为本、文武并用、德刑相济。认为统治者应当以德治为先，刑罚为末，即所谓"积礼义"而不"积刑罚"[①]，很重视发挥道德和法律的作用，要求统治者明法修身，体现出对法家思想的兼容。

第三，主张约法省刑、刑不厌轻。汉初黄老学派吸取秦亡的教训，反对秦朝的轻罪重刑思想，提出刑不厌轻、罚不患薄。文景时期，在恢复经济的同时，"惩恶亡秦之政，伦议务在宽厚"。施行"约法省禁"的政策，废除了一些严刑苛法，如妻孥连坐法、断残肢体的肉刑等，并减轻笞刑，以缓和阶级矛盾和统治阶级内部的矛盾。所以这个时期，许多官吏断狱从轻，不求细苛，以至有"刑轻于它时而犯法者寡"、"断狱数百，几致刑措"之说。这和秦时"断狱岁以千万数"的惨景形成了鲜明的对比。文景时期的"与民休息"政策，对恢复和发展生产起了一定的作用，从而使封建统治进一步巩固起来。

3. 汉中期正统法律思想的形成

中国封建正统法律思想，是在中国进入封建社会并且经历了秦代和西汉初期 80 年统治之后的汉武帝（公元前 141—前 87 在位）时期开始并逐步形成的。作为封建地主阶级的意识形态，它是为中国封建统治阶级服务的、维护和加强封建的经济剥削、政治统治和文化专制的重要工具。从根本上说，它是适应维护和加强封建大一统的需要而产生的。故封建正统法律思想是指汉武帝时确立的，以儒家正统法律思想为主，兼采法家、道家、阴阳家等各家之说的法律思想。其主要内容如下：

第一，主张"则天顺时"，"法自君出"。起源于夏、商、西周时期的神权政治理论，由西汉董仲舒结合阴阳五行学说，发展而为天人感应的神秘主义的官方思想。它公开鼓吹天子是上天之子，人间的君主是上天的代表。君主"受命于天"[②]，承天意以从事，法律上对犯罪的惩罚，是君主顺天行诛、"天讨有罪"的结果，从而进一步肯定了法自君出的观念。所谓"君者，出令者也"。皇

---

① 《汉书·贾谊传》。

② 《春秋繁露·为人者天》。

帝一言而为天下法，是"三尺法"的最高主宰。举凡"诏"、"令"、"敕"、"格"、"式"、"例"等都得由皇帝发布和批准。他可以任意"钦定"法律，也可以任意破坏法律；可以法外施恩，也可以法外加刑，而臣下则"专以人主意指为狱"。因此，中国封建法律对于任何侵犯皇权和统治阶级利益的言行，都视为违反"天常"或"天理"的大逆不道的罪行而规定最严厉的处罚。

第二，主张礼法融合，法有差等。礼在封建社会受到重视，是由于儒学受到重视，认为"致王道"之本是"为政先礼"。礼和法的关系，即"礼者禁于将然之前，而法者禁于已然之后"。董仲舒要求"爵禄以养其德，刑罚以威其恶"，使"民晓于礼谊而耻犯其上"，关键就在于礼和法的结合。统治者们更把董仲舒的神学伦理观点系统化为"君为臣纲，父为子纲，夫为妻纲"，认定这三纲是永恒性的道德规范，并使之成为封建法律的基本组成部分。三纲以"尊尊"、"亲亲"原则为中心，要求确立并遵循贵贱、亲疏、尊卑、上下、长幼的严格等级次序，在狱讼当中，只有首先了解清楚这种等级关系，"然后轻重之序，可得而论；浅深之量，可得而测"。这种法律面前的差等，首先是"尊君"，维护皇权的神圣不可侵犯。其次是维护其他各类"尊者"的特权。再次是维护家族范围内的不平等关系和家长的特权。这些都鲜明地反映了封建正统法律思想关于维护各种封建特权和法律不平等原则的特点。

第三，主张德主刑辅，先教后刑。先秦儒家在强调"礼治"的同时，还强调"德政"。所谓"德政"就是道德教化，它强调在治理国家的德、礼、刑、政四种手段中，以德、礼作为主要手段，并且在刑罚的运用上强调"明德慎罚"，"明刑弼教"，"勿庸杀之，姑惟教之"。汉代鉴于嬴秦"专任刑罚"的教训，在德刑关系问题上一开始就特别强调德的主导作用，强调先德后刑。董仲舒把这种思想纳入他的神学目的论范畴，借阴阳清煖之说来阐释德主刑辅的关系，认为上天有好生之德，"天道之大者在阴阳，阳为德，阴为刑，刑主杀而德主生"[1]，天是"任德不任刑"的。从这时起，德主刑辅原则一直占着支配的地位。两汉以后，在德刑关系问题上出现过某些争论，但总的精神仍不外"刑为仁佐"。唐以后各代，大抵都是贯彻长孙无忌等人所持的"德礼为政教之本，刑罚为政教之用"的观点。宋明以理学为指导，由于强调"三纲五常"是"天理民彝之大节"，同时认为"法度禁令"只能够"制其外"，"道德齐礼"才可以"格其心"，所以更加注重"明刑以弼五教"，把道德教化放在最主要的地位。这种"以德统刑"，"先教后刑"的状态，一直延续到封建社会末期，甚至在进入半封建半殖民地社会以后的清末修律过程中，还在由以沈家本为代表的一派和以张之洞、劳乃

---

① 《汉书·董仲舒传》。

宣为代表的另一派之间,开展着礼法之争,影响是十分深远的。

第四,提出《春秋》决狱,"原心论罪"的司法主张。汉时选举、取士、任官,既要求"明经",也要求"明律"。当时要图仕进的儒生固然必须研习文法,许多经师大儒也都穷经而兼治律,其根本原因就在于儒家经义是指导一切的最高准则。这样,便造成了中国法律发展史上两汉时期律学空前兴盛的情况。经学和律学的具体关系主要表现在据经解律和引经决狱两个方面。引经决狱是要求在法律规定之外,引据儒家经义决狱。如董仲舒引《春秋》大义处断各种疑难案件,致仕家居期间,对廷尉张汤所问疑难,"动以经对",而且"皆有明法",著有《公羊董仲舒治狱》十六篇。《盐铁论·刑德》所谓"《春秋》之治狱,论心定罪,志善而违于法者免,志恶而合于法者诛",《后汉书·霍谞传》所谓"原情定过,赦事诛意",已成了汉以后魏、晋、六朝封建司法的惯例。唐代法典的制定"一准乎礼",儒家经典中的伦理道德教条莫不贯彻在律文之中。宋、元、明、清各代法典沿袭不改,一切案件的审判仍强调必须"应经合义",也就是法无明文规定者,仍须依经义处断,这是礼法融合的具体表现。

（二）封建正统法律思想的发展与完善

1. 魏晋南北朝时期的律学

历时近400年的魏晋南北朝时期,社会大都处于军阀混战、王朝频迭的混乱时期。与政治上的分裂相一致的是儒学的独尊地位跌落,思想领域中出现了相对宽松的环境,法律思想上也形成了多元化的发展趋势,出现了律学、玄学和北方少数民族在改革中学习和制订汉法的法律思潮。然而由封建地主阶级专政的本质所决定,儒家的礼法名教仍占据主导地位。

（1）律学的兴起。

秦始皇焚书坑儒时,烧毁了法家著作,并禁止私学法律,使律学的发展受抑制;西汉提倡"独尊儒术",也一定程度上影响了律学的发展。至东汉,律学研究才开始复苏,汉魏之际出现了一批涉及法律的著作,如应邵的《律略论》,叔孙通、赵禹、张汤等编纂了一些傍律、单律。马融、郑玄等名儒也对汉律进行章句论释,十多家章句多达数十万言。然而,汉律基本上是依附于经学的,注律者皆为当世名儒,他们用儒家经义来解释法律,以律文附会经义,也使儒家学说渗入法典内容,这种律学研究实际上处于附庸的地位。至魏晋,随着思想解放运动的展开,律学也有了长足的发展,出现了一批法律专门著作。三国时,刘邵作《法略论》,专门探讨法律理论。钟会著《道论》二十篇,史称钟会"实刑名家";丁仪著《刑体论》,专论刑体问题。刘廙因与丁仪观点不同,也著书数十篇,与丁仪就刑体展开广泛讨论。入晋,律学著作进一步专业化,贾充、杜预《刑法律本》二十一卷,专门解释泰始律,张斐著《律解》二十卷,《杂律解》二十一卷,《汉晋律序注》一卷、《注律表》一篇。律学在两晋达到一个高峰,大批的专业著作和律学家的出现,说明律学开始脱离经学而独立发展为一门专门的学问。而且律学理论不再停留在战国时期法家关于法律性质、作用等一般规律问题上,逐步深入到具体理论问题,如罪名刑名,定罪量刑标准,立法原则,法典体例,诉讼审判理论及法学基本观念等。如西晋时刘颂提出了罪行法定的初步原理,认为"律法断罪,皆当以法律令正文,若无正文,依附名例断之,其正文名例所不及,皆勿论"。杜预也主张"审名分,塞异端"以及熊远的"王者唯当征文据法,以事为断耳"。这些主张在实质上与十八世纪西方"法无明令规定不为罪"的法律原则有相似之处,而中国在三世纪就已见端倪。当然,由于封建皇权的至高无上和比附定罪的存在,罪行法定只是停留在理论上,也带有很大的局限性,但理论的提出也是一种进步。

(2) 律学家法律思想的主要内容。

律学家是封建正统法律思想的继承者,他们一方面坚持正统法律思想的基本原则和体系,另一方面又强调"通经"、"明律"、"以经注律"的律学思想,将汉以来的礼律融合趋势推向深入。他们主张礼法合一、以礼率律,维护君权、提出法令划一的法律思想,是对正统法律思想的继承。同时律学家们又提出"理直刑正"的立法主张、"随事取法"的审判原则,进一步发展了正统法律思想,在中国法律发展史上具有重要地位。

第一,关于法律基本概念。张斐,魏末晋初人,法学家。在《律表》中对故犯、过失、贼、斗、赃、盗等二十多种律义进行较名,亦即给予明确定义。如"其知而犯谓之故","背信藏巧谓之诈","两讼相趣谓之斗,两和相害谓之戏","不意误犯谓之过失","二人对议谓之谋","取非其物谓之盗","货非其利谓之赃"。张斐给这些法律概念所下的定义,应当说是比较准确的,也有一定科学性,故一些定义仍沿用至今。

第二,关于定罪原则。刘颂(? —约300),字子雅,广陵(当时郡治在今江苏淮阴县)人,西晋时司法官。西晋初期历任尚书三公郎、议郎守廷尉、三公尚书等司法官,秉公执法,时人把他比作西汉张释之。他强调必须严格按照法律判案,断罪应以法律条文为依据,没有法律条文,就应根据刑名和法例,法律和名例都用不上,就不能定罪。提出要区别故犯、犯罪、过失的差别,涉及犯罪动机的理论;张斐也认为议刑要"慎其变,观其理"。有许多行为相似而罪行性质迥异,故执法时,须审慎辨别罪行与罪行之间,故犯与过失之间等等的差别。

第三,关于司法审判原则。张斐的《律表》提出了刑、理、性三个相互联系的概念。认为"刑者,司理之官;理者,求情之机;情者,心神之使"。故定罪正刑不仅要有人证、物证而且要本其心,审其情,观察罪犯的表情、眼神、脸色来协助判断,这种主张包含犯罪心理学的原理。

第四,关于立法原则。刘颂提出"看人,随时,在大量也而制其法"。就是说法律的制订应依据实际状况,运时而应,又要以普遍存在的一般状况为基准,不能以个别的、特殊的情况为立法依据。同时,又主张限制君主对立法,司法的干涉,提出"人君所与天下共者,法也"。法律一经制订,就不要任意改动。然而,刘颂同时又承认立法"唯人主专之,非奉职之臣得以拟议",故对君主立法权司法权的限制也是十分有限的。

第五,关于法典编纂原则。张斐对魏所创以刑名为篇首的体例进行了理论阐发,认为"刑名所以经略罪法之轻重,正加减之等差,明发众篇之多义,补其章条之不足,较举上下之纲领。"①故刑名为全律之核心,应置于诸篇之首,统领全律,经过张斐的理论阐发,这种体例遂为封建法典定制。杜预则提出了"简直"的原则,认为律文、法例必须简洁明确,使人一目了然,才便于遵守和执行,这样,扼法的人也自然会减少。若律令繁杂,人们难以辨识哪些属非法,便容易触犯法令。这种编纂原则是较合理的。杜预参与修订的晋律,正是依据这种指导思想,对汉魏旧律进行了大刀阔斧的删削,使晋律"其苛秽,荐其清约"。

必须指出,西晋的法律思想和律学虽然有很大发展,所提出的法律理论亦具有一定科学性和进步意义,但其法律思想基本上是以儒家学说和唯心主义为理论基础的,是以维护封建统治秩序为目的,故具有鲜明的阶级性,其科学和进步意义也有很大的局限。

2. 隋唐正统法律思想的法典化

从公元 581 年隋朝建立,到 618 年隋朝灭亡,共存在了 38 年,是个短命王朝之一。隋文帝的贡献:创立新的选官制度,废除北周的六官制度,建立起三省六部制。隋文帝还制定了新的法律,刑罚不再像南北朝时那么残酷。创立《开皇律》。开创义仓。创立科举制度。简化地方官制。影响后世千年。隋炀帝则创立科举进士制,收集三百年战乱失散的文献,修造大运河等。隋朝末年由于军阀混战,导致民不聊生,叛军反,被缢弑于江都,隋朝便宣告灭亡。

从公元 618 年唐朝建立,到 907 年被朱温灭掉,共存在了 289 年。唐朝分前期和后期,中间以安史之乱为界限,前期是昌盛期,后期则是衰亡期。唐高祖建立了唐朝,而唐太宗李世民领兵用十年时间完成了统一大业。历经玄武门之变,李世民登位之后,经过励精图治,使唐朝在中国封建社会空前繁荣,出

---

① 《晋书·刑法志》。

现了"贞观之治",在政治、经济、文化等各方面都居于当时世界领先地位。此后,唐玄宗时期又出现了"开元盛世",国强民富,升平之世再次出现。唐统治者十分重视立法,高祖、太宗、高宗一即位就抓法律的制定和修改。封建正统法律思想的法典化,是正统法律思想完善的主要标志,《永徽律疏》(后世称为《唐律疏议》)就是隋唐时期封建正统法律思想法典化的集大成之作,反映出非常丰富的思想内容。主要表现如下:

(1)"德礼为本,政教为用"。

唐代,统治阶级在认识上把礼义道德的作用和法律的作用,在儒家思想原则上统一起来,大大丰富了儒家礼法结合的思想,形成了完整的"礼主刑辅、礼法结合"的思想体系。礼法结合在《唐律疏议》中已达到十分完备的程度,这在长孙无忌编撰的《唐律疏议序》中阐述的非常清楚:"德礼为政教之本,刑罚为政教之用,犹昏晓阳秋相须而成者也。"这标志着中国古代礼治的法律化已接近完成。

(2)封建纲常的法律化。

儒家所倡导的"三纲",是指"君为臣纲,父为子纲,夫为妻纲",是我国封建社会维护专制制度的精神支柱,也是制定封建法律的一个根本原则。

第一,"君为臣纲"及其在唐律中的反映。在君主专制政体中,皇帝具有最高权威,他的意志就是法律,臣僚只是他执行法令的工具。因此李唐王朝在法律上作了严格规定,将"君为臣纲"置于"三纲"之首,凡属违反"君为臣纲"危害皇帝的犯罪,均属罪大恶极,严惩不贷。这些犯罪主要有谋反、谋大逆,危害皇帝安全,大不敬等三类。

第二,"父为子纲"及其在法律上的反映。儒家提倡孝道,主张以孝治天下,认为父亲对儿子有绝对的统治权,儿子必须绝对服从父亲,并将"父为子纲"视为"三纲"的基础,实际上是利用族权来维护封建政权。唐律"一准于礼","父为子纲"在法律上反映得最全面、最具体。凡属违犯"善事父母"者,如"父母在而子孙别籍、异财"[①];"违犯教令"[②];"闻父母丧而不举哀"[③]等均构成不孝罪,要分别处以刑罚。

第三,"夫为妻纲"及其在法律上的反映。根据礼制的规定,法律确认夫权在婚姻家庭中的统治地位,"男尊女卑",妻子始终处于从属、无权的地位。"夫为妻纲"也是唐代立法的根本原则之一,唐律中有不少规定。如"妻妾擅

---

① 《唐律疏议·户婚律》。

② 《唐律疏议·斗讼律》。

③ 《唐律疏议·职制律》。

自离去"①；"夫妻殴斗"②；"闻夫丧不举哀"；"居夫丧而嫁"③；"七出"④等等，这些法律规定都极力维护夫权，歧视和压迫妇女。

（3）维护等级特权的立法思想。

礼制就是等级制，唐律始终贯穿着以礼为主、礼法结合的精神，是一部维护封建统治阶级的特权法。唐律维护等级特权的内容很多，这里只着重谈谈以下问题。

第一，贵族、官吏有罪无刑。唐律依照人们的社会身份、地位、职业等分成几个等级。皇帝至高无上。在皇帝之下，依次分成贵族、官吏、平民、贱民几个等级。当贵族、官吏触犯国法时，唐律制定了议、请、减、赎、官当等减免刑罚处分的规定，他们可以根据自己的阶品分别享有免受刑罚、免纳赋税、免服徭役以及世袭官爵、荫及亲属等特权，实际上就是有罪无刑。

第二，良贱异法。良，指良人，即平民；贱，指贱民。凡是贱民，法律规定他们在政治、经济、诉讼、社会生活等方面的地位都与良人不同。在婚姻方面，禁止良贱通婚。在刑罚方面，同罪异罚的规定甚多。在诉讼方面，唐律从主从尊卑的原则出发，不许部曲和奴婢告发主人，否则处以绞刑；主人告发奴婢、部曲即使是诬告，也是无罪的。

由于礼法结合的唐律吸收了历代封建王朝的统治经验和法律原则，为封建统治者提供了一部治国安邦的法典，成为宋元明清各代法律的蓝本，"其篇目一准于唐"⑤。就法律思想来说，唐以后各代封建王朝，都是以这种以礼入律、礼法结合的思想作为正统法律思想的。

（三）封建正统法律思想的衰败

自宋以后，中国封建中央集权制社会进入衰败时期。这一时期，旧制度越来越不适应生产力的发展，成为社会进步的严重阻碍。该时期，正统法律思想日益僵化和衰败，失去活力。

1. 宋代朱熹的"理学"对正统法律思想的影响

（1）理学及其发展。

理学是中国宋元明清时期的哲学思潮，又称道学。它产生于北宋，成熟于南宋与元、明时代，清代中期以后逐渐衰落，但其影响则一直延续到近代。理学是北宋政治、社会、经济发展的理论表现，是中国古代哲学长期发展的结果，

---

① 《唐律疏议·户婚律》。
② 《唐律疏议·斗讼律》。
③ 《唐律疏议·户婚律》。
④ 同上。
⑤ 《四库全书提要》。

是批判佛、道学说的产物。理学,认为"理"是宇宙万物的起源,理是事物的规律,是伦理道德的基本准则。而且它是善的,它将善赋予人便成为本性,将善赋予社会便成为"礼"。其主要内容是阐发义理、兼言性命,以儒家学说为核心,兼采佛道学说,建立了较完备的客观唯心主义体系,其目的在于为已经衰败的专制制度寻找理论上的依据。

"理学"在中国古代又称义理之学或道学,其创始人为北宋的周敦颐、邵雍及张载。继后有程颢和程颐等人继续发展,最终由南宋朱熹集其大成,因此这种理学常被称为"程朱理学",明代又经王守仁的发展,在中国古代社会后期的思想领域中占主导地位达 700 余年。

（2）朱熹对封建正统法律思想的影响。

朱熹(1130—1200),字元晦(一作仲晦)、仲晦,号晦庵,别称紫阳,南宋哲学家、教育家,江西婺源(今属江西)人。朱熹的理学以"存天理、灭人欲"为指导原则,属客观唯心主义体系,其法律思想主要表现在以下几个方面:

第一,"厚古薄今"的改革思想。朱熹赞同以古代社会为模式对现实进行变革,以恢复夏商周三代之理,以达到存天理的目的。他认为伦理纲常是本,法律制度是末,变法就是要确立起伦理纲常的地位。

第二,轻立法、重人治。在国家治理方面,朱熹继承了先秦儒家的"人治"思想。他主张君主自律重于法律,"人主之心一正,则天下之事无有不正"[①];主张择人重于建制,因为法是靠人制定、执行和弥补的,法的好坏系于君主、执法效果决于大臣。故认为立法应当疏略,以便执法者根据具体情况灵活掌握。

第三,"德礼政刑","相为始终"。他认为作为统治方法的德、礼、政、刑在本质上是一致的,都统一于封建道德伦理规范,其目的都在于"存天理、灭人欲"。主张"德礼"是治理国家的根本,"政"是治理国家的法度,"刑"是辅助治理的方法,四者不可偏废,但德礼之效远胜于政刑。

第四,主张"执法以严为本"。在司法实践中,出于镇压农民起义和整顿统治阶级内部秩序的实际需要,主张执法从严、从速,"以严为本"、"以宽济之"。

故南宋以后的"德政"不同于以往的以"柔"为主的德政,而是"刚柔并济"。

2. 明代王守仁的"心学"对正统法律思想的影响

王守仁(1472—1528),字伯安,自号阳明子,世称阳明先生,浙江余姚人。中国明代最著名的哲学家、教育家、军事家、文学家,是陆王"心学"之集大成

① 《朱子文集·卷二〇》。

者,不但精通儒家、佛家、道家,而且能够统军征战,是中国历史上罕见的全能大儒,遗著有《王文成公全书》38卷。明朝前期,在思想界占统治地位的是程朱理学。明中叶后,由于阶级矛盾日益尖锐,封建危机加深,地主阶级思想家感到有必要在哲学思想上变换新的形式,用以维护明王朝的反动统治。王守仁主观唯心论的心学便应运而生。他创立了"致良知"和"知行合一"的心学,其实质是将伦理道德看成是人内心固有的东西,以便人们从心灵深处压制"邪念"。王守仁深受先秦思孟学派和佛教禅宗思想的影响,又直接继承了南宋陆九渊主观唯心论的心学,形成了庞杂的哲学思想体系。

王守仁"心学"的主要内容是主张"心外无物"。他认为:人心是一切事物的本源,没有人的意念活动,就没有客观事物。他说:"心之所发便是意","意之所在便是物"。王守仁还提出"心外无理"的命题。在王守仁看来,事物的"理",不存在于客观事物之中,而是存在于人们的心中,所以说"心即理"。比如,封建的伦理道德观念,原是封建社会的产物,而王守仁却认为是人们心中所固有的,这就是他所谓的"良知"。王守仁主张,要认识"理",即所谓"致良知",其途径不是通过实践,而是到心中去体认先验的伦理道德观念。他要求人们主动自觉地为善去恶,用封建伦理道德去规范自己的行动。王守仁也和朱熹一样,把"人欲"看作"天理"的对立物,认为由于先天的"良知"受到了外来物欲的"昏蔽",人们才会有不善的思想和行动,因此,他竭力宣扬"去人欲,存天理",只要人们体认到心中固有的"良知",扫灭私欲,哪怕"愚夫愚妇"也可以成为"圣人"。王守仁的心学,归结起来,就是要求人们自觉地消除一切反抗的念头,从心底深处服从封建统治。

王守仁对正统法律思想做了必要的变通,其影响主要表现在以下几个方面:

第一,立法思想上主张"因时因地制宜"。因处多事之秋,他在立法上强调时代和地域的特殊性,认为法律制度的设立必须依据当地的具体情况,应"以顺其情不违其俗,循其故不易其宜"[①]为准,表现了其因时因地制宜的立法思想。法律若因时因地制宜,恰如其分,则可起到教化的作用,使人皆"致良知"。

第二,注重对德、刑作用的研究。他认为国家制定的法律往往是实际教化的必要条件,德刑关系是互为表里的,常用法律手段推行教化。

第三,在执法思想上主张"情法得以两尽"。他在司法中强调"情法交申",区别对待,使"情法得以两尽"。重视赏罚对治理国家的作用,主张赏罚

① 《王明阳全集·卷十九》。

从速,"赏不逾时,罚不后事",用及时的赏罚促使官吏兵士效命于朝廷。

综上,王守仁的法律思想主体还是维护伦理纲常,目的在于挽救腐败统治。他主张教化,但也重视刑罚,认为刑罚是改革风俗的必备手段。跟朱熹一样,他对封建正统法律思想的变通之处并未脱离正统法律思想的轨道。

总的说来,宋明理学对正统法律思想的影响十分巨大,它一方面巩固了该思想的主导地位,弥补了一些形式和内容上的缺陷。但更重要的一方面是神化并窒息了正统法律思想。

二、封建非正统法律思想的形成、发展与批判

封建非正统法律思想虽然影响不如正统法律思想那样广泛,但在专制主义社会中这种思想的建树和勇气也更弥足珍贵。

(一)东汉时期王充对正统法律思想的批判

王充(27—约97),字任壬,会稽上虞人,他的祖先从魏郡元城迁徙到元称,是东汉时期杰出的思想家。自幼喜好读书,曾就读于京师洛阳太学,师从当时著名大儒班彪。他精通诸子之说,反对谶纬神学,从无神论的立场出发,对正统法律思想中的君权神授、天刑天罚和司法时令说进行了尖锐的批判。《论衡》是王充的代表作品,也是中国历史上一部不朽的无神论著作,解释万物异同,纠正了当时人们疑惑的地方。

他对正统法律思想的批判主要表现在:

第一,主张"天自然无为"。王充认为天和地都是无意志的自然的物质实体,宇宙万物的运动变化和事物的生成是自然无为的结果。他认为万物是由于物质性的"气",自然运动而生成的,"天地合气,万物自生"[1],生物间的相胜是因为各种生物筋力的强弱、气势的优劣和动作的巧便不同,并非天的有意安排,天不是什么有意志能祸福的人格神。他从朴素唯物主义立场出发,对君权神授观进行了深入的批判。

第二,主张"天不能故生人"。王充认为天是自然,而人也是自然的产物,"人,物也;物,亦物也",这样就割断了天人之间的联系。他说:"人不能以行感天,天亦不能随行而应人"[2]。他认为社会的政治、道德与自然界的灾异无关,所谓"天人感应"的说法只是人们以自己的想法去比拟天的结果。指出政治的清明与否及人的善恶决定于人类自己而非上天,对天刑天罚观进行了尖

---

① 《论衡·物事》。
② 《论衡·明雩》。

锐的批判。

第三，批判司法时令说。王允认为司法时令说是幼稚可笑的，不堪一击。他提出寒温是自然节气变化所致，与政治无关，人间的赏罚也不会影响天气的寒暑。

（二）魏晋时期玄学对正统法律思想的挑战

魏晋"玄学"指魏晋时期以老庄思想为骨架，糅合儒家经义以代替繁琐的两汉经学的，企图调和"自然"与"名教"的一种哲学思潮。其讨论的中心问题是本末有无，即宇宙最终存在的根据问题，亦即本体论的问题。"玄"指无形无名的"道"，由于魏晋玄学奉《老子》《庄子》《周易》为经典，注重形而上的"有无之辨"，故从南朝开始，后人以"玄学"称谓这一学派。它是中国哲学史上第一次企图使中国哲学在老庄思想基础上建构把儒道两大家结合起来极有意义的哲学尝试。

玄学的发展经历了不同阶段。魏晋玄学可分为四个阶段或学派：以何晏（公元190—249年）、王弼（公元226—249年）为代表的正始玄学（公元240—249年），代表作有《无名论》《周易注》与《老子注》；以嵇康（公元223—262年）、阮籍（公元210—263年）为代表的竹林玄学（公元255—262年），代表作有《嵇康集》《阮籍集》；以裴颜（公元263—300年）、郭象（公元253—312年）为代表的元康玄学（公元291年前后），代表作有《崇有论》和《庄子注》；以张湛、韩康伯为代表的江左玄学（公元317年前后），代表作有《系辞注》和《列子注》。此外，东晋时期佛教兴盛，玄学与佛教相互吸收发展，僧肇等便是这一时期玄学代表。

在哲学上，主要以"有无问题"为中心，形成玄学上的"贵无"与"崇有"两派。贵无派主张"以无为本"，认为万有统一于一个共同的本体"道"或"无"，世界万物之所以能够存在，就是因为有这个本体，形形色色的宇宙万物，都是这个本体的表现，即所谓"天地万物皆以无为为本"。崇有派主张"自生而必体有"，反对贵无派"以无为本"的说法，认为"有"之所以发生，并非另外有一个东西使之成为"有"，而是万物"自生"、"自有"，把宇宙的全体看成是由万物自身所构成的，即所谓"始生者，自生也"。魏晋玄学政治学说的核心论点，是"因循"时代需要，灵活运用儒、法、术治国，表现为圣人无为，各种人才各尽其能。

玄学所倡导的人生态度影响了魏晋南北朝时期的名士，形成了所谓的"魏晋风度"，为后世人或讥讽或仰慕，影响深远。作为当时名士所追求的人生境界，反对虚伪礼教、崇尚自然任情自有其积极的一面，但其放达的一面也产生了一些不好的影响。关键在于人们对于"自然"的理解。由于魏晋玄风的影响,人们思想得到了解放和开阔,由于其飘逸自然的特殊作用,使得魏晋时期的文学、书法、绘画等艺术都具有了超凡脱俗、超然尘世、自乐逍遥的风格以及对自然的爱好与崇尚。正是因为这些因素,魏晋风度与魏晋文艺得以成为美学的永恒的话题。

魏晋玄学是一种思辨性很强的哲学,它比较注重抽象理论的探讨,而抽象理论则需要通过一系列哲学概念以及这些概念间的逻辑关系表现出来。因此魏晋玄学使中国哲学的概念以及这些概念间的关系的探讨大大发展起来,尽管许多概念在以前的思想中也使用过,但魏晋玄学家却给了他们以新的意义。此外在命题、理论及其方法上魏晋玄学也有了极大发展。

(三) 唐代柳宗元对正统法律思想的质疑

柳宗元(773—819),字子厚,世称"柳河东",因官终柳州刺史,又称"柳柳州"。唐代文学家、哲学家、散文家和思想家,是唐宋八大家之一,祖籍河东(今山西省永济市)。他是朴素的唯物主义者,对正统法律思想的批判在于对神学观的否定。

第一,从法律起源上否定了正统法律思想对法律的神化。柳宗元对汉代大儒董仲舒鼓吹的"夏商周三代受命之符"的符命说持否定态度,把董仲舒这样的大人物斥为"淫巫瞽史",指责他"诳乱后代"。他认为国家和法律是人类社会发展的必然产物。

第二,否定了天刑天罚观。他反对天符、天命、天道诸说,批判神学,强调人事,用"人"来代替"神",这在一千多年前神学迷信思想占统治地位的封建社会中,是十分难能可贵的。柳宗元还把对神学的批判变成对政治的批判,用朴素唯物主义观点解说"天人之际"即天和人的关系,对唯心主义天命论进行批判。他的哲学思想,是同当时社会生产力的发展、自然科学所达到的水平相适应的。他把古代朴素唯物主义无神论思想发展到了一个新的高度,是中唐时代杰出的思想家。

第三,他否定"司法时令说"。他认为"司法时令说"背离了圣人之道,主张有罪则刑,有善则奖,不分季节,从而充分发挥赏罚的作用。他还认为"司法时令说"不仅不能体现君主恤民之心,反而极易造成司法黑暗,圣人的仁政德化应"利于人,备于事"①。

柳宗元对儒家思想持肯定态度,但他反对和批判正统法律思想的神学观,富于创建,极为深刻。

---

① 《柳宗元集·时令论》。

（四）明中叶泰州学派的兴起

泰州学派创建人王艮。王艮，字汝止，号心斋，泰州（今江苏泰州市）安丰场人。好读儒家经典，拜王守仁为师，有疑难，逢人便问；对儒经的解释，不拘泥传注，常常自有发明。王艮家学有其子王襞承传。其弟子及再传弟子有徐樾、韩贞、颜钧、赵贞吉、罗汝芳、何心隐等。该学派著述有王艮《王心斋先生全集》、《王东崖遗集》、《韩乐吾集》。其主要观点有：

第一，力倡"百姓日用"之道，是该派之学的突出特点。认为"百姓日用条理处，即是圣人条理处"，"圣人之道无异于百姓日用"。该学派认为"身与道"是世界的本源。王艮说："身与道原是一件。至尊者此道，至尊者此身。"又说："知修身是天下国家之本，则以天地万物依于己，不以己依于天地万物。"（黄宗羲：《明儒学案·泰州学案》，引用下同）主张"身"等于"道"。

第二，主张"格物说"。在拜王守仁为师以前，王艮已经有自己的"格物说"。他的"格物说"与王守仁的"良知说"观点比较接近。他说，"格物即是止至善"。并认为，在"止至善"这个命题上，孔子也只是达到"明德"、"亲民"而已。但对"安身"一事，却未能明了怎样达到最"善"。还援引儒经说明"安身"是"止至善"的重要内容。《易》曰："君子安其身而后动"；又曰："身安而天下国家可保也"。《孟子》曰："守身为大。"等等。

第三，主张为"止至善"，要区别事物的本与末。为治"末"，先要立"本"。"本乱而末治者否矣。本乱末治，末愈乱也"。还说"格物"的"物"，有本末。须"格物知本"，"立本安身"。自"身"与"天下国家"都是"物"，"身"为"本"，而"天下国家"为"末"。"安身以安家而家齐，安身以安国而国治，安身以安天下而天下平也"。"不知安身便去干天下国家事，是为失本"。"格物"的"格"，就是人治理国家的活动，就像用"矩"框治"方"形，"吾身是个矩，天下国家是个方"，要"以天地万物依于己"。即要从自我出发去矫正天地万物，使其符合封建社会的道德标准。主张"其身正而天下归之，正己而物正"，企望以内心世界决定外界的"天下国家"。

第四，该学派发明了"明哲保身"的新根据。认为，在匡救社会过程中，首要的是"保本"，提出："不知身不能保，又何以保天下国家？"该派"明哲保身"的理论根据是"身"等于"道"。基于"身与道原是一件"的理论，结论是"须道尊身尊，才是至善"。这就告诉人们，在"尊道"的同时，须像"尊道"一样地"尊身"，才是"至善"。强调"安身"、"尊身"，强调"身"的价值，甚至以对"身"的态度衡量社会的优劣。竟说，"天下有道，以道殉身。天下无道，以身殉道"，即"以道殉身"是"天下有道"的标志，"以身殉道"是"天下无道"的表现。因此，该派对"杀身成仁"说持保留态度。

第五，认为性"复其初"是"治天下"的前提。极力宣扬孟子的所谓善是本性，恶不是本性的说教；戒备二程的所谓善当然是本性，而恶也不可不说是本性的主张；又继承了张载、朱熹的人性论，也将人性分为"天地之性"和"气质之性"。主张人可以去掉"气质之性"而恢复"天地之性"。认为"天命之性，即天德良知"。还说：治天下的"本"，就是"身"；"本"必须端正；所谓"端本"，就是"诚心"；所谓"诚心"。就是要去掉"不善"的念头而恢复其"善"；这就是"复其初"，也即王守仁的"致良知"。该学派主张"不假安排"，不求"停当"。认为"天命之性"十全十美；"良知"天生就有，无须探求；"不假安排"——无需借助人工去安排，如果有谁凭愿望去安排，那便是"人欲"，而"人俗"正是理学要扫灭的内容。

泰州学派的思想观点和理想，尽管有着明显的历史局限性和空想性，但它确实震动了思想界和整个社会，成为启蒙思想家理论的重要源流。

三、明清之际启蒙思想家的法律思想

封建正统法律思想发展到明清之际，其僵化的思想体系与经济发展的冲突更加尖锐，阶级矛盾、民族矛盾交错其中，出现了启蒙思想的新思潮。明清之际启蒙思想家相对于1840年后的近代启蒙思想家而言，他们更寄希望于"三代以上"社会的复兴和先秦儒家的回归，在当时的中国使人耳目一新，起到了振聋发聩的作用。

（一）启蒙思想产生的时代背景及代表人物

1. 明末清初启蒙思想家产生的时代背景

（1）经济上出现了资本主义的萌芽。

自明中叶以来，随着经济的发展，社会分工的进一步加强，在手工业部门首先出现资本主义萌芽，市民阶层（商人与手工业者）力量日益扩大，商业蓬勃发展。自给自足的自然经济开始动摇，重农抑商、重本轻末的传统观念在"末富居多，本富日少"（即从事手工业、商业致富的人居多，从事农业致富的人日益减少）的状况下被逐渐冲破。

（2）政治上各种矛盾错综复杂。

明末清初，政治局势十分复杂。阶级矛盾突出，明万历年间来，农民起义频发；民族矛盾空前尖锐，如明与女真的战争败多胜少、清初的抗清斗争风起云涌；政治斗争残酷，明末，东林党人与宦官斗争不断，延续至其子孙，这便是启蒙学者产生的渊源。

2. 启蒙思想产生的条件

明末清初,资本主义萌芽的产物是启蒙思想产生的经济基础;古代社会日益腐朽,使开明的士大夫们感到了"亡族"的危机,对旧制度的认识更加深刻,从失望到怀疑再到否定;农民起义为启蒙思想的出现创造了条件,暴露出了专制统治的黑暗野蛮和纲常礼教的虚伪,为其思想的解放扫清了道路;他们用新的思想对传统文化进行改造和弘扬,如孟子的"民贵君轻"的民本思想,就是其民主要求的历史依据。

3. 启蒙思想家介绍

黄宗羲(1610 年—1695 年),字太冲,号梨洲,世称南雷先生或梨洲先生,浙江宁波余姚明伟乡黄竹浦(今黄埠镇)人。明末清初经学家、史学家、思想家、地理学家、天文历算学家、教育家。黄宗羲与顾炎武、王夫之并称明末清初三大思想家(或明末清初三大儒),黄宗羲亦有"中国思想启蒙之父"之誉。父亲是东林党人,因弹劾魏忠贤而被削职归籍,不久又下狱,受酷刑而死。他的政治理想主要集中在《明夷待访录》一书中。在书中他论证了君臣间的关系不应为主仆而为师友;又论证了法律不应为"一家一姓"私利而设,应为"天下之利归天下之人"而设;提出通过法治、舆论及相权来限制君主独裁。

顾炎武(1613 年—1682 年),原名绛,字忠清。明亡后改名炎武,字宁人,亦自署蒋山佣。学者尊为亭林先生。江苏昆山人。明末清初著名的思想家、史学家、语言学家,在学术上作出了巨大贡献。他反对专制政治,以为"天下兴亡,匹夫有责"。在学术上他力主学术与现实结合,"除旧布新"以实现社会改革。主要著作有《日知录》、《天下郡国利病书》。

王夫之(1619—1692),字而农,号姜斋,别号一壶道人,衡阳(今属湖南省)人,是明清之际杰出的哲学家、思想家,与顾炎武,黄宗羲同称明末三大学者。曾积极组织抗清斗争,失败后到南明桂王的政权中任职,南明亡后,更名隐居,潜心著述。晚年居衡阳之石船山,学者称"船山先生"。与方以智,顾炎武,黄宗羲同称明末四大学者。主要著作有《周易外传》、《周易内传》、《尚书引义》、《张子正蒙注》等。认为自然与社会都是变化发展的,应用变化的眼光看待问题;要求正式改革,反对君主独裁;土地非王者私产。由于其思想触动了统治者的根本利益,曾被列为禁书。

唐甄(1630—1704),初名大陶,字铸万,号圃亭,四川省达州(今达县)人,中国明末清初的思想家和政论家。出身于官僚地主家庭。清顺治十四年(1675)中举人。曾在山西长治担任过 10 个月的知县,因与上司意见不合被革职。后曾经商,因赔本乃流寓江南,靠讲学卖文维持生活。著作主要有《潜书》,批判国家政治。他提出"自秦以来凡为帝王者皆贼也"的观点。

（二）启蒙思想家的法律思想

启蒙思想家的思想并非是对传统思想意识的"创造"而是"改变"，因而他们的思想无论是继承还是批判，都烙有深深的传统印记。下面重点介绍黄宗羲和王夫之的法律思想。

1. 黄宗羲"法治"思想

（1）主张以"天下之法"取代"一家之法"。

天下之法，即三代以上之法，其特点是将天下之利归于天下之人，故"法愈疏而乱愈不作"，又可称为"无法之法"。（《明夷待访录·原君》，以下同引。）一家之法，即三代以下之法，其特点是将天下之利归于君主一家，天下之害推诸百姓，故"法不得不密"，又可称为"非法之法"。以"天下之法"取代"一家之法"是其法治思想的核心，是克服"一家之法"弊端的唯一出路。"天下之法"须以保障人民平等为宗旨，必须要反映民意。

第一，主张"天下为主，君为客"。这是黄宗羲法治思想的政治理论基础，也是他要求以"天下之法"取代"一家之法"的政治原因。他从君主的起源和法的起源上否定了传统君主至上的观念，主张"天下为主君为客"，即君主的职责是为民服务，兴天下之利，除天下之害。变"君权神授"为"君权民授"，变"君权至上"为"设君为天下"，体现了黄宗羲思想中的"民主"、"民权"的因素。

第二，主张君主专制是万恶之源。认为天下苦乐不均的根源是君主视天下为私产，占尽天下之利，终日劳作的百姓饥不得食，寒不得衣，劳不得息；天下战乱不息的根源是君主为了争夺与保住自己的天下，使战事延绵不断；宫廷政变、宦官专权等政治黑暗的根源是权力的高度集中，易引发骨肉相残的宫廷斗争。近皇帝者只要讨取皇帝欢心，无才无德亦可掌管大权。他在批判"一家之法"的弊端时，清算了君主专制的罪恶。

（2）主张以"法治"限制"君权"。

黄宗羲提出了限制君权的具体做法：一是加重相权，以分君权，如明初，为加强皇权，朱元璋废宰相；二是君臣共治，以弱君权，提出君臣不是主仆关系；三是地方分权，以制集权，给地方相对独立的经济、军事自主权；认为学校应参与法律的制定，并监督其实行，地方学校有评议、监督、弹劾本地政府官吏的权力；要健全法制体系，提出真正的法治应是"天下之法"，指出"法治"优于"人治"，法治能促使社会安定、人才的出现并能限制约束贪婪残忍的人。

（3）黄宗羲法律思想的历史地位。

作为新生的市民阶层的代言人，其思想使人耳目一新。以"天下之法"取代"一家之法"标志着正统法律思想遭到了彻底的否定。逐渐削弱君主权力，变君主为民主,是其思想上的巨大贡献。由于明末清初的资本主义经济萌芽没有得到充足、长足发展,所以其思想空想色彩浓厚。

2. 王夫之对传统"法治"思想的改造

(1)提出"趋时更新"的立法主张。

第一,提出立法应因"势"顺"理","趋时更新"。因势,即把握社会发展的方向;顺理,即精通"知人安民,近贤远奸"之理;趋时更新,即"今之天下则以今法治之"。

第二,提出立法应"相扶而成治",综合治理。变革积弊已久的旧法,不能只更改局部的法律条文,应考察社会其他领域。如三代之时,实行分封、井田、礼乐、学校等各项制度,相适应的法律制度是肉刑,相辅相成,简单改动任何一条都会造成社会动荡。

第三,提出立法必须简约,设刑严禁苛暴。主张律文宽简,用刑才能准确,百姓才能知道有所畏惧;苛法容易激化社会矛盾;"法愈密,吏权愈重;死刑愈繁,贿赂愈章。"①。认为任何时候,法与刑都应以宽为本,反对"宽猛相济"。

王夫之的立法思想既是对传统立法思想的总结,有是对传统立法思想的突破。

(2)王夫之"法治"观中的民主因素。

王夫之与黄宗羲一样,对中国传统一向轻视的"法治"给予了高度的重视,并在一定程度上进行了更新。他的"法治"观中的民主因素主要表现在以下方面:

第一,主张"法治"须"循天下之公"。他认为国家设法立制的目的在于"为公"。法律是体现"古今之通义"的天下公器。

第二,主张"法治"须维护民族利益。明末清初,民族矛盾十分激烈,王夫之视民族利益高于一切,并亲自组织起义抗清。他认为保护同类,维护本民族的利益是自然赐予一切生物的本能。认为君长是民族利益的代表,法制是维护民族利益的武器,应维护民族间的彼此尊重、互不侵犯。但是由于历史条件的限制,他不可能摆脱大汉族主义的影响。

第三,主张"法治"须体现尊君分权的原则。强调尊君,因为君主的职责是服务于民众,尊君的实质在于为民;反对君主独裁,认为君权过重,"言出法随",君主独断,难免亡国。他认为通过宰相和地方分权可以限制君权过于集中,这确实是对传统君权至上法律观的突破。

① 《读通鉴论·卷一》。

（3）提出人法兼任、宽下严上的执法原则。

王夫之在总结了历史兴衰治乱的经验之后认为,治国之道须人、法兼顾,过于强调人治或法治均有失偏颇。

第一,主张"任人而废法""治道之蠹也"。认为小人掌权时,天下混乱,帝王以个人喜好进行赏罚,则天下无"公"可言。他尖锐地指出:"治道之裂,坏于无法"①。

第二,主张"任法而不任人","治之弊也"。认为律典容纳的内容有限,无一定之规;单纯强调法治,官吏素质势必下降,法繁而刑密,民无所适从,吏不知所守,有诸多弊端。

第三,主张"任人任法",为治之道。他在批判了片面强调"任人"或"任法"的危害之后,认为治国之道须"任人"与"任法"相统一没有法,就没有"治"的依据;体现公意的法由人定与行,法执行的效果赖于人的素质,故而提出了为政之道,择人是关键所在。

第四,提出了"严上宽下"的司法主张。他认为法律是公意的体现,就应该维护公共利益,应用法束缚位尊权重的大官;他还继承孟子"民为贵"思想,主张"宽以养民",认为体现公意的法,应以保民为宗旨,良吏执法,须体恤民情;他又从保民宽下的立场出发,主张废除酷刑,废除司法时令制度,及时实行赏罚。

（三）启蒙思想家法律主张的特点与历史影响

启蒙思想家的法律主张是对传统法律思想的更新,他们在对传统法律思想进行反省的同时,又提出了尖锐的批判,形成了具有近代色彩的法治理论。

1. 启蒙思想家法律主张的特点

（1）对传统法律的批判。他们从君主和法的起源等方面论证了至秦之后法的不合理性。认为君主起源于民意,"天下为主,君为客"。提出君主的职责在于为民服务。启蒙思想家对君主制如此大胆的否定在中国历史上前所未见。认为传统法最应被否定之处在于将法律视为维护皇权的工具,应以"天下之法"取代"一家之法"。

（2）对传统法精华的发掘。对传统"民本"思想的弘扬,提出"天下为主,君为客"的主张;提出恢复古代宰相制度,限制君权;用地方制约中央权力;"学校议政",学校监督朝政。

（3）法治观念的不同。中国古代社会中产生过两次传统法治思潮,一是先秦法家,二是明末清初启蒙思想家的法治思想。先秦法家主张法律服务于

---

① 《噩梦》。

专制,而启蒙思想家则主张法律服务于天下之人,具体内容不再赘述。

2. 启蒙思想的夭折

启蒙思想家的法治思想中,东方传统的优秀成分得到充分发扬,法的模式不同于西方。明末清初,中国的社会变革未能成功,启蒙仅限于思想,未形成运动,宣告中途夭折。其夭折的主要原因是:

(1)客观原因是强大的传统观念使工商业发展举步维艰。明朝廷的腐朽,重农轻商的传统思想,宦官和贵族官吏的大肆搜刮,使工商业发展缓慢,新的经济关系处于风雨飘摇之中,不能得到充分的发展。再加之满人的入主,清初工商业的发展一再受到严厉的限制。

(2)主观原因是由启蒙思想家自身的弱点决定的。启蒙思想家虽然对传统思想进行了史无前例的批判和反省,但他们自身也深受传统的束缚。他们的思想与言行时有不一致,其言行的保守削弱了其学说的战斗力。一方面,他们在批判忠君思想的同时,却又以明朝遗民自居,身退山林,独善其身的传统处世方式也限制了其学说的传播;另一方面,因受传统的束缚,未能给予"科学"足够的认识,由于缺少近代科学的支持,他们也就无力彻底更新传统。

3. 启蒙思想家的历史影响

明末清初,启蒙思想家法治思想的夭折,延缓了中国历史发展的进程,中国由古代法向近代法的转折也未能展开,这确实是历史的留给人们的遗憾,但它的出现也同时证明了中国社会的自我更新能力。启蒙思想家提出的以"天下之法"取代"一家之法"、"天下为主,君为客"、将法治与民本相结合、变君主为民主等法治观念,是启蒙思想家之前闻所未闻的,他们的法治主张更是对中国法律思想史的巨大贡献。

【思考题】

1. 试述封建正统法律思想的表现。
2. 非正统法律思想对正统法律思想是如何进行批判的?
3. 评述明清之际启蒙思想产生的时代背景及主要特点。

【参阅书目】

1. 张国华:中国法律思想史新编。北京:北京大学出版社,1991年。

2. 杨鸿烈：中国法律发达史。上海：上海书店，1990 年。

3. 汤用彤：魏晋玄学论稿。上海：上海古籍出版社，2007 年。

4. 马小红、柴荣：中国法律思想史研究。北京：中国人大出版社，2007 年。

第七章　中国传统文化的艰难转型

第一节　中国文化的危机

17、18 世纪以来,西方国家在经过了启蒙运动和工业革命之后,制度上的革新和机器时代的到来,使西方的许多国家迅速走向了富强之路,例如:法国、德国、英国等国家,在中国的近邻日本,经过了由上而下、具有资本主义性质的全面西化与现代化的明治维新,也走在中国的前头。在中国,从汉武帝"罢黜百家、独尊儒术"以来,儒家思想就一直占据思想的统治地位,成为中华传统文化的核心。以后虽然其他思想也传入到中国,但这样的思想很快被中国的本土文化所同化,例如佛教传入中国,便与儒家、道家相结合,形成了中国本土特色的禅学、理学、心学等。儒家的强大抵抗力和吸纳力,使中国的文化一直没有走出儒家封闭的圈子,所以中国的文化的更新就是在自我范围内的更新。

在中华民族的历史长河中,也有过外族入侵并推翻了汉族政权。如蒙古族人推翻了南宋,建立了元朝;满族人推翻了明朝,建立了清朝。这个时期,虽然仁人志士会有一种民族危机感,但是他们并没有产生一种文化危机感。当外来民族入主中原,成为新的统治者时,为了获得汉民族的认同,他们所做的往往是采用一种文化继承的方式,让汉民族有一种文化上的认同感,用这样的方式,他们来巩固自己的统治地位,所以即使外来民族推翻了汉族政权,中国传统文化的生命力依然是强大的。在历史上的各个时期,曾经很多异端思想,但是它们要么被统治者扼杀,要么因为不合正统思想被抛弃,历史这样的例子很多很多。这种对外来思想和异端思想的排斥和扼杀造成了中国传统文化的封闭性,没有外来思想的补充和更新,使中国的传统文化呈现出潜在的危机。

鸦片战争之前,中国采取闭关自守的政策,没有外来势力的强烈干涉,中国文化还没有受到外来文化的冲击,中国传统社会政治和经济的稳定性还能让统治者的政权稳定一时,加上传统文人的思想观念的固守,使中国的传统文化还没有从内部发生危机。

　　爆发于1840年的鸦片战争改变了这一切。英国用坚船利炮、鸦片商品打开了中国的大门。中国从来没有像这样面临着亡国的危险、传统经济和政治解体的危机、传统文化的危机。在鸦片战争以前，中国的经济是以小农业、小作坊的手工业封建经济为主，在政治上是以儒家思想为核心的封建专制制度为主。在鸦片战争以后，西方列强纷纷侵略中国，清政府虽然抵抗过，但大都以失败告终，签订了丧权辱国的不平等条约，中国逐渐沦入了半殖民半封建的境地。与此同时，西方文化的侵入，中西方文化的碰撞从来没有像现在这样激烈过，中国的传统文化受到了严重的挑战。传统的文化不能很好地回答和解决现实中存在的问题，不能适应现实的需要，所以中国的思想家们开始反思中国传统文化的缺陷，并把眼光投向了西方。于是中国的文化开始摆脱封闭隔绝的状态而走向西方，以接纳和批判的精神向西方学习。

　　林则徐是睁眼看世界的第一人。在林则徐奉命到广州查禁走私鸦片时，在严禁鸦片的同时，他积极探求域外大势，派人收辑、翻译外文资料，以备参考。他主持并派人翻译了《四洲志》。这本书是根据英人慕瑞《世界地理大全》所编译的。林则徐组织幕僚将此书全文译出，并润色而成。译作简述世界5大洲30多国的地理、历史、政情，是当时中国第一部较系统的世界地理志，在近代史上具有开风气的作用。这本书是近代中国第一部向中国人介绍世界地理的著作，具有开拓性的作用，开阔了国人的眼界。魏源受林则徐所嘱，以此为蓝本，编著成《海国图志》。后来，又有大批的西方地理、文化方面的著作翻译出，表现出中国人的开放眼光和世界意识。

　　在反抗西方国家的侵略战争中，清政府吃了败仗，一些人认为洋人之所以能够战胜，就是因为他们有坚船利炮、有训练有素的军官和士兵，因此最初向西方学习的方式就是模仿制造西方的坚船利炮。在鸦片战争结束后，有很多的大臣向道光皇帝建议仿造炮船，于是道光皇帝也多次下令，颁布实施。这是一种观念的重大变化，但是还是处在最初的阶段，他们虽然认识到了坚船利炮的作用，却没有从自身找出与西方的其他差距。

　　魏源的眼光更为深远，他在《海国图志》一书中提出了"师夷之长技以制夷"的主张。他主张学习西方制造战舰、火械等先进技术和选兵、练兵、养兵之法，并请洋人做指导。为了捍卫中国的独立自主，他号召"以甲兵止甲兵"，相信中国人能战胜外国侵略者。他提倡创办民用工业，允许私人设立厂局，自行制造与销售轮船、火器等，使国家富强。他主张革新，要求"去伪、去饰、去畏难、去养痈、去营窟"。他建议在科举考试中增加水师科，授予科甲出身等等。魏源的主张在当时具有很大的争议，例如用洋人、科举考试中增加水师科等,完全违背和颠覆了很多传统观念,他的主张虽然在当时引起了很多人的批评并遭到拒绝,但是魏源"师夷之长技以制夷"的主张,在当时现实背景下,有很重要的启示意义。他认识到了中华传统文化自身的不足,和学习西方文化的重要性。这种观念和认识,对于人们思想的解放和中西文化的交流,对于促进中国现代化的进程,具有很大的推动作用。

第二节　中国传统文化的艰难转变

中国传统文化向现代文化艰难的行进中,是和中国的政治、经济、思想的变化以及对西方文化的认识相联系的,它大体上经历了物质层面、制度层面、观念层面几个阶段的变革。这几个阶段不是严格区分,而往往是三者互相交错的。在某个时期,一般是某种文化占主导地位,而另外一种文化占次要地位。

一、物质层面的变革

虽然在中国历史上也曾有过科学技术繁荣时期,但中国传统文化重人文,不重科学,重感性,不太重视理性的文化特点,造成了近代中国科学理论和技术的落后。随着西方文化的传入,中国人开始认识到中国传统文化的缺陷。19 世纪 40 年代,魏源就提出了"师夷之长技以制夷"的主张,开启了向西方学习的主张。但大规模的掀起向西方学习先进科学技术的热潮是在 19 世纪后期以后。19 世纪 60 年代,清政府推动了一场改革运动——洋务运动。洋务运动,又称自强运动,是指 1861 年至 1894 年,清朝政府内的洋务派在全国各地掀起的改良运动。经过两次鸦片战争后,清政府的统治阶级对如何解决一系列的内忧外患分裂称为"洋务派"与"守旧派",洋务派主张利用取官办、官督商办、官商合办等方式发展新型工业,增强国力,以维护清政府的封建统治。洋务运动的代表人物曾国藩、李鸿章、左宗棠、张之洞等,在"中学为体、西学为用"的口号指引下,洋务派兴办了大量的军事工业和命运工业,如 1861 年,曾国藩在安庆创设了制造近代武器的军事工业安庆内军械所、1865 年由李鸿章在上海创办江南制造总局、1866 年由左宗棠在福州马尾创办福州船政局等。洋务派们希望通过学习西方的技术,发展民族军、工企业,壮大国力,挽救摇摇欲坠的清政府。

　　在兴建大量军事企业和民用企业的同时,文化领域也发生了很大的变化,这就是大量的西方科学技术知识被翻译出来,形成了中国近代史上译介西方著作的热潮,极大地促进了科学技术知识的普及。这些书籍主要以自然科学和技术书籍为主,自然科学方面的有数学、物理、化学、生物、天文等门类;技术方面的有造船、兵工、铁路、矿山、冶金、纺织等。

　　在西方自然科学传入中国后,也造就了一批卓有成就的科学家,如李善兰、花蘅芳、徐寿等。徐寿以化学见长,李善兰、花蘅芳则在理论方面有建树,比如李善兰就独立完成了《方圆阐幽》,介绍了微积分的概念。他们在科学方面的成绩,对自然科学在中国的传播作出了重要贡献。

　　与此同时,洋务派还创办了一批新式学堂,如同文馆。新式学堂采用西方的学制和教学方式,将数学、物理、化学等纳入到教学内容中去,而且开设了英语、法语、俄语等外语课程,大大普及和传播了科学知识。

　　西方科学知识的引进和传播,极大地冲击了人们的传统观念、思维方式,激发出新的思想活力。

二、制度层面的变革

　　洋务运动的指导思想是"中学为体、西学为用",简称"中体西用,"就是保持中国传统文化的基础上,吸收外国的文化,为我所用。当时的皇帝、大臣们认为"中体"就是保持大清帝国的体制,皇帝的威严。"西用"主要学习西方的科学技术。

　　洋务运动进入到 19 世纪 70—80 年代以后,早期维新派逐渐从旧阵营分化出来。他们认识到,单纯从物质层面学习西方的科学技术,而不从制度层面向西方学习,中国将依旧落后于西方国家。大约在 1880 年左右,就有钟天纬对"中体西用"进行了批评,他说:一二十年来,清政府向外国派遣了大量的使节,西洋的练兵、制造、开矿等等什么都学了,但是"终无救于存亡大计",原因就在于"不从大本大原处着手,而仅就外面张皇,不揣本齐末"。他认为西方富强的原因在于它的"通民情,参民政","开会议堂"等制度。大约同时期的王韬在他的《重民》文章中,比较了西方国家三种政体:君主之国、民主之国和君民共主之国,并设想在中国推行君主立宪制。同时期的郑观应等也对君主立宪的相关制度,如各级议院设立做了设计。这些维新派普遍主张在中国实行君主立宪制,他们宣扬西方的政治学说,鼓吹君主立宪,提倡民权,提倡实行议会制,批判封建专制,形成了中国近代思想史上的思想解放潮流。早期维新思想只是针对具体问题提出一些改革主张,没有形成完整的理论,也没有具体实践,所以不论在理论上和实践方面都有很大的缺陷。

后期的维新派代表人物主要有康有为、梁启超、严复等。他们不仅提出了具体的改革方案,还为变法提供了理论基础和历史根据,使变法思想形成较为完整的理论。严复留过洋,接受了西方的某些政治学说,回国后严复从海军界转入思想界,积极倡导西学的启蒙教育,完成了著名的《天演论》的翻译工作。在《天演论》中,严复以"物竞天择"、"适者生存"的生物进化理论阐发其救亡图存的观点,提倡鼓民力、开民智、新民德、自强自立、号召救亡图存,还主办《国闻报》,宣传新潮思想。他的著名译著还有亚当·斯密的《原富》、斯宾塞的《群学肄言》、孟德斯鸠的《法意》等,他第一次把西方的古典经济学、政治学理论以及自然科学和哲学理论较为系统地引入中国,启蒙与教育了一代国人。

康有为和梁启超是当时维新运动的活跃人物。他们不是直接从西方引进的思想和方法,而是在中国传统文化的基础上,结合西方的文化,创造了一种"不中不西,即西即中"的文化,他们的主要方法就是用西方的文化来解释中国的文化。康有为的思想尽管吸收了西方的思想,但是西汉今文经学依然是他的思想的基础。他作《新学伪经考》、《孔子改制考》,就是用今文经学方法来阐明他的政治主张的。例如,康有为在其《保国会上讲演辞》中说:"若夫泰西立国之有本末,重学校,将保民、养民、教民之道,(设)议院以通下情,君不甚贵,民不甚贱,制器利用以前民,皆与吾经义相合,故其致强也有由。吾兵、农、学校皆不修,民生无保、养、教之之道,上下不通,贵贱隔绝者,皆与我经义相反,故宜其弱也。"他认为西方的政治制度、经济制度、教育制度等是符合儒家的经义的,而清朝的这些制度不符合经义,所以应该改变。这里康有为所说的经义已不是传统意义上的经义,而是掺杂了西方的政治制度、经济制度、教育制度的"经义"。

1895年4月,日本逼迫中国在日本马关签订《马关条约》的消息传到北京,康有为发动在北京应试的1300多名举人联名上书光绪皇帝,痛陈民族危亡的严峻形势,提出拒和、迁都、练兵、变法的主张,史称"公车上书"。这次上书揭开了维新变法的序幕。光绪皇帝根据康有为等人的建议,颁布了一系列的法令,这些法令的主要内容有:经济上,成立农工商局、路矿总局,提倡开办实业;修筑铁路,开采矿藏;组织商会;改革财政。政治上,广开言路,允许士民上书言事;裁汰绿营,编练新军。文化上,废八股,兴西学;创办京师大学堂;设译书局,派留学生;奖励科学著作和发明。这些革新政令,目的在于学习西方文化、科学技术和经营管理制度,发展资本主义,建立君主立宪政体,使国家富强。但是维新运动经历了103天之后,由于慈禧等顽固派的反对,维新运动失败。

　　变法失败固然有顽固势力的反对和镇压的原因,但当时维新派思想的局限也是一个重要的原因。康有为和梁启超采用"不中不西,即西即中"的文化,主要是用西方的文化来解决中国的问题,却没有找到中国的根本问题所在。另一方面新兴资产阶级虽然已经逐渐成长起来了,他们有改变封建主义为资本主义的愿望,但还不能同封建专制和封建文化彻底决裂,所以他们只能用"托古改制"的方式来表达新思想。再次,由于西方的政治学说方面的书籍还没有被大量的翻译出来,人们对西方的政治学说还没有多过的了解。梁启超描述当时人们的思想状况是这样说的:"盖当时之人,绝不承认欧美人能制造,能测量,能操练之外,更有其他学问,而在译出西书中求之,亦缺无他种学问可见。康有为、梁启超、谭嗣同辈,即生育于此种'学问饥荒'之环境中,冥思苦索,欲以构成一种'不中不西、即中即西'之新派,而以为时代所不容。"文化的局限和时代的背景使维新派思想有天然的缺陷,他们的改良思想在当时行不通,便开始寻找另外思想资源和的变革途径。

　　八国联军入侵中国后,清政府的节节败退,使改良派们认识到,单纯的改良不能不能为中国找到新的出路,革命思想在这时逐渐压倒了改良思想,占据了上风,成为时代的主要主潮。这个时期,无论是改良派和革命派都对西方的政治学产生了浓厚的兴趣。对中国现状的思索和对西方思想资源的强烈渴望,使得大量的西方政治学著作被翻译出来。卢梭的《民约论》、《培根文集》、孟德斯鸠《法的精神》、斯宾塞《社会学原理》、穆勒的《自由原理》等等都是这个时期被翻译出来的。西方政治学著作的大量译出,极大的开阔了思想家的学术视野,丰富了他们的思想资源。在此时期,思想家们已经不再像康、梁那样用"托古改制"的方式来表达思想,而是用西方的那一套政治学理论来表达新观念、新思想,西方文化有了独立的形态。这样的思想储备,为辛亥革命打下理论了基础。

三、观念层面的变革

　　1911 年,辛亥革命爆发。辛亥革命成功推翻了清朝的统治,结束了中国两千多年来的封建帝制,开启了民主共和新纪元。辛亥革命是近代中国比较完全意义上的资产阶级民主革命。它在政治上、思想上给中国人民带来了不可低估的解放作用。革命的不彻底、当时封建势力的顽强以及资产阶级势力的薄弱,所以在辛亥革命不久以后,发生了袁世凯称帝和张勋复辟,他们试图重新挽回帝制,但他们的称帝时间不长,就被人民赶下了台,说明当时的民主共和思想已经逐渐深入人心。

　　辛亥革命的失败和张勋复辟,让陈独秀、李大钊等人认识到,仅从制度上进行变革是不够的,如果没有大众在思想上和行动上支持,革命是不会成功的。基于这样的认识,陈独秀、李大钊等新文化先驱们掀起了以改造国民性和开启民智的新文化运动。国民性的改造根本目标是破除旧的道德观念和价值观念,建立新的道德观念和价值观念来适应共和制度。为此,他们提出了科学、民主两个口号。

　　科学、民主并不是新文化运动时期提出的,早期的维新派就有了这方面的意识。鸦片战争之后,第一批放眼看世界的思想先驱们,如魏源、梁廷枏等人在他们的著作中,就介绍过西方的民主制度。洋务运动期间,人们已认识到学习西方科学技术的必要,西方议会政治、民主政治的著作也逐渐被翻译出来。到戊戌维新时期,维新派主张"兴民权"、"设议院",实行君主立宪,不仅着力宣传过西方资产阶级的自由、平等、民权思想,而且也提倡和介绍科学知识、科学方法。特别是严复的"以自由为体,以民主为用"思想的提出,在近代中国人追求民主的历程中具有十分重要的意义。20 世纪后,由于辛亥革命的作用,使民主思想得到进一步传播,科学的作用也为越来越多的被人认识和接受。这个时期,在西方列强的围攻和侵略下,积贫积弱的中国面临亡国的危险,民主和科学的思想主要是作为富国强民、救亡图存的工具,因此这个时期的思想先驱们在选择西方民主和自由的思想方面是有所选择和取舍的。他们也许还没有认识到,西方科学、民主深入人心,是和西方的启蒙运动后人的个性解放、个人自由相伴的。个性解放、个人自由是西方民主思想的重要内容之一。这些思想家们从富国强民和救亡图存这一目的出发,认为当时中国最需要的不是个性解放和个人自由,而是中华民族的解放和国家的独立自由,他们甚至认为,为了中华民族的解放和国家的独立,人们可以不需要个性自由,甚至可以牺牲个人自由。

　　完整提出将科学和民主作为核心观念加以追求和推崇的是新文化运动的伟大功绩。1915 年 9 月,陈独秀在标志五四新文化运动兴起的《青年杂志》创刊号上发表《敬告青年》一文,就向国人疾呼:"国人而欲脱蒙昧时代,羞为浅化之民,则急起直追,当以科学与人权并重。"不久,他在《〈新青年〉罪案之答辩书》中又生动地将民主与科学称为"德先生"与"赛先生"。陈独秀向青年们提出六项人生基本准则:"自主的非奴隶的"、"进步的非保守的"、"科学的非想象的"、"进取的而非隐退的"、"世界的而非锁国的"、"实力的而非虚文的"。要求青年们树立新的人生态度和科学观念,自觉进取,以积极开放的眼光来看世界。这样民主与科学就成了五四新文化的两个重要旗帜。

　　为提倡个性解放,树立科学和民主意识,鲁迅、胡适等人把"唤醒国民之自觉"作为根本任务,意在完成"其民主自由之人格"。封建专制和礼教是束缚禁锢人们思想的重要成分,为此鲁迅写了大量的小说和散文,并且翻译了西方的小说,来批判封建思想,提倡个性解放。鲁迅的小说《狂人日记》揭露了封建吃人的礼教和国民的劣根性,他的翻译作品《娜拉》则宣扬个人自由。胡适在《易卜生主义》中的话:"社会最大的罪恶莫过于摧残个人的个性,不使他人自由发展"在新文化运动中传扬一时。在他看来,自由平等的民主社会不是由一群人才,一批没有独立思想的奴才建立起来的。他说:"社会国家没有自由独立的人格,就如同酒里少了酒曲,面包里少了酵,人身是少了脑筋:那种社会国家决没有改良进步的希望。"现代社会国家需要的是个性解放思想。胡适的政治理想是学习欧洲,在中国建立民主制度。他认为不要以人民对民主认识程度的不够就拒绝采用民主制度,要相信制度的教育和推动作用。在实际的贯彻过程中,人民会逐渐接受民主并运用民主。他尖锐地批评当政者说:"生平不曾梦见共和政体是什么样子的,也不可不早日'入塾读书'罢?"

中国的传统文化是一种封建伦理文化,它最大的特点就是强调长幼尊卑和血缘关系,而新文化则是一种全新的文化,它尊重人的个性自由和人的平等,传统文化从来没有受过像现在这样的挑战。新文化运动时期,那些受新思想影响的知识分子,从不同的层面对传统文化进行批判,大大解放了人的思想,由此实现了中国传统文化向现代的尽快转变。

第三节　中国传统文化的现代价值

一、天人合一

中国的文化非常重视人和自然的和谐统一,而西方则强调人对自然的征服。中国古代的思想家一般都反对把人和自然对立起来,主张天人相和,天人统一。在他们看来,人作为自然的一个部分,应该是人性和天性相类的,因此可以相通的。

天人合一的思想早在先秦时代就产生了。孟子就把天道与人道结合起来,他说:"尽其心者,知其性也;知其性,则知其天也。"(《孟子》)他认为人性天有善恶之心,人性也有善恶之分,因而天性与人性相通。老子的思想充分表现了道家的自然观,他说:"人法地,地法天,天法道,道法自然。"在老子这里,人、地、天、道四者是相辅相成的,相互作用的,它们和谐地共同构成一个自然和谐的整体。庄子充分发挥了老子的思想,他说:"天地与我并生,而万物与我为一。"他认为人与自然一起并生生存,人和自然应该是同一的。他对孔子所倡导的礼教非常反感,他认为这样束缚了人的自然本性,对刻意的巧饰他也持批判的态度,他提倡一种"法天贵真"的自然之美。在《易传》中,天人合一的思想进一步得到了发挥:"夫大人者,与天地合其德,与日月合其明,与四时合其序,与鬼神合其凶吉。先天而天弗违,后天而奉时。"就是要遵循自然规律,从天而动,不要违背自然的规律。天人合一的思想发展到汉代,董仲舒发展为天人感应论,他根据阴阳无行学说,提出了"人副天数"的学说,他认为自然有阴阳和时令的变化,人也会有阴阳节律变化,人和天是相互感应的,所以他说:"以类合之,天人合一。"他这样的学说未免有牵强附会之意。宋代的张载第一次完整提出了"天人合一"的命题,他说:"因明致诚,因诚致明,故天人合一,致学而可以成圣,得天而未始遗人。"张载是宋明理学的代表人物,在他的思想中,是以气作为他学说的起点,他提出了"太虚即气"的命题,在张载看来,世界的本原就是气,人与天地万物都是由气构成的,气时天人合一的基础,气的天性就是人的人和万物的本性。这样的观点体现了人是自然的一部分,人与自然统一于气。张载还认为,性与天道相通,道德规律与自然规律是一致的,他把"天人合一"当作人的最高道德境界。他主张穷理尽性,"为天地立心,为生民立命,为往圣继绝学,为万世开太平,"完成人道和天道的统一。

天人合一的思想,体现了人与自然的关系问题。中国古代的思想家对天人合一的思想虽然有不同的解释,但在肯定人与自然的统一协调方面都是一致的。这样的思想要求人们不能超越违背自然规律去改造、征服自然,而应该遵照自然的规律利用自然,否则的话,人与自然就不能和谐相处,有时甚至会遭到自然的报复。在人性方面,天人合一的思想也强调人性与天性的统一,要求自我身心的平衡,做到人与自然、人与内心、内在于行动协调统一,这样才能达到天道与人道统一。

"天人合一"思想对于工业化进程中各国出现的问题具有很好的启示作用。例如环境污染、生态平衡遭到破坏、城市化进程导致的城市病,都会影响到我们的生活,甚至威胁到我们的生存。我们在进行现代化的建设过程中,"天人合一"思想依然具有深刻的现实意义。

二、贵和尚中

贵和尚中思想是中华民族追求的一种理想境界,它在中华民族的发展过程中起着重要的作用。古代的思想家认为,世界上的万事万物虽然千差万别,但是通过一定的调节,可以达到平衡和谐,促进事物发展变化。

在中国的历史上,就有所谓"和同之辨"。西周末年的史伯就认识到不同事物时间的相互作用、相互协调才能达到矛盾的统一。他说:"和实生物,同则不继。以他平他谓之和,故能丰长而万物归之。若以同裨同,尽乃弃矣。"(《国语》)"以他平他"就是把不同的事物联系在一起,就会达到和谐的境界,就会产生新的事物和新的效果。如果把相同的事物结合在一起,就会让发展停滞,也就不可能产生新的事物。孔子继承和发挥了这种中和思想,在处理人际关系上,他主张"礼之用,和为贵"。他又说:"君子和而不同,小人同而不和。"他把同与不同作为区分小人和君子的标志,可以看出,他是注重同反对和的。

中国古代的思想史上,贵和尚中是紧密地联系在一起的。《礼记·中庸》说:"中也者,天下之大本也;和也者,天下之达道也。致中和,天地位焉,万物育焉。"中是事物的根本,和是达到这人们所要达到的理想状态。如果能达到中和的状态,天地万物就会各得其位,各得其所。那么如何达到"和"的这种理想和谐的状态呢?儒家思想认为,必须保持"中"道,要做到不偏不倚,不要过犹不及。《中庸》将孔子的持中致和的思想提到认识论的高度,去实现人与人、人与社会、人与天的和谐统一。在中国的文化中,就是就用这样的思想来调节社会中的各种关系,力图使对立方达到统一,尽量做到不偏不倚,保持"中"度。

中国自古以来重视的中和思想,一直影响着普通中国人的做事方式,也影响着官员的执政理念,成为中华民族观念的核心部分。讲求和谐,不走极端,求同存异,使中国的文化和社会一直处于相对平静的状态中发展,避免了中国统文化的断裂和社会的崩溃。贵和尚中的思想在处理现代社会生活出现的问题还具有一定的借鉴意义,我们应该学习运用它。

三、以人为本

什么是以人为本?以人为本内涵需要从两个方面来把握。"人"在哲学上,常常和两个东西相对,一个是神,一个是物,人是相对于神和物而言的。以人为本,要么是以神为本,要么是以物为本。西方早期的人本思想,主要是相对于神本思想,主张用人性反对神性,用人权反对神权,强调把人的价值放到首位,以人为中心,把人作为考虑一切问题的根本。

中国的传统文化具有超越宗教的情感和功能,带有很大现实性。在中国,神本主义不占主导地位,所以人们的眼光更多的是关注人本身,人本主义成为中国传统文化的基本精神。在西方早期，神是宇宙万物的主宰和中心，宗教生活是人们生活重要的部分，而在中国，人是宇宙万物的一个中心，与天地并列。《中庸》有这样一段话："惟天下至诚，为能尽其性；能尽其性，则能尽人之性；能尽人之性，则能尽物之性；能尽物之性，则可以赞天地之化育；可以赞天地之化育，则可以与天地参矣。"人可以"赞天地之化育"，与天地相参。在中国的传统哲学中，天、地、人、物、我之间的是相互通感、整体和谐的，人们相信人与天地万物是一个整体，天人、物我、主客、身心不是彼此阻隔的，成为一个圆融的宇宙，这样的宇宙世界里，彼此之间包涵、相依、相济。中国哲人认为，在这样宇宙精神的感召下，人类发挥自身的主观能动性，就能成就大业，做到"苟日新，日日新，又日新。"(《礼记·大学》)

中国的思想家们，尤其是儒家的思想家，反对神本主义的思想，坚持人本主义的立场，他们关注的是现实的社会人生问题，而不是把希望寄托在神上。孔子有时候也相信天命，但他对鬼神持怀疑的态度，他教导弟子说："务民之义，敬鬼神而远之，可谓知矣。"在对待生和死的关系上，他说："未知生，焉知死？"先要处理好现实中的事情，再处理好死后的事情。他把现实的人生问题放在第一位上，而不去过多的关注神和死后的问题。中国的传统文化主要受儒家思想的影响，历代的统治者们一般都非常重视儒家思想的教导作用，而儒家的思想也渗透到中国文化的各个层面。

中国的传统文化主要是儒家思想占主流。儒家思想是一种伦理型的文化，它把道德的完善和实践放在第一位上。《大学》中说："大学之道，在明明德，在亲民，在止于至善"。又说："古之欲明明德于天下者，先治其国。欲治其国者，先齐其家。欲齐其家者，先修其身。欲修其身者，先正其心。欲正其心者，先诚其意。欲诚其意者，先致其知。致知在格物。物格而后知至，知至而后意诚，意诚而后心正，心正而后身修，身修而后家齐，家齐而后国治，国治而后天下平"。明确提出了道德完善的途径，强调了修身、齐国，平天下三者之间的关系上，修身是第一位的，这种道德至上的修养学说，使中国的文化带有很深的道德人本主义特点。中国文化在强调个人的价值实现上，往往把人放在一定的伦理关系中来考察，例如君臣关系、父子关系、夫妻关系，兄友关系、朋友关系上，有所谓的"五伦"、"八德"作为指导。五伦是"父子有亲，夫妇有别，长幼有序，君臣有义，朋友有信"。"八德"是"孝、悌、忠、信、礼、义、廉、耻"。每个人处在社会关系网络之中，有一套相应的道德准则来约束人、规范人，而每个人在社会中扮演的角色和履行的义务也彼此之间相互关联、相互制约，这样，社会生活秩序就会有序运转，人在这样的规则指导下就能实现自身的价值目标。

中国传统文化以人为本的人道主义传统,把道德修养和实践放在第一位上,这样的思想过于强调道德的作用,而人之为人的独立性却被忽视了。它重整体,轻个人,往往强调个人的义务和道德的完善,但不重视个人自由和权利,所以造成了中国人文化整体上往往缺少独立性和外向性特点。我们今天全面建设小康社会的时候,应该既要发挥道德的教化和感召作用,同时也要尽可能创造条件,在宪法的治国理念下,尊重个人的价值和自由,真正做到以人为本,促成和谐。

四、刚健有为

刚健有为就是要求人民在处理事情的时候,以积极的态度来对待,它是传统文化的重要精神之一,中华民族的灿烂历史和英雄人物的丰功伟绩主要就是靠这样的精神来完成的。

《易传》对刚健有为的思想做了概括的论述:"天行健,君子以自强不息。"又说:"天地之大德曰生。"天地运行,往复运转,生生不息,体现着一种刚健的精神,人作为宇宙的一体,也应该效法天地精神,做到刚健有为,自强不息。儒家的思想也包含这样的思想,他说:"士不可以不弘毅,任重而道远,仁以为己任,不亦重乎?死而后已,不亦远乎?"(《论语·泰伯》)他要求知识分子把"弘毅"作为人生的责任和目标,要勇于承担道义,做到不屈不挠。他要求弟子们这样做,他自己也身体力行,做好榜样,他能做到"发愤忘食,乐而忘忧,不知老之将至"(《论语·述而》)。儒家经典《中庸》是这样说的:"博学之,审问之,慎思之,明辨之,笃行之。有弗学,学之弗能弗措也;有弗问,问之弗知弗措也;有弗思,思之弗得弗措也;有弗辨,辨之弗明弗措也;有弗行,行之弗笃弗措也。"提倡博学、审问、慎思、明辨、笃行的为学之道,就是要求人们刻苦学习,认真钻研,并能贯彻到底,这都是刚健有为,锐意进取的精神表现。

这样的精神激励了一代又一代人,历史上有很多这样的例子。司马迁因为为失败的李陵辩护,结果得罪了汉武帝,被施以宫刑。他在《史记·太史公自序》这样写道:"西伯拘而演《周易》,仲尼厄而做《春秋》;屈原放逐,乃赋《离骚》;左丘失明,厥有《国语》;孙子膑脚,《兵法》修列;不韦迁蜀,世传《吕览》;韩非囚秦,《说难》、《孤愤》;《诗》三百篇,大抵圣贤发愤所作为也。"靠历史上这些人精神的鼓励下,司马迁以其"究天人之际,通古今之变,成一家之言"的史识,成就了中国历史第一部纪传体通史《史记》。那些仁人志士,为国家、为民族、为人民的利益,敢于牺牲个人利益,甚至牺牲生命,这样的例子实在是太多了。

中国的传统文化也有贵柔的思想,例如道家的代表人老子就主张"弱者道之用。"(《老子》第四十章)他说道:"人之生也柔弱,其死也坚强。草木之生也柔脆,其死也枯槁。故坚强者死之徒,柔弱者生之徒。是以兵强则灭,木强则断。"(《老子》第七十章)老子"柔弱"的主张,主要针对贵强的思想提出的。逞强者往往自以为是,刚愎自用。世间的纷争斗乱往往就是由于这种逞强的心理造成的,它对人生和社会往往会产生很大的危害。儒、道两家是中国传统文化的主导,但是儒家的思想更占主流,道家思想更多的时候是作为现实意义的一种补充。刚健有为、自强不息的精神对于社会进步、国家富强、反抗压迫、抵制外来入侵、实现个人价值等无疑具有更大的积极作用。

刚健有为的思想是和独立人格的坚持是相联系的。孔子认为,为了实行仁义,可以牺牲自己的生命,但不能苟且偷生,他说:"志士仁人,无求生以害仁,有杀身以成仁。"(《论语·卫灵公》)他坚持"天下有道则见,无道则隐"(《论语·泰伯》)的人生准则,坚持自己的人格的独立和气节的高尚,不与统治者同流合污,成为后世人格楷模。孟子继承了孔子的思想,他说"鱼,我所欲也,熊掌,亦我所欲也,二者不可得兼,舍鱼而取熊掌者也。生,亦我所欲也,义,亦我所欲也,二者不可得兼,舍生而取义者也。生亦我所欲,所欲有甚于生者,故不为苟得也。"(《孟子·告子上》)他认为,生存和仁义,二者都是人所需要的,但是为了仁义,可以舍弃生命。他要人们"富贵不能淫,贫贱不能移,威武不能屈。"(《孟子·滕文公下》),这种坚持独立人格,不为物质利益所诱惑,不为武力所屈服的精神成为中国民族前行的精神力量,是一笔宝贵的精神财富。在今天,这样的精神依然具有很强的现实意义。

【思考题】

1. 中国传统文化的变革主要从哪几个方面展开的?
2. 中国传统文化有什么现代价值?
3. 如何看待当代的国学热?

【参阅书目】

1. 张岱年、方克立:中国文化概论。北京:北京师范大学出版社,2004 年。
2. 张岂之:中国传统文化。北京:高等教育出版社,2005 年。

后 记

历史总是背负着传统前行的,但是在中国现代化的进程中,随着西方文化的传播和渗透,那些含有传统独特思维和价值的传统文化逐渐被人所冷落、所唾弃,相反,西方的文化因为其强大的创生力和普世性越来越多地被国人所接受。如果说鸦片战争以来的文化危机产生于对国家和民族未来的担忧,那么如今的倡导国学和海外孔子学院的建立则是试图树立文化自信,或者试图在中西文化的碰撞中搭起一座沟通的桥梁。一个没有传统文化继承和自己独特文化的民族,一个没有文化自信的国家,是不可能让世界尊重的。

现在很多大学都开设了介绍中国文化方面的课程,实践证明,这对于大学生了解中国传统文化,提高文化素养,增强民族自豪感和自信心,领会中西文化差异和中国文化的博大精深,都有很大的帮助。抱着这样的目的,我们组织编写了这本书。

本书稿是合作的成果,由多人执笔完成的,具体分工如下:

绪论:邓红学　熊伟业

第一章:丁庆刚(硕士)

第二章:王籽郦(硕士)

第三章:漆娟(硕士)

第四章:伍联群(博士)

第五章:王憎怡(硕士)　刘元良(硕士)

第六章:王秀珍(硕士)

第七章:刘元良(硕士)

邓红学、熊伟业负责提纲的研究和审定,负责组织协调书稿的写作,并通读了全稿,提出了具体的修改意见。

本书稿由多人执笔完成的,每个人的文字风格不尽相同,内容有深有浅,而且文字内容也有重复交叉的地方,我们希望在使用本教材的时候,老师可以有所取舍。同时由于作者的水平有限和时间的限制,错误和不足之处在所难免,我们诚恳地希望使用者提出宝贵的意见,以便我们改正。

本书编委会

2011 年 5 月

图书在版编目(CIP)数据

中国传统文化概观/邓红学,熊伟业主编. —上海:复旦大学出版社,2011.8(2024.4 重印)
ISBN 978-7-309-08349-1

Ⅰ.中… Ⅱ.①邓…②熊… Ⅲ.中华文化-高等学校-教学参考资料
Ⅳ.K203

中国版本图书馆 CIP 数据核字(2011)第 158114 号

中国传统文化概观

邓红学 熊伟业 主编
责任编辑/陈麦青

复旦大学出版社有限公司出版发行
上海市国权路 579 号 邮编:200433
网址:fupnet@ fudanpress.com http://www.fudanpress.com
门市零售:86-21-65102580 团体订购:86-21-65104505
出版部电话:86-21-65642845
盐城市大丰区科星印刷有限责任公司

开本 787 毫米×960 毫米 1/16 印张 17.25 字数 295 千字
2011 年 8 月第 1 版
2024 年 4 月第 1 版第 30 次印刷
印数 131 111—134 210

ISBN 978-7-309-08349-1/K·347
定价:42.00 元